beck'sche reihe

W0365347

bsr

Trotz aller Bemühungen der Philosophie, das Wesen der Moral zu ergründen, liegt noch immer weitgehend im Dunkeln, worin genau das *Unwesen der Unmoral* besteht. Ist es das konkrete Unglück, das der unmoralische Täter seinem Opfer beschert? Oder zählt vor allem der Schaden, den er der Gemeinschaft zufügt? Woran genau «versündigt» sich der unmoralische Mensch? An eingespielten Konventionen? An der «Vernunft», wie einst Immanuel Kant vermutete? Woher wissen wir, was «böse» und was «gut» ist? Ist der Mensch überhaupt frei, wissentlich und willentlich Böses zu tun? Diesen Fragen stellt sich Arnd Pollmann in seinem Buch, dessen Hauptteil ein Kompendium typischer unmoralischer Taten ist. In 21 Stichwortartikeln, die jeweils für sich gelesen werden können, geht es um *Ausbeutung, Demütigung, Folter, Lüge, Mobbing, Verrat* und weitere Untaten. Am Ende zieht Pollmann daraus Folgerungen für eine Theorie der Unmoral, die auf Strafe nicht verzichten kann.

Dr. phil. Arnd Pollmann lehrt Philosophie an der Universität Magdeburg. Er ist Mitbegründer der dortigen «Arbeitsstelle Menschenrechte».

Arnd Pollmann

Unmoral

Ein philosophisches Handbuch

Von Ausbeutung bis Zwang

Verlag C.H.Beck

Originalausgabe

Satz, Druck u. Bindung: Druckerei C.H.Beck, Nördlingen
Umschlagentwurf: malsyteufel, Willich
Printed in Germany
ISBN 978 3 406 60181 1

www.beck.de

«Wenn also das Tun des Guten
in unserer Gewalt steht,
dann auch das Unterlassen des Bösen;
und wenn das Unterlassen des Guten
in unserer Gewalt steht,
dann auch das Tun des Bösen.»

Aristoteles: Nikomachische Ethik

«Das Gute – dieser Satz steht fest –
ist stets das Böse, was man läßt.»

Wilhelm Busch: Die fromme Helene

Inhalt

Im Anfang war die Tat

Seit jeher wird darüber gestritten, ob der Mensch gut oder böse sei. Doch um es sogleich vorwegzunehmen: Der Mensch ist schlicht zu allem fähig. Er kann ein grandioser Wohltäter, aber auch ein ekelhaftes Scheusal sein. Mal erweist er sich als Engel, mal als Teufel in Person. Und so wird man geneigt sein, die Welt sehr grundsätzlich in gegnerische Lager aufzuteilen. Auf der einen Seite stehen die «Guten»: Jesus Christus, Robin Hood, Mahatma Gandhi, Mutter Teresa und die Teletubbies. Gegenüber formiert sich die «Achse des Bösen»: Adolf Hitler, Josef Stalin, Osama bin Laden, Darth Vader und der jeweils aktuelle Amokläufer. Es scheint, als hätten wir es mit einem globaler Wettstreit von geradezu metaphysischem, ja, apokalyptischem Ausmaß zu tun. Eine Truppe tugendhafter Menschenfreunde will uns auf den Weg der Humanität führen, während jene Übeltäter, die auf der dunklen Seite der Macht stehen, nichts als Angst und Schrecken verbreiten.

Allerdings gibt es ein Problem mit diesem sehr simpel gestrickten Weltbild: Wo steht man selbst, als Betrachter? Bereits ein flüchtiger Blick in die eigenen Abgründe dürfte ausreichen, um den Glauben an eine bipolare Welt, in der die einen im Licht und die anderen im Schatten stehen, zu erschüttern. Wer war nicht schon einmal erschrocken darüber, wie rücksichtslos oder gar abscheulich man sich anderen Menschen gegenüber zu verhalten vermag? Zwar dürften nur wenige Leserinnen und Leser an die Bösartigkeit von Josef Stalin oder Darth Vader heranreichen. Aber wer ist schon derart großherzig wie Mutter Teresa? Wer von uns hat das Zeug zu einem echten Robin Hood? Die meisten Menschen dürften irgendwo in der bloß vermeintlich «goldenen Mitte» stehen. Und oftmals wird man hin- und hergerissen sein: «Soll ich an mich oder an die anderen denken?» Zumeist sieht man ein, dass es besser oder auch vernünftiger wäre, sich moralisch anständig zu verhalten. Aber gelegentlich macht man eben auch die Erfahrung, dass es sich regelrecht lohnt, ja, dass es mitunter sogar Spaß macht, sich so richtig schön unmoralisch oder sogar böse zu verhalten. Und genau in diesen

Momenten, in denen man sich entscheiden muss, scheint es, als stünde man mit jeweils einem Bein auf je einer der beiden Seiten des apokalyptischen Grundsatzstreites.

Gleichwohl ist im Alltag eine geradezu erstaunliche Beobachtung zu machen: Obwohl die Unmoral viele Vorteile bietet, verhalten sich die meisten Menschen vergleichsweise anständig. Natürlich kommt es vor, und auch nicht selten, dass → beleidigt, → belogen, → betrogen, → gedemütigt, → missachtet, → gemobbt, → verraten oder → getötet wird. Und doch scheint die Moral eher die Regel zu sein, während unmoralische Untaten jene sprichwörtlichen Ausnahmen bilden, die diese Regel bestätigen. Wer daran zweifelt, sollte sich eine Welt ausmalen, in der das umgekehrt wäre: Das Schlechte im Menschen hätte gesiegt, das Böse stünde auf der Tagesordnung, und moralische Wohltaten wären Mangelware. Würde man in einer solchen Welt leben wollen? Man braucht kein glühender Verfechter der Moral zu sein, um festzustellen, dass ein «Krieg aller gegen alle» die Hölle auf Erden wäre. Deshalb ist es beruhigend, dass sich die meisten Menschen einigermaßen konventionell und regelkonform verhalten. Warum aber ist das so? Was hindert Menschen daran, ihre Interessen rücksichtslos auf dem Rücken anderer zu verfolgen? Ihre Vernunft? Der Glaube an «höhere» Gebote? Das Vertrauen in Recht und Gesetz oder bloß die Angst vor Strafe?

In diesem Buch wird der moralphilosophische Versuch unternommen, sich diesen Fragen auf einem Umweg zu nähern: Wer wissen will, worin das Wesen der Moral besteht, wird zunächst das *Unwesen der Unmoral* ergründen müssen. Erst die geradezu alltägliche Konfrontation mit unmoralischen Taten gibt der Moralphilosophie Anlass, über moralisch richtiges Handeln nachzudenken. Deshalb besteht der Hauptteil dieses «Handbuchs» aus 21 Einzelanalysen unmoralischer Taten. Zuvor jedoch sollen wichtige Begriffe und Unterscheidungen geklärt werden. In den ersten vier Abschnitten dieser ausführlichen Einleitung wird gezeigt, dass die Philosophie hinsichtlich der Unmoral bislang einen «blinden Fleck» aufweist (Abschnitte 1–4). Anschließend wird dann ein moralphilosophischer, aber auch alltagstauglicher Begriff des «Bösen» entwickelt, der davon ausgeht, dass wohl alle Menschen gelegentlich finstere Hintergedanken haben dürften (Abschnitte 5–8). Dabei wird deutlich werden, dass sich eine philosophische Betrachtung der Unmoral vor zwei Verabsolutierungen hüten muss: Sie sollte weder der «Faszination des Bösen» erliegen noch allzu rigoristisch auf die Geltungsansprüche der Moral pochen (Abschnitte 9–12).

1. Im toten Winkel der Moralphilosophie

Selbst diejenigen, die sich gelegentlich oder gar häufig unmoralisch verhalten, werden sich bereit zeigen, über Moral nachzudenken oder auch zu diskutieren, sobald sie einmal selbst zum Opfer der Unmoral werden. Man mag bisweilen → lügen, → missachten, → betrügen, → demütigen, sich → rächen, sein → Wort brechen oder sogar → Gewalt anwenden. Das aber heißt nicht, dass man es gutheißen würde, wenn andere Menschen dasselbe täten und man dann selbst die geschädigte Person wäre. Und so ist davon auszugehen, dass die meisten Menschen lernen, was Moral ist, indem sie *erfahren*, was es heißt, mit deren Gegenteil konfrontiert zu sein: Eine schwere → Beleidigung kann lange Zeit nachwirken, doch sie macht uns eben dadurch auf ein fundamentales Bedürfnis nach wechselseitigem Respekt aufmerksam. Wer → bestohlen wird, wird sich darüber klar, wie wertvoll persönliches Eigentum sein kann. Physische → Gewalt kann bleibende Schäden hinterlassen, doch sie führt uns vor Augen, warum wir auf einen moralischen Grundanspruch auf körperliche «Unversehrtheit» pochen. Erst angesichts von drohender oder bereits eingetretener Unmoral kommt der Mensch – im Umkehrschluss – zu der Einsicht, was gegenüber der jeweils drohenden oder erlittenen Untat das moralisch Richtige oder Gute wäre. Und daraus folgt: Die Moral formuliert Sollensforderungen, die auf potenzielles oder aber tatsächlich begangenes, auf erlebtes oder doch zumindest bezeugtes Unrecht mit dem Imperativ «Das darf nicht sein!» antworten.

Mit dieser Hypothese sind wir bei einem ersten begrifflich-philosophischen Problem angelangt: Das im Wort «Unmoral» steckende *Un-* zeigt in semantischer Hinsicht eine Verneinung an. Folglich scheint der Ausdruck «Moral» als Gegenbegriff zur Unmoral begrifflich primär zu sein. Anders gesagt: Der Begriff der

Unmoral ist von jenem der Moral semantisch abkünftig bzw. abhängig. Und das wiederum hätte zu bedeuten, dass man zunächst zu erörtern hätte, was Moral ist, bevor man klären könnte, was es mit deren Gegenteil, der Unmoral, auf sich hat. Gerade eben jedoch hatten wir die entgegengesetzte Auffassung vertreten. Was Moral ist, so war gesagt worden, erfahre der Mensch erst dann, wenn er empirisch mit Unmoral konfrontiert sei. Das aber würde bedeuten, dass die Erfahrung der Unmoral primär wäre, und erst sekundär wüssten wir, was stattdessen moralisch geboten ist. Dies führt uns zu einem klärungsbedürftigen Widerspruch: Einerseits wird behauptet, die Unmoral sei die semantische Negation der Moral, andererseits heißt es, unser moralisches Wissen müsse als Verneinung der Erfahrung von Unmoral verstanden werden. Wie passt das zusammen?

Für Widersprüche dieser Art ist die Philosophie zuständig. Und angesichts der Vielfalt unmoralischer Leiderfahrungen ist es nicht verwunderlich, dass Philosophinnen und Philosophen seit gut 2500 Jahren über die Moral und rechtes Handeln reflektieren. Philosophische «Ethik» und «Moralphilosophie» heißen jene beiden Disziplinen, in denen das Nachdenken über das Gute mit der Zeit eine gewisse Professionalisierung erfahren hat. Zwar wird bis heute immer auch über die feinen Unterschiede von Ethik und Moral debattiert – demzufolge ist die philosophische Ethik vornehmlich als eine Theorie des individuell «guten» oder «glücklichen Lebens» zu verstehen, während sich die Moralphilosophie auf das «richtige» oder «gerechte Handeln» gegenüber anderen Menschen konzentriert –, doch diese akademische Debatte kann hier zunächst beiseitegelassen werden. Denn aus Sicht der Etymologie bedeutet sowohl der altgriechische Ausdruck *ēthos* als auch das lateinische *mos, mores* ursprünglich so viel wie «Sitte». Demnach haben wir es in beiden Fällen mit einer Art Sittenkunde zu tun, die philosophisch zu ergründen, aber auch zu *begründen* versucht, was Menschen in ihrem Leben als gut und richtig für ihr Handeln betrachten sollen. Ob «Aristotelismus», «Kantianismus» oder «Utilitarismus», ob «Mitleidsethik», «Tugendethik» oder «Diskursethik»: All diese philosophischen Schulen sind daran interessiert, in Fragen ethisch-moralischer Konflikte für begriffliche Klarheit, handlungsleitende Prinzipien und normative Rechtfertigungen zu sorgen. Und schon ein erster flüchtiger Blick in die Universitätsbibliothek oder in die Regale größerer Buchläden weckt den Verdacht, dass das Aufkommen an geeigneter, aber wohl auch an gänzlich entbehrlicher Fachliteratur geradezu unermesslich sein dürfte.

Umso erstaunlicher ist es, dass man beim Lesen fast immer die folgende Überraschung erlebt: Trotz einer inzwischen mehr als zwei Jahrtausende alten Geschichte des Räsonierens über Moral wird deren Gegenteil, die Unmoral, nur selten einmal ausdrücklich zum Thema gemacht. Man forscht nach fundamentalen Prinzipien, universellen Regeln und komplizierten Prüfverfahren zur Identifizierung moralisch *richtigen* Handelns, doch in der abstrakten Höhe des so genannten Elfenbeinturms kann man den eigentlichen Anlass des Nachdenkens über Moral rasch aus dem Auge verlieren. Zwar gibt es, wie wir später noch sehen werden, eine keineswegs zu vernachlässigende Tradition der Beschäftigung mit dem metaphysisch «Bösen», aber fast nie geht es dabei um die profane Unmoral des Alltags. Vielleicht mutet das erfahrungsgesättigte Alltagswissen über das, was Menschen einander *nicht* antun sollen, vielen Philosophinnen und Philosophen zu banal an, als dass sie es für wert hielten, dieses Wissen einer genaueren Betrachtung zu unterziehen. Es scheint, als sei die Unmoral eine Art «Problemzone» der Moralphilosophie: Man möchte nicht recht wahrhaben, dass es sie gibt, und deshalb bleibt man an der betreffenden Stelle etwas «untrainiert». Ein Indiz dafür ist der Umstand, dass der Lexikoneintrag zum Stichwort «Böse» in einem der wichtigsten philosophischen Nachschlagewerke, dem renommierten *Historischen Wörterbuch der Philosophie*, zunächst vergessen wurde. Erst in Band 5, der sehr viel später als Band 1 erschienen ist, hat man den Eintrag unter dem Stichwort «Malum» etwas verlegen nachgeholt.

Folglich ist mit Blick auf die Geschichte der Moralphilosophie die folgende Diagnose zu stellen: Sie zielt seit jeher auf das, was moralisch lobenswert ist, und übersieht dabei doch die Handlungen, die ausdrücklich Tadel verdienen. Wie sachdienlich aber können philosophische Abhandlungen sein, die den empirischen Grund für das Nachdenken über Moral fast vollständig ausblenden? Das vorliegende Buch jedenfalls will diesen Mangel beheben, indem es ein berühmtes bibelkritisches Diktum aus Goethes *Faust* moralphilosophisch zuspitzt: «Im Anfang war die Tat» und nicht das «Wort».

Wie ist das möglich?

Da trotz intensivster Bemühungen der Philosophie, das Wesen der Moral zu ergründen, noch immer weitgehend im Dunkeln liegt, worin das Unwesen der Unmoral liegt, sollte sich die Moralphilosophie darauf besinnen, warum wir überhaupt über Moral nachdenken und mitunter auch erbittert streiten: Liegt es daran, dass der Urheber unmoralischer Taten mit sozialen Konventionen bricht? Woran konkret «versündigt» sich der unmoralische Mensch? Am Prinzip der Menschlichkeit? An der Vernunft? An der Natur des Menschen? An göttlichen Geboten? Ist der Täter zu verurteilen, weil er gegen einen imaginären Gesellschaftsvertrag verstößt? Weil er Recht und Gesetz mit Füßen tritt? Oder zählt am Ende vor allem das jeweils sehr konkrete Leiden, das er seinem Opfer zufügt? Es scheint: Was Unmoral ist, wissen wir – und wissen es doch nicht.

2. *Zwei Wege in die Moralphilosophie*

Wird man Zeuge einer unmoralischen Tat, so wird man den Blick zunächst auf die Folgen der betreffenden Handlung richten: Wie schwer wiegt die → Beleidigung? Was hat die → Lüge angerichtet? Wie viel Geld hat der → Dieb gestohlen? Ist das Unfallopfer aufgrund der → unterlassenen Hilfeleistung verstorben? Erst wenn der konkrete Schaden der Tat abzuschätzen ist, wird man sich im zweiten Schritt sogleich nach den Motiven oder Gründen des Übeltäters erkundigen wollen: Was hat die Person zu einer derart groben Beleidigung veranlasst? Wie kann man einem Menschen nur so dreist ins Gesicht lügen? War der Dieb vielleicht selbst in Not? Hat die fahrerflüchtige Person den von ihr verursachten Unfall überhaupt bemerkt? Folgen und Absichten führen jeweils auf recht unterschiedliche Wege in die Moralphilosophie, für die man in der professionellen Zunft eine inzwischen einschlägige Unterscheidung parat hat: «Konsequentialistische» Theorieansätze kümmern sich – wie ihr Name es schon sagt – um die positiven oder negativen Konsequenzen moralisch relevanter Handlungen. Dagegen fragen «deontologische» Moraltheorien (von griech. *deon,* «das Gesollte, die Pflicht») nach dem moralischen Wert der Absichten, die die handelnde Person zu ihrer Tat bewogen haben mögen. Neudeutsch formuliert: Der Konsequentialismus ist «output-orientiert», während die deontologische Moral «input-orientiert» ist.

Sehen wir uns zunächst ein wenig genauer an, warum und inwieweit diese beiden moralphilosophischen Grundorientierungen einen bedeutsamen Unterschied machen. Es war angedeutet worden: Moralisch relevante Handlungen lassen sich danach beurteilen, welche Absichten sie verfolgen und welchen Schaden sie anrichten. Im Einzelfall kann die moralische Bewertung allerdings durch den Umstand erschwert werden, dass die Absichten des Täters nicht schon notwendig mit den Folgen der Tat übereinstimmen müssen. Bisweilen stellt sich der Täter im Zuge der Tat derart ungeschickt an, dass sich seine ursprünglichen Absichten geradezu in ihr Gegenteil verkehren. Manchmal verhindert auch der Zufall, dass der Täter sein erwünschtes Ziel erreicht oder dass die Handlung überhaupt Folgen zeitigt. Und schließlich kann es auch vorkommen, dass die Handlung weder moralisch noch unmoralisch motiviert war, aber dennoch zu moralisch wünschenswerten oder direkt schlechten Resultaten führte.

Zur besseren Systematisierung sollen die im Folgenden diskutierten Handlungen zwei Bedingungen erfüllen. Erstens: Die feststellbaren Handlungsabsichten sind entweder eindeutig moralisch gut oder aber eindeutig moralisch problematisch, sodass neutrale oder widersprüchliche Handlungsabsichten erst einmal ausscheiden. Und zweitens: Sie führen nachweislich zu moralisch guten oder aber zu moralisch problematischen Ergebnissen, sodass Handlungen, die *keine* moralisch relevanten Folgen haben oder aber moralisch ambivalente Ergebnisse produzieren, an dieser Stelle ebenfalls ausgeblendet werden. Aus einer Kombination dieser beiden Bedingungen und Handlungsaspekte ergeben sich vier Grundtypen moralisch bedeutsamer Handlungen:

(a) Antonia führt ein Leben in Wohlstand. Weil sie mehr als andere hat, erachtet sie es als ihre Pflicht, Menschen zu helfen, die in Not sind. Deshalb gibt sie einem Obdachlosen in der U-Bahn ein wenig Geld, damit er sich etwas zu essen kaufen kann. Antonia hat die Absicht, etwas Gutes zu tun. Und sie bewirkt auch etwas Gutes.

(b) Auch Berta hilft einem notleidenden Obdachlosen, aber sie ahnt nicht, was dieser mit dem Geld anfangen wird. Der Mann ist seit vielen Jahren drogenabhängig. Er sucht umgehend seinen Dealer auf und verstirbt noch am selben Tag an einer Überdosis Heroin. Berta ist zwar ähnlich gut wie Antonia gesinnt gewesen, doch ihr Handeln zeitigte unerwünschte Konsequenzen.

(c) Christina hilft ebenfalls einem Obdachlosen, aber sie verfolgt dabei rein egoistische Absichten. Sie will sich als Wohltäterin fühlen und nebenbei einen guten Eindruck auf ihren Begleiter machen. Das Schicksal des hungrigen Obdachlosen ist ihr vollends egal. Christina mag zwar etwas Gutes bewirken, doch ihre Motive sind moralisch bedenklich.

(d) Bei Detlef handelt es sich um den bereits erwähnten Drogendealer. Er schaut bei einer alten Freundin vorbei, die ein rückfallgefährdeter Ex-Junkie ist. Detlef schenkt ihr einen «Schuss», und so gelingt es ihm, eine treue Kundin zurückzugewinnen. Er weiß genau, dass er etwas Unmoralisches tut. Und sein Handeln zeitigt auch tatsächlich das erwünschte Resultat.

Diese vier Fälle lassen erkennen, dass die konkreten Folgen einer Tat relativ unabhängig von den jeweils zur Tat motivierenden Absichten bewertet werden. Zwar dürfte kaum strittig sein, dass die wohlhabende Antonia moralisch einwandfrei handelt, während Drogendealer Detlef eindeutig moralisch schlecht agiert. Was aber ist mit der arglosen Berta und der eigennützigen Christina? In beiden Fällen dürfte die moralische Bewertung der ursprünglichen Tatabsichten von der moralischen Bewertung der späteren Tatfolgen abweichen: Manche Menschen wollen etwas Gutes bewirken, aber ihr Handeln führt unfreiwillig zu negativen Konsequenzen, andere bewirken etwas moralisch Gutes, obwohl sie ursprünglich unlautere Motive hatten. Sind beide Handlungstypen moralisch problematisch oder sind sie beide moralisch unbedenklich? Echte Deontologen, z. B. Immanuel Kant und dessen Anhänger, sind der Auffassung, dass bei der moralischen Bewertung einer Tat *allein* die ursprünglichen Motive der Tat zu zählen haben. Demnach hat Berta pflichtbewusst gehandelt und «guten Willen» demonstriert. Das ist alles, worauf es ankommt. Für die unerwünschten Nebenfolgen ihres Handelns ist sie nicht verantwortlich. Christina hingegen ist rein egoistisch motiviert gewesen und deshalb zu kritisieren. Dass der Obdachlose durch ihre Geldspende satt geworden sein mag, zählt dabei nicht. Genau umgekehrt werden waschechte Konsequentialisten, z. B. John Stuart Mill und die Anhänger des Utilitarismus, urteilen: Berta hätte wissen können, dass es sich um einen Drogenabhängigen handelt, und deshalb ist sie an dessen Tod keineswegs unschuldig, auch wenn sie es gut gemeint haben mag. Christina jedoch ist zu loben, weil sie durch ihre Tat zur Vermehrung der allgemeinen Glückssumme beigetragen hat: «Es gibt nichts Gutes, außer: man tut es!», hat Erich Kästner einmal gesagt.

HANDLUNGSTYPEN	*gute Folgen*	*schlechte Folgen*
gute Absichten	(a) eindeutig gut	(b) zweideutig
schlechte Absichten	(c) zweideutig	(d) eindeutig schlecht

Nun entspricht aber weder die reine Deontologie noch der reine Konsequentialismus dem moralischen Alltagsverständnis. Denn zweifellos dürften die meisten Menschen die von beiden Positionen jeweils abweichende Überzeugung vertreten, dass sowohl Handlungen vom Typ Berta als auch Handlungen vom Typ Christina *weder* gänzlich unproblematisch *noch* vollständig problematisch sind. Wer gut gesinnt ist, aber unfreiwillig eben doch das Falsche tut, agiert zwar nicht eindeutig gut, aber auch nicht eindeutig schlecht. Und wer aus rein eigennützigen Motiven am Ende doch etwas moralisch Gutes bewirkt, handelt weder vollends falsch noch vollends richtig. Bei der alltäglichen Fremdbeurteilung von Handlungen fallen für gewöhnlich immer schon subjektive Absichten *und* objektive Konsequenzen ins Gewicht. Und nur zu oft müssen gute wie schlechte Motive und Folgen sorgsam gegeneinander abgewogen werden. Faktisch sind die meisten Menschen in ihrem Alltag *zugleich* Deontologen und Konsequentialisten. Deshalb müssen sich all jene Wege in die Moralphilosophie, auf denen man sich ausschließlich um die Handlungsabsichten oder aber um die Folgen kümmert, sehr schnell als Sackgassen herausstellen. Die Komplexität moralisch relevanter Taten würde unterschätzt werden.

3. Zur Tat

Bisher wurde gezeigt: Moralisch relevante Taten können gut, schlecht oder aber beides sein. Woran aber erkennen wir den Unterschied zwischen moralischen «Wohltaten» und unmoralischen «Untaten»? Dies wird erst dann deutlich werden können, wenn wir vorab geklärt haben, was überhaupt menschliches Verhalten zu einer verantwortlichen Tat macht. Denn nicht schon jede unwillkürliche Körperbewegung des Menschen, jedes unbewusste oder instinktive Reagieren auf äußere Reize kann als ein gezieltes Tun oder als verantwortliches Handeln bezeichnet werden. Hierzu ein triviales Beispiel: Sie sind bei einer Freundin zu Besuch, die Sie in ihr Wohnzimmer geleitet. Sie werden gefragt, wo Sie sich hinsetzen möchten, und Sie entscheiden sich für das gemütliche Sofa. Sie ahnen nicht, dass Ihre Freundin, unachtsam wie sie ist, ihre Brille dort hat liegen lassen. Sie lassen sich auf das Sofa fallen – und die Brille geht kaputt.

Was genau ist passiert? Sie haben zweifellos etwas *getan*: Sie haben das Sofa gewählt, und dann haben Sie sich hingesetzt. Aber sind Sie Urheber einer «verantwortlichen Tat»? Vermutlich werden Sie mit Ihrer Antwort zögern und darauf drängen, dass zunächst ein wichtiger Unterschied gemacht werden muss: zwischen dem eigentlichen Akt des Hinsetzens und dem unvorhergesehenen Schaden, den Sie dabei angerichtet haben. Wie schon das Beispiel der Wohltäterin Berta, die einen Drogenabhängigen unterstützt hat, zeigte: Eine Tat kann absichtlich geschehen sein und doch unbeabsichtigte Folgen haben. Was aber heißt «absichtlich»? Die Tat muss zwei elementare Bedingungen erfüllen: Sie muss erstens *wissentlich* und zweitens *willentlich* vollzogen worden sein. «Wissentlich» soll hier bedeuten, dass Sie sich bewusst und nicht vollends gedankenlos auf das Sofa gesetzt haben. Sie hatten sich ausdrücklich für das Sofa entschieden. Mit «willentlich» ist gemeint, dass Sie das, was Sie taten, auch tatsächlich haben tun wollen. Sie haben sich nicht unfreiwillig gesetzt. Der Abend wäre zwar vermutlich etwas ungemütlich geworden, aber Sie hätten stehen bleiben *können*. Die gemeinte Unterscheidung soll dem Umstand gerecht werden, dass manches Handeln zwar ausdrücklich wissentlich, aber doch unwillentlich vonstatten gehen kann; z. B. dann, wenn Sie mit vorgehaltener Waffe zum Hinsetzen gezwungen werden würden. Doch aus tiefenpsychologischer Sicht ist auch der umgekehrte Fall denkbar: Sie handeln unbewusst, und doch passiert etwas, dass nicht ganz ungewollt zu sein scheint. Die geschmacklose Couchgarnitur der Freundin erinnert Sie an Ihren Ex-Partner, und so brennen Sie mit Ihrer Zigarette «versehentlich» auch noch ein Loch hinein.

Nennen wir diesen doppelten Bedingungszusammenhang im Folgernden die «wuw»-Prämisse: Eine Handlung muss wissentlich und willentlich vollzogen worden sein, um als verantwortliche Tat gelten zu können. Doch noch einmal: Sie haben sich zwar setzen wollen, und insofern war die wuw-Prämisse gegeben, aber dass Sie direkt auf der Brille der Freundin Platz nehmen und sie demolieren würden, war Ihnen weder bewusst, noch haben Sie das gewollt. Man setzt sich – in aller Regel jedenfalls – weder wissentlich noch willentlich auf eine Brille, sondern eben nur versehentlich und ungewollt. Auch muss man normalerweise nicht damit rechnen, dass auf dem Sofa der Freundin eine Brille liegen könnte. Genau auf diesen wichtigen Unterschied wird es im Folgenden ankommen: Die Handlung selbst mag zwar wissentlich und willentlich vollzogen worden sein, aber der betreffende *Schaden* ist weder wissentlich noch willentlich herbeigeführt worden. Die bewusst und absichtlich ausgeführte Tat hatte überhaupt gar nicht den Zweck, den betreffenden Schaden zu bewirken. Und deshalb kann man Sie für den betreffenden Schaden auch nicht verantwortlich machen.

Das klingt zunächst plausibel: Sie haben sich zwar absichtlich gesetzt, aber Sie haben keineswegs absichtlich den betreffenden Schaden verursacht. Die neuere Hirnforschung geht an diesem Punkt jedoch noch einen Schritt weiter, indem sie Zweifel weckt, ob die Unterscheidung «absichtlich» und «unabsichtlich» überhaupt irgendeinen Wert hat: Ihnen fehle nämlich der sogenannte *freie Wille*, der für absichtsvolles Tun eine notwendige Bedingung darstelle. Würde dies zutreffen, so wären Sie nicht einmal mehr dafür verantwortlich zu machen, dass Sie Ihre Freundin besucht und sich auf deren Sofa gesetzt haben. Wie sollte man Sie dann für einen dabei zufällig entstandenen Schaden zur Verantwortung ziehen? Um für eine Tat oder aber einen Schaden *verantwortlich* zu sein, müssen bewusste und gewollte Entscheidungen möglich sein. Genau das aber wollen die berühmten «Libet-Experimente» widerlegt haben: In einem Versuchslabor wurden personale Entscheidungsprozesse fingiert. Die Probanden wurden gebeten, zu einem völlig beliebigen Zeitpunkt die rechte Hand zu heben. Dabei wurde gemessen, zu welchem Zeitpunkt die Probanden bewusst den Entschluss fassten, sich zu bewegen, ab wann eine entsprechende Hirnaktivität zu verzeichnen war und wie viel Zeit danach verging, bis die Bewegung ausgeführt wurde. Dabei machte der Hirnforscher Benjamin Libet eine erstaunliche Entdeckung: Wenige Millisekunden *bevor* die Probanden den bewussten Entschluss fassten, ihre Hand zu bewegen, konnte bereits ein gewisses Bereitschaftspotenzial des Gehirns gemessen werden, mit der Handlung zu beginnen. Die Entscheidung schien also bereits gefallen zu sein. Und dann erst kam sie den Probanden zu Bewusstsein. Deshalb fragte Libet sich: Ist es unser Gehirn, das unsere Entscheidungen trifft und unsere Körperbewegungen einleitet? Registriert unser subjektives Bewusstsein immer nur *nachträglich*, dass der betreffende Entschluss bereits gefasst worden ist? Daraus würde folgen: Der Mensch wäre nicht etwa frei, sondern neuronal «determiniert». Und von «wissentlichen» und «willentlichen» Entscheidungen könnte deshalb nicht länger die Rede sein.

Dies hätte empfindliche Konsequenzen nicht nur für unser Weltbild, sondern auch für jede moralphilosophische Untersuchung, die mit unmoralischen Taten befasst sein will: Das vorliegende Buch wäre schlicht überflüssig, denn es beruhte auf der Illusion, dass Handlungen gemäß der wuw-Prämisse *möglich* sind. Wäre mit den berühmten Libet-Experimenten tatsächlich bewiesen, dass nicht «wir» es sind, die unsere Entscheidungen treffen, und zwar wissentlich und willentlich, so wäre mit dieser doppelten Bedingung zugleich auch jede moralische *Verantwortung* für unser Verhalten zum Verschwinden gebracht. Warum sollten wir Verantwortung tragen für etwas, das unser Gehirn mit uns macht? Verantwortung setzt voraus, dass der Urheber der betreffenden Tat im Moment der Entscheidung eine echte Alternative gehabt hat: Er hätte sich bewusst und freiwillig auch *gegen* die betreffende Handlung entscheiden können. Nur wenn dies der Fall ist, kann man dem Urheber der Tat oder auch dem Verursacher eines Schadens die *volle* Verantwortung für sein Handeln zuschreiben. Entscheidet jedoch unser Gehirn, so hat der Mensch gar keine echten Alternativen. Daraus würde folgen: Jeder Betrüger, Lügner, Verräter oder Dieb, aber auch jeder Entführer, Killer, Folterknecht oder Vergewaltiger wäre genauso neuronal determiniert wie jeder andere Mensch auch. Und damit wäre jede noch so unmoralische Tat von vornherein *entschuldigt*.

4. War das Absicht?

Kehren wir jedoch zunächst zu der überaus alltäglichen und von der neueren Hirnforschung relativ unberührten Erfahrung zurück, *dass* dem Menschen wissentliches und willentliches Tun möglich ist; eine Erfahrung, die übrigens eher dafür zu sprechen scheint, dass mit dem Versuchsaufbau der berühmten Libet-Experimente irgendetwas nicht stimmt. Zu Beginn des letzten Abschnitts war gesagt worden: Hat sich ein Schaden ereignet, so ist sorgsam zu unterscheiden, ob dieser Schaden versehentlich oder aber vorsätzlich verursacht worden ist. Eine Person, die sich unwissentlich und unwillentlich auf eine Brille setzt, mag sich zwar wissentlich und willentlich auf dem betreffenden Sofa niedergelassen haben, aber sie tat dies nicht deshalb, weil sie die *Absicht* hatte, die betreffende Brille zu demolieren. Tatsächlich kommt hier eine Parallele zwischen einem bloß versehentlichen und einem gegebenenfalls neuronal determinierten Verhalten zum Vorschein: Eine Person, die aus Versehen einen Schaden bewirkt, wird genauso wenig als verantwortlicher Täter betrachtet werden können wie jemand, der zu diesem Schaden neuronal vorherbestimmt gewesen ist. Der betreffende Schaden kann vielmehr keiner der beiden Personen «intentional» zugeschrieben werden, da sie die negativen Folgen ihres Verhaltens schlicht nicht *bezweckt* haben.

Spitzen wir das Brillen-Beispiel zunächst noch etwas zu: Weiter oben war zu Ihrer Entschuldigung gesagt worden, dass nicht damit zu «rechnen» war, dass auf dem Sofa eine Brille liegen würde. Gut, es war tatsächlich sehr unwahrscheinlich, aber vollends ausgeschlossen war es nicht. Schließlich ist Ihre Freundin Brillenträgerin und bekannt dafür, dass sie ihre Brille überall herumliegen lässt. Und wenn Sie es sich genau überlegen, haben Sie sich vor einiger Zeit beinahe schon einmal auf deren Brille gesetzt. Hätten Sie nicht doch damit rechnen müssen, dass die Brille auf dem Sofa liegt? Haben Sie sich nicht ein wenig achtlos in die Sofakissen fallen lassen? Hier ein weniger harmloses Beispiel: Am darauffolgenden Tag sitzt Ihre brillenlose Freundin spätabends noch in ihrem Büro. Sie ist allmählich müde und möchte nach Hause fahren. Sie weiß zwar, dass sie im Dunkeln niemals ohne ihre Brille Auto fahren sollte, aber sie will rasch heim zu ihrer Familie. Sie fährt los. Als sie schon fast daheim ist, nähert sie sich einer schlecht beleuchteten Kreuzung. Sie hält kurz an, schaut erst nach links, dann nach rechts und biegt ab. Doch dabei übersieht sie einen Fußgänger, der die Straße überqueren möchte. Er wird angefahren, schwer verletzt und in ein Krankenhaus eingeliefert. Und die entscheidende Frage lautet nun: Inwiefern haben wir es mit einer verantwortlichen Tat zu tun?

Da ein Schaden, wie oben dargelegt, wissentlich und willentlich verursacht worden sein muss, um als Resultat einer verantwortlichen Handlung zählen zu können, ist zunächst auch hier keine Schädigung gemäß der wuw-Prämisse festzustellen. Dazu wäre es notwendig gewesen, den Fußgänger direkt *absichtlich* anzufahren – was vorkommen mag, im vorliegenden Fall aber ausgeschlossen werden kann. Deshalb wird man wohl von einem «Unfall» sprechen müssen und nicht etwa von einer gezielten Körperverletzung oder gar von einem → Tötungsversuch, denn aus Sicht der Autofahrerin war keine Absicht im Spiel. Und dennoch: Man wird als außenstehende Person nicht schon gewillt sein, die buchstäblich kurzsichtig agierende Autofahrerin von *jeglicher* Verantwortung freizusprechen. Sie mag den Unfall zwar nicht «sehenden Auges» verursacht haben, aber vollends schuldlos ist sie nicht. Worauf aber beruht ihre Verantwortung? Die Frau hätte mit den schädlichen Folgen ihres leichtsinnigen Verhaltens rechnen müssen und den Unfall so verhindern können. Wer keine Ersatzbrille hat, muss den Bus nehmen. Dann wäre dieser Unfall nicht passiert. Und *deshalb* trifft sie eine gewisse Verantwortung für das, was geschehen ist.

An dieser Stelle lohnt ein Blick in das deutsche *Strafgesetzbuch* (StGB), in dem man weit mehr über das Unwesen der Unmoral erfährt als in den meisten philosophischen Abhandlungen. In § 15 StGB heißt es: «Strafbar ist nur vorsätzliches Handeln, wenn nicht das Gesetz fahrlässiges Handeln ausdrücklich mit Strafe bedroht.» Eine Person handelt *fahrlässig*, wenn sie in einer gegebenen Handlungssituation nicht bedenkt oder beachtet, was sie «bei Anspannung all ihrer seelischen Kräfte» zu beachten hätte. Ihr mangelt es an der gebotenen «Sorgfalt» und «Umsicht», deren es bedurfte, um etwaig drohende Folgeschäden ihrer Taten abzuschätzen. Auch die kurzsichtige Autofahrerin wusste ja, dass es gefährlich ist oder dass es ihr sogar laut Führerschein untersagt war, nachts ohne Brille Auto zu fahren. Sie hat den Unfall zwar nicht gewollt, aber sie hätte sich vergegenwärtigen müssen, dass durchaus die Wahrscheinlichkeit eines Unfalls und einer Verletzung anderer Menschen bestand. Und weil sie das nicht getan hat und sich stattdessen leichtsinnig verhielt, ist sie für die negativen Folgen ihrer Handlung und damit für die schweren Verletzungen des Fußgängers bedingt verantwortlich zu machen.

Aber trägt die Autofahrerin die *gleiche* Verantwortung wie jemand, der einen vergleichbaren Unfall direkt vorsätzlich verursacht, weil er z. B. ein eiskalter Killer ist, der den Fußgänger «erledigen» und den Vorgang nach einem Unfall aussehen lassen soll? Natürlich nicht. Denn genau dies will die strafrechtliche Kategorie der «Fahrlässigkeit» zum Ausdruck bringen: Fahrlässig schadet, wer ohne Vorsatz schadet. Und weil die Täterin die negativen Konsequenzen ihrer Handlung ausdrücklich nicht bezweckt hat, kommt ihr aufgrund ihrer Leichtsinnigkeit zwar Verantwortung zu, aber doch *weniger* Verantwortung als jener Person, die den gleichen Schaden wissentlich und willentlich herbeiführt. Von außen dürfte allerdings nicht immer gleich zu erkennen sein, ob es sich um eine bloß fahrlässige oder aber um eine direkt vorsätzliche Schädigung handelt. Hier mag bisweilen nur ein Strafprozess für Klarheit sorgen. Grenzfälle, die aus strafrechtlicher Sicht besonders schwierig zu beurteilen sind, stellen Handlungen mit «bedingtem Vorsatz» dar. Nehmen wir an, die Autofahrerin sei sich annähernd bewusst gewesen, dass sie sich leichtsinnig verhielt. Doch als ihr der Gedanke kam, dass sie jemandem schaden könnte, hatte sie diesen Gedanken ganz einfach beiseitegeschoben: «Na, wenn schon! Ich will nach Hause.» In Fällen wie diesen spricht das Strafrecht von einem Schaden, der «billigend in Kauf genommen» wurde und deshalb härter sanktioniert werden muss als ein bloß fahrlässiges Verhalten.

Zusammenfassend lässt sich festhalten: Wissentliche und willentliche Handlungen können indirekt oder aber direkt zu einem Schaden führen. Die fahrlässige Autofahrerin ist zwar wissentlich und willentlich ohne Brille Auto gefahren, aber sie verursacht den Unfall bloß indirekt, und zwar durch den *ersten* Vorsatz, ohne Brille Auto zu fahren, aber ohne den direkten *zweiten* Vorsatz, den betreffenden Fußgänger anzufahren. Deshalb sind fahrlässige bzw. leichtsinnige Handlungen keine verantwortlichen Taten «im vollen Sinn». Denn der Schaden, den sie bewirken, ist eine unbeabsichtigte Nebenfolge ihrer Tat und nicht etwa deren ursprünglicher Zweck. Anders gesagt: Eine Person verursacht *versehentlich* einen Schaden, wenn sie zwar wissentlich und willentlich handelt, dabei aber unwissentlich und unwillentlich den jeweils unvorhergesehenen Schaden bewirkt. Wer hingegen wissentlich und willentlich handelt, obwohl er sich bewusst ist, dass sein Handeln mögliche Folgeschäden nach sich ziehen könnte, nimmt diese Folgeschäden *billigend in Kauf*, auch wenn er sie nicht ausdrücklich bezweckt. Einen direkt *absichtlichen* Schaden schließlich verursacht diejenige Person, die wissentlich und willentlich handelt und ihrem Opfer dadurch ebenso wissentlich und willentlich einen entsprechenden Schaden zufügt. Da sich der Täter direkt zu diesen Schädigungen entschieden hat, hätte er genauso gut auch davon absehen können. Für die

Wo beginnt die Unmoral?

Frage nach der moralischen Bewertung der betreffenden Handlung wird das überaus entscheidend sein.

5. Wo steht geschrieben, was Moral ist?

Bislang ist nur geklärt, wann und in welchem Ausmaß von einer «verantwortlichen Tat» zu sprechen ist. Woran aber erkennt man, dass es sich um eine verantwortliche Tat handelt, die dezidiert *unmoralisch* ist? Im Alltag wird diese Frage zumeist mit dem Hinweis beantwortet, dass eine konkrete moralische Vorschrift verletzt worden sei: Man darf nicht → stehlen, nicht → lügen, nicht → ehebrechen, keine → Gewalt anwenden, nicht → töten usw. Dabei gibt es kulturell bedeutsame Unterschiede, was den substanziellen Inhalt und die kontextspezifische Auslegung solcher Vorschriften angeht. Nur um ein paar Beispiele zu nennen: In eher «traditionellen» Gesellschaften wiegt eine ehrverletzende → Beleidigung unter Umständen schwerer als ein → Tötungsdelikt. Ein harmloser → Diebstahl kann mit einer schweren Körperstrafe und Ehebruch mit Steinigung geahndet werden. Aus Sicht der sich «modern» verstehenden westlichen Welt mögen diese moralischen Praktiken reichlich unzeitgemäß anmuten. Und doch haben viele Menschen hierzulande nur wenig Probleme damit, dass ökonomische → Ausbeutung an der Tagesordnung ist, → Mobbing inzwischen zum Arbeitsalltag gehört, harmlose Steuerhinterziehungsdelikte mitunter härter sanktioniert werden als körperliche → Gewalttaten und der partnerschaftliche → Betrug, der bekanntlich ganze Familien zerstören kann, beinahe als Kavaliersdelikt gilt. Aber vertagen wir inhaltliche Fragen eines moralischen Kulturvergleichs auf später (→ Und die Moral von der Geschicht') und beschränken uns an dieser Stelle auf einige formale Gemeinsamkeiten.

Alle moralischen Gemeinschaften – gleich welcher kulturellen Prägung – halten ihr moralisches Wissen in entsprechenden Vorschriften fest, und zwar in «Verboten», «Geboten», «Regeln», «Konventionen» oder auch «Gesetzen». Gehen wir diese fünf Typen moralischer Vorschriften der Reihe nach durch: *Verbote* sind vergleichsweise einfach gehaltene, negativ formulierte Imperative, die ihren Empfängern ausdrücklich sagen, was sie nicht tun dürfen: «Du darfst niemanden beleidigen!» oder «Du sollst niemanden töten!». Spiegelbildlich dazu verhalten sich moralische *Gebote*, die zu einem konkreten Tun auffordern und daher positiv gefasst sind: «Du sollst Menschen helfen, die in Not sind!» oder «Du sollst anderen Menschen gegenüber ehrlich sein!» Weitaus komplizierter zu verstehen sind moralische *Regeln*. Deren normative Geltungskraft ist nicht zuletzt von der empirischen Frage abhängig, ob ihnen hinreichend viele Menschen entsprechend «regelmäßig» folgen; was bei Verboten und Geboten durchaus anders ist, denn deren Geltung ist zumeist von «höheren» Autoritäten verbürgt und damit unabhängig davon, ob die betreffenden Vorschriften auch tatsächlich befolgt werden. Von einer moralischen Regel jedoch wird man nur dann sprechen können, wenn diese auch faktisch anerkannt wird und etwaige Ausnahmen nicht schon selbst die Regel sind. Dazu ein Beispiel: Wer gern an spannenden Diskussionen oder Streitgesprächen teilnimmt und von seinen Gesprächspartnern angehört werden möchte, sollte seinerseits dazu bereit sein, auch seine Gesprächspartner anzuhören und ausreden zu lassen. Hielte sich niemand an diese Regel, so gäbe es diese Regel auch nicht, denn was de facto niemand tut, kann schwerlich als eine Regel bezeichnet werden. Und wenn es diese Regel nicht gäbe, so kämen die betreffenden Gesprächspartner auch nicht länger in den Genuss spannender Diskussionen und Streitgespräche.

Etwas Vergleichbares gilt für moralische *Konventionen*. Auch sie müssen durch Praxis bestätigt und aktualisiert werden. Doch sie unterscheiden sich von moralischen Regeln durch den Anspruch, das Resultat einer imaginären Übereinkunft zu sein. Regeln werden festgelegt, auf Konventionen muss man sich einigen. So erst wird die Legitimität der in Frage stehenden Konvention generiert. Die gemeinte Übereinkunft kann entweder ausdrücklich im Diskurs oder aber stillschweigend erzielt werden. Im letzteren Fall sprach man früher auch von «guten Sitten» und meinte damit tradierte moralische Praktiken, die sich hinlänglich bewährt hatten und *deshalb* als moralischer Konsens gelten durften. Wer in die betreffende Gemeinschaft hineinwuchs, stimmte diesen Sitten zu, solange er oder sie nicht ausdrücklich dagegen rebellierte. Heute jedoch gelangt man zunehmend zu der diskursethischen Auffassung, dass die Legitimität moralischer Konventionen von jenen bekräftigt werden muss, und zwar ausdrücklich, die ihnen folgen sollen. Nur so werden sich die «Adressaten» moralischer Konventionen zugleich auch als deren «Autoren» verstehen, wie Jürgen Habermas sagt. Damit ist ein sehr anspruchsvolles politisches Großprojekt umrissen, auf das wir hier jedoch nicht näher eingehen können.

Einen entscheidenden Schritt weiter gehen *Gesetze*. Alle der bislang genannten Vorschriftsarten gelten oft auch «unausgesprochen», sodass sie in ihrer Bedeutung und Reichweite nicht selten etwas «schwammig» bleiben. Bei Gesetzen ist das anders. Sie transformieren die stets etwas fragile Verbindlichkeit moralischer Gebote, Verbote, Regeln und Konventionen in unmittelbar geltendes *Recht*. Das bedeutet: Sie werden in förmlichen Verfahren schriftlich fixiert und im Rahmen von Gesetzesbüchern systematisch kodifiziert. Damit wird die Schwammigkeit nicht-fixierter Moralvorschriften deutlich verringert. Wer fortan wissen will, was erlaubt ist und was verboten, braucht nur noch in die entsprechenden Gesetzesbücher zu schauen. Durch eben diesen Prozess einer für Ordnung und Orientierung sorgenden Festschreibung geht die Legitimität moralischer Vorschriften in *Legalität* über: Gesetze haben den juridischen Vorzug, dass mit ihrer Kodifizierung die staatliche Garantie und auch Drohung verknüpft ist, dass etwaige Gesetzesverstöße geahndet und zur Not auch strafrechtlich verfolgt werden. Für die Einhaltung der betreffenden Vorschriften sorgen nunmehr staatliche Zwangsgewalten, z. B. Gerichte und die Polizei, die eigens zu diesem Zweck geschaffen worden sind.

Ganz gleich aber, ob es sich um moralische Verbote, Gebote, Regeln, Konventionen oder um Gesetze handelt: Sie alle besitzen die entscheidende Gemeinsamkeit, dass sie ihren Adressaten ausdrücklich mitteilen, welche «Pflichten» und gegebenenfalls auch welche «Rechte» sie haben. Stets lässt sich diesen Vorschriften die folgende Botschaft entnehmen: Man ist verpflichtet, dieses oder jenes zu tun, aber zugleich doch auch berechtigt, das Gleiche von seinen Mitmenschen zu erwarten. Dabei zielen *Pflichten* auf ein konkretes «Sollen» oder gar «Müssen» und können daher als verbindliche, generalisierte Verhaltenserwartungen verstanden werden. Das bedeutet: Unsere Mitmenschen dürfen davon ausgehen, dass wir diesen Pflichten, diesem Sollen nachkommen. *Rechte* hingegen verhalten sich spiegelbildlich: Sie gehen in der Regel mit einem konkreten «Dürfen» oder auch «Nicht-Müssen» einher und sind deshalb als verbindliche, generalisierte Verhaltensermächtigungen zu interpretieren. Gemeint ist: Wer Rechte hat, darf erwarten, dass sein Gegenüber diese Rechte achtet und gleichermaßen entsprechende Pflichten erfüllt.

Auch wenn seit jeher in der Moral- und Rechtsphilosophie eine intensive Debatte über das genaue Verhältnis von Rechten und Pflichten und mithin über die Frage geführt wird, ob es sich dabei notwendig um eine wechselseitige Korrespondenzbeziehung handelt (→ Und die Moral von der Geschicht'), so kann doch mit Blick auf die zu Beginn dieses Abschnitts aufgeworfene Frage, woher wir wissen, was Moral ist, das Folgende als weithin unstrittig angesehen werden: Der konkrete *Inhalt* moralischer Regelsysteme lässt sich im Wesentlichen an den in einer jeweils bestimmten Gesellschaft oder Kultur vorherrschenden Pflichten und Rechten ablesen, die dort in Verboten, Geboten, Regeln, Konventionen und Gesetzen festgehalten sind. Das Problem der moralischen Inhaltsbestimmung ist damit jedoch keineswegs zufriedenstellend gelöst. Denn ungeklärt ist weiterhin: Wer darf den jeweils konkreten Inhalt dieser kulturell besonderen Pflichten und Rechte bestimmen? Woher wissen diejenigen, die für diese Vorschriften verantwortlich sind, was im Einzelnen als moralisch richtig und was als falsch zu deklarieren ist? Und woher wissen jene, die diese moralischen Vorgaben beachten sollen, dass sie tatsächlich *guten* Vorschriften folgen? Spätestens an dieser Stelle muss die Moralphilosophie damit beginnen, ihren zu Beginn diagnostizierten «toten Winkel» auszuleuchten, in dem sich das Unwesen der Unmoral verbirgt. Denn wer wissen will, was aus einer verantwortlichen Tat eine unmoralische Tat macht, wird durch die bereits geltenden moralischen Vorgaben seiner oder ihrer jeweils eigenen Gemeinschaft «hindurchsehen» müssen. Dann nämlich gilt es, die individuellen *Erfahrungen* offenzulegen, durch die sich die betreffenden Moralgemeinschaften einst dazu veranlasst gesehen haben mögen, die entsprechenden moralischen Vorschriften zu erlassen.

6. Das Unwesen der Unmoral

Erst angesichts von Unmoral, so war oben behauptet worden, kommt der Mensch im Umkehrschluss zu der Einsicht, was gegenüber der jeweils erlittenen oder bezeugten Untat das moralisch Richtige oder Gute wäre. Und die Rede von verantwortlichen Taten setzte voraus, dass der durch sie – direkt oder aber indirekt – bewirkte Schaden das Ergebnis wissentlichen und willentlichen Tuns sein muss, da uns die betreffende Tat sonst kaum als moralisch kritikwürdig erscheinen wird. Versuchen wir es daher mit der folgenden Definition:

> *Eine Person, die eine Handlung vollzieht, und zwar wissentlich und willentlich, die geeignet ist, anderen einen – aus deren Sicht – unfreiwilligen und unverschuldeten Schaden zuzufügen, begeht eine unmoralische Tat.*

Zunächst muss festgehalten werden, dass wir das Feld der Unmoral laut dieser Definition dann – und nur dann – betreten, wenn wir es mit Handlungen gemäß der wuw-Prämisse zu tun haben, mit denen man anderen einen Schaden zufügt oder aber zufügen könnte. (Wie wir später noch sehen werden, müssen → Unterlassungen, die ja ebenfalls einen Schaden bewirken können, als eine besondere Form von wissentlichem und willentlichem Tun ausdrücklich dazugezählt werden.) Oben waren drei Fälle von Schädigung unterschieden worden: Der betreffende Schaden wird entweder fahrlässig bewirkt, billigend in Kauf genommen oder direkt bezweckt. Deckt die genannte Definition alle drei Fälle gleichermaßen ab? Ja und nein. Sie umfasst zwar alle drei Fallkonstellationen, aber sie rechnet mit der Möglichkeit, dass man sie im Einzelfall sehr unterschiedlich bewerten wird. Deshalb heißt es in der Definition, die betreffende Handlung müsse «geeignet» sein, einen unfreiwilligen Schaden zu bewirken. Was genau bedeutet das? Die Tat muss so beschaffen sein, dass sie auch dann ursächlich zu einem Schaden führen kann, wenn dieser Schaden vom Verursacher gar nicht wissentlich und willentlich bezweckt wurde; wenn «bloß» leichtsinnig oder aber mit bedingtem Vorsatz gehandelt wurde. Alle drei Fallkonstellationen sind *unmoralisch*, weil sie einen konkreten Schaden verursachen könnten, und doch sind sie nicht alle *gleich* unmoralisch, denn im direkt absichtlichen und deshalb schwerer wiegenden Fall wird dieser Schaden wissentlich und willentlich bewirkt, in den beiden anderen Fällen lediglich aus Nachlässigkeit oder Leichtsinnigkeit. Dennoch mag im Endeffekt genau derselbe «objektive» Schaden verursacht werden, sodass alle drei Fälle geeignet sind, schuldhaft einen unmoralischen Schaden zu verursachen.

Dass Handlungen «geeignet» sein müssen, einen gewissen Schaden zu verursachen, bedeutet darüber hinaus, dass sie geeignet sein müssen, den erwünschten «Erfolg» zu bringen. Das bedeutet: Die betreffende Handlungen führen *normalerweise* zu diesem Erfolg und bewirken *in der Regel* einen entsprechenden Schaden. Ob sie das jedoch tatsächlich tun, hängt von zahlreichen inneren und äußeren Bedingungen ab, die in jedem empirischen Handlungskontext stark variieren mögen: Im ersten Fall funktioniert ein Zeitzünder nicht, oder aber der Täter stellt sich ganz einfach zu dusselig an. Im anderen Fall kommen ihm andere Personen rechtzeitig in die Quere. Dass aber ein Schaden zufällig *nicht* eintritt, bedeutet nicht, dass nicht trotzdem gegen ein entsprechendes Recht des Opfers verstoßen worden wäre, keinen Schaden zugefügt zu bekommen. «Der Versuch ist strafbar», heißt es dazu im Strafrecht. Daraus ergibt sich eine wichtige deontologische Einsicht: War der Täter unmoralisch motiviert, so ist die einmal in Gang gesetzte Handlung auch dann als unmoralisch einzustufen, wenn sie keinen faktischen Erfolg zeitigt. In diese Einsicht ist aber zugleich auch eine wichtige konsequentialistische Intuition eingeschrieben: Schlimmer ist es freilich, *wenn* der entsprechende Schaden eintritt und damit «erschwerend» hinzukommt. In der heutigen Moralphilosophie wird dieses Problem unter dem Stichwort «moral luck» (moralischer Zufall) diskutiert: Obwohl das zufällige Nicht-Eintreten des Schadens – deontologisch betrachtet – eigentlich keine Rolle spielen sollte, wird die Bewertung unmoralischer Taten im Alltag dennoch vom faktischen Erfolg dieser Taten abhängig gemacht. Daraus folgt: Eine Handlung ist bereits dann als moralisch schlecht einzustufen, wenn eine Schädigung versucht oder billigend in Kauf genommen wurde, aber sie ist umso schlechter, wenn der Täter den betreffenden Schaden dann auch tatsächlich *bewirkt* hat.

Was aber ist mit «Schaden» gemeint? Dem Übel, das die eine Person *begeht*, entspricht unmittelbar ein zweites Übel, das die andere Person *erleidet*. Von einem moralisch relevanten Schaden wird man im Allgemeinen dann sprechen, wenn dem Opfer der in Frage stehenden Tat empfindliche Nachteile, Verletzungen oder Leiden daraus entstehen. Es müssen wichtige «Interessen» der Person verletzt werden; Interessen, die das Wohlergehen der Person betreffen und deren Verletzung dazu führt, dass sich die Aussichten der Geschädigten, ein gutes oder gelingendes Leben zu führen, merklich verringern. Anders gesagt: Ein Indiz dafür, dass ein wichtiges Interesse verletzt worden ist, ist dann gegeben, wenn sich zeigen lässt, dass die geschädigte Person nach der Tat schlechter «dran» ist als vorher. Eine Verletzung von Interessen muss übrigens nicht notwendig mit körperlichen und seelischen Leiden oder gar mit Schmerzen verbunden sein. Wer z. B. → lügt oder → betrügt, ohne dass sein Gegenüber irgendetwas davon bemerkt, verstößt bereits gegen elementare Interessen der getäuschten Person, auch wenn dabei gar kein Schaden *erlitten* wird. Aber die Vermeidung von körperlichen und seelischen Leiden ist ganz sicher eines der wichtigsten Interessen des Menschen; eine moralische «Universalie», die es im Rahmen einer Theorie der Unmoral auf besondere Weise zu berücksichtigen gilt. Wie vielfältig aber die moralisch relevanten Interessen von Menschen sind und wie heterogen die korrespondierenden Verletzungserfahrungen ausfallen können, wird erst in den vielen Einzelanalysen dieses Buches deutlich werden können.

Laut Definition muss der Schaden jedoch zwei notwendige Bedingungen erfüllen, um überhaupt als unmoralisch eingestuft werden zu können. Erstens: Es muss sich aus Sicht der geschädigten Person um eine «unfreiwillige» Interessenverletzung handeln. Ein Indiz dafür ist, dass die Person, wäre sie zuvor gefragt worden, der Schädigung nicht zugestimmt hätte. Muss man dies eigens erwähnen? Ja, denn bisweilen ist tatsächlich das Gegenteil der Fall, und der Schaden ist von der betreffenden Person ausdrücklich *erwünscht*: Eine masochistische Person z. B. möchte von ihrem sadistischen Partner gequält werden; eine Patientin im Krankenhaus stimmt einem schweren medizinischen Eingriff zu; ein Seemann lässt sich tätowieren; ein unheilbar an Krebs erkrankter Mensch bittet um Sterbehilfe. *Volenti non fit iniuria*, sagt der lateinische Oberlehrer: «Dem Einwilligenden geschieht kein Unrecht.» Wer sich ausdrücklich zu einer Schädigung bereit erklärt, kann sich anschließend nicht darüber beklagen. Man würde sich letztlich bei sich selbst beschweren. Zwar ist die Moralphilosophie geteilter Meinung, wie Fälle einer derart freiwilligen Schädigung «auf Verlangen» moralisch zu beurteilen sind. Doch nach der oben genannten Definition können sie nicht schon *per se* als unmoralisch eingestuft werden.

Während wir auf dieses Problem am Ende dieser Einleitung noch einmal zurückkommen werden, ist hier zunächst die zweite zentrale Bedingung unmoralischer Schädigungen zu klären: Die Interessenverletzung muss nicht nur unfreiwillig, sondern zudem auch «unverschuldet» sein. Auch dies ist keineswegs selbstverständlich. Bisweilen tritt ein Schaden zwar unfreiwillig ein, dennoch mag sich die geschädigte Person diesen Schaden durch eigenes moralisches Fehlverhalten selbst «eingebrockt» haben: Ein tyrannischer Ehemann wird von seiner Frau nach jahrelangen → Demütigungen sitzen gelassen; ein Angreifer, der einer Person nach dem Leben trachtet, wird im Kampf zu Boden geschlagen; eine → Verräterin wird aus einer politischen Gruppierung ausgeschlossen; ein → Dieb wird gefasst und bestraft. Hat die Person den Schaden, den sie erleidet, durch eigenes Fehlverhalten schuldhaft provoziert, so besteht auch hier kein Grund zur Klage – kein *guter* jedenfalls. Man wird der Person vielmehr erwidern wollen: «Selbst schuld!»

Mit Blick auf den Kreis potenzieller Opfer, denen ein unfreiwilliger und unverschuldeter Schaden droht, spricht die Definition recht unspezifisch von «anderen». Sie will damit andeuten, dass es sich nicht notwendig um andere *Menschen* handeln muss. Der Mensch schadet keineswegs nur seinesgleichen, sondern häufig auch nicht-menschlichen Lebewesen. Während die professionelle Moralphilosophie lange Zeit ignoriert hat, dass auch Tieren oder sogar Pflanzen ein moralischer Status zukommt, hat sich dies in den letzten drei Jahrzehnten, und zwar wesentlich in Reaktion auf die Tierrechts- und Umweltbewegung, sehr stark verändert. Tiere und Pflanzen mögen zwar nicht schon *dieselben* moralischen Rechte besitzen wie Menschen; was unter anderem daran zu liegen scheint, dass Tiere und Pflanzen keine moralischen *Pflichten* haben. Aber die Überzeugung, dass auch nicht-menschliches Leben moralische Rücksichtnahme verdient, sofern es als «leidensfähig» zu betrachten ist, stößt heute kaum mehr jemanden vor den Kopf. Die oben genannte Definition setzt diese Überzeugung schlicht voraus. Gleichwohl werden sich fast alle der in diesem Handbuch diskutierten Beispiele auf jene spezifisch zwischenmenschliche Perspektive konzentrieren, aus der sich ein direkt *wechselseitiges* moralisches Pflichtenverhältnis ergibt.

Anstelle einer Zusammenfassung der wichtigsten Ergebnisse dieses Abschnitts sei die obige Definition durch einen kulturhistorischen Hinweis illustriert: Die gemeinte Definition zwingt uns zu einer folgenreichen Korrektur unseres christlich-abendländischen Kulturerbes. Denn wir werden den «Geburtstermin» der Unmoral umdatieren müssen. Nach der alttestamentarischen Überlieferung war es Eva, mit der die Unmoral bzw. die «Sünde» in die Welt kam. Sie habe sich von der berühmten Schlange – einem Tier, das, wie gesagt, keine moralischen Pflichten kennt – dazu verführen lassen, in den verbotenen Apfel zu beißen. Und als sie auch Adam davon zu kosten gab, riss Gottes Geduldsfaden, und die Vertreibung des Menschen aus dem Paradiese begann. Nach der oben genannten Definition jedoch wird man diese Überlieferung zurechtrücken müssen: Eva hat ganz sicher niemandem schaden wollen. Und auch von Fahrlässigkeit kann keine Rede sein oder aber davon, dass Eva die Vertreibung aus dem Paradiese billigend in Kauf genommen hätte. Gut, heute wissen wir, was dem Menschen blüht, wenn er Gottes Gebote missachtet. Aber für Eva waren die Folgen ihrer Tat so nicht vorauszusehen. Die seither geläufige Metapher vom Apfel als verbotener Paradiesfrucht verdankt sich im Übrigen einer falschen Übersetzung des lateinischen Wortes «malum», das sowohl «böse» als auch «Apfel» bedeuten kann. Und so ereignet sich die erste dezidiert unmoralische Tat, die uns überliefert ist, erst viele Jahre später: Kain → tötet seinen Bruder Abel, und zwar aus Eifersucht und zudem heimtückisch.

7. Wer tut so etwas?

Die im letzten Abschnitt skizzierte, aber noch unzureichend begründete Auffassung vom Wesenskern der Unmoral lautet: Unmoralisch handelt diejenige Person, die im Vollzug ihrer Handlung mindestens fahrlässig agiert oder gar billigend in Kauf nimmt, dass andere dabei Schaden nehmen. Und *besonders* unmoralisch handelt, wer diesen Schaden wissentlich und willentlich, ja, geradezu «um seiner selbst willen» herbeiführen möchte. Wer aber tut so etwas? Und gibt es das überhaupt: Menschen, die gezielt anderen Menschen zu schaden versuchen? Wollen nicht auch diejenigen, die «objektiv» Schlechtes tun, letztlich doch «subjektiv» etwas Gutes tun? Handeln unmoralische Personen nicht *per se* bloß ungeschickt oder aus Unwissenheit und deshalb allenfalls fahrlässig, aber nicht schon absichtlich? Genau dies war einst die Überzeugung Platons: Ein Mensch, der das Gute kenne und es vom Schlechten unterscheiden könne, werde niemals auch nur auf die Idee kommen, gezielt das für den Menschen Schlechte tun zu wollen. Denn dies wäre geradezu widernatürlich, ja, verrückt. Der unmoralische Mensch, so Platon, *weiß* es schlicht nicht besser, und eben deshalb kann er auch gar nicht anders *wollen*. Diese These ist provokant, aber doch wenig überzeugend, denn die Erfahrung lehrt, dass Menschen tatsächlich «fies» sein können und gezielt das Schlechte tun. Wie aber ist das möglich? Selbst wenn man Platons These unplausibel findet und überdies die neumodische Auffassung von der neuronalen Determiniertheit des Menschen für verfehlt hält, so wird man dennoch eine Erklärung dafür finden müssen, warum manche Menschen

Schläft oder träumt die Vernunft, wenn es zur Unmoral kommt?

«aus freien Stücken» genau dasjenige tun, von dem sie sehr genau wissen, dass es moralisch falsch ist.

Erst in den späteren Einzelanalysen wird deutlich werden, dass die persönlichen Motive für unmoralisches Handeln so unterschiedlich wie die betreffenden Untaten selbst geartet sein können. Warum eine Person im jeweils konkreten Kontext → beleidigt, → betrügt, → diskriminiert, → mobbt, → demütigt oder → Gewalt anwendet, kann schwerlich unabhängig von einer genaueren Betrachtung der spezifischen Umstände, ja, letztlich nur vom Täter selbst geklärt werden. Zudem muss berücksichtigt werden, dass die Frage, ob sich ein Mensch in einer jeweils bestimmten Konfliktsituation moralisch richtig oder aber falsch verhält, nicht nur von ihm selbst und seinem Wissen und Wollen abhängt, sondern stets auch von äußeren Faktoren, auf die man bisweilen nur wenig Einfluss hat. Gemeint sind u. a. die familiären, sozialen, kulturellen, religiösen, politischen oder auch ökonomischen Lebensumstände, die unser Handeln prägen. Auch kommt es stets darauf an, was die betreffende Person im Laufe ihres Lebens über Moral und rechtes Handeln gelernt hat, und überdies: von wem. Außerdem mögen Fragen ihrer natürlichen «Ausstattung», z. B. ihre Intelligenz oder ihre Gene, eine wichtige Rolle spielen. Und nicht zuletzt dürfte immer auch die jeweilige Tagesform ausschlaggebend sein.

Gleichwohl scheint es ein recht allgemeines, ja, geradezu triviales Motiv für Unmoral zu geben, das an dieser Stelle bereits erwähnt werden soll, auch wenn es erst am Ende dieses Buches etwas ausführlicher behandelt werden wird: Unmoralische Taten basieren fast immer auf *Egoismus*. Das bedeutet: Eine Person, die den Schaden anderer Menschen billigend in Kauf nimmt oder aber direkt bezweckt, hat dabei zuvorderst ihre jeweils eigenen Interessen im Visier, zu deren Gunsten sie die Interessen anderer ignoriert, vernachlässigt oder sogar absichtlich verletzt. Kurz: Die eigenen Triebe, Bedürfnisse und Nöte gehen «vor». Dies gilt im Übrigen selbst dann, wenn man – scheinbar selbstlos – im Dienste einer kollektiven politischen oder auch religiösen Idee unmoralisch agiert. Dann nämlich sind es die egoistischen Interessen der jeweils eigenen, identitätsstiftenden *Gruppe*, in deren Namen man → diskriminiert, → Verrat übt, → Gewalt anwendet, → foltert oder auch → tötet.

Gleichwohl sollte man die gemeinte These von einem unmoralischen «Primat des Eigenen» nicht vorschnell als Kritik eines jeden rationalen Eigeninteresses missverstehen. Überaus viele Menschen dürften der Auffassung sein, dass zunächst einmal die eigenen, persönlichen Interessen zählen, während die Interessen anderer Menschen als eher zweitrangig zu betrachten sind. Ist man deshalb bereits ein unmoralischer Mensch? Nein. Auch aus moralischer Sicht geht es in Ordnung, dass Menschen primär an sich denken und die Folgen ihrer Handlungen immer auch in eigener Sache zu kalkulieren versuchen. Die Moralphilosophie kritisiert nicht, *dass* Menschen eigennützige Motive verfolgen, sondern lediglich, *wie* sie das bisweilen tun, und zwar auf rücksichtslose Weise. Ein Egoist ist nämlich, wer das eigene Leben «auf dem Rücken» anderer Menschen lebt und sich eigene Vorteile unmittelbar zu deren Nachteil verschafft. Kurz: Der eigentliche Gegenspieler der Moral ist nicht das rationale Eigeninteresse, sondern dessen Potenzial, in völlige Rücksichtslosigkeit umzuschlagen (→ Und die Moral von der Geschicht').

Diesbezüglich hat die moralische Alltagssprache eine wichtige Unterscheidung parat, und zwar die Unterscheidung zwischen «egoistischen Handlungen» und «egoistischen Menschen». Eine Person *handelt* egoistisch, wenn sie etwas tut, von dem sie genau weiß, dass sie es nicht tun soll, weil es anderen schadet. Ein Mensch *ist* egoistisch, wenn er es sich zur Gewohnheit gemacht hat, auf andere Menschen keine Rücksicht zu nehmen; wenn sein gesamter Charakter von einer gewissen Dreistigkeit und Skrupellosigkeit geprägt ist. Folglich sollte nicht schon jede singuläre Untat dazu Anlass geben, den betreffenden Täter als einen *insgesamt* unmoralischen Menschen zu brandmarken, denn alle Menschen verhalten sich ab und zu egoistisch. Ohnehin dürften diejenigen, die tatsächlich «durch und durch» egoistisch und unmoralisch sind, eher in der Minderheit sein. Zu einem unmoralischen Charakter scheint weit mehr als nur eine gewisse Häufung egoistischen Verhaltens zu gehören. Die Rücksichtslosigkeit des durchweg unmoralischen Charakters hätte für die betreffende Person geradezu ein «individuelles Gesetz» zu sein. Die allermeisten Menschen jedoch dürften sich irgendwo zwischen den beiden Polen der Moral und der Unmoral bewegen. Und mal fühlt man sich stärker zu dem einen, mal stärker zu dem anderen Pol hingezogen.

Gleichwohl gibt es natürlich auch das: Menschen, die durchweg und anhaltend unmoralisch sind; «üble Zeitgenossen», die auf dem moralischen Auge blind zu sein scheinen; «Schurken», die weder Schuld noch Scham, noch Reue kennen und denen man deshalb aus dem Weg geht. Manchmal scheint es gar, als verfolgten diese Menschen geradezu trotzig das Schlechte um des Schlechten willen. So als hätten sie eine regelrechte Aversion gegen die Moral. Arthur Schopenhauer hat in diesem Zusammenhang einmal von «uneigennütziger Bosheit» gesprochen und damit «sinnlose» Grausamkeiten gemeint, von denen nicht einmal der Täter selbst etwas zu haben scheint. In sehr seltenen Fällen ist sogar davon auszugehen, dass die Personen nicht einfach nur unmoralisch, sondern regelrecht *amoralisch* agieren. Das bedeutet: Sie sind tatsächlich «blind» für das, was sie anderen Menschen antun. Es fehlt ihnen sowohl die kognitive Fähigkeit als auch die emotionale Empathie, um zu erkennen, dass das Leiden und die Interessen anderer Menschen wichtige Gründe sind, die es in moralisch relevanten Entscheidungssituationen zu berücksichtigen gilt. Während diejenigen, die auf herkömmliche Weise unmoralisch handeln, gegen eine Moral verstoßen, von der sie prinzipiell Kenntnis haben, dürfte für amoralische Menschen gelten, dass sie überhaupt gar keine Moral *haben*. In diesen – klinischen – Fällen hat man es mit sogenannten Psychopathen zu tun, deren krankhaft antisoziales Denken ganz einfach ignoriert, dass andere Menschen eigenständige, fühlende Wesen sind und nicht bloß «Objekte» der eigenen manipulativen Willkür. Die Moralphilosophie spricht in diesem Zusammenhang vom «lack of moral sense»: Psychopathen können sich in andere Lebewesen nicht hineinversetzen, und deshalb empfinden sie auch kein Mitleid, wenn sie ihnen schweren Schaden zufügen. Wer aber kein Mitleid zu empfinden vermag, wird kaum den «Sinn» moralischer Normen begreifen können, der darin besteht, unfreiwillige und unverschuldete Schädigungen zu verhindern.

Pathologische Fälle von Unmoral sind glücklicherweise selten. Im Alltag hat man es fast immer mit Menschen zu tun, die im Laufe ihres Lebens – mühsam und oft auch schmerzlich – haben lernen müssen, dass sie ihre eigenen Bedürfnisse stets an berechtigten Interessen anderer Menschen abzugleichen haben. Kaum jemand steht völlig «außerhalb» der Moral. Selbst durchweg egoistische Menschen sind zumeist nur «Trittbrettfahrer»: Sie zehren parasitär von moralischen Vorschriften, die von ihren Mitmenschen für gewöhnlich beachtet und eingehalten werden. Schwarzfahren z. B. ist nur dann möglich, wenn der U-Bahn-Verkehr, für den man normalerweise bezahlen muss, rollt. Das wird aber nur dann der Fall sein, wenn hinreichend viele Menschen regelmäßig eine Fahrkarte lösen. Ein anderes Beispiel: Eine → Lüge kommt nur dann an ihr Ziel, wenn die belogene Person annimmt, dass man ihr die Wahrheit sagt. Wenn sich aber alle Menschen ständig belügen würden, so ginge bald niemand mehr davon aus, dass man ihm die Wahrheit sagt. Und dann funktioniert auch die Lüge nicht länger. Moralische Trittbrettfahrer nutzen gezielt den Umstand aus, dass sich die weitaus meisten Menschen moralisch konform verhalten. Nur weil man sich als Trittbrettfahrer auf den Umstand einer überraschend weit verbreiteten Regelkonformität verlassen kann, besteht die Möglichkeit, dass man sich einen egoistischen Vorteil auf Kosten der Allgemeinheit verschafft. Stärker noch: Trittbrettfahrer müssen das moralische Regelwerk insgesamt *gutheißen*, weil sie sonst ja gar nicht trittbrettfahren könnten.

8. Diesseits von Gut und Böse

Die bisherigen Überlegungen lassen bereits den Schluss zu, dass die Anstößigkeit unmoralischen Handelns steigerungsfähig ist: Fahrlässige und versuchte Schädigungen mögen bereits ungut sein, aber direkt absichtliche und erfolgreiche Schädigungen sind schlechter. Wie aber lassen sich diese unterschiedlichen «Härtegrade» unmoralischer Taten terminologisch einholen? Beginnen wir mit der begrifflich primären Unterscheidung zwischen moralisch unbedenklichem und moralisch fragwürdigem Verhalten. Bislang sind hier nahezu synonym drei alltagssprachlich geläufige Gegensatzpaare verwendet worden: «richtig und falsch», «gut und schlecht», «gut und böse». Fraglich muss sein, ob es sich tatsächlich um austauschbare Synonyme handelt. Zunächst fällt auf, dass die Verwendung des Begriffspaares «richtig und falsch» nicht nur in moralischen, sondern auch in technisch-praktischen Zusammenhängen geläufig ist. Eine Person, die etwas richtig oder falsch *macht*, z. B. eine handwerkliche Tätigkeit, befolgt oder aber ignoriert Vorschriften, die sie beachten sollte, um die entsprechende Tätigkeit adäquat ausüben zu können. Folglich fällt man mit den Prädikaten «moralisch richtig» bzw. «moralisch falsch» ein Urteil darüber, ob das Handeln der betreffenden Person in Einklang mit den Verboten, Geboten, Regeln, Konventionen oder Gesetzen der Gemeinschaft steht.

Bei der Unterscheidung zwischen «gut» und «schlecht» verhält sich das signifikant anders. Hier wird die moralisch relevante Einzeltat nicht an empirisch geltenden Vorschriften gemessen, sondern an dem, was die jeweils urteilende Person als gut und schlecht für «den» Menschen oder «die» Gemeinschaft erachtet. Was ist der Unterschied? Menschen, die andere moralisch beurteilen, glauben gemeinhin, gewisse Wertvorstellungen davon zu haben, was *allen* Menschen, die in Gemeinschaften leben, gleichermaßen zuträglich wäre: z. B. Gerechtigkeit, Nächstenliebe, Solidarität, Toleranz oder Menschenwürde. Und sie glauben zudem, dass diese grundlegenden Wertvorstellungen selbst dort Geltung beanspruchen dürfen, wo ihnen die jeweils faktisch vorherrschenden Sitten und Gesetze gar nicht gerecht werden. Entsprechend werden *gute* Handlungen in Übereinstimmung mit dem, was für alle Menschen gut wäre, vollzogen, während man mit moralisch *schlechten* Handlungen Ergebnisse erzielt, die für jeden Menschen und mithin für jede Gemeinschaft schädlich wären.

Die Unterscheidung «gut und böse» schließlich fügt dem eine weitere Steigerungsmöglichkeit hinzu. Personen, die nicht nur schlecht, sondern *böse* sind, kommen jener «uneigennützigen Bosheit» nahe, von der Schopenhauer sprach. Böse Menschen haben, wie es in religiösen oder metaphysischen Zusammenhängen bisweilen heißt, einen «Pakt mit dem Teufel» geschlossen. Folglich wäre böse, wer die Partei des «Antichristen» ergreift oder auf der «dunklen Seite der Macht» steht, wie es in den berühmten *Star Wars*-Filmen von George Lucas heißt (USA 1977–2005). Dies wiederum würde voraussetzen, dass in der Welt tatsächlich so etwas wie ein endzeitlicher Kampf zwischen «dem» Guten und «dem» Bösen tobte und dass diejenigen, die zur Achse des Bösen gehören, *jenseits* der oben zweiten und durchweg «allzu menschlichen» Unterscheidung zwischen gut und schlecht stünden. So als hätten wir es bereits mit jenen «Übermenschen» zu tun, von denen Friedrich Nietzsche einst träumte; mit Menschen also, die sich um die kleinmütige Alltagsmoral der «gemeinen Masse» nicht länger scherten. Lässt sich an diese theologische bzw. metaphysische Begriffstradition heute noch sinnvoll anknüpfen?

Das Problem eines derart religiös und metaphysisch gefassten Begriffs des Bösen liegt offenkundig darin, dass man an die Existenz teuflischer und dunkler Mächte buchstäblich *glauben* muss. Und damit wäre ein nicht-religiöser oder post-metaphysischer Gebrauch des Prädikats «böse» von vornherein obsolet. Fast folgerichtig gehört es in der zeitgenössischen Moralphilosophie beinahe zum guten Ton, den Begriff des Bösen als «Aporie» zu betrachten und für «undefinierbar» zu halten, obwohl man doch zugleich kaum wird verhehlen können, dass es sehr wohl Menschen gibt, die zu geradezu unglaublichen Bosheiten und Schandtaten fähig sind.

Wie banal ist das Böse?

Wie soll man diese Übeltäter begrifflich einordnen? Machen sie lediglich etwas «falsch»? Sind sie bloß «schlecht» oder eben doch «böse»? Es scheint fast so, als erschrecke die Moralphilosophie vor dem menschlich Monströsen; als sei das Grauen derart unbegreiflich, dass man davor verstummen oder gar kapitulieren müsse. Und so überlässt man das Problem gern der Theologie, die es dann allerdings verbrämt, hypostasiert und auch verunklart, indem sie das Böse zu einem dualistischen, anti-deistischen Gegenprinzip aufbauscht. Aus moralphilosophischer Sicht ist diese Situation äußerst unbefriedigend, bedenkt man, dass der Begriff des Bösen im Alltag überaus geläufig ist und selbst von solchen Menschen verwendet wird, die religiös und metaphysisch eher «unempfindlich» sind. Und so mag man sich fragen: Haben diejenigen, die vom Begriff des Bösen nicht lassen wollen, dabei etwas gänzlich Anachronistisches und inzwischen Sinnentleertes vor Augen? Ist ein «säkularer», d. h. ein von theologischem und metaphysischem Ballast befreiter Begriff des Bösen denkbar?

Handlungen sind unmoralisch, so hieß es bislang, wenn sie geeignet sind, entweder fahrlässig und leichtsinnig oder aber direkt absichtlich einen unfreiwilligen und unverschuldeten Schaden zu verursachen. Bereits an diesen überaus weltlichen Bestimmungen lässt sich der Unterschied zwischen «schlecht» und «böse» festmachen: Jede Handlung, die so beschaffen ist, dass sie ihrem Gegenüber, wenn auch nur versehentlich oder leichtsinnig, einen Schaden zufügen könnte, ist moralisch «schlecht». Dies gilt selbst dann, wie wir gesehen haben, wenn dieser Schaden zufällig *nicht* eintritt. Was aber, wenn dieser Schaden nicht nur fahrlässig verursacht oder billigend in Kauf genommen worden ist, sondern ausdrücklich bezweckt wurde? Eine Handlung ist darüber hinaus als «böse» zu bezeichnen, wenn der Täter seinem Opfer wissentlich und willentlich geschadet hat; wenn die bewirkte Interessenverletzung also das Hauptziel der Tat gewesen ist. Dann nämlich ist nicht nur wissentlich und willentlich eine Handlung vollzogen worden, die geeignet war, indirekt einen Schaden zu bewirken. Die Schädigung selbst war intendiert und ist damit *direkt* verursacht worden. Und eben das ist nicht nur schlecht, sondern zudem auch böse.

Selbst hier sind jedoch noch Steigerungen möglich: Manchmal scheint es dem Täter nicht nur um die direkte Verursachung des Schadens zu gehen, sondern zudem auch darum, aus diesem Schaden eine sadistische Befriedigung zu ziehen. Er will sich an seiner Tat und an den Leiden seines Opfers «laben» oder gar berauschen. Derart sadistische Taten sind nicht nur böse, sondern *sehr* böse. Und im Folgenden sollen sie «grausam» genannt werden, denn Grausamkeit ist die Lust am Leiden anderer Menschen. Dazu muss die Tat nicht einmal «objektiv» gravierend sein, d. h. katastrophale Konsequenzen mit sich bringen. Es muss sich folglich nicht notwendig um schwere Verbrechen handeln; z. B. um → Gewalt oder auch → Folter. Vielmehr ist das «subjektive» Motiv entscheidend, ein anderes Lebewesen *quälen* zu wollen, und das kann man schon dadurch, dass man sein Gegenüber demonstrativ mit → Missachtung oder auch mit Liebesentzug straft. Entscheidend ist die selbstzweckhafte Lust, die man dabei empfindet. Sie erst macht aus bösen Taten sadistische Grausamkeiten.

Empirisch bzw. «von außen» werden sich diese unterschiedlichen Schweregrade moralischer Untaten nicht immer eindeutig voneinander abgrenzen lassen. Fest steht nur: Jede böse oder sogar sadistisch grausame Handlung ist stets schon notwendig eine schlechte Tat. Aber nicht schon jede moralisch schlechte Tat ist notwendig auch eine böse oder gar grausame Handlung, die den betreffenden Schaden ausdrücklich bezweckt oder sogar lustvoll bejaht. Zugleich gilt: Böse Handlungen, deren Zweck die Zufügung eines Schadens ist, sind nicht schon notwendig sadistisch grausame Handlungen. Sie sind es vielmehr nur dann, wenn der *Endzweck* der betreffenden Handlung nicht der Schaden selbst ist, sondern die sadistische Befriedigung, die der Täter daraus zieht.

Diese Unterschiede sollen hier noch einmal am Beispiel der kurzsichtigen Autofahrerin nachvollzogen werden: Wer des Nachts ohne Brille Auto fährt, will in der Regel niemanden verletzen oder gar töten, und dennoch handelt die betreffende Person moralisch schlecht, denn im Grunde weiß sie ja, dass eben dies passieren könnte. Wird das Auto hingegen von einem eiskalten Auftragskiller gesteuert, der den Tod des armen Fußgängers ausdrücklich bezweckt, so kann man die Tat als böse bezeichnen, auch wenn man dazu nicht an dunkle Mächte glauben muss. Nehmen wir nun an, die Autofahrerin sei die jahrelang → gedemütigte Ex-Frau jenes Fußgängers. Sie hat ihm hasserfüllt aufgelauert, um sich nun endlich für erlittene eigene Qualen zu → rächen. Sie überfährt ihren Ex-Mann gezielt. Und als dieser bereits schwer verletzt am Boden liegt, macht das Auto wieder und wieder kehrt, um den Sterbenden erneut zu überrollen – bis der ursprüngliche Hass der Autofahrerin in tiefe Befriedigung umgeschlagen ist. Die Autofahrerin mag zwar nicht buchstäblich vom Teufel geritten sein, aber «teuflisch» und deshalb grausam ist ihre Tat schon.

Solche Grausamkeiten sind zwar glücklicherweise selten, aber sie kommen vor, und bisweilen dürfte jeder Mensch entsprechende Neigungen verspüren. Das Böse ist, um es mit Hannah Arendt zu sagen, zunächst etwas recht «Banales». Und man braucht weder Theologie noch Metaphysik, um es zu verstehen. Der hier skizzierte Begriff des Bösen erwächst allein dem Wissen um das, was *Menschen* einander antun können. Deshalb liegt es nahe, die Erfindung des Teufels oder sonstiger metaphysischer Antipoden als eine Art Entlastungsmaßnahme zu interpretieren, die der täglichen Psychohygiene dient: Die Proklamation dunkler Mächte hilft verschleiern, wozu der Mensch – und zwar prinzipiell *jeder* Mensch – fähig ist. Selbst die schlimmsten Schurken und Schlächter dieser Welt sind weder der Antichrist noch irgendwelche Monster gewesen. Ihr Handeln *kann* erklärt und begreiflich gemacht werden. Und niemand wird sich die jeweils eigene Harmlosigkeit bereits dadurch beweisen können, dass man fordert, Psychopathen müssten «für immer weggesperrt» werden. Böse und grausame Menschen mögen einem bisweilen vollkommen verrückt, ja, krank erscheinen, und doch sind sie, wie alle anderen Mensch auch, von *dieser* Welt. Und nur deshalb, so wird im folgenden Abschnitt zu zeigen sein, ist das Böse eben nicht nur banal, sondern gelegentlich auch fesselnd.

9. Die Faszination des Bösen

Das Böse besitzt unbestreitbar eine enorme Anziehungskraft. Davon zeugt nicht zuletzt die kulturelle Vielfalt an Kriminalromanen und TV-Thrillern, die all den mutmaßlichen Nicht-Verbrechern und trägen Couch-Potatoes daheim möglichst gefahrlose Einblicke in menschliche Abgründe ermöglichen soll. Die zweifellos besten Geschichten sind stets jene, bei denen man als Zuschauerin oder Zuschauer recht bald schon nicht mehr weiß, wer hier eigentlich zu den Guten und wer zu den Bösen gehört. Zu wem soll man halten? Dieses unentschlossene Changieren dürfte recht genau der jeweils eigenen moralischen Natur entsprechen: als tendenziell zu allem fähig und dennoch nicht zu allem bereit. Folglich verspüren nicht nur die eigentlichen Täter, sondern mitunter auch deren Zeugen angesichts der Unmoral oft eine gewisse Erregung, die von den *Rolling Stones* einst als «Sympathy for the Devil» besungen wurde: «Pleased to meet you/Hope you guess my name/But what's puzzling you/Is the nature of my game».

Der böse Mensch scheint sich eine Freiheit zu nehmen, die offenbar nicht nur gefährlich, sondern zugleich auch aufregend und verlockend ist; eine Freiheit, die das Gegenteil von Biederkeit, Feigheit und Langeweile wäre; eine Freiheit, zu der man angesichts der vielen Sanktionen, die dem unmoralischen Menschen blühen, eine gewisse Entschlossenheit, Kaltschnäuzigkeit und Gewissenlosigkeit benötigt (→ Und die Moral von der Geschicht'). Der böse Mensch handelt «auf eigene Faust», er tut das vermeintlich «Undenkbare». Eben deshalb mag er anderen Menschen Respekt einflößen. Böse und grausame Menschen nehmen sich heraus, was allen Menschen strikt untersagt ist, und sie ziehen daraus Kraft, Macht und Größe. Der absichtsvoll destruktiv handelnde Täter schwingt sich zum Gebieter über seine Mitmenschen auf, die in seinen zerstörerischen Händen zum Spielball seiner größenwahnsinnigen Willkür werden. Der Gedanke an die Unmoral ist deshalb so berauschend, ja, schwindelerregend, weil man selbst zum Teufel *wird*.

Wenn zutrifft, was selbst die neuere Hirnforschung nicht bestreitet, dass nämlich Willensfreiheit für verantwortliche Moral konstitutiv ist – bestritten wird mitunter ja lediglich, dass es überhaupt Willensfreiheit und damit verantwortliche Moral gibt –, so führt uns dies notwendig zu der folgenden Einsicht: Die menschliche Freiheit zur Moral ist zugleich auch eine *Freiheit zur Unmoral*. Dies ist zugleich der Hauptgrund, warum man das Böse nicht zu einem theologischen oder metaphysischen Gegenprinzip verklären sollte. Stattdessen ist der durchweg säkularen Einsicht zu folgen, dass es die moralisch ambivalente Rolle der Freiheit ist, die uns den seelischen Taumel angesichts unmoralischer Taten zu erklären vermag. Die Idee «echter» Freiheit kann mit der furchtlosen, aber manchmal eben auch furchtbaren Entschlossenheit einhergehen, sich über sämtliche moralische Vorschriften hinwegzusetzen. Daher mag man bisweilen fasziniert sein, wenn es zu höchst unmoralischen Taten kommt, selbst wenn man *gleichzeitig* entsetzt und empört reagiert. Dies kann im Leben vorkommen: Man wird von ein und derselben Sache zugleich angezogen und abgestoßen. Man sollte wegschauen, und doch kann man sich nicht losreißen. Denken Sie hier nur einmal an einen schweren Verkehrsunfall oder auch an den Anblick eines entführten Passagierflugzeuges, das in ein Hochhaus kracht. Der menschliche Schrecken hat etwas Ansteckendes.

Gelegentlich ist der Versuch unternommen worden, die produktive Kraft, ja, die «Notwendigkeit» des Bösen hervorzuheben und zu verteidigen. In Goethes *Faust* heißt es über Mephistopheles, er sei ein «Teil von jener Kraft, die stets das Böse will und stets das Gute schafft». Dies kann man so verstehen, dass am Ende selbst noch der böse Mensch – mehr oder weniger unfreiwillig – im Dienste des Guten steht, da aus der destruktiven Negation tradierter Sitten am Ende «Größeres» erwachsen könnte. Von Fausts Studierzimmer aus gesehen, ist es dann nur noch ein kleiner Schritt zu einer anti-bürgerlichen Totalkritik der Moral, die davon überzeugt ist, dass angesichts der menschlichen Kraft und Größe, die im unmoralischen Verbrechen stecke, die geltende Moral als solche die *eigentliche* Unmoral darstelle. Mit diesem beliebten Argumentationsmuster, das man z. B. in den Werken von François Villon oder beim Marquis de Sade, in den Arbeiten von Friedrich Nietzsche oder bei Georges Bataille antrifft, wird den jeweils vorherrschenden Konventionen in schöner Regelmäßigkeit der Vorwurf gemacht, sie seien tödlich für die menschliche Freiheit und erstickten die «wahre» menschliche Natur bereits im Keim. Die Moral sei folglich nichts als eine kleinmütige Zumutung.

Auch wenn bisweilen kaum zu übersehen ist, dass diese präpotente Moralkritik nicht schon die Emanzipation der gesamten Menschheit vor Augen hat, sondern zumeist nur die jeweils eigene, kann diese Kritik doch – der Sache nach – durchaus berechtigt sein. Denn was die jeweils vorhandene Gemeinschaft als «gute Sitte» ausgibt, mag in Wahrheit doch nur ein Instrument zur Unterdrückung unangepasster Individuen sein. Ja, in allzu sittenstrengen Zeiten kann es sogar regelrecht erforderlich sein, gegen den politischen, rechtlichen, kulturellen oder auch religiösen Tugendterror der Gemeinschaft zu rebellieren. Und dann mag die Unmoral tatsächlich etwas «Schöpferisches» haben. Aber ist damit die Existenz des Bösen bereits *gerechtfertigt*? Selbst wenn unmoralische oder gar böse Handlungen langfristig zu etwas Gutem führen mögen: Betrachtet man sie aus einer direkt interpersonalen Perspektive, so sind und bleiben sie schlicht das Grauen. Dies bedeutet freilich nicht, dass man die Rolle der Unmoral als gesellschaftliche «Produktivkraft» leugnen sollte. Es wäre lediglich unangemessen und sogar unmenschlich, direkt *im Namen* des allgemeinen Fortschritts den jeweils konkreten unmoralischen Schaden gutzuheißen.

Too much Sympathy for the devil?

10. Moralische Selbstgefälligkeit

Die im letzten Abschnitt angedeutete Gefahr, der Faszination des Bösen zu erliegen, verhält sich spiegelbildlich zu einem unmittelbar entgegengesetzten Risiko, das man ebenfalls vermeiden sollte. Mindestens so schwer erträglich wie jene pathetischen Prediger einer «Umwertung aller Werte» sind sogenannte Moralapostel, die geradezu unentwegt auf der Suche nach moralischen Missetätern sind und nicht die geringste Abweichung von der «reinen Lehre» dulden. Fast zwanghaft besteht man darauf, dass die Moral keine Ausnahmen und Konzessionen zulasse. Und rasch artet diese – zunächst ja gut gemeinte – Grundhaltung in moralischen Rigorismus, in Fundamentalismus oder gar in Fanatismus aus: Man glaubt, den «Stein der Weisen» zu besitzen und in das Licht ewiger moralischer Wahrheit geschaut zu haben. Fortan beweist man sich die eigene weiße Weste dadurch, dass man auf der Weste anderer Menschen nach Flecken sucht. Wer erst einmal damit begonnen hat, nach moralischen Makeln zu suchen, wird bald schon fündig werden, denn der Mensch ist bekanntlich ein «Sünder». Jeder dieser Funde bestätigt dann aufs Neue ein sich zunehmend verdüsterndes Weltbild, dem zufolge die eigene kulturelle Gemeinschaft zunehmend in moralischer Verwahrlosung versinkt, weil ihr die «Werte» abhanden kommen.

Versuchen wir es mit einem Beispiel, das deutlich machen soll, wie schnell man einen vermeintlich unbescholtenen Menschen in moralische Schuld verstricken kann: Ein Weichensteller bei der Deutschen Bahn ist für einen Moment unaufmerksam, und er stellt die falsche Weiche. Er begeht – fahrlässig – einen möglicherweise verhängnisvollen Fehler, der zahlreiche Menschen das Leben kosten könnte. Stellt er die Weiche hingegen *richtig*, macht er einfach nur seinen Job. Doch nehmen wir einmal an, der Mann sei bei der Deutschen Reichsbahn beschäftigt, und er stelle die Weiche so, dass der herannahende Zug, dessen Wagons mit jüdischen Häftlingen gefüllt sind, direkt in ein Konzentrationslager umgeleitet wird. Hat der Mann die Weiche dann richtig oder hat er sie falsch gestellt? Hat der Bahnwärter bloß seinen Job, seine Pflicht erledigt, oder hat er sich mitschuldig gemacht an der späteren Ermordung dieser unschuldigen Häftlinge? Und wenn er sich tatsächlich schuldig gemacht haben sollte: Trifft ihn weniger Schuld als jenen Lageraufseher, der dann später die Menschen mit Gas umbringt? Macht nicht auch dieser Angestellte nur seinen «Job»? Ja, tragen beide aufgrund ihrer handfesten Tatbeteiligung am Ende sogar mehr Verantwortung als z. B. SS-Obersturmbannführer Adolf Eichmann, der den Transport von seinem Schreibtisch aus organisiert hat?

Und nun frage ich Sie, die Leserinnen und Leser, die Sie gelegentlich mit der Deutschen Bahn reisen dürften: Sind Sie sich eigentlich bewusst, dass die Deutsche Bahn der sogenannte Rechtsnachfolger der Reichsbahn ist und dass seinerzeit nicht nur große Teile des Schienennetzes, sondern auch viele Mitarbeiterinnen und Mitarbeiter ungeprüft übernommen wurden? Als Fahrgast mögen Sie zwar nicht direkt mitschuldig an den damaligen Deportationen sein. Aber Sie übernehmen moralische Verantwortung dafür, dass sich die Deutsche Bahn eindeutiger als bislang zu ihren historischen Verstrickungen bekennt. Haben Sie denn gar kein schlechtes Gewissen, wenn Sie Bahn fahren?

Man sieht: Die Moral kann ganz schön enervierend sein, wenn Eiferer, Tugendwächter und «Pharisäer» sie auf ihrer Seite wähnen. Als Charaktereigenschaften sind moralische Selbstgefälligkeit und Selbstgerechtigkeit überaus unsympathisch. Dies gilt selbst dann, wenn die betreffenden Rigoristen – der Sache nach – Recht haben mögen. Kaum jemand möchte in einer Gesellschaft leben, in der moralische Starrköpfe das Sagen hätten. Dies wäre buchstäblich «zu viel des Guten»; ein hypermoralisches Horrorszenario; eine «Tyrannei der Tugend». Folglich wird man, wenn man an der Moral festhalten will, zugleich auch von deren potenziellen *Absolutheitsansprüchen* abrücken müssen.

11. Ausnahmen bestätigen die Regel

Auch wenn die in diesem Buch verhandelten Untaten allesamt als unmoralisch diskreditiert werden sollen, wird damit nicht schon die Forderung verknüpft sein, dass jeder Mensch ein *ausnahmslos* moralisches Leben zu führen habe. Denn dies wäre ein Leben, in dem man zu Gunsten moralischer Pflichten geradezu jederzeit von den jeweils eigenen Neigungen, Wünschen und Leidenschaften abzusehen hätte, falls diese mit der Moral kollidieren sollten. Bedenkt man, dass menschliches Handeln überaus häufig einen – gelinde gesagt – hemmenden Einfluss auf das Handeln anderer hat, muss fraglich sein, was überhaupt man dann noch tun dürfte. Zwar wäre es der Gemeinschaft buchstäblich recht, wenn all ihre Mitglieder zu moralischem Perfektionismus neigten, doch als Individuum ist dem Menschen an etwas anderem gelegen: Er strebt nach einem gelingenden und glücklichen Leben, und dieses Leben muss offenbar nicht schon notwendig und in allen Belangen mit der Moral deckungsgleich sein. Menschen sind – in aller Regel jedenfalls – keine Heiligen. Man wird daher gelegentlich «ein Auge zudrücken» müssen. Mal ist der Mensch bestrebt, glücklich zu werden, dann wird er nicht ständig an andere denken oder ihnen gerecht werden können. Mal ist es eher umgekehrt, und er ist bemüht, den moralischen Standpunkt einzunehmen, und dann wird er im Konfliktfall seine eigene Interessen und Neigungen relativieren müssen. Anders gesagt: Nicht selten kann das, was individuell für mich gut ist, von dem, was mit Rücksicht auf andere geboten ist, abweichen, und es ist nicht anzunehmen und wohl auch nicht wünschenswert, dass diese agonale Differenz irgendwann einmal verschwindet. Jedenfalls sollte man sie nicht schon auf der Ebene moralphilosophischer Vorentscheidungen beseitigen wollen, indem man suggeriert, es gebe hier überhaupt gar keinen Konflikt; das «gute» Leben sei vielmehr der vollends harmonische Einklang von parteiischen Eigeninteressen und unparteiisch zu betrachtenden Fremdinteressen. Eher ist das Gegenteil der Fall: Dass es einen dezidiert *moralischen* Standpunkt gibt, setzt notwendig voraus, dass es auch andere Standpunkte gibt, auf denen man stehen kann.

Das Leben wäre vielleicht einfacher, aber vermutlich auch gravierend langweiliger, wenn uns das moralische Gesetz wie ein störunanfälliger Chip ins Gehirn eingepflanzt wäre. Zur menschlichen Freiheit gehört notwendig die Möglichkeit der Regelübertretung. Und überdies ist anzunehmen, dass ein *durchweg* unmoralischer Mensch keineswegs zwingend auch ein unglücklicher Mensch sein muss. Wir müssen sogar mit der Möglichkeit «glücklicher Schurken» rechnen. Auf der anderen Seite jedoch dürfte ein durchweg *moralkonformes* Leben, in dem es niemals zu derartigen Abweichungen käme, jede Individualität vermissen lassen. Deshalb können Menschen gute und nachvollziehbare Gründe haben, sich ab und zu eine Ausnahme von der Moral zu genehmigen. Wie wir verschiedentlich noch sehen werden, können diese Gründe sogar *moralischer* Natur sein. Nur um vorab schon ein paar Beispiele zu nennen: Eine Person greift zu einer → Lüge, weil sie ihr Gegenüber schonen will; eine andere begeht einen → Diebstahl, weil sie in Not ist; eine dritte → tötet gar, um die Würde eines Mitmenschen zu retten. Worauf es jeweils ankommen wird: Die persönlichen Gründe für derartige Ausnahmen setzen die betreffenden Personen nicht schon automatisch *ins Recht*. Diese Gründe mögen den betreffenden Regelverstoß ausnahmsweise «entschuldbar» erscheinen lassen. Doch grundsätzlich wird es dabei bleiben: Wer lügt, stiehlt, tötet etc., handelt moralisch schlecht, weil er anderen Menschen einen «objektiven» Schaden zufügt. Die Moral mag nicht alles sein, ja, sie ist nicht einmal das Wichtigste im menschlichen Leben, aber ohne die Moral ist alles nichts.

12. Eine Gebrauchsanweisung

Abhandlungen über die Moral sind unbeliebt, weil sie die Neigung haben, sich in das Leben anderer Leute einzumischen. Das vorliegende Handbuch jedoch enthält keine wohlfeilen Sonntagsreden, sondern phänomenorientierte Einzelanalysen einer Unmoral des Werktags. Dabei sollen beide der in den Abschnitten 10 und 11 diskutierten Gefahren vermieden werden: Dieses Buch ist weder als ein raunendes Plädoyer für die Faszination des Bösen zu lesen, noch will es den Absolutheitsanspruch der Moral einklagen und mit erhobenem Zeigefinger «Mores lehren». Es ist vielmehr als eine Art Nachschlagewerk gedacht, in dem man sich aus philosophischer Sicht über das Unwesen der Unmoral, vor allem aber über sehr konkrete Formen und schädliche Folgen besonders typischer Untaten informieren kann. Deren alphabetische Anordnung von → Ausbeutung bis → Zwang setzt voraus, dass die einzelnen Kapitel, wie für ein Nachschlagewerk üblich, auch gesondert voneinander gelesen werden können. Alle 21 Stichwortartikel werden sich insofern ähneln, als sie alle die folgenden Leitfragen behandeln werden:

- Was genau geschieht im Zuge der betreffenden Tat?
- Wodurch unterscheidet sich die Tat von anderen Delikten?
- Gibt es Ähnlichkeiten zu verwandten Untaten?
- Welches moralische Grundgut wird verletzt?
- Welche Absichten verfolgt der Täter?
- Welche Schäden erleidet das Opfer?
- Lässt das Verbot dieser Tat Ausnahmen zu?

Im Folgenden wird also der eine oder andere Tatort inspiziert werden: Was geschieht, wenn ein Mensch → ausgebeutet wird? Was unterscheidet eine → Beleidigung von einer → Demütigung? Inwiefern ähneln sich → Missachtung und → Missbrauch? Was ist das positive Gegengebot zur → Diskriminierung? Was treibt → Gewalttäter? Was ist so schmerzhaft an einem → Verrat? Kann offener → Zwang jemals zu rechtfertigen sein? Selbstredend wären neben den ausgewählten Untaten auch zu weiteren Delikten Stichwortartikel möglich gewesen. Sollten die Leserinnen und Leser eine jeweils bestimmte Untat auf Anhieb vermissen, mag ein Blick in das anhängende Sachregister für Klarheit sorgen, ob die betreffende Tat unter einem anderen Stichwort mitverhandelt worden ist oder aber tatsächlich vom Autor übersehen wurde. Nicht aufgenommen wurden Phänomene, die nicht eindeutig als unmoralisch zu klassifizieren sind; z. B. Kriege, Waffenhandel, Rebellion, Kreditgeschäfte, Prostitution, Drogenkonsum, Schwangerschaftsabbruch oder Embryonenforschung. Und um an dieser Stelle sogleich einer naheliegenden Enttäuschung vorzubeugen: Die einzelnen Artikel werden zwar beanspruchen, eindeutig unmoralische und ebenso eindeutig voneinander abzugrenzende Einzeltaten zu analysieren, dennoch werden die jeweils vorgeschlagenen Definitionen und Unterscheidungen Zweifelsfälle und Grauzonen hinterlassen. Der Umstand, dass begriffliche Übergänge bisweilen fließend sind, bedeutet nicht, dass man mit den hier vorgeschlagenen Unterscheidungen nicht doch arbeiten könnte. Das ist im Übrigen immer so. Denken Sie hier nur einmal an die Unterscheidung zwischen «Tag» und «Nacht».

Was man vermutlich noch vermissen wird – außer vielleicht Fußnoten –, sind «Untugenden» bzw. «Laster». Gemeint sind schlechte Angewohnheiten und unerfreuliche Charaktereigenschaften, wie Neid, Gier, Ruhmsucht, Feigheit, Geiz, Trunksucht, Faulheit oder Maßlosigkeit. Diese Phänomene werden hier schon deshalb nicht untersucht, weil es sich dabei um charakterliche Grunddispositionen und nicht um unmoralische *Einzeltaten* handelt. Laster mögen der persönliche Nährboden für unmoralisches Verhalten sein, sie sollten aber nicht schon mit jenen «Blumen des Bösen» verwechselt werden, die auf diesem Nährboden gedeihen. Laster können zu unmoralischen Taten *führen*, aber notwendig ist das keineswegs. Es gibt zahlreiche Menschen, die zwar neidisch, gierig, ruhmsüchtig, feige oder geizig disponiert sind, die aber deshalb nicht schon notwendig oder automatisch anderen Menschen Schaden zufügen. Sie haben ihre schlechten Angewohnheiten zumindest so weit unter Kontrolle, dass es ihnen zumeist gelingt, ihre unsympathischen Laster anderen Menschen gegenüber zu verbergen. Überhaupt sollten die gemeinten Charaktereigenschaften nicht als «unmoralisch» bezeichnet werden. Ein unangenehmer Charakter mag sich in unmoralischen Taten *manifestieren*, aber unmoralisch sind am Ende eben doch nur jene Taten, mit denen man anderen schädigend zur Last fällt. Personen mit Lastern mögen unangenehme Zeitgenossen sein, aber der Schaden, den ihre negativen Charaktereigenschaften mit sich bringen, betrifft zuvorderst die jeweils *eigene* Persönlichkeit. Denn je mehr dieser «ätzenden» Eigenschaften man besitzt, umso trüber dürften die Aussichten auf ein gelingendes Leben sein. Und doch kann dieses Buch aus moralischer Sicht Entwarnung geben: Man darf feiern, fressen und faul sein, so viel man will. Unmoralisch ist das nicht, solange man dabei niemand anderem schadet.

Damit sind wir noch einmal bei der moralphilosophisch umstrittenen Frage angelangt, ob der Mensch auch sich *selbst* gegenüber unmoralisch agieren kann. Viele Philosophinnen und Philosophen sind tatsächlich dieser Auffassung: Phänomene wie Selbstbetrug, Selbstverstümmelung, Selbstverrat oder auch Selbsttötung seien moralisch anstößig oder sogar verboten. Wie plausibel ist diese Auffassung, die vorauszusetzen scheint, dass es moralische *Selbstpflichten* gibt? Die in Abschnitt 6 vorgeschlagene Definition der unmoralischen Tat hat diesbezüglich eine wichtige Vorentscheidung getroffen. Dort hieß es, eine Tat sei nur dann unmoralisch, wenn sie geeignet ist, *anderen* einen unfreiwilligen und unverschuldeten Schaden zuzufügen. Damit wäre die Annahme moralischer Selbstpflichten bereits auf definitorischer Ebene ausgeschlossen. Doch diese Vorentscheidung reicht als Begründung noch nicht aus. Das entscheidende Argument ist vielmehr das folgende: Eine Person, die sich wissentlich und willentlich einen Schaden zufügt, kann sich diesen Schaden unmöglich «unfreiwillig» zufügen. Denn wie soll sich die Person *absichtlich* einen Schaden zufügen, den sie sich zugleich *nicht* zufügen will? Sie würde etwas wollen, was sie am Ende dann doch nicht will. Entweder stimmt dann etwas mit ihrer bloß vermeintlich freiwilligen Absicht nicht. Es könnte z. B. sein, dass die Person in Wahrheit gar nicht freiwillig, sondern aufgrund von psychischen → Zwängen agiert. Oder aber der durch die Selbstschädigung verursachte Schaden tritt am Ende dann doch nicht vollends unfreiwillig ein; z. B. weil die Person unbewusst der Auffassung ist, dass sie den betreffenden Schaden verdient hat. Derart selbstschädigendes Verhalten kommt zwar vor, aber unmoralisch ist es nicht. Damit ist ausdrücklich nicht schon gesagt, dass Selbstschädigungen *niemals* moralische Relevanz aufweisen. Eine Person, die sich umzubringen versucht und dabei andere Menschen mit in den Tod reißt, handelt fraglos unmoralisch. Und wer sich ständig selbst →betrügt, mag seinen Kindern ein schlechtes Vorbild sein. Was aber *moralisch* zählt, ist nicht die Selbstschädigung als solche, sondern allenfalls deren nachteilige Folgen für andere. Und das ist ein überaus wichtiger Unterschied.

Dies ist ein Handbuch, aber keine «Anleitung zum Unmoralisch-Sein». Es versteht sich als eine kritische moralphilosophische Selbstvergewisserung, die den Anspruch der Moral ernst nimmt, ohne ihn zu verabsolutieren. Man wird als Leserin oder Leser ohnehin keinen Nachhilfeunterricht oder aber Belehrungen mit erhobenem Zeigefinger erwarten wollen. Die eigenen Erfahrungen, Kenntnisse und «Soft Skills» dürften bereits völlig ausreichend sein. Und doch will dieses Buch zum philosophischen *Nachdenken* über Unmoral anregen. Es geht ihm um eine Sichtung typischer unmoralischer Phänomene, um die Klärung wichtiger Begriffe und Unterscheidungen, um eine Analyse schädlicher Motive und Konsequenzen sowie um verallgemeinerbare Gründe für deren Kritik.

Nur eines noch vorweg: Bis heute ist es eher unüblich, ja, regelrecht verpönt, philosophische Untersuchungen zu bebildern. Man befürchtet einen Seriositätsverlust. Die Leserinnen und Leser könnten glauben, man vertraue den eigenen Worten nicht. Die in diesem Buch abgedruckten Fotos und Bilder dienen aber nicht bloß der Illustration und Pointierung zentraler Denkzusammenhänge. Sie werfen Fragen auf, die gezielt den Fluss der bisweilen etwas strengen moralischen Argumentation stören sollen, indem sie kritisch, aber bisweilen hoffentlich auch unterhaltsam über den Text hinausweisen. Doch damit genug der Gebrauchsanweisung: Schreiten wir endlich zur «Tat»!

Literaturtipps:

Arendt, Hannah: *Eichmann in Jerusalem*, München: Piper 2006. [Prägte den berühmten Ausspruch von der «Banalität des Bösen».]

Celikates, Robin/Gosepath, Stefan (Hg.): *Philosophie der Moral*, Frankfurt a. M.: Suhrkamp. [Eine Sammlung der wichtigsten Texte von der Antike bis zur Gegenwart mit kurzen, aber exzellenten Einführungen.]

Kant, Immanuel: *Grundlegung zur Metaphysik der Sitten*, Stuttgart: Reclam 1996. [Der Klassiker der «Deontologie».]
Mackie, John Leslie: *Ethik*, Stuttgart: Reclam 1995 [Grundlegende Analyse der «Erfindung des moralisch Richtigen und Falschen».]
Mill, John Stuart: *Utilitarianism/Der Utilitarismus*, Stuttgart: Reclam 2006. [Der Klassiker des Konsequentialismus.]
Neiman, Susan: *Das Böse denken*, Frankfurt a. M.: Suhrkamp 2006. [Eine neuere Ideengeschichte des Bösen im etwas antiquierten Sinne eines «undefinierbaren» Gegenprinzips.]
Nietzsche, Friedrich: *Jenseits von Gut und Böse/Zur Genealogie der Moral*, Kritische Studienausgabe, Bd. 5, München: dtv 2005. [Berühmte Kritik sittenstrenger Moral aus dem Pathos des Übermenschen.]
Pauen, Michael/Roth, Gerhard: *Freiheit, Schuld und Verantwortung*, Frankfurt a. M.: Suhrkamp 2008. [Ein gewiefter Versuch, die neuere Hirnforschungsdebatte mit der Moralphilosophie zu versöhnen.]
Pollmann, Arnd: *Integrität*, Bielefeld: transcript 2005. [Mein eigener Versuch, das Spannungsfeld zwischen dem gelingenden Leben und der Moral auszuloten.]
Platon: *Protagoras*, Sämtliche Werke, Bd. 1, Reinbeck: rororo. [Vertritt die provokante These, dass ein Mensch nicht zugleich das Gute kennen und doch das Schlechte tun könne.]
Seel, Martin: *Versuch über die Form des Glücks*, Frankfurt a. M.: Suhrkamp 1995. [Ein besonders lesenswertes Buch über die Philosophie «guten Lebens» und dessen Spannungsverhältnis zur Moral.]
Sofsky, Wolfgang: *Das Buch der Laster*, München: C.H. Beck 2009. [Dichte phänomenorientierte Beschreibungen dessen, was im vorliegenden Handbuch ausgeklammert wurde: schlechte Gewohnheiten.]
Spaemann, Robert: *Moralische Grundbegriffe*, München: C. H. Beck 1999. [Anschauliche Analyse moralischer Grundbegriffe wie «gut und böse»]
Wolf, Jean-Claude: *Das Böse als ethische Kategorie*, Wien: Passagen 2002. [Ein äußerst lesenswertes Buch über das – metaphysisch depotenzierte – Böse, welches als Kehrseite der Freiheit verstanden werden muss.]

Ausbeutung

Beginnen wir im Urlaub. Waren Sie schon einmal in Katalonien, vor allem in Barcelona? Dann werden Sie wissen, dass die Katalanen ein sehr stolzes, eigenwilliges Volk sind. Bis heute fühlen sie sich von den Spaniern okkupiert, sie träumen noch immer von einem eigenen Staat und setzen geradezu kämpferisch auf Traditionspflege: Straßenschilder, Speisekarten, Fernsehsender, Tageszeitungen – alles immer auch auf Katalanisch. Vor allem aber unterscheidet man sich von allen übrigen Spaniern dadurch, dass man besonders geschäftstüchtig und arbeitsam ist – nach eigenen Angaben jedenfalls. Vor etwa einhundert Jahren meinte dazu der im fernen Baskenland geborene Dichter Miguel de Unamuno: «Es stimmt, sie arbeiten viel. Aber noch mehr prahlen sie damit.» Und er fügte eine kleine ökonomische Berechnung hinzu, die sich als äußerst aufschlussreich erweisen wird: Man würde einen guten Schnitt machen, so Unamuno, wenn man einige dieser Katalanen «zu ihrem wirklichen Wert» ankaufte, nur um sie anschließend «zu ihrem eingebildeten Wert» gleich wieder zu verkaufen.

Der Witz dieser profitablen Mehrwertformel liegt ersichtlich darin, dass sie das Wesen des kapitalistischen Warentausches, wie es sich aus Unternehmersicht darstellt, auf den Punkt bringt. Schlicht jedes Unternehmen, das Profit erzielen will, muss darauf achten, die hergestellten Produkte möglichst weit über dem eigentlichen Herstellungswert zu verkaufen. Zugleich aber stellt Unamunos Mehrwertformel die Logik der herrschenden Arbeitswelt auf den Kopf, und zwar aus Sicht der Lohnabhängigen, denn auf dem Arbeitsmarkt kommt es ersichtlich darauf an, dass sich der produktive Teil der Bevölkerung «einbilden» muss, dass die eigene Arbeitskraft, anders als die der Katalanen, exakt das wert ist, was man als Lohnabhängiger dafür erhält. Denn wäre man sich darüber im Klaren, dass die eigene Arbeitskraft *grundsätzlich* wertvoller ist als der Lohn, den man dafür bekommt, so würde man es rasch an jeglicher Motivation mangeln lassen, jeden Morgen so früh aufzustehen.

Es war Karl Marx, der dem Kapitalismus – wenige Jahrzehnte vor Unamuno – eine frühe Gegenrechnung präsentierte, die ähnlich simpel wie die Berechnung des Dichters anmutet und doch weltpolitisch kaum folgenreicher hätte ausfallen können: Der Arbeiter verdient nicht das, was er verdient! So jedenfalls lassen sich die monumentalen drei Bände von Marx' Hauptwerk *Das Kapital* auf eine griffige Kampfparole bringen, mit der die Arbeiterschaft und ihre «linken» Fürsprecher seit jeher das betreiben, was man «Kritik der Ausbeutung» nennt. Wie aber genau ist diese revolutionäre Faustformel zu verstehen? Zunächst fällt auf, dass darin zweimal das Wort «verdient» vorkommt. Wie aber kann es sein, dass ein Arbeiter *nicht* verdient, was er zugleich eben doch verdient? Nun, es sind ersichtlich zwei grundverschiedene Arten von Verdienst gemeint; und zwar ein *monetärer*, der faktisch als Lohn zur Auszahlung kommt, sowie ein *moralischer*, dem der ausbezahlte Lohn zwar entsprechen sollte, aber doch fast nie entspricht. Gemeint ist folgende Gerechtigkeitslücke: Zieht der Lohnempfänger die imaginäre Summe, die ihm moralisch gebührt, von dem ab, was er tatsächlich für seine Arbeit bekommt, ja, würde er genau das für sein Leben ausgeben, was ihm zusteht, so befände er sich rasch «knietief im Dispo», wie es auf einer CD der Punkband *Fehlfarben* heißt.

Halten wir dies als eine erste definitorische Auskunft über die Struktur von Ausbeutungsverhältnissen fest: Eine Person, die ausgebeutet wird, *bekommt für ihre Leistung nicht das zurück, worauf sie moralisch Anspruch hätte*. Doch sehen wir uns die Marx'sche Ausbeutungsformel etwas genauer an. Der Unternehmer, der sogenannte Kapitalist, hat eigenes Geld, das er für sich arbeiten lässt, während der Arbeiter so gut wie nichts zu haben scheint, was er investieren oder zu Geld machen könnte. Und wer nichts hat, muss etwas *tun*. Da trifft es sich gut, dass der Arbeiter am Ende doch etwas besitzt, was für ihn, aber auch für den Unternehmer von geradezu unschätzbarem Wert ist: seine Arbeitskraft. Man kann sich folglich durch eigene Arbeit jenes Geld verdienen, das man zum Lebensunterhalt benötigt, indem man sich und seine Arbeitskraft «zu Markte trägt». Man mag dies bisweilen unerfreulich und auch anstrengend finden, doch nicht jede Form von Arbeit verdient per se schon das Etikett «Ausbeutung»; gesetzt den Fall, der Lohnabhängige bekäme, was er verdient. Doch kommt es just in dem Moment, in dem man arbeitswillig auf dem Arbeitsmarkplatz eintrifft, zu einer folgenreichen Verwirrung: Der Arbeitgeber, der in Wirklichkeit ja der Arbeit*nehmer* ist, weil er die bezahlte Leistung seiner

Arbeiter entgegennimmt, geht mit dem Arbeitnehmer, der aus dem gleichen Grunde der eigentliche Arbeit*geber* ist, einen Arbeitsvertrag ein. Dieser Vertrag sieht vor, dass ein Lohn gezahlt wird, dessen Höhe sich in etwa daran bemisst, was man als Arbeitnehmer zur Reproduktion und Regeneration der eigenen Arbeitskraft benötigt. Folglich muss dieser Lohn für Nahrung, Kleidung, Unterkunft sowie minimale Freizeitaktivitäten, und zwar für sich und die ganze Familie, reichen.

Nun kommt der einfache, aber geniale Trick: Der Lohnabhängige willigt in eine Vereinbarung ein, die von ihm verlangt, *mehr* zu produzieren, als er kostet. Rechnen wir wie folgt: Ein Arbeitnehmer heutzutage arbeitet jeden Tag etwa acht Stunden. Bereits nach – sagen wir – sechs Stunden hat er Waren oder auch Dienstleistungen produziert, deren spätere Verkaufspreise die eigenen Lohnkosten von – sagen wir – 2400 € netto abdecken. Der Arbeitnehmer könnte eigentlich mit der Arbeit aufhören, doch er schuftet weiter, und am Ende hat er Waren bzw. Dienstleistungen produziert, die etwa 3200 € einbringen könnten. Daraus folgt: Jede Minute arbeitet der Lohnabhängige etwa 45 Sekunden für die eigene Subsistenz und die restlichen etwa 15 Sekunden für den Unternehmer. Der Grund dafür liegt auf der Hand: Der Unternehmer will schließlich auch etwas verdienen. Er muss die Produktionsstätte in Schuss halten, neues Arbeitsmaterial beschaffen und in verbesserte Technologie investieren. Was, bitte schön, soll daran ungerecht sein?

Niemand würde das Risiko eingehen, sein eigenes Hab und Gut in unternehmerischen Umlauf zu bringen, statt es selbst, und zwar für Konsumgüter, auszugeben, wenn dabei am Ende nicht mehr herauskäme als das, was man zum Bezahlen seiner Lieferanten braucht. Es muss ein «Mehrwert» herausspringen, der Kapitalist will «fette Beute» machen, und genau deshalb spricht man ja auch von *Ausbeutung*. Stets geht es dem Produzenten darum, so viel Geld wie möglich zu verdienen, und zwar tunlichst, ohne *selbst* dafür arbeiten zu müssen. Und je mehr fremde Arbeitskraft im Einsatz ist, umso «hübscher» dürfte die Summe sein, die am Ende dabei herauskommt. Doch noch einmal: Wo genau liegt das Problem? Schließlich gibt es einen Arbeitsvertrag, in den der Arbeitnehmer eingewilligt hat, und damit hat er sich ausdrücklich bereiterklärt, einen Teil seines Arbeitstages ausschließlich für den Unternehmer zu arbeiten. Soll das etwa → Diebstahl sein? Keineswegs, denn der Arbeitnehmer bekommt genau den Lohn, der vertraglich vereinbart wurde. Geht es um → Betrug? Auch nicht, denn die Interessen beider Tauschpartner liegen von Beginn an offen auf dem Verhandlungstisch. Handelt es sich um eine Art von → Missbrauch? Ebenso wenig, denn niemand degradiert den Arbeitnehmer zum «bloßen Mittel» fremder Zwecke, er bekommt vielmehr ein Salär, mit dem auch er seinen Lebensunterhalt bestreiten kann. Was also ist so unmoralisch an der Ausbeutung?

Der Verdacht liegt nahe, dass große Teile der Bevölkerung gar nicht wirklich wissen, in was sie einwilligen, wenn sie einen Arbeitsvertrag unterzeichnen. Und auch im Kleingedruckten steht nicht geschrieben, dass der Tausch lediglich im *Schein* einer legalen Rechtmäßigkeit geschieht, der am Ende eben doch bloß eine unmoralische Unrechtmäßigkeit verschleiern hilft. Genau das aber wissen diejenigen, die mit ihrem Kapital Arbeitskraft ankaufen. Sie wissen, dass es sich um einen trügerischen, aber *notwendig* trügerischen Schein handelt, der nicht nur ihr Einkommen, sondern überdies den reibungslosen Ablauf der Gesamtökonomie sichert. Würden die Arbeiter nicht *von sich aus* in ihre Arbeitsverträge einwilligen, sie müssten dazu → gezwungen werden. Irgendjemand muss die Arbeit ja machen. Dann aber hätte wir es nicht länger mit Lohnarbeitern, sondern mit «Zwangsarbeitern» zu tun und daher insgesamt mit einem eher instabilen sowie unproduktiven Arbeitszusammenhang. Denn wer freiwillig arbeitet, arbeitet in aller Regel *besser*.

Warum aber wehren sich die Arbeitnehmer nicht gegen die zweifellos missliche Differenz von monetärem und moralischem Verdienst? Nun, weil es sich um eine bloß vermeintlich freiwillige Zustimmung handelt, die offenkundig darauf beruht, dass der Lohnabhängige – wie sein Name es schon sagt – «abhängig» ist. Nur die wenigsten Menschen sind so reich geboren, dass sie sich *nicht* ausbeuten lassen müssen. Für alle anderen herrscht Arbeitszwang. Wer nicht auf staatliche Unterstützung angewiesen sein will, sofern es diese gibt, muss sich verdingen und den Regeln der Arbeitswelt unterwerfen. Verglichen mit echten Zwangsarbeitern oder auch Sklaven, die durch Androhung von → Gewalt zur Arbeit «motiviert»

Herr oder Anhängsel der Maschine?

werden, sind freilich die Abhängigkeiten heutiger Lohnempfänger subtiler. Als Unternehmer muss man längst schon nicht mehr die Peitsche schwingen. Seine Mitarbeiter wissen ganz genau, dass sie auf ihren Arbeitsplatz angewiesen sind und dass sie ohne eigenes Einkommen nicht lange *aus*kommen werden. Unmoralisch an der Ausbeutung ist folglich nicht nur das oben analysierte Lohndefizit, sondern stets auch die ungerechtfertigte Herrschaftsbeziehung, die diesen verminderten Geldfluss ermöglicht. Damit sind wir bei einem zweiten wichtigen Definitionsmerkmal angelangt: Eine Person, die ausgebeutet wird, *befindet sich in einem Abhängigkeitsverhältnis*, in dem sie für ihre Leistung nicht das zurückbekommt, worauf sie moralisch Anspruch hätte.

Doch noch ein dritter Aspekt muss Berücksichtigung finden: Jedes Ausbeutungsverhältnis hat zwei Seiten. Auf der einen Seite stehen diejenigen, die für ihre Leistung weniger bekommen, als sie es verdient hätten, auf der anderen Seite jedoch befinden sich jene, die für ihr eigenes Zutun wie selbstverständlich *mehr* verlangen, und zwar sehr viel mehr, als es den meisten Menschen gerecht erscheint. Gemeint sind hier nicht nur die eigentlichen Unternehmer, sondern z. B. auch Manager, Investment-Broker, Unternehmensberater, Vertriebsleiter oder Chefärzte. Das Surplus all dieser hochbezahlten Berufsgruppen muss erst noch erarbeitet werden, und wer sonst sollte dies tun, wenn nicht diejenigen, die «unter» diesen Führungskräften arbeiten. Zu Akten der Ausbeutung kann es folglich immer nur in direkten *Korrespondenzverhältnissen* kommen: zwischen Personen, die abhängig sind, und anderen, von denen sie abhängig sind. Nur wenn Person A hinterher weniger in ihrem Portemonnaie hat, als sie es verdient hätte, wird B, und zwar gleichermaßen unverdient, entsprechend mehr auf ihrem Konto verbuchen können. Die vollständige Definition muss daher lauten: Eine Person, die ausgebeutet wird, befindet sich in einem Abhängigkeitsverhältnis, in dem sie für ihre Leistung nicht das zurückbekommt, worauf sie moralisch Anspruch hätte, in dem jedoch zugleich *eine andere Person mehr erhält, als ihr moralisch zusteht.*

Akte der Ausbeutung beruhen also stets auf interpersonalen Schaden-Nutzen-Relationen, von denen sich unmittelbar auch auf ein moralisches Gegengebot schließen lässt. Denn was in Ausbeutungsverhältnissen verletzt wird, das ist die Pflicht zur Tauschgerechtigkeit oder genauer: zur *Leistungsgerechtigkeit*. Diese Pflicht besagt, dass jede Person, die etwas leistet, dafür adäquat belohnt werden muss. Allerdings wird dieses Gebot sehr häufig missverstanden und oft auch ideologisch missbraucht. Vor allem in marktradikalen Kreisen wird geradezu penetrant auf das Leistungsprinzip gepocht und dabei doch vorschnell ein irriger Umkehrschluss gezogen. Man behauptet dann gern, dass diejenigen, die mehr Geld verdienen, deshalb automatisch auch mehr leisten würden. So als sei das hohe Gehalt dieser Besserverdienenden bereits ein Beweis für deren Tatkraft. Das ist aber keineswegs notwendig, ja, nicht einmal oft und schon gar nicht in der Größenordnung der Fall, in der heute so mancher Besserverdienende vollends unverhältnismäßig von den herrschenden Arbeitsverhältnissen profitiert. Oder will ernsthaft jemand behaupten, dass ein Manager mehr schuftet als ein Maschinenarbeiter oder dass eine Chefärztin härter arbeitet als eine Krankenschwester? «Vielleicht nicht», wird man aus besagten Kreisen zu hören bekommen, «aber das höhere Gehalt diese Führungskräfte ist dennoch berechtigt. Sie haben eine höhere Ausbildung durchlaufen und tragen sehr viel mehr Verantwortung. Und sie leisten auch etwas: Sie haben tolle Ideen, schaffen Arbeitsplätze und tragen überdimensional zum Bruttosozialprodukt bei. Und ständig sitzen ihnen ihre Aktionäre im Nacken. Dafür müssen sie ganz einfach belohnt werden!»

Das Argument ist bekannt, aber ist es überzeugend? Einschneidende Ereignisse, z. B. eine weltweite Wirtschaftskrise, ausgelöst durch fatale Investitions- und Managemententscheidungen, stimmen eher skeptisch: Weder die höhere Ausbildung der besagten Führungskräfte noch deren vermeintlich enormes Verantwortungsbewusstsein haben diese davon abgehalten, maßlos den eigenen Profit zu mehren und dabei katastrophale Fehlentscheidungen zu treffen. Offenbar wähnte man sich selbst in Sicherheit und wusste, dass man für etwaige Schäden fremder Anleger ohnehin keine persönliche Verantwortung würde übernehmen müssen. Als Finanzakrobat hatte man nicht wirklich etwas zu verlieren, aber viel zu gewinnen, und so «verzockte» man Geld, das nicht das eigene war. Und wie zum Hohn winkten beim Absturz fette «Boni», während das eigentliche Berufs- und Existenzrisiko diejenigen traf, die ihr Erspartes oder ihren Job verloren. In so manchem kapitalismuskritischen Herzen mag sich da bereits klammheimliche Freude und die Hoffnung geregt haben, dass alsbald ein neuerlicher Klassenkampf am Horizont heraufziehen werde. Doch wir sollten zur moralphilosophischen Begriffsanalyse zurückkehren.

Akte der Ausbeutung unterscheiden sich von vielen anderen unmoralischen Taten dadurch, dass sie typisch für die ökonomische Tauschsphäre sind. Doch die Kampfparole «Schluss mit der Ausbeutung!» ist heute längst schon nicht mehr der Arbeiterbewegung vorbehalten. Ausbeutungskritik wird auch in vielen anderen sozialen Problemzonen laut; man denke dabei an so unterschiedliche Lebensbereiche und Phänomene wie Hausarbeit, Kinderbetreuung, Kinderarbeit, Armut, Frauenhandel, Prostitution, Pornographie, Leihmutterschaft oder Organtransplantation. Auch hier geht es um Tauschverhältnisse, in denen man aufgrund von als zwingend erfahrenen Abhängigkeitsverhältnissen übervorteilt werden kann. Allerdings muss es sich dabei nicht notwendig um rein *monetäre* Tauschbeziehungen handeln. So ist z. B. das Phänomen geschlechtsspezifischer Ausbeutung, wie man es bis heute in so mancher Ehe und Familie antrifft, eher auf «emotionaler» Ebene zu verorten. Denkt man zudem an Fragen der Kinderarbeit, Pornographie, Organtransplantation oder Leihmutterschaft, so ist mit diesen Phänomenen regelmäßig der ungute Verdacht verknüpft, dass derartige Tauschverhältnisse nicht bloß ungerecht sind, sondern gar nicht erst *existieren* sollten. Hier scheint die Ausbeutung weniger darin zu liegen, dass der Tauschpartner nicht das bekommt, was er verdient hätte, vielmehr wird kritisiert, dass der Tausch überhaupt stattfindet. Darf man die Arbeit eines Kindes, darf man Sex, ein lebenswichtiges Organ oder gar ein Baby zum Tausch anbieten?

Zumindest aber dann, wenn es sich bei den Tauschenden um «mündige» Personen handelt, stellt sich die Frage, ob noch länger von einem Akt der Ausbeutung die Rede sein kann, wenn doch der betreffende Tausch *freiwillig* erfolgt. Damit kein Missverständnis entsteht: Oft ist nicht anzunehmen, dass die Tauschentscheidung tatsächlich freiwillig getroffen wurde, doch kann dieser Fall nicht schon ausgeschlossen werden. Wie müsste das Urteil lauten? Zunächst wäre eine Art «Selbstausbeutung» zu diagnostizieren, denn die ausgebeutete Person hätte sich ihren etwaigen Schaden selbst zuzuschreiben. Selbstschädigendes Verhalten muss aber nicht schon per se als unmoralisch eingestuft werden, solange dabei niemand *anderes* zu Schaden kommt (→ Im Anfang war die Tat). Und dennoch: Selbst freiwillige Ausbeutung ist moralisch problematisch, weil es unmoralisch ist und bleibt, von Akten der Ausbeutung zu profitieren. Anders gesagt: Der *Nutznießer* von Ausbeutung agiert unmoralisch, weil er sich damit einverstanden erklärt, dass eine andere Person nicht das bekommt, was sie verdient. Ob Letztere dem ausdrücklich zustimmt, z. B. in Form eines Arbeitsvertrages, ist ganz egal. Der betreffende Schaden wird vom Profiteur wissentlich und willentlich bejaht – nur darauf kommt es an.

Warum aber lassen Menschen so etwas mit sich machen? Die Soziologen Oskar Negt und Alexander Kluge erzählen die folgende Geschichte: Vor langer Zeit ankerten phönizische Schiffe vor der Küste einer kleinen Insel, deren Bewohner ärmliche Siedlungen bewohnten und von Fischzucht und Ackerbau lebten. In der ersten Nacht gingen die Seeleute – unbemerkt von den Inselbewohnern – von Bord und legten Waren zum Tausch am Strand aus: Töpfe,

Schmuck und Eisenwerkzeuge. Am nächsten Morgen kamen die Fischer und nahmen die Gaben, die sie für Geschenke der Götter hielten, freudig in Empfang. Die Phönizier aber waren erbost, denn sie hatten an einen Tauschverkehr gedacht. Sie rüsteten eine Strafexpedition aus und brannten einige der Siedlungen nieder. Doch die Inselbewohner, denen das Tauschprinzip unbekannt war, werteten auch dies als ein Zeichen der Götter. Und um diese zu versöhnen, breitete man am Abend nun selbst wertvolle Opfergaben am Strand aus. So vergingen einige Tage und Nächte, und nach weiteren blutigen Strafexpeditionen hatten die Inselbewohner endlich gelernt, was Tausch ist.

Diese Parabel will auf die zivilisierenden Folgen der Einführung des Warentausches aufmerksam machen. Im wilden «Naturzustand» mag einst das Recht des Stärkeren geherrscht haben, der sich einfach nahm, was er brauchte. Der neuzeitliche Wirtschaftsverkehr jedoch lenkt die → Gewalt archaischer Selbstbedienung in gesittete Bahnen. Die Phönizier sind längst Geschichte, doch bisweilen scheint es, als sei ein Rest der alten Willkür in unseren heutigen Tausch- und Arbeitsbeziehungen «aufgehoben», d. h. negiert, konserviert und zugleich transformiert. Aber Negt und Kluge wollen uns noch auf eine weitere fundamentale Ungerechtigkeit aufmerksam machen: Die Entscheidung, wo man selbst im Leben steht – ob auf der Soll- oder aber der Habenseite, ob auf der Seite der Gewinner oder der Verlierer –, scheint bereits gefallen zu sein, da ist man selbst noch gar nicht auf der Welt gewesen.

Literaturtipps:

Marx, Karl: *Das Kapital*, Bd. 1, Berlin: Dietz 2005, bes. Kap. 5 u. 17. [Die berühmteste Analyse ökonomischer Ausbeutungsverhältnisse.]

Negt, Oskar/Kluge, Alexander: *Geschichte und Eigensinn*, Bd. 2, Frankfurt a. M.: Suhrkamp 1993. [In Kommentar 6 wird die Geschichte vom gewaltsamen Ursprung ökonomischer Tauschgeschäfte erzählt.]

Pfannkuche, Walter: *Wer verdient schon, was er verdient?*, Stuttgart: Reclam 2003 [Argumentativ anspruchsvolle, aber klare Abhandlung zum Thema Leistungsgerechtigkeit.]

Beleidigung

Man vergleicht Sie mit einem Tier: «Du Esel», «Schlange», «Affe», «Kuh», «Zecke», «Gans», «Qualle», «Schwein», «Wurm» oder «Bulle». Wie fühlt sich das an? Oder man reduziert Sie auf eine physische oder psychische Problemzone: «Du Nase», «Hirni», «hohle Nuss», «Hackfresse», «fette Nudel», «Flachland», «Gesichtsfünf», «Arsch», «Arschloch» oder kombiniert: «Arschgesicht» und «Pillemannarschloch». Man unterstellt Ihnen, dass Sie im Leben hauptsächlich mit unappetitlichen Ausscheidungsfunktionen befasst sind: «Du Pisser», «Schleimer», «Scheißer» oder gleich «Schleimscheißer». Besonders tief in die Intimsphäre dringt der Aggressor mit Unflätigkeiten wie «Du Wichser», «Schlappschwanz», «Schwanzlutscher», «Sissi» oder «Schwuchtel» vor. Und für die Dame gilt: «Du Nutte», «Bitch», «Schlampe», «Lesbe» oder ein Wort mit «F», das nicht einmal hier erwähnt werden soll. Ein Fall von → Diskriminierung liegt vor, wenn man Sie einer marginalisierten Randgruppe zuordnet: «Du Asi», «Spast», «Hurensohn», «Politiker», «Kukidentler», «Pokemon» oder «Schattenparker». Die Grenze zur Volksverhetzung wird übertreten, sobald rassistische Vorurteile appliziert werden: «Du Spaghetti-» oder «Kartoffelfresser», «Kanacke», «Nigger», «Schlitzauge» oder «Fidschi». Moralphilosophisch besonders interessant wird es, wenn es auf dem Schulhof heißt: «Du Opfer!» Und wem all diese Unflätigkeiten zu platt sind, der verlegt sich auf das Klopfen flotter Sprüche, so wie man sie von Dieter Bohlen kennt: «Wenn ich dich so anschaue, frage ich mich: Was wollte die Natur?»; «Du bist einzigartig, jedenfalls hoffe ich das!»; «Wo ich dich gerade sehe, fällt mir ein, dass ich den Müll noch runterbringen muss!»; «Ich habe eine Skala in meinem Kopf: 1 ist supergut und 10 ist superscheiße. Und du bist 7895!» Oder beinahe philosophisch: «Wenn ich du wäre, wäre ich lieber ich!»

Was ist all diesen Bosheiten gemein? Wortwörtlich betrachtet, geht es bei einer Beleidigung um das Zufügen von «Leid», so wie man es bei einer → Bestechung mit der Beibringung eines «Stichs» zu tun hat. Prinzipiell ist jedoch *jede* unmoralische Tat geeignet, Leiden zu verursachen. Die Frage muss also lauten: Was ist spezifisch leidvoll an einer Beleidigung? Eine Antwort auf diese Frage ergibt sich allerdings erst dann, wenn man sich die konkreten Umstände vor Augen führen, die einen Menschen zu derartigen Unflätigkeiten verleiten. Zunächst kann festgehalten werden, dass Beleidigungen unmoralische Vergehen der *Kommunikation* sind. Sie müssen zwar nicht notwendig «mündlich» vorgetragen werden – der sogenannte Stinkefinger mag reichen oder auch ein Zettel, auf dem eine Gemeinheit geschrieben steht –, doch ihr sozialer Ort ist die Praxis alltäglicher Verständigungsprozesse. Diesbezüglich ähneln Beleidigungen alternativen kommunikativen Vergehen, vor allem → Lügen und → Verleumdungen. Anders als Lügen jedoch wollen Beleidigungen nichts verheimlichen, sie werden dem Gegner vielmehr ausdrücklich zur Kenntnis gebracht. Und anders als bei Verleumdungen nehmen Beleidigungen keine «Umwege» über Dritte, sondern sie wenden sich unmittelbar an jene Personen, denen man die entsprechenden Unflätigkeiten geradewegs ins Gesicht sagt. Daraus folgt als eine erste definitorische Bestimmung: Beleidigungen sind unmoralische Akte der Kommunikation, die sowohl *offen* als auch *direkt* adressiert sind.

Bisweilen mag es zwar so scheinen, als kämen Beleidigungen aus heiterem Himmel – plötzlich wird jemand in der U-Bahn provoziert, «schräg von der Seite» angequatscht –, doch fast immer haben sie eine persönliche Vorgeschichte; eine Vorgeschichte, die sich nicht notwendig zwischen den jetzt beteiligten Personen abgespielt haben muss, sondern zeitlich oder biographisch weiter zurückliegen mag, die jedoch Frust hinterlassen hat. Und dieser Frust muss abreagiert werden. Die These lautet also: Beleidigungen dienen fast immer dem «Druckausgleich»: Wer einen anderen Menschen beleidigt, muss etwas loswerden. Nicht immer, aber doch sehr häufig ist dies dann der Fall, wenn Menschen ohnehin schon heftig miteinander streiten. Wer sich in der Hitze des Gefechts zu einer Beleidigung hinreißen lässt, wird «persönlich», heißt es dann. Wie ist das zu verstehen? Damit ein Diskussionspartner im Streit persönlich *werden* kann, muss er zuvor anders, und zwar «sachlich», argumentiert haben. Demnach wechselt derjenige, der plötzlich zu einer Beleidigung greift, die rhetorische Waffengattung: Eben noch stritt man mit sachlichen Argumenten über einen Gegenstand oder Sachverhalt, nun streitet man, und zwar im Rückgriff auf persönliche Gemeinheiten, über den jeweiligen *Kontrahenten*. Dabei bieten sich den Streithähnen bzw. -hennen zunächst zwei Möglichkeiten, von der Sache selbst abzuschweifen. Entweder man streitet «ad hominem» oder aber «ad personam», wie es in der Rhetorik heißt. Im ersten Fall geht man dazu über, nicht mehr den argumentativ vorgetragenen Sachverhalt, sondern das Argumentationsverhalten des Gegners zu beanstanden: «Herr Müller-Lüdenscheidt! Sie reden völlig am Problem vorbei!» oder: «Deine Annahmen sind an den Haaren herbeigezogen!» Doch wirklich beleidigend ist das noch nicht. Davon kann vielmehr erst dann die Rede sein, wenn damit begonnen wird, die Person *als solche* zu beschimpfen: «Sie sind einfach zu dämlich!» oder: «Von einem Idioten wie dir lasse ich mir gar nichts sagen!»

Damit kommen wir unmittelbar zu einer zweiten definitorischen Bestimmung. Dass nämlich Beleidigungen *unmoralische* Kommunikationsakte sind, setzt notwendig voraus, dass sie nicht «nett» gemeint sein können. Vielmehr geht es, zumindest beim gezielten Beleidigen, stets darum, den Gegner empfindlich zu treffen; ihn zu verunglimpfen, zu kränken, zu verletzen oder gar zu → demütigen. Was allerdings in der einen Situation eine empfindliche Beleidigung sein mag («Du Schwein!), kann in ganz anderen Situationen ironisch oder aber als harmlose Liebkosung gemeint sein («Du kleines Ferkel!»). Auch die Grenzen zur «freien Meinungsäußerung» sind häufig fließend («Soldaten sind Mörder!»). Folglich entscheidet nicht der eigentliche «Text» der Beleidigung, sondern ihr «Kontext» darüber, ob tatsächlich eine Beleidigung vorliegt. Sieht man einmal von *versehentlichen* Beleidigungen ab, die es auch geben mag, so muss es dem Angreifer um den Vorsatz gehen, der beleidigten Person wehzutun. Die beleidigte Person soll vor den Kopf gestoßen und möglichst auch verunsichert werden. Sie soll erfahren, was man «in Wirklichkeit» von ihr hält, und sich dadurch abgewertet fühlen. Die These lautet also: Beleidigungen sind unmoralische, weil *herabsetzende* Akte der Kommunikation, die offen und direkt adressiert sind.

Doch auch diese definitorischen Bestimmungen sind noch nicht ausreichend. Ein drittes wichtiges Charakteristikum von Beleidigungen tritt erst dann hervor, wenn man deren «eristische» (von griech. *éris*, «Streit») Funktion betrachtet: Zu Akten der Beleidigung, so war gesagt worden, kommt es im Rahmen von kommunikativen Austauschprozessen, doch diese Prozesse werden durch Beleidigungen nicht einfach fortgesetzt, sondern unterbrochen, ja, möglichst sogar *beendet*. Zu ihnen greift, wer sich nicht länger im Besitze guter Gründe oder zündender Argumente weiß. Es kommt zu einem Bruch mit den Regeln der kooperativen Rede, und an die Stelle von echten Argumenten treten unverblümte Unverschämtheiten. In dieser Hinsicht ähneln Beleidigungen viel eher der Anwendung von → Zwang oder gar → Gewalt, die ja ebenfalls das klärende Gespräch «ersetzen» wollen. Man weiß ganz einfach nicht mehr weiter, hat den Streit im Grunde bereits verloren, und so muss man tief in die Trickkiste greifen. So lautet Arthur Schopenhauers ultimative Streitempfehlung in seiner Abhandlung über *Die Kunst, Recht zu behalten*: «Wenn man bemerkt, daß der Gegner überlegen ist und man Unrecht behalten wird, so werde man persönlich, beleidigend, grob.»

Folglich sind Beleidigungen unmoralische, weil herabsetzende Akte der Kommunikation, die offen und direkt adressiert sind und jede weitere Diskussion *überflüssig* machen sollen. Doch aus Schopenhauers Streitempfehlung ergibt sich unmittelbar auch noch ein viertes wichtiges Definitionsmerkmal. Beleidigungen dienen stets auch dazu, aus einer diskursiven Unterlegenheit mit einem Schlag eine soziale *Überlegenheit* zu machen. Dazu muss man nur die «wunden Punkte» seines Gegners kennen und sichergehen können, dass er sich dem nun folgenden Angriff nicht entziehen kann. Ein Schlag «unter die Gürtellinie» – und dem Gegner stockt der Atem. Der Verstand setzt aus, die Vernunft hat das Nachsehen. Der Kontrahent dreht durch oder «platzt» vor Wut. Dann, und nur dann, hat die Beleidigung den erwünschten Effekt, eine Unterbrechung oder gar den völligen Abbruch des Kommunikationsflusses zu bewirken. Und so hofft man, den bereits ausgemachten Punktsieg des Gegners in allerletzter Sekunde dann doch noch in einen eigenen K. O.-Sieg umwandeln zu können – was zweifellos nicht immer gelingt, weil man sich mit einer Beleidigung auch vollends «disqualifizieren» kann.

Daraus folgt: Beleidigungen sind zu definieren als unmoralische, weil herabsetzende Akte der Kommunikation, die offen und direkt adressiert sind, jede weitere Diskussion überflüssig machen und den Aggressor mit einem Schlag zum Sieger erklären sollen. Nur

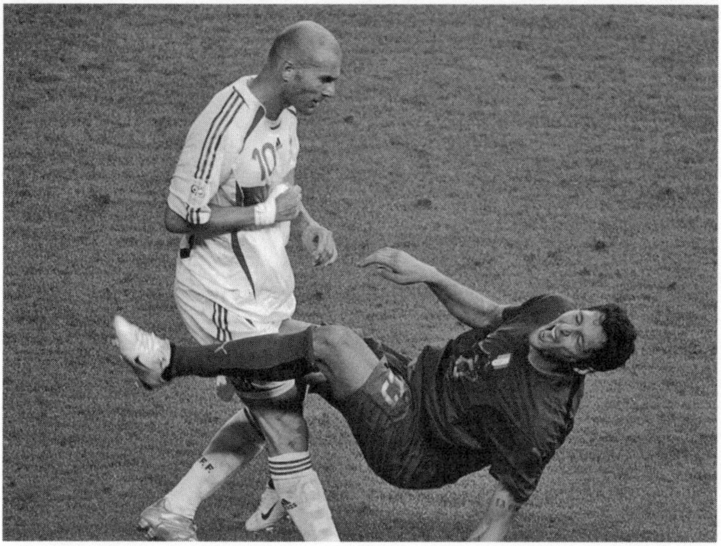

Wer schlägt hier wen k.o.?

selten jedoch lassen es die Kontrahenten bei nur einer Beleidigung bewenden. Oft gibt ein Wort das nächste, jede Bosheit wird mit einer noch größeren Grobheit pariert, und «so wirds eine Prügelei oder ein Duell», wie Schopenhauer trocken sagt. Anstatt also den Streit zu beenden, bewirken viele Beleidigungen letztlich doch nur eine *Transformation* der Auseinandersetzung. Der Disput nimmt schärfere Formen an, man kämpft fortan mit härteren Bandagen, und so werden bald schon schlimmere Untaten folgen; z. B. → Gewalt oder gar → Totschlag. Demnach bergen Beleidigungen, ganz ähnlich wie die → Rache, die Gefahr, eskalierend zu wirken. Auch wenn die ursprüngliche Beleidigung eher harmlos, ja, läppisch gewesen sein mag: Ist sie erst einmal ausgesprochen, kann sie enorme Sprengkraft entfalten. Als eine «Gabe», die unerwünscht ist, aber doch vom Beleidigten erwidert werden will, kann jede Beleidigung den Beginn einer tödlichen Feindschaft markieren.

Betrachten wir es medizinisch: Eine Person, die beleidigt worden ist, reagiert «verschnupft», fühlt sich «gekränkt» oder gar «verletzt». Manchmal spricht man auch von «Verbitterung», und zwar offenkundig deshalb, weil den Beleidigten die «Galle hochkommt». Andere unmoralische Taten mögen den Betroffenen «ans Herz gehen» oder «schwer im Magen liegen», doch Beleidigungen reizen die Gallenblase; ein Organ, das im Rahmen des Stoffwechsels primär der Ausscheidung und Entgiftung dient. Entsprechend sagt man mit Blick auf jene, die ätzende Beleidigungen aussprechen: Sie «spucken Gift und Galle» oder «vergiften das Klima». Dieser quasimedizinische Sprachgebrauch macht deutlich, warum Beleidigungen buchstäblich als *Kränkungen* erfahren werden: Die Seele bzw. Psyche des Menschen ist durch herabsetzende Kommunikationsakte ebenso verletzbar wie der menschliche Körper durch Akte der → Gewalt. In der deutschen Strafrechtsdogmatik werden Beleidigungen deshalb auch «Verbalinjurien» genannt, weil man als Mensch eben auch durch Worte verletzt werden kann. Wollte man es kulturhistorisch ausdrücken: Die Beleidigung scheint eine Art domestizierte Körperverletzung zu sein. Auch mit Begriffen wie «Ehrverletzung» oder «Ehrabschneidung», mit denen der Straftatbestand der Beleidigung gelegentlich erläutert wird, ist eine nichtkörperliche Verwundbarkeit des Menschen angezeigt. Freilich dürfte der Begriff «Ehre» hier zunächst etwas altbacken anmuten. Was ist damit gemeint?

Bereits in einem soziologischen Klassiker aus dem Jahre 1975 mit dem Titel *Das Unbehagen in der Modernität* heißt es: «Die Ehre hat im heutigen Wertgefüge ungefähr den gleichen Rang wie die Keuschheit. Wer sie mit Nachdruck verteidigt, findet kaum Bewunderung, und wer behauptet, er habe sie verloren, wird eher belächelt als bemitleidet.» Folglich scheint es, als sei der Ehrbegriff eher in traditionellen, «vormodernen» Gesellschaften beheimatet und heute bloß noch in solchen gesellschaftlichen Milieus anzutreffen, in denen anachronistische Wertmuster überlebt haben. In diesen kulturellen «Parallelwelten», so heißt es, sind Beleidigungen noch immer eine «Frage der Ehre» und bisweilen sogar Anlass zu sogenannten Ehrenmorden. Doch die Soziologie sollte sich nicht täuschen: Dass ein *Begriff* ein wenig aus der Mode gekommen ist, muss nicht schon bedeuten, dass auch das, was er *bezeichnen* soll, an Aktualität eingebüßt hat. Heute würden wir zwar eher von dem «Ansehen», dem «Ruf» oder auch dem «Image» einer Person sprechen, doch wir meinen damit in etwa das Gleiche, und zwar das

Bild, das sich unsere Mitmenschen von uns machen und das es notfalls gegen diffamierende Angriffe zu verteidigen gilt. Auch wenn entsprechende Selbstverteidigungsmaßnahmen heute nicht mehr ganz so heftig wie zu früheren Zeiten ausfallen mögen: Alle Menschen streben nach sozialer Anerkennung. Sie wollen für das, was sie sind und gesellschaftlich darstellen, Wertschätzung und Respekt erfahren, und behandelt man sie ehrverletzend bzw. beleidigend, so leidet ihre Reputation.

Folglich nimmt eine Person, die um ihre Ehre bzw. ihr Ansehen besorgt ist, eine Haltung zu sich selbst ein, die darin besteht, sich mit den Augen ihrer Mitmenschen zu betrachten: Werde ich ausreichend anerkannt? Aus dieser imaginären Fremdeinschätzung ergibt sich ein kompliziertes und anfälliges Wechselspiel von sozialer Wertschätzung und individuellem Selbstwertgefühl sowie der folgende Verdacht: Man muss im Leben ausreichend Anerkennung «getankt» haben, um ein hinreichend starkes Selbstbewusstsein zu besitzen, das dann im späteren Leben nicht gleich zusammenbricht, wenn einem einmal die Anerkennung versagt bleiben sollte. Und umgekehrt dürfte gelten: Je weniger Anerkennung ein Mensch in seiner Entwicklung genossen hat, umso schneller dürfte er «beleidigt» sein, wenn ihm die Anerkennung entzogen wird. Tatsächlich trifft man mitunter auf Menschen, die äußerst rasch, ja, geradezu unentwegt beleidigt sind. Ständig fühlen sie sich hintergangen oder ungerecht behandelt. Andauernd sind sie sauer. Und sollte man es wagen, vorsichtig Kritik an ihnen zu üben, reagieren sie eingeschnappt und wenden sich «total enttäuscht» von einem ab. Wer sich mit derart sensiblen Zeitgenossen auskennt, weiß: Der Umgang mit ihnen kann ungeheuer anstrengend sein. Wer schon bei den geringsten Anlässen und bei minimalem Gegenwind gekränkt oder verschnupft ist, besitzt eine soziale Überempfindlichkeit, die ein unkompliziertes und kooperatives Miteinander – gelinde gesagt – erschwert. Dauernd muss man diese «Weicheier» mit Samthandschuhen anfassen, unentwegt auf der Hut sein, was man tut und sagt.

Aber so anstrengend der Umgang mit diesen sozialen Hypochondern auch sein mag, deren Überempfindlichkeit impliziert eine *Empfindlichkeit*, die nicht schon per se unangebracht ist, da sie eine wichtige soziale Warnfunktion besitzt: Sie weist auf zwischenmenschliche «Schmerzgrenzen» hin. Es verhält sich hier ganz ähnlich wie bei Menschen, die hypersensibel auf körperliche Leiden reagieren. Auch deren ständiges Jammern und Stöhnen kann äußerst unerfreulich sein. Dennoch ziehen wir daraus nicht schon den irrigen Schluss, dass die Fähigkeit, überhaupt Schmerzen zu empfinden, fehl am Platz ist. Im Gegenteil: Körperliche Schmerzen schlagen Alarm, und sie halten uns davon ab, Belastungen auf uns zu nehmen, die uns dauerhaft schaden könnten. Ähnliches gilt für jene Überempfindlichkeit, die seelischen Hypochondern eigen ist: Wer beleidigt ist, *fühlt* sich beleidigt, und das bedeutet zunächst nur, dass die Person der Auffassung ist, beleidigt *worden* zu sein. Und der ganze Unterschied zwischen denen, die äußerst rasch gekränkt sind, und solchen Menschen, die widerstandsfähiger oder gar immun gegen Beleidigungen sind, ist der, dass man sich im hypochondrischen Fall selbst dann beleidigt fühlt, wenn man gar nicht wirklich beleidigt worden ist.

Doch kommen wir zurück zum Täter: Nach den bisherigen Überlegungen gehen gezielte Akte der Beleidigung mit dem Wunsch einher, das individuelle Selbstwertgefühl der beleidigten Person leiden zu sehen. Wer ehrverletzend oder herabsetzend behandelt wird, büßt die Möglichkeit ein, sich in den Augen seiner Mitmenschen als sozial wertvoll zu erfahren. Und eben das scheint der Täter zu bezwecken. Das Selbstwertgefühl der beleidigten Person soll direkt interpersonal, aber zudem auch *indirekt* beschädigt werden: Dritte Personen, die zufällig Zeugen der Beleidigung werden, sollen die der Lächerlichkeit preisgegebene Person möglichst ebenfalls für minderwertig halten. Auch wenn sich der Aggressor dadurch häufig selbst ins gesellschaftliche «Aus» manövriert: Er will seinem Opfer einen «Gesichtverlust» zufügen. Es soll fortan niemandem mehr in die Augen schauen können. Genau das wird aber die beleidigte Person nicht auf sich sitzen lassen können. Sie wird sich vielmehr dazu gezwungen sehen, ihr lädiertes Selbstbild zu restaurieren, indem sie sich → rächt und es dem Angreifer mit gleicher Münze heimzahlt. So nimmt sie also den sogenannten Fehdehandschuh auf, die Situation eskaliert, und schon ist ein regelrechter Krieg ausgebrochen: Harmlose Nachbarschaftskonflikte, die einst mit einem 10 cm zu hohen Gartenzaun begannen, arten so in regelrechte Vorgartenmassaker aus, und ein geradezu kleinlicher Streit um religionskritische Karikaturen kann offene → Gewalt, ja, sogar Fälle von → Totschlag nach sich ziehen.

Selbstverständlich wird man sich an dieser Stelle fragen dürfen, ob man als beleidigte Person nicht doch *im Recht* ist, wenn man sich gegen erlittene Unverschämtheiten mit ebenso ätzenden Grobheiten wehrt. Zahlreiche Leserinnen und Leser dürften dies spontan bejahen, und vielleicht denkt man sogleich auch an ein paar üble Zeitgenossen, die genau dies und noch viel Schlimmeres verdient hätten. Aber aus Sicht der Unmoral ist ebenso fraglich: Darf man einen → Dieb bestehlen, einen → Betrüger betrügen, einen Vergewaltiger vergewaltigen? Warum sollte man dann einen Beleidiger beleidigen dürfen? Hier mal ein Ratschlag: Man sollte, falls dies möglich ist, plumpen und grobschlächtigen Menschen aus dem Weg gehen. Auch darf man Mitmenschen vor ihnen warnen. Noch effektiver ist aber eine gegenteilige Strategie: Wie wäre es, wenn man dem Beleidiger im Gegenzug ein paar Komplimente machte? Was würde passieren, wenn man in der Hitze des Gefechts ganz einfach zugäbe, dass der Gegner recht hat, auch wenn das offenkundig nicht der Fall ist? Dies wäre zweifellos heroisch – und wird den Kontrahenten garantiert zur Weißglut bringen.

Literaturtipps:

Berger, Peter/Berger, Brigitte/Kellner, Hansfried: *Das Unbehagen in der Modernität*, Frankfurt a. M.: Campus 1975. [Hier findet sich der soziologisch einschlägige Exkurs «Über den Begriff der Ehre und seinen Niedergang».]

Raeth, Hans G.: *Die Kunst der Beleidigung*, Köln: Fackelträger 2007. [Eine kleine, aufschlussreiche Kulturgeschichte der Beleidigung.]

Schopenhauer, Arthur: *Die Kunst, Recht zu behalten*, Frankfurt a. M.: Insel 2006. [38 Kunstgriffe siegreichen Streitens, die als ultimativen Ausweg die Beleidigung empfehlen.]

Bestechung

Parlamentarier, Verwaltungsbeamte, Richterinnen, Staatsanwälte, Polizistinnen oder Schiedsrichter – auf diese Berufsgruppen muss man sich verlassen können. Die Gesellschaft hat ihnen verantwortungsvolle Kompetenzen und Funktionen übertragen, und nun erwartet man im Gegenzug, dass die geliehenen Entscheidungsprivilegien ausschließlich zum Wohle der Allgemeinheit eingesetzt werden. Folglich ist man als Mitglied dieser Berufsgruppen zur «Neutralität» gegenüber jenen Personen oder Personengruppen angehalten, über deren stets partikulare sowie parteiliche Interessen man zu entscheiden hat. Diese Entscheidungen müssen möglichst «objektiv» gefällt werden, man soll «gerecht» und «fair» agieren, darf sich niemals in die Abhängigkeit einer jeweils bestimmten Klientel begeben oder sich von dieser gar «kaufen» lassen. Und obwohl inzwischen jedes Kind weiß, dass Korruption und Käuflichkeit auch in unseren ökonomischen Breitengraden auf der Tagesordnung stehen, so verlangt man doch von jenen, die im öffentlichen Dienste der Unparteilichkeit stehen, den Besitz eines Vorzeigecharakters und wahrhaft preußischer Tugenden: Zuverlässigkeit, Unvoreingenommenheit und Unabhängigkeit. Schließlich wird man als öffentlicher Funktionsträger genau für diese professionelle Fairness bezahlt!

An diesen etwas altmodischen Erwartungen hält die Gesellschaft fest, obwohl ihr klar sein müsste, dass der oft kärgliche Lohn, den sie den genannten Berufsgruppen aus den öffentlichen Kassen zufließen lässt, nicht wirklich ausreichend ist, um keine weiteren Begehrlichkeiten zu wecken. Dazu ein Beispiel: Eine Streifenpolizistin im mittleren Dienst bekommt heutzutage einen Bruttolohn von durchschnittlich 2300 €. Man darf sich also fragen, ob man sich für dieses Gehalt in schöner Regelmäßigkeit öffentlich anpöbeln und bisweilen sogar körperlich attackieren lassen würde. Wer hier mit «Nein» antwortet, den wird es kaum verwundern, dass heute so mancher amtliche Entscheidungsträger nach attraktiven Lockangeboten und lukrativen Zusatzverdiensten Ausschau hält: Gesetzeshüter «halten die Hand auf», Parlamentarier lassen sich von der Wirtschaft «anfüttern», Verwaltungsangestellte werden «geschmiert». Auf diese Weise sollen die betreffenden Amtspersonen und Funktionsträger zu einem schleichenden Wertewandel und *abweichendem Verhalten* bewegt werden: Fortan agieren und entscheiden sie nicht länger so, wie die Allgemeinheit das von ihnen erwartet, sondern zugunsten jener Personen, die sich bereits vorab – z. B. durch Geld, Geschenke oder sonstige Versprechungen – für diese antizipierten Kursänderungen erkenntlich zeigen.

Kommen solche Vorgänge ans Licht, so spricht die aufgebrachte Öffentlichkeit gemeinhin von «Bestechung». Das klingt zunächst ein wenig seltsam, denn wenn man den Ausdruck buchstäblich versteht, so geht es um den Vorgang einer körperlichen Versehrung: Eine Person «sticht» eine andere, z. B. mit einem spitzen Gegenstand, einer Nadel oder einem Messer, und fügt ihr eben dadurch eine körperliche Blessur zu. Was aber soll ein derart physischer Angriff auf die Unversehrtheit der betreffenden Person mit dem Versuch einer *psychischen* Willensbeeinflussung durch das Unterbreiten attraktiver Lockangebote zu tun haben? Will der Ausdruck «Bestechung» signalisieren, dass man der jeweils bestochenen Person einen handfesten Schaden zufügt? Soll gar behauptet werden, dass die Person so etwas wie Schmerzen erleidet, wenn man sie mit verheißungsvollen Versprechungen ködert oder in Versuchung führt? Nein, denn Akte der Bestechung dürfen nicht mit Akten der Nötigung oder der Erpressung verwechselt werden, die tatsächlich mit → Zwang bis hin zu offener → Gewalt operieren. Bestechungen funktionieren vollkommen anders: Es handelt sich um «unmoralische Angebote», die ihren vermeintlichen Opfern stets die Freiheit lassen, die Offerte abzulehnen, ohne dass man sich dadurch irgendeinen empfindlichen Nachteil einhandeln würde. Zwar wird die betreffende Person «leer» ausgehen oder etwas verpassen, wenn sie den Bestechungsversuch standhaft pariert. Aber anders als bei Nötigungen und Erpressungen bleibt bei einem Bestechungsversuch stets die Wahl, «Nein» zu sagen. Negative Konsequenzen bleiben aus.

Warum wir alltagssprachlich dennoch an der physischen Metaphorik des Bestechungsbegriffs festhalten, wird deutlich, sobald wir etymologisch tiefer schürfen, ja, uns regelrecht «unter Tage» begeben. Denn aus begriffsgeschichtlicher Sicht ist davon auszugehen, dass der uns heute vertraute Wortsinn von «Bestechung» ursprünglich aus der Sprache der kohleverschmierten Bergarbeiter stammt. Einst war damit ein aufschlussreicher Prüfvorgang gemeint, der buchstäblich dem Erhalt von Arbeitsplätzen diente: Einer der Bergarbeiter untersuchte mit Hilfe eines sogenannten Grubenmessers, ob die Holzbalken, mit denen man den Stollen abgestützt hatte, trocken genug und hinreichend stabil waren oder ob sie bereits erste Risse zeigten und morsch zu werden drohten. Würden die Balken halten, was sie versprachen? Würden sie dem prüfenden Stich standhalten und sich somit als «stichhaltig» – wie ein gutes Argument – erweisen? Der auf Arbeitsplatzsicherheit bedachte Bergarbeiterkumpel machte also im wahrsten Sinne des Wortes eine «Stichprobe», die den Nachweis der Zuverlässigkeit und Tragfähigkeit des schützenden Gebälks erbringen sollte.

Der Akt der Bestechung ist also ursprünglich eine montane Belastungsprobe, ein Prozess der Materialprüfung gewesen. Folglich muss die metaphorische Übertragung des Ausdrucks auf zwischenmenschliche Zusammenhänge den Versuch meinen, die Standhaftigkeit und Zuverlässigkeit von Personen zu testen, die im gesellschaftlichen Miteinander eine vergleichbar «tragende» Rolle spielen: Wird sich die betreffende Person angesichts des vorgelegten unmoralischen Angebots, wenn man ihr also Geld, Geschenke oder sonstige Versprechungen unter die Nase hält, als widerstandsfähig, belastbar und unbestechlich erweisen? Oder wird sie einbrechen? Wer diesen Nachweis zu führen versucht, verfolgt dabei selbstredend ganz andere Interessen als der einstige Bergarbeiter, der um seinen Arbeitsplatz bangte. Denn der Charakter, den man zu bestechen versucht, *soll* sich ja gerade als «morsch» und brüchig erweisen, da man sich von eben dieser Unstetigkeit etwas erhofft, z. B. Vergünstigungen oder Wettbewerbsvorteile. Unbestechlichkeit wäre da gänzlich kontraproduktiv. Man will sich schließlich zum Lenker eines fremden Willens aufschwingen, und da wäre es mehr als hinderlich, wenn dieser Wille standhaft bliebe. Vielmehr dürfte gelten: Je verkommener und korrupter die Person (von lat. *corrumpere*, «verderben»), desto besser!

Über eine – im Gegensatz dazu – unbestechliche Person sagt man, sie besitze «Integrität» (von lat. *integritas*, «Reinheit, Unversehrtheit»). Man unterstellt ihr unverrückbare Wertbindungen und feste Grundüberzeugungen, von denen sie sich nicht einfach abbringen lässt; jedenfalls nicht schon durch profane Anreize oder plumpe Bestechungsversuche. Integre Personen sind und bleiben sich selbst «treu» – so als hätten sie sich das unbedingte Versprechen gegeben, auch gegen Widerstände stets an dem festzuhalten, was ihnen fundamental wichtig ist und richtig erscheint. Die integre Person wäre nicht länger das, was sie zu sein wünscht, wenn sie das → verraten würde, was ihr zutiefst am Herzen liegt. Auch nach außen hin «stehen» unbestechliche Menschen zu dem, was sie denken und sagen. Sie lassen ihren Worten Taten folgen. Deshalb vertraut man ihnen, weil sie unabhängig und geradlinig agieren. Und selbst dann, wenn diese Menschen merkwürdige Überzeugungen vertreten oder Handlungen vollziehen, die man selbst ablehnt, so verkörpern integre Personen doch eine Standhaftigkeit und Verlässlichkeit, die man im gesellschaftlichen Miteinander allzu oft vermissen mag.

Keine Frage: Die Idee einer *vollends* integren Persönlichkeit ist bloß ein Ideal, von dem alle empirisch vorfindlichen Menschen abweichen dürften, ja, dessen allzu rigorose Realisierung – ohne jede Abweichung und Ausnahme – nicht einmal erstrebenswert erscheint. Muss man im Leben nicht auch mal «fünfe gerade sein» lassen? Und dennoch handelt es sich um ein Ideal, das von vielen Menschen als dringlich empfunden wird und an dem man sich zumindest dann orientiert, wenn man einer anderen Person vorwirft, sie sei «unzuverlässig», «inkonsequent», «opportunistisch» oder auch «rückgratlos». Folglich gilt auch das Umgekehrte: Charaktere, die reichlich unsolide, flatterhaft und wankelmütig sind, mögen einem selbst zwar nicht unbedingt unsympathisch sein, und doch wird man sie meiden, weil man fürchtet, sich nicht ausreichend auf sie verlassen zu können, falls es darauf ankommt. Und stellt sich gar heraus, dass die betreffenden Personen bestechlich oder korrupt sind, ist die Empörung groß. Man braucht hier nur einmal an die wachsende Politikverdrossenheit angesichts politischer Eliten zu denken, von denen es heißt, sie seien der Wirtschaft willfährig. Oder man erinnere sich an den letzten Schiedsrichterskandal und die grenzenlose Wut der Fußballfans, deren Mannschaften von einem Referee «verpfiffen» wurde, der in den Diensten der Wett-Mafia stand.

Und doch sollte man nicht schon alle Menschen, denen es an Integrität mangelt, über einen Kamm scheren. Wir sind es alltags-

Instrument der Unparteilichkeit?

sprachlich durchaus gewohnt, signifikante Unterschiede zu machen zwischen Menschen, die «bestechlich» sind, und solchen, die als «korrupt» oder gar als charakterlich «verkommen» zu gelten haben. Nehmen wir beispielsweise an, wir hätten es mit einer Amtsperson im kommunalen Tiefbauamt zu tun, die bislang verlässlich und unauffällig ihren Dienst tat, die sich jüngst jedoch beim eigenen Hausbau finanziell ein wenig übernommen hat, sodass sie sich dazu gedrängt sieht, einer großen Baufirma so lange lukrative städtische Aufträge zuzuschanzen, bis ihr privater Schuldenberg abgebaut ist. Dies ist ein klarer Fall von Bestechung. Eine Person ist bestechlich, wenn sie zwar eigene Überzeugungen und Wertvorstellungen zu besitzen scheint, diese aber gelegentlich zu suspendieren bereit ist, falls dies sich ernsthaft für sie lohnt. Dieselbe Amtsperson hätte jedoch als *korrupt* zu gelten, wenn diese Ausnahmen zur Regel würden. Denn wer sich an die Annehmlichkeiten wechselseitiger Angebotsabsprachen erst einmal gewöhnt, dessen Grundüberzeugungen und Wertbindungen mögen sich mit der Zeit derart «lockern», dass ihm schon bald an deren Realisierung kaum noch etwas liegt. Früher einmal, da mögen selbst korrupte Menschen an etwas geglaubt haben, und auch heute noch werden sie aufrichtig beteuern, dass ihnen ihre einstigen Ideale «irgendwie» wichtig sind. Doch sobald man ihnen ein unmoralisches Angebot vorlegt, das attraktiv genug ist, lassen sie sich rasch auf einen ethischen Schlingerkurs ein. Noch ärger kommt es allerdings, wenn man es mit Menschen zu tun hat, deren Persönlichkeit so vollends «auf den Hund gekommen» ist, dass sie als charakterlich *verkommen* gelten. Während es integren Personen darum geht, nach den jeweils eigenen Wertmaßstäben zu leben, sind verkommene Charaktere primär daran interessiert, andere glauben zu machen, sie lebten nach den ihren. Es handelt sich um «Wendehälse» – ganz ohne eigene Überzeugungen –, die den eigenen Opportunismus als Anpassungsfähigkeit preisen. Sie mögen zwar vorgeben, ja, heucheln, eigene Werte und Ideale zu besitzen, doch sie werden ihr Fähnchen in jeden neuen Wind hängen, um stets auf der sicheren Seite zu sein.

Nun mag es auf den ersten Blick so scheinen, als sei Bestechlichkeit – verglichen mit Korrumpierbarkeit und Verkommenheit – das kleinere Übel. Doch diese Auffassung ist irreführend, denn eine Person, die sich bestechen lässt, wird auf einen «schlüpfrigen Abhang» (engl. *slippery slope*) geführt, auf dem selbst ein vormals stabiler Charakter allmählich ins Rutschen geraten kann. Es droht ein «Dammbruch» in eigener Sache. Wer sich – vermeintlich einmalig – zu einer temporären Abweichung von seinen Grundüberzeugungen verleiten lässt, wird zukünftig vielleicht auch weitere Zugeständnisse zu machen bereit sein, da ja die einstige Festigkeit des Charakters ohnehin schon Risse bekommen hat, die sich dadurch vermutlich noch ausweiten werden. Doch der entscheidende Unterschied besteht darin, dass bestechliche Personen sehr häufig eine täuschende Fassade der Zuverlässigkeit aufrechtzuerhalten vermögen, während korrupten und verkommenen Personen ohnehin niemand mehr traut. Damit verhalten sich Akte der Bestechung direkt parasitär zu der noch immer vorhandenen Erwartung, man habe es mit rechtschaffenen Personen zu tun. Ähnlich wie Akte des → Betrugs oder der → Lüge können auch Akte der Bestechung nur gelingen und geheim bleiben, wenn andere glauben, dass diejenigen, die sich de facto unmoralisch verhalten, moralisch anständig sind. Denn ganz gleich, ob es sich um einen Parlamentarier, eine Staatsanwältin oder einen Schiedsrichter handelt: Die Gemeinschaft wird nicht länger auf sie setzen, wenn herauskommt, dass sie bestechlich sind.

Allerdings wird man sich spätestens an dieser Stelle fragen: Wer begeht hier eigentlich die unmoralische Tat? Derjenige, der besticht, oder diejenige, die sich bestechen lässt? Und überhaupt: Was eigentlich soll so unmoralisch daran sein, einen instabilen Charakter zu besitzen oder aber andere Menschen zu einer derartigen Instabilität zu verleiten? Muss nicht jeder Mensch selbst entscheiden, ob er integer sein oder aber unmoralische Angebote annehmen will? Ist es überhaupt angebracht, von «unmoralischen» Angeboten zu sprechen? Käufliche Menschen mögen ebenso wie Personen, die jene zu kaufen versuchen, reichlich unsympathisch sein: Warum aber ist Bestechung nicht nur unsympathisch, sondern auch *moralisch* schlecht? Die Antwort besteht aus drei Teilen. Erstens: Es ist tatsächlich nicht schon per se unmoralisch, ein Mensch von zweifelhaftem Charakter zu sein. Man mag zwar unglücklich werden, wenn man derart unsolide ist, doch braucht uns dies hier nicht weiter zu interessieren, denn «Laster» produzieren nicht schon notwendig auch *unmoralische Handlungen*, mit denen man nachweislich auch anderen Personen zum Schaden gereicht (→ Im Anfang war die Tat). Zweitens: Auch wer andere Menschen zu einem Mangel an Integrität zu verleiten versucht, handelt nicht schon notwendig unmoralisch. Es mag zwar unverantwortlich sein, eine Person auf rutschige Abhänge zu führen, doch am Ende muss jeder selbst entscheiden, ob er den entscheidenden Schritt gehen will. Und doch gilt drittens: Akte der Bestechung *sind* unmoralisch, und zwar deshalb, weil es sich um Vorgänge handelt, die geeignet sind, unbeteiligten *Dritten* zu schaden. Die moralische Eigenart der Bestechung liegt folglich darin begründet, dass es sich um Delikte handelt, die man stets «gemeinschaftlich» begeht.

Zur Erinnerung: Eine Person, von der es zu Beginn hieß, sie spiele im gesellschaftlichen Miteinander eine «tragende» Rolle, soll durch Geld, Geschenke oder sonstige Anreize zu einem fundamentalen Stimmungsumschwung angehalten werden. Sie wird nicht länger in Einklang mit ihren integralen Wertüberzeugungen agieren, sondern einen Einstellungswandel zugunsten desjenigen vollziehen, der sich bereits vorab, und zwar in Form einer vorgezogenen Gegenleistung, für diesen Kurswechsel erkenntlich gezeigt hat. Auf den ersten Blick haben wir es mit einer sogenannten *Win-win-Situation* zu tun: Beide Akteure haben von dieser Bestechung einen Vorteil, und keinem der beiden wird vom jeweils anderen ein direkter Schaden zugefügt. Aber können wir ausschließen, dass deshalb *niemand* Schaden nimmt? Nein, denn dem wechselseitigen Vorteil der beiden Missetäter wird stets ein konkreter Nachteil auf Seiten jener Personen entsprechen, die als unbeteiligte Dritte später die «Zeche» zu zahlen haben. Nehmen wir den Beamten im Tiefbauamt: Unliebsame Konkurrenten der unfairerweise bevorzugten Baufirma werden ebenso das Nachsehen haben wie die um das jeweils günstigere Angebot geprellte Gemeinschaft der Steuerzahler. Oder betrachten wir den Fall der unsportlichen Wett-Mafia: Ein Schiedsrichter lässt Mannschaft A gewinnen, und eben dadurch macht er Mannschaft B und deren Fans – und mithin den Sport insgesamt – zum Verlierer.

Folglich ereignet sich der unmoralische Schaden, den Akte der Bestechung mit sich bringen, nicht innerhalb des Verhältnisses von bestechender und bestochener Person, sondern außerhalb. Opfer von Bestechung sind stets unbeteiligte Dritte, auf deren unmittelbare Kosten bestechende und bestochene Personen «kooperativ» zusammenwirken, um einen moralisch signifikanten Doppelsieg davonzutragen. Es handelt sich also um *gemeinsame* Verstöße gegen rechtmäßige Interessen Dritter, und zwar zu Gunsten eines jeweils egoistischen Vorteils auf Seiten der bestechenden *und* der bestochenen Person. Akte der Bestechung unterscheiden sich von vielen anderen unmoralischen Delikten durch eben diesen eigentümlichen Vexierbild-Charakter: Wie man das Bestechungsverhältnis auch dreht und wendet, jedes Mal erblickt man einen vermeintlichen Nutznießer, und daraus folgt, dass nicht nur der eigentliche Akt der Bestechung moralisch anstößig ist, sondern eben auch die ihm korrespondierende Bereitschaft zur Bestechlichkeit. Übrigens sieht dies auch das deutsche Strafgesetzbuch so, das in den §§ 331 und 334 ausdrücklich beide Täter nennt und ihnen eine Freiheitsstrafe von bis zu fünf Jahren in Aussicht stellt.

Dass Bestechung kein Kavaliersdelikt ist, sondern eine geradezu globale Bedrohung, und zwar besonders in ökonomischen Krisenzeiten, zeigen regelmäßig die Berichte von *Transparency Interna-*

tional, einer weltweit agierenden Nichtregierungsorganisation, die sich dem Kampf gegen Korruption in Staat und Wirtschaft verschrieben hat. Die ökonomischen Schäden der Bestechung lassen sich nur schwer beziffern, und aus Fachkreisen heißt es gelegentlich, die Korruption sei ein notwendiges «Schmiermittel» wirtschaftlicher Tauschverhältnisse. Doch nach Schätzungen der *Weltbank* werden durchschnittlich etwa 7% der gesamten Arbeitsleistung für die Reparatur von Korruptionsschäden aufgebracht. Da könnte jede erwerbstätige Person genau drei Wochen mehr Urlaub im Jahr machen. Man muss kein Moralapostel sein, um zu sagen: Das darf doch wohl nicht wahr sein! Korruption, so heißt es auch, sei ein «schleichendes Gift», das sich in die Eingeweide des gesellschaftlichen Miteinanders frisst. Vergleichsweise integre Menschen werden sich von dieser Art der «Klimapflege» stets abgestoßen fühlen, weil das gesellschaftliche Klima ja gar nicht gepflegt, sondern zersetzt wird. Oder um es in der Sprache der alten Bergarbeiter zu sagen: Wer allzu viel mit spitzen Messern im morschen Gebälk der schützenden Grube bohrt, wird sie am Ende vielleicht zum Einsturz bringen.

Literaturtipps:

Alemann, Ulrich von (Hg.): *Dimensionen politischer Korruption*, Wiesbaden: VS 2005. [Ein einschlägiger interdisziplinärer Sammelband mit historischen, empirischen und moraltheoretischen Analysen.]

Neckel, Sighard: «Der unmoralische Tausch», in: ders.: *Die Macht der Unterscheidung*, Frankfurt a. M.: Campus 2000. [Eine kurze, sehr geistreiche Soziologie interpersonaler Käuflichkeit als «sittenwidriger Tausch».]

Pollmann, Arnd: *Integrität*, Bielefeld: transcript 2005. [Meine eigenen Überlegungen zu einer Theorie des «unbestechlichen» Charakters.]

Betrug

Nach einem gängigen Klischee erhitzen drei Dinge die Gemüter der heterosexuellen Männerwelt: Frauen, Autos und Sport. So hat sich einst der legendäre englische Fußballer George Best dazu bekannt, fast sein gesamtes Vermögen in diese Hobbys investiert zu haben – und «den Rest habe ich einfach verprasst!» Hier also setzt der Mann Prioritäten, und so dürfte in zahllosen Garagen und in so manchem Hobby-Keller ein Poster hängen, auf dem attraktive junge Frauen in knappem Sportdress einen schicken Sportwagen einseifen, um dabei ungeheuer viel Schaum zu produzieren. Selbstverständlich werden viele männliche Leser umgehend protestieren, denn das Klischee ist allzu abgedroschen. Und man kann tatsächlich darüber streiten, ob es nicht auch wichtigere Dinge im Leben gibt, bei denen man als Mann mindestens genauso viel Spaß haben kann (auch wenn mir da spontan gar nicht viel einfallen mag). Eines jedoch lässt sich empirisch verifizieren: Frauen, Autos und Sport – das sind genau jene drei Lebensbereiche, in denen Männer zugleich am *wenigsten* Spaß verstehen und in denen rasch die sogenannten Fetzen fliegen, wenn sich ein Mann um seinen Spaß «betrogen» fühlt. Wer etwa seine Lebenspartnerin in flagranti mit dem besten Freund erwischt; wer plötzlich feststellen muss, dass sein schnittiges Cabrio doch nicht unfallfrei gewesen ist, als man es ihm verkaufte; wer im heimischen Fußball-Stadion Zeuge wird, wie das Lieblingsteam haushoch verliert, weil man den Schiedsrichter → bestochen hat, der wird rasch jene Nase gestrichen voll haben, an der man ihn zuvor herumgeführt hat. Und zugegeben: Auch Frauen, denen Ähnliches widerfährt, dürften nicht gerade begeistert sein.

Sehen wir uns die drei holzschnittartigen Betrugsdelikte zunächst etwas genauer an. An erster Stelle steht der «Seitensprung»; ein Delikt, das regelmäßig nicht nur das männliche Gemüt, sondern auch das weibliche Geschlecht in Rage bringt. Auf den ersten Blick mag man vielleicht sogar der Ansicht sein, dass Frauen sehr viel häufiger als Männer hintergangen werden, doch kann dies schon deshalb nicht der Fall sein, weil zu jedem Seitensprung bekanntlich zwei bzw. drei Personen gehören und die Geschlechterrollen diesbezüglich gerecht verteilt sein dürften. Was der Mann kann, kann die Frau auch, und aufgrund dieser gleichen Qualifikationen bzw. der Quotierung wegen beginnen wir mit dem Beispiel einer treulosen Ehefrau. Sie hat – so will es das Klischee – ein Verhältnis mit ihrem Tennislehrer und kommt am Abend immer häufiger ungewohnt spät nach Haus. Überhaupt legt sie in letzter Zeit ein merkwürdiges Verhalten an den Tag: erhöhte Trainingsfrequenz, heimliche Telefonate, neue Mädchenhaftigkeit. Doch ihr Mann, der derzeit mit beruflichen Problemen zu kämpfen hat, ist diesbezüglich arglos. Er wundert sich allenfalls ein wenig darüber, dass seine Frau an seinen beruflichen Sorgen nur wenig Anteil nimmt, aber er schöpft keinen Verdacht.

Mit welchen trickreichen Maßnahmen wird die Liaison geheim gehalten? Solange die Ehebrecherin das Vertrauen ihres Manns besitzt, mögen Strategien einfacher Täuschung ausreichen: das Vermeiden verfänglicher Situationen, mimisches und gestisches Abwehrverhalten, Ausflüchte und Ablenkungsmanöver und mitunter schlichtes Schweigen. So telefoniert die Betrügerin mit ihrem Liebhaber selbstredend nur dann, wenn ihr Mann nicht zu Hause ist, und sie wechselt rasch das Thema, wenn er sich nach den Qualitäten des neuen Tennislehrers erkundigt. Aufgrund dieses täuschenden Verhaltens wiegt sie ihren Mann in falscher Sicherheit, indem sie ihm unausgesprochen die irreführende Botschaft vermittelt: «Es ist alles in Ordnung, mein Schatz!» Strategien der Täuschung dienen dazu, der betroffenen Person eine bestimmte Wahrheit *vorzuenthalten*. Dazu ist es nicht notwendig, die Wahrheit gezielt auch zu verfälschen. Sobald aber ihr Mann ersten Verdacht schöpfen sollte und ihr süßes Geheimnis aufzufliegen droht, muss die Frau zu einer stärkeren Form der Täuschung greifen, und zwar zur → Lüge. Während es zum Gelingen einer bloßen Täuschung ausreicht, wichtige Fakten zurückzuhalten, kommt es bei einer Lüge darauf an, dass Sachverhalte, die zur Aufdeckung einer unangenehmen Tatsache führen könnten, ausdrücklich verneint oder aber gezielt gegenteilige Sachverhalte behauptet werden. Wenn etwa der besorgte Ehemann seine gut gelaunte Frau bei deren später Heimkehr fragt, wo sie denn gewesen sei, und sie antwortet: «Ich war beim Tennis», so lügt sie, sollte die Trainingsstunde ausgefallen und in ein Schäferstündchen umgewandelt worden sein.

Helfen auch Lügen nicht weiter, muss das Täuschungsmanöver zur Hinterlist gesteigert werden. So mag sich die Betrügerin zunehmend dazu gezwungen sehen, die gemeinsamen Lebensumstände geschickt so zu arrangieren, dass ihr Mann, wie von selbst, gute Gründe sieht, von seinem unguten Verdacht abzurücken. Die untreue Frau bittet eine gemeinsame Freundin um ein falsches Alibi, sie widmet ihrem gestressten Mann nun wieder gesteigerte Aufmerksamkeit, und sogar der eheliche Geschlechtsverkehr wird wieder aufgenommen. Anders als bei Täuschungen oder Lügen kommt es bei der Hinterlist nicht nur auf das Verschweigen oder gezielte Verfälschen von Wahrheiten an, sondern darauf, dass man planvoll die *Bedingungen der Wahrheitsfindung* manipuliert: Der Ehemann soll möglichst von selbst zu irreführenden, aber doch vertrauensbildenden Fehlschlüssen kommen, bis er sich schließlich fragt, wie er jemals auf diesen abstrusen Verdacht hat kommen können. Hinterlist kann in regelrechte «Gehirnwäsche» ausarten, wenn die Bedingungen einer adäquaten Wirklichkeitsanpassung derart nachhaltig unterminiert werden, dass der misstrauische Ehemann die Wahrheitsfrage am Ende gar nicht mehr zu stellen wagt. Wenn etwa seine Frau die Flucht nach vorn antritt, bei jeder misstrauischen Nachfrage ihres Mannes demonstrativ aus der Haut fährt und ihm bedeutet, seine geradezu wahnhafte Eifersucht sei am Ende doch nur ein Symptom eigener verdrängter Ausbruchswünsche, so wird er vielleicht zustimmen, wenn sie sagt: «Du siehst Dinge, die es gar nicht gibt. Ich bin wirklich sehr enttäuscht von dir!» Und wenn dann die Ehebrecherin in seinem Beisein demonstrativ von einem romantischen Urlaub oder sogar von einem weiteren Kind träumt, und es gelingt ihr, den Ehemann glauben zu machen, *er* sei derjenige, mit dem sie diese Sehnsüchte teilt, wird der Betrogene wahrscheinlich beschämt an seinem Verstand zu zweifeln beginnen und denken, die gemeinsame Ehe habe tatsächlich wieder einmal Urlaub nötig.

Damit haben wir die vier wichtigsten Strategien des Betrugs beisammen: Täuschung, Lüge, Hinterlist, Gehirnwäsche. Sie treten einzeln oder aber in Kombination auf, und jeder Betrug ist steigerungsfähig, sofern er mit einfachen Täuschungen beginnen und in Gehirnwäsche ausarten kann. Fraglich muss an dieser Stelle sein, was das Gemeinsame dieser vier Strategien ist; inwiefern also von «generellen» Betrugsmerkmalen die Rede sein kann. Das Beispiel des Ehebruchs lässt bereits fünf solcher Merkmale er-

Sehen Sie auch Dinge, die es gar nicht gibt?

kennen. Erstens: Egal, um welche Strategie es sich handelt, die betrogene Person soll jeweils dazu gebracht werden, im Zuge der Wahrheitsfindung von gezielt manipulierten oder gefälschten Fakten auszugehen – modern gesprochen: von einem *fake*. Zweitens: Man erreicht dies dadurch, dass man rechtzeitig sämtliche Verdachtsmomente, die zu einer kritischen Überprüfung der gefälschten Sachverhalte führen könnten, überspielt oder abwehrt. Drittens: Dies gelingt nur dann, wenn man mit dem eigenen Verhalten den Fortbestand einer Vertrauensbeziehung zu simulieren oder aber ein bereits angeknackstes Treueverhältnis zu reparieren vermag. Viertens: Das Vertrauen wird auf Grundlage unterschlagener Informationen erhalten, die zur Zerstörung des betreffenden Vertrauensverhältnisses führen könnten, wenn sie ans Licht kämen. Und fünftens: Fragt man nach dem naheliegenden Grund, warum Menschen überhaupt zu derart betrügerischen Strategien greifen, so dürfte es stets darum gehen, aus dem jeweils simulierten Vertrauensverhältnis einen ganz konkreten egoistischen Vorteil zu ziehen.

Im Fall des Ehebruchs ist der dabei erheischte Vorteil sogar ein doppelter: die «Zweigleisigkeit» von schützender Ehe und leidenschaftlicher Romanze. Das Liebesabenteuer kann genossen werden, die häusliche Ehe jedoch bleibt erhalten. Wie aber fällt der Gewinn in anderen Betrugsfällen aus? Betrachten wir das zweite Beispiel: Ein gewiefter Autohändler verkauft ein schickes, gebrauchtes Cabriolet, das äußerlich einen neuwertigen Eindruck macht, obgleich es bereits einen Unfall hinter sich hat. Die Verkaufsgespräche laufen gut, der Händler versteht es, seinen Kunden, der Vertrauen gefasst hat, einzuseifen. Den Unfallschaden verschweigt der Händler (Täuschung). Stattdessen berichtet er von den vielen Interessenten, die sich den Wagen in den letzten Tagen angesehen haben. Doch zu niemandem passe das Cabrio so gut wie zu seinem jetzigen Kunden (Lüge). Die Unfallschäden sind fachmännisch kaschiert, der Tacho zurückgedreht (Hinterlist). Und auf die skeptische Rückfrage des Kunden, wo der Haken sei, reagiert der Verkäufer geradezu entrüstet und mit dem Hinweis auf den guten Ruf, den er zu verlieren habe (Gehirnwäsche). Der Deal ist perfekt, und der unmoralische Vorteil des Verkäufers liegt auf der Hand: Es geht ihm ums Geld. Er möchte schlicht *mehr* für das Cabrio bekommen, als ihm ein deklarierter Unfallwagen einbringen würde, wenn er also jener moralischen Pflicht nachkäme, die dem Betrug direkt entgegensteht: der Pflicht zur Ehrlichkeit.

Aber geht es beim Betrug *allein* darum, dass der Verkäufer mehr bekommt, als ihm zusteht? Nein, denn moralisch entscheidend ist nicht etwa der Vorteil, den sich der Betrüger verschafft, sondern der verheimlichte *Nachteil*, den die betrogene Person erleidet. Es ist hier ähnlich wie bei Akten der → Ausbeutung: Wenn auf Seiten des Täters ein «Plus» stehen soll, muss auf Seiten des vertrauensseligen Opfers ein vertuschtes «Minus» stehen. Im Fall des Autokaufs tritt dieser Schaden bereits in dem Moment ein, in dem Geld und Fahrzeugpapiere ausgetauscht werden. Der stolze Neubesitzer denkt nämlich, sein Cabrio sei heil, doch in Wahrheit weist es erhebliche Mängel auf. Das Auto ist schlicht nicht das wert, was er soeben dafür bezahlt hat. Und würde er es zu verkaufen versuchen und geriete er dabei an einen wirklich fachkundigen Käufer, so würde ihm dieser plötzliche Wertverlust rasch zu Bewusstsein kommen.

Allerdings kommt es beim Betrug nicht nur auf den gegebenenfalls verursachten Vermögensschaden an. Schwerer noch mag ein ganz anderer Verlust wiegen. Man stelle sich vor, dass der Cabrio-Betrug bereits beim nächsten Werkstattbesuch auffliegt. Nun kommt es auf Seiten des stolzen Neubesitzers buchstäblich zur *Ent*-Täuschung und einem bösen Erwachen: Wie konnte ich nur so blöd sein, mich über den Tisch ziehen zu lassen? Warum habe ich diesem schmierigen Typen bloß vertraut? Fragen dieser Art können das Selbst- und Weltvertrauen eines Betrugsopfers derart anhaltend erschüttern, dass ihm der sichere Boden unter den Füßen schwindet und sich längerfristig Unsicherheit und Misstrauen einschleichen. Dabei ist anzunehmen, dass die Stärke der jeweiligen Erschütterung mit dem Schweregrad der jeweils verwendeten Betrugsstrategie zunimmt: Eine einfache Täuschung mag man vergleichsweise rasch verkraften. Wird man jedoch dreist belogen, so kann dies eine geradezu deprimierende Enttäuschung bedeuten. Wird man zum Opfer planvoller Hinterlist, so mag sich eine bleibende Verunsicherung einstellen, die rasch auch auf weitere Lebensbereiche ausstrahlt. Und eine langfristig betriebene Gehirnwäsche birgt gar die Gefahr eines anhaltenden, klinisch-pathologischen Verlustes an Selbst- und Weltvertrauen.

Dabei weisen sämtliche Betrugsdelikte im Hinblick auf die durch sie verursachten *psychischen* Schäden eine unmoralische Eigenart auf: Diese Schäden ereignen sich stets «zeitversetzt» und auch nur dann, wenn der Betrug tatsächlich auffliegt. Dies aber muss keineswegs notwendig der Fall sein. Vielmehr gilt: Je besser der Betrug gelingt, umso unwahrscheinlicher ist es, dass sich das Opfer dessen bewusst wird und *eben dadurch* einen seelischen Schaden erleidet. So stellt sich unweigerlich die Frage, ob ein Betrug auch dann unmoralisch ist, wenn er Erfolg zeitigt und sich die betrogene Person anhaltend in Sicherheit wiegt. Erinnert sei hier an das, was zu Beginn dieses Buches über das Unwesen unmoralischer Taten gesagt worden ist: Eine Handlung ist bereits dann unmoralisch, wenn sie vorsätzlich geschieht und zudem geeignet ist, anderen Menschen Schaden zuzufügen (→ Am Anfang war die Tat). Im Fall des Betrugs ist dies zweifellos auch dann so, wenn das Manöver gelingt. Selbst wenn eine Täuschung annähernd «perfekt» ist, bedeutet dies nicht, dass sie nicht aufgedeckt werden kann, sondern lediglich, dass sie bislang nicht aufgedeckt *wurde*. Zumindest der Täter selbst hätte jederzeit die Möglichkeit, dem Betrug ein Ende zu setzen. Und spätestens dann würde auf Seiten des Opfers auch jener psychische Schaden eintreten, der zuvor bloß aufgeschoben wurde.

Allerdings kommt bei fast jedem Betrug noch ein weiterer Schaden hinzu: In aller Regel leidet nicht nur das eigentliche Betrugsopfer, sondern stets auch das *soziale Beziehungsgefüge*. Dies zeigt das dritte Beispiel: Eine Fußball-Mannschaft hat durch Betrug, z. B. durch →Bestechung des Schiedsrichters oder durch Einnahme unerlaubter pharmazeutischer Substanzen, einen hohen Sieg errungen. Zunächst ist dieser Betrug natürlich ein *Selbstbetrug*, denn ein mit unfairen Mitteln errungener Sieg kann schwerlich als ein «echter» Sieg gefeiert werden. Doch Selbsttäuschungen sind nicht schon per se unmoralisch, solange sie nur der eigenen Person, sonst aber niemandem schaden. Bestechung und Doping hingegen schaden *anderen*, weil es unsportlich ist, sich einen derart künstlichen Wettbewerbsvorteil zu verschaffen. Versuchen wir es mit Immanuel Kants kategorischem Imperativ und testen wir die Verallgemeinerbarkeit der Maxime «Ich betrüge, um mir einen Vorteil zu verschaffen»: Wenn sich alle Sportler wechselseitig betrügen würden, so wäre der jeweils erhoffte Vorsprung alsbald neutralisiert. Wird der Schiedsrichter von *beiden* Mannschaften bestochen oder dopen sämtliche Radfahrer im Feld, so stehen alle wieder bei «Null». Kurz: Ein Vorteil, den alle haben, ist gar kein Vorteil.

Und doch ist der Gesamtschaden unsportlichen Betrugs damit noch immer nicht eruiert. Solange *nicht* alle betrügen, beruht der sportliche Erfolg der Betrüger unmittelbar auf dem Misserfolg jener, die nicht betrügen wollen. Entsprechend haben «saubere» Sportler stets das Nachsehen. Wer jedoch den Anschluss nicht verlieren will, wird seine Trainingsmethoden überdenken müssen: Entweder man dopt mit oder bleibt gleich ganz in der Kabine. Würde man jedoch die zweite Option wählen, so räumte man kampflos das Feld und überließe es jenen moralischen Trittbrettfahrern, die parasitär von der Ehrlichkeit ihrer Gegner zehren. In dieser Hinsicht ist der Betrug also ein besonders fundamentaler Regelverstoß. Auch ein harmloses Foul beim Fußball mag eine Regelverletzung sein, doch Regelverstöße dieser Art sind im Reglement vorgesehen. Es gibt eine jeweils bestimmte Regel, die das Foulspiel sanktioniert –

und das Spiel kann weitergehen. Akte von Betrug jedoch bewegen sich *außerhalb* des Reglements. Sie «foulen» das Regelwerk als Ganzes und treten den sogenannten Sportsgeist mit Füßen. Alle, die beim Sport mitmachen, spüren: Das gemeinsame Spiel macht weder Spaß noch Sinn, wenn jeder jeden betrügt.

Das gilt natürlich nicht nur für den Sport. Sämtliche sozialen Beziehungen beruhen auf Vertrauen und Ehrlichkeit. Beim Ehebruch ist es die Liebe, der man partnerschaftliche Gewissheiten entzieht, bei einem Betrug in Geschäftsbeziehungen wird die zivile Tauschgesellschaft, die auf belastbaren Verträgen beruht, untergraben. Beim Betrug sind folglich destruktive Kräfte am Werk, die nicht nur einzelne Beziehungen, sondern das auf Vertrauen beruhende Beziehungsgefüge insgesamt in Unordnung bringen. Eine abschließende Definition von Betrug hätte auch diese «anomischen» Auswirkungen auf die Gesamtgesellschaft zu berücksichtigen: Person A begeht einen Betrug, wenn sie unter Ausnutzung *und* Destabilisierung vertrauensvoller Vereinbarungen mindestens eine Person B gezielt in die Irre führt, um sich durch das Verheimlichen eines B dadurch entstehenden Nachteils unmittelbar einen eigenen Vorteil zu verschaffen.

Kommen wir am Ende noch einmal speziell auf den Betrug in Liebesdingen zu sprechen. Vielleicht mag sich so mancher Leser oder manche Leserin bereits gefragt haben, ob ein partnerschaftlicher Betrug auch dann unmoralisch ist, wenn er sich bloß «in Gedanken» abspielt. Die spontane Antwort wird vermutlich lauten: Nein, da ein bloß virtueller Betrug keinen *faktischen* Schaden bewirkt. Vor einiger Zeit jedoch vermeldete die Londoner Tageszeitung *The Times*, ein virtueller Seitensprung in der Internet-Welt von «Second Life» habe im «ersten» Leben tatsächlich eine Ehe zerstört. Amy T. reichte die Scheidung ein, nachdem sie ihren Gatten im Netz auf frischer Tat mit einem weiblichen Avatar, einer grafischen Stellvertreterfigur, ertappt hatte. Dies sei «ganz klar Betrug», klagte die 28-Jährige, die ihren Mann einst selbst im Internet kennengelernt hatte. Dieser reagierte auf die Vorwürfe mit völligem Unverständnis, denn es sei «doch gar nichts geschehen». Trotzdem wurde die Ehe rechtskräftig geschieden, und Amy T. nutzte die Gelegenheit, um beim Online-Rollenspiel «World of Warcraft» rasch einen neuen Mann kennenzulernen.

Zwar wurde der außereheliche Beischlaf nicht schon körperlich vollzogen, wohl aber virtuell. Und auch dieser Vorgang dürfte bereits mit Strategien der Täuschung und auch mit Lügen verknüpft gewesen sein. Schließlich wusste Amy T. nicht, was ihr Mann im Netz so alles trieb. Darüber hinaus ist zu bedenken, dass die moralischen Regeln intimer Partnerschaften sehr empfindlich und oft auch buchstäblich exklusiv sind. Hier mögen unbekannte Dritte, auch wenn sie bloß als Avatare auftreten, nichts zu suchen haben. Ähnliches würde gelten, wenn einer der beiden Partner unentwegt von seiner tollen «Ex» reden würde. Auch dann wäre ständig eine störende dritte Person «anwesend». Doch das Phänomen des virtuellen Stelldicheins wirft noch ein ganz anderes Problem auf: Wer sich selbst als Betrugsopfer sieht und die Grenzen der Partnerschaft allzu *eng* zieht, indem er den Partner unentwegt mit Betrugsvorwürfen konfrontiert, mag der Beziehung damit ebenso schaden wie der Betrüger selbst. Nicht, dass man es hinnehmen müsste, faktisch oder auch nur virtuell hintergangen zu werden, doch eine wichtige Bedingung jeder Beziehung ist wechselseitiges Vertrauen. Und gegen diese elementare Bedingung verstößt auch derjenige, der Vertrauen gar nicht erst aufbringt. Am Ende mag es gar per se problematisch sein, in Liebesdingen von Betrug zu sprechen. Denn jeder Betrug setzt ein quasi-vertragliches Bündnis reziproker «Pflichten» voraus, das angesichts der Freiwilligkeit und Unverfügbarkeit der Liebe bisweilen reichlich unromantisch anmutet. Eines jedenfalls steht fest: *Wenn* in der Liebe von Betrug die Rede ist, dann mag es für die Liebe bereits zu spät sein.

Literaturtipps:

Geipel, Ines: *No Limit*, Stuttgart: Klett-Cotta 2008. [Das beste Buch zum Doping-Betrug.]

Geißlinger, Hans: *Die Imagination der Wirklichkeit*, Frankfurt a. M.: Campus 1992. [Ein hochspannender Leitfaden zur gezielten Manipulation von Wirklichkeiten.]

Hartmann, Martin/Offe, Claus (Hg.): *Vertrauen*, Frankfurt a. M.: Campus 2001. [Philosophische und soziologische Analysen zur vielleicht wichtigsten Grundlage des Sozialen.]

Demütigung

Nicht nur Freunde ausgefallener Sexualpraktiken wissen, dass es sich beim «Sado-Maso-Sex» um ein Spiel mit der Demütigung handelt. Wer, gehüllt in ein schützendes Latex-Ganzkörperkondom, einer vor sich knienden Person den Befehl gibt, die dargebotenen Stiefel zu lecken, will sich ganz offenkundig an der Kriecherei jener Person berauschen, aus deren Mundwinkeln der Speichel kleckert. Wer sich dagegen an einen brühwarmen Heizkörper fesseln und mit einer Hundeleine auspeitschen lässt, erregt sich ersichtlich daran, auf schmerzhafte Weise der Willkür einer rabiaten Aufsichtsperson ausgeliefert zu sein. Wir haben es hier mit einer Art Privatdiktatur auf Zeit zu tun, die von wechselseitigem Nutzen ist. Denn allem Anschein nach bereitet es allen Beteiligten großen Spaß oder besser: Lust, die Stärke und Größe der einen Person durch Erniedrigung der jeweils anderen zu erweisen. Man tut sich weh, sorgt gemeinsam für Macht und Ohnmacht, verstrickt sich spielerisch in eine mitunter geradezu kunstvoll anmutende Inszenierung von Herrschaft und Knechtschaft.

Da es sich jedoch um ein «Spiel» mit der Demütigung handelt, ist die erlebte Erniedrigung gar nicht «echt», sondern eben nur gespielt. Was aber unterscheidet eine echte Demütigung von einer bloß unwirklichen, inszenierten Erniedrigung? Wichtig ist hier zunächst, dass feste Absprachen im Vorfeld des ersten Aktes notwendig sind, wenn das S/M-Verhältnis «gelingen» soll. Noch bevor der Vorhang aufgeht, einigt man sich konsensuell darauf, fortan auf Konsens zu verzichten: Das neckische Gefecht, die parasitäre Symbiose der beiden Intimpartner beruht auf dem wechselseitigen Einverständnis, dass mit Spielbeginn bloß noch *eine* Person das uneingeschränkte Sagen hat – und zwar jene, für die das «S» steht. Zugleich aber bleiben die vermeintlichen Gegenspieler nicht nur durch ein diametral entgegengesetztes und sich gleichwohl ineinander fügendes Anspruchsdenken aneinandergekettet, sondern stets auch durch ein ausgeklügeltes Netz von Haltesignalen und finalen Codes. Wenn nämlich die willentlich gequälte «M»-Person ganz plötzlich doch einmal der Ansicht ist, dass ihr ein Peitschenhieb, ein Tritt oder irgendeine herabwürdigende → Beleidigung zu weit geht, kann schon ein vorher verabredeter Fingerzeig signalisieren:

«Stopp!» Gäbe es solche finalen Codes nicht und damit auch nicht die Möglichkeit, dem Spiel ein vorzeitiges Ende zu setzen, hörte der gemeinsame Spaß sehr rasch auf.

Diese notwendig in das S/M-Verhältnis eingebauten Sollbruchstellen dienen weniger der Vermeidung übergroßer Schmerzen. Denn solche Schmerzen schrecken echte Masochisten in der Regel nicht. Entscheidend ist vielmehr, dass dadurch ein völliger Kontrollverlust auf Seiten von «M» und eine grenzenlose Willkürherrschaft auf Seiten von «S» verhindert werden sollen – und damit ein Herr-Knecht-Verhältnis, das nicht mehr nur vorübergehend, sondern endgültig wäre. Anders gesagt: Die bloß gespielten Demütigungen würden in echte Demütigungen ausarten und somit dann doch auf unfreiwillige Weise destruktiv werden, wenn der ursprüngliche Konsens in Bezug auf die vereinbarten *exit-options* übergangen werden würde. Die masochistische Ohnmacht ist nur so lange erträglich oder eben lustvoll, wie die sadistische Macht berechenbar bleibt. Auch wenn die Gefahr, dass alles aus dem Ruder läuft, zum Spiel dazugehören mag: Das paradoxe, aus einem herrschaftsfreien Diskurs hervorgegangene Herrschaftsverhältnis darf unter keinen Umständen in eine willkürliche → Gewalt ganz ohne Rechtfertigung umschlagen. Zwar haben wir es in S/M-Verhältnissen nicht gerade mit dem aus der Diskursethik bekannten «zwanglosen Zwang des besseren Arguments» zu tun, doch den gemeinsamen Konsens kündigt erst jene Person auf, die einen echten → Zwang an die Stelle eines freiwilligen treten lässt.

Damit sind wir zugleich auch bei einem ersten wichtigen Charakteristikum echter Demütigungen angelangt: Während spielerische S/M-Beziehungen auf eine freiwillige Fremdkontrolle, die Spaß machen soll, setzen, gehen echte Demütigungen mit einem gänzlich unfreiwilligen und deshalb ohnmächtigen sowie deprimierenden Kontrollverlust einher. Wer – ohne dass er darum gebeten hätte – erniedrigt, entwürdigt oder eben gedemütigt wird, erlebt dies gemeinhin als einen erzwungenen, beschämenden und offenbar auch deshalb besonders schmerzvollen Verlust von subjektiver Verfügungsgewalt, als Verlust der Kontrolle über das eigene Leben. Wer etwa in Familienbeziehungen oder in einer Partnerschaft anhaltend «wie Dreck» behandelt, → beleidigt oder geschlagen wird, ohne dass der betreffende Mensch die Kraft aufbrächte, diesen zerstörerischen Beziehungen zu entfliehen, für den mag der mit Demütigungen notwendig einhergehende Kontrollverlust am Ende sogar schwerer wiegen als so mancher konkrete Fausthieb. Oder nehmen wir ein anderes Beispiel: Ein 13-jähriger Schüler wird wiederholt von einem seiner Mitschüler vor der gesamten Schulklasse lächerlich gemacht. Es wird behauptet, seine Eltern seien den ganzen Tag besoffen, und seine zerlumpten Klamotten habe er aus dem Rot-Kreuz-Container gestohlen. In Wahrheit aber trägt der Junge lediglich die Sachen seines von ihm bewunderten älteren Bruders auf, der seit dem Unfalltod der Eltern das eigentliche Familienoberhaupt ist. Wie soll der Junge das seinen angepassten, ihn auslachenden Mitschülerinnen und Mitschülern begreiflich machen? Deren beschämende Blicke, werden ihn zukünftig viel eher dazu anhalten, seinen Kleidungsstil dem Mainstream anzupassen.

Es scheint also, als sei die ohnmächtige und deprimierende Erfahrung, an Kontrolle einzubüßen, generell für Demütigungen konstitutiv. Aber ist das bereits das entscheidende Definitionsmerkmal? Man kann in sehr vielen Hinsichten des Lebens plötzlich und unfreiwillig die Kontrolle verlieren: Die Milch kocht über, der Computer stürzt ab, das Auto schert aus. Auch das ist misslich, aber offenbar nicht schon demütigend oder erniedrigend. Denn damit aus einem Verlust an Selbstbestimmung ein *demütigender* Kontrollverlust wird, muss ganz offenkundig eine wichtige zweite Bedingung hinzutreten, die nur in *intersubjektiven* Zusammenhängen gegeben ist. Und genau mit dieser Bedingung wurde im obigen S/M-Verhältnis noch eher spielerisch umgegangen. Im Fall einer Demütigung nämlich verliert man nicht nur die Kontrolle über die eigene Lebenssituation, man verliert vielmehr die Kontrolle über das eigene *Selbst*. Und das ist ein wichtiger Unterschied. Indem Person A damit beginnt, Person B zu erniedrigen oder auch zu unterwerfen, kommt es, wie Georg Wilhelm Friedrich Hegel einst sagte, zur Herausbildung eines «Herr-Knecht-Verhältnisses». Während in Fällen, in denen die Milch überkocht, der Computer abstürzt oder das Auto ausschert, niemand *anderes* für den erlittenen Kontrollverlust verantwortlich ist, wird der Verlust an Selbstbestimmung in intersubjektiven Beziehungen jeweils direkt durch Person A bewirkt. Erst damit steht – wie im Folgenden zu zeigen sein wird – die psychophysische Gesamtstabilität von B auf dem Spiel.

Doch zunächst lohnt ein Blick auf den etymologischen Gehalt des Ausdrucks «Demütigung», der ersichtlich etwas mit «Demut» zu tun hat. Auf Anhieb könnte man meinen, demütigen sei das Gegenteil von *er*mutigen. Eine Demütigung wäre dann entweder der Versuch, jemand anderen «demütig zu machen», oder aber das Bemühen, ihm den «Mut zu nehmen». Tatsächlich ist die zweite Silbe *-müt* mit dem Ausdruck «Mut» wortverwandt. Gleichwohl hat Letzterer vergleichsweise spät, und zwar erst im 16. Jahrhundert, die heutige Bedeutung im Sinne der «Unerschrockenheit» angenommen, während «mutig» ursprünglich die viel weitere Bedeutung von «gesinnt» oder «festen Willens sein» hatte. Zugleich dürfte überraschen, dass die Vorsilbe *De-* nach Auffassung einschlägiger Etymologen gerade nicht, wie im Lateinischen, eine konkrete Verneinung anzeigen soll, sondern mit dem Wort «Dienen» verwandt ist. Demütig zu sein wäre damit gleichbedeutend mit «dienstwillig» oder auch «knechtisch gesinnt sein». Genau in dieser Verwendung ist der Ausdruck bereits früh in die christliche Kirchensprache eingewandert, wo er seither «dem Herrn dienen» bedeutet. In weltlicher Hinsicht kämen Demütigungen folglich dem Versuch gleich, andere Menschen zum Diener zu machen; sie in dem Sinn zu «erniedrigen», dass man sie zum Knecht oder gar zum Sklaven herabwürdigt.

Für eben diesen etymologischen Erniedrigungszusammenhang gibt es eine Reihe anatomisch konnotierter alltagssprachlicher Redeweisen: Menschen können andere «am Boden halten», ihnen das «Rückgrat» brechen, selbst den «aufrechten Gang» einbüßen oder «zu Kreuze kriechen». Diese Metaphern wollen einen drohenden Schaden bereits in körperlicher Hinsicht kenntlich machen, der gleichwohl die *gesamte* Person, auch ihre Psyche, ereilen würde, wenn er einträte: Wer gedemütigt wird, läuft Gefahr, mit dem Verlust der anatomischen «Augenhöhe» gegenüber dem Angreifer nicht weniger als die eigene Persönlichkeit, das eigene Ich einzubüßen. Die entwürdigende Herabsetzung ist also in der Regel als K. o.-Schlag gedacht: Die gedemütigte Person soll zu Boden gehen – und dort auch bleiben. Fraglich ist allerdings, wie sich diese handfesten Metaphern ihrem *begrifflichen* Gehalt nach erläutern lassen sollen? Was genau wird mit diesen Sinnbildern von gekrümmten Körpern zum Ausdruck gebracht? Und was genau ist das Deprimierende und wohl deshalb auch Unmoralische an einer Demütigung?

Wenn man sich fragt, was wohl das Gegenteil von Demütigung wäre, so denkt man unwillkürlich an Menschen, die sich mit Anerkennung und Respekt begegnen. Sie erniedrigen sich nicht, sondern sie bauen sich gegenseitig auf; schenken sich wechselseitig Achtung. Folglich ist die gezielte Demütigung einer Person als der Versuch zu verstehen, durch einen massiven *Entzug* von Respekt und Anerkennung zu einer empfindlichen Herabstufung der Person beizutragen. Wichtiger noch als die Aufwertung, welche die aktiv demütigende Person dadurch erfahren mag, scheint also die gezielte Abwertung der erniedrigten Person zu sein. Diese soll ihre Selbstachtung einbüßen, indem sie derart gravierend erniedrigt wird, dass sie am Ende kaum mehr in den Spiegel zu schauen wagt. Man erreicht dies, indem man das Opfer – wie den «gedissten» Jungen in der Schule – den beschämenden Blicken Dritter aussetzt. Dann sehen andere Menschen einen so, wie man ganz sicher nicht gesehen werden will, und zwar «am Boden», und dieses Bild mag haften bleiben. Demnach kann ein verhängnisvoller Zusammenhang zwischen Demütigungen und Gefühlen der Scham behauptet werden: Demütigungen scheinen durch beschämende Selbstreflexionen *verinnerlicht* zu werden. Das Perfide an Demütigungen ist der Umstand, dass die gedemütigte Person am Ende *selbst* daran glauben muss, dass an der in Frage stehenden Diskreditierung «etwas dran» ist. Nur so kann die Erniedrigung tatsächlich eine partielle bis totale Verminderung des eigenen Selbstwertgefühls bewirken. Und deshalb dürfte umgekehrt gelten: Je stärker die Selbstachtung einer Person ist, desto schwieriger dürfte es sein, sie derart zu verunsichern.

Damit ist zugleich die Möglichkeit unterschiedlicher Härtegrade von Demütigungen angezeigt. Dabei kann man zwischen Praktiken der «Demütigung», der «Erniedrigung» und der «Entwürdigung» unterscheiden. Da die anatomische Metapher der Erniedrigung recht genau den begrifflichen Gehalt der Demütigung illustriert, können beide Ausdrücke zunächst synonym verwendet werden. Wichtiger aber ist, dass nicht jeder Akt der Erniedrigung zugleich

Kann man sich selbst demütigen?

auch schon ein Akt der Entwürdigung ist. Man sollte vielmehr zwischen «minderschweren» und «schwerwiegenden» Demütigungen unterscheiden: Minderschwer ist eine Demütigung dann, wenn sie das soziale Selbstwertgefühl, den Stolz oder – altmodisch – die «Ehre» einer Person zu verletzen versucht; z. B. durch eine → Beleidigung oder öffentliche Beschämung. Schwere Demütigungen hingegen, wie sie etwa für Körperverletzungen, Vergewaltigungen oder → Folter typisch sind, verfolgen das Ziel, die Selbstachtung und damit die «Würde» des betreffenden Opfers zu zerstören. Was genau ist der Unterschied?

Die Begriffe «Ehre» und «Würde» zielen auf unterschiedliche Tiefendimensionen unseres Selbst- und Weltverhältnisses, auf die wir als Menschen zwar gleichermaßen angewiesen sind, die aber gleichwohl verschiedene Eingriffstiefen versagter Anerkennung markieren: Mit Ehrgefühl oder Stolz reagieren wir auf die Wertschätzung unserer jeweils *besonderen* Eigenschaften oder Taten, die uns von anderen Menschen unterscheiden; so auf die Anerkennung individueller Talente oder auf die Auszeichnung persönlicher Fertigkeiten. Gemeinhin ist man stolz auf das, was man *leistet*. Würde hingegen zielt auf die Anerkennung einer universellen Werteigenschaft, die uns nicht etwa von anderen Menschen unterscheidet, sondern die wir mit anderen *gemein* haben, und zwar als Gleiche unter Gleichen. Würde hat man nicht erst dann, wenn man etwas Besonderes leistet oder darstellt. Sie beruht vielmehr auf der existenziell bedeutsamen Überzeugung, dass man ein Mensch wie jeder andere ist und insofern exakt dieselbe moralische Rücksicht verdient. Nach dieser Unterscheidung können Demütigungen, wie im minderschweren Fall, unseren Stolz, unsere besonderen Eigenschaften oder Leistungen diskreditieren oder aber «tiefer» ansetzen und die Würde verletzen. Dann machen sie einer Person den moralischen Status als Gleiche streitig, es kommt zur völligen → Missachtung der betreffenden Person und damit zum symbolischen Ausschluss aus der Menschengemeinschaft. Wenn eine Person entwürdigt wird, so behandelt man sie schlicht nicht mehr wie einen Menschen aus Fleisch und Blut, sondern wie ein Ding, ein Tier, eine Maschine oder gar wie einen «Untermenschen».

An dieser Stelle gilt es freilich zu bedenken, dass sich Menschen nicht nur von anderen *Menschen* gedemütigt fühlen können. Häufig sind es Institutionen, z. B. der bürokratische Staatsapparat, oder auch konkrete Lebensumstände, etwa Armut und anhaltende Arbeitslosigkeit, durch die man sich erniedrigt oder gar entwürdigt fühlt. Wer schon einmal als Bittsteller auf dem Sozialamt oder in einem sogenannten Job-Center vorstellig wurde und sich in den dortigen Fluren weniger als «Kunde» denn als «Nummer» vorkam, wird das bezeugen können. Demnach scheint es, als könnten Demütigungserfahrungen auch von anonymen Kräften ausgelöst werden, denn in vielen Fällen ist ein konkreter Peiniger, der sich an der Erniedrigung seiner Opfer laben würde, gar nicht eindeutig auszumachen. Vielmehr verhält es sich auf diesen Ämtern zumeist so, dass bürokratische Strukturen von eher unachtsamen Verhaltensweisen überforderter Mitarbeiter gespeist werden, deren schlechte Laune auf die ohnehin verunsicherten Klienten dann so *wirkt*, als ob es sich um echte Demütigungen handelte. Natürlich mag es auch das geben: psychologisch ungeeignete Mitarbeiter, die ihre Klientel tatsächlich als «minderwertig» betrachten. Oft aber liegt lediglich eine äußerst ungünstige Verkettung anonymer Strukturzusammenhänge mit eher fahrlässigen als vorsätzlichen Handlungsweisen vor. Und doch mag es den Betroffenen bisweilen schwerfallen, angesichts dieser unzureichenden Kundenbetreuung die eigene Selbstachtung zu bewahren.

Hier soll es jedoch ausschließlich um das Wesen vorsätzlicher oder gar sadistischer Akte der Demütigung gehen; um Akte also, bei denen die Erniedrigung ausdrücklich gewollt ist. Die beschämende Erniedrigung und Abwertung anderer Menschen soll ersichtlich der eigenen Aufwertung und Befriedigung dienen. Der Peiniger macht sich selbst größer, indem er die andere Person kleiner oder «zur Schnecke» macht. Man kann sich das wie auf einer Wippe vorstellen: je mehr Abwertung auf der einen Seite, umso mehr Aufwertung auf der anderen. Zugleich dürfte gelten: Je selbstbewusster ein Mensch ist, umso weniger wird er das Verlangen haben, andere zu erniedrigen. Dass aber der Peiniger eine solche künstliche Aufwertung nötig hat, mag daran liegen, dass er einst selbst Opfer von Demütigungen gewesen ist. Denn oft dürfte das Befriedigende an einer Demütigung das Gefühl von → Rache für Erniedrigungen sein, die man früher einmal selbst erlitten hat. Damit ist nicht nur die mit Rache stets einhergehende Gefahr der Eskalation gegeben. Verständlich wird auch, was Hegel einst mit seinem berühmten, aber dunklen Diktum vom «Kampf auf Leben und Tod» meinte, in den sich Herr und Knecht verstricken. Wer sich seines eigenen Ichs nicht hinreichend sicher ist, ja, wer gar befürchtet, dass er ein «Nichts» ist, mag hoffen, diese Befürchtung dadurch loswerden zu können, dass er anderen dieselbe ohnmächtige Schmach zufügt, indem er nun diese Personen *entwirklicht*. Die Vernichtung des gedemütigten Gegenübers soll also beweisen, dass «ich» es bin, der da vernichtet. Das Credo der Erniedrigung lautet folglich: «Ich demütige, also bin ich.»

An dieser Stelle zeigen sich große Ähnlichkeiten zum → Mobbing, das ja ebenfalls der interpersonalen Selbstbehauptung dient. Allerdings geht es dem → Mobber langfristig darum, die betreffende Person möglichst aus dem Weg zu räumen, während es bei Demütigungen darauf ankommt, ein Herr-Knecht-Verhältnis nicht nur zu etablieren, sondern auch zu *erhalten*. Denn die Aufwertung, welche die demütigende Person erfährt, verhält sich zu der gezielten Abwertung der erniedrigten Person spiegelbildlich. Die peinigende

Person «braucht» diesen merkwürdigen Ego-Zerrspiegel, in dem sie größer als in Wirklichkeit erscheint. Ginge ihr dieses Spiegelbild der eigenen Macht verloren, so drohte sie rasch auf ihre ursprüngliche Größe zurückzuschrumpfen – wie ein Luftballon, dem die Luft ausgeht. Und dann müsste sie sich schleunigst ein neues Opfer suchen. Doch abschließend die schlechte Nachricht: Die Demütigung soll der eigenen Aufwertung dienen, aber die Anerkennung durch eine erniedrigte Person befriedigt nicht. Dazu ein Beispiel: Eine Fußballmannschaft will eine andere Mannschaft vernichtend schlagen, und der Sieg fällt am Ende mit 10:0 derart hoch aus, dass die Presse von einer «demütigenden Niederlage» spricht. Was aber ist ein solcher Sieg wert? Der Gegner war viel zu schwach, als dass der ihm eingeflößte Respekt nachhaltig zu einer Steigerung des eigenen Selbstwertgefühls beizutragen vermochte. Auch wenn die eigenen Fans oder – wie im Fall der fiesen Mitschüler – die eigene Peergroup entzückt sein werden: Man hat sich an Schwächeren vergriffen, und zumindest *deren* Anerkennung ist unergiebig, denn auf die Anerkennung von Menschen, die man selbst nicht anerkennt, kann man verzichten. Etwas Ähnliches scheint übrigens schon Groucho Marx im Sinn gehabt zu haben, als er einmal deklamierte: «Ich würde niemals einem Club angehören wollen, der mich als Mitglied akzeptiert.»

Literaturtipps:

Benjamin, Jessica: *Die Fesseln der Liebe*, Frankfurt a. M.: Fischer 1993. [Tiefgründige Analyse aggressiv scheiternder Liebesbeziehungen aus hegelianischer und psychoanalytischer Sicht.]

Hegel, Georg Wilhelm Friedrich: *Phänomenologie des Geistes*, Werke, Bd. 3, Frankfurt a. M.: Suhrkamp 1986, Kap. IV. [Hier wird die berühmte, aber schwer zu verstehende Herr-Knecht-Dialektik entwickelt, die ein Anerkennungskampf auf Leben und Tod sein soll.]

Margalit, Avishai: *Politik der Würde*, Berlin: Fest 1997. [Geht der Frage nach, wie eine Gesellschaft beschaffen sein muss, damit ihre Institutionen die Bürgerinnen und Bürger nicht demütigen.]

Diebstahl

Stellen Sie sich vor, Sie wären eine berühmte Sprachwissenschaftlerin, die nach den etymologischen Wurzeln des deutschen Wortes «Dieb» forscht. Sie stellen sehr rasch fest, dass die Herkunftsgeschichte wissenschaftlich umstritten ist. Bisweilen stößt man in einschlägigen Wörterbüchern auf den recht unsicheren Hinweis, dass der Ausdruck von der indogermanischen Wortwurzel *teup* abkünftig sein könnte, die seinerzeit bedeutet haben soll: «sich niederkauern». Folglich wäre ein Dieb, wer sich duckt, um bei seiner unmoralischen Tat weder gesehen noch erwischt zu werden. Doch wie gesagt: Die genaue Herleitung ist ungeklärt. Sie forschen deshalb weiter, und nach schier endlosen Recherchen erhalten Sie den entscheidenden Tipp: In der Bibliothek einer alten süddeutschen Universität sei das allerletzte Exemplar eines kostbaren Wörterbuchs aus dem frühen 18. Jahrhundert zu finden, in dem die Herkunftsgeschichte des Diebes recht genau bezeugt sein soll. Sie begeben sich auf die Reise, in neugieriger Erwartung, doch in der alten Universitätsstadt angekommen, müssen Sie feststellen: Das Buch ist vor kurzem gestohlen worden.

Das Phänomen «Bücherklau» ist weit verbreitet und äußerst unerfreulich, weil es nicht nur ökonomische, sondern oft eben auch enorme wissenschaftliche Schäden verursacht. Und es ist ein sehr altes Problem. Bereits im Mittelalter sind wertvolle Bücher in Lesesälen angekettet oder auch mit schrecklichen Flüchen belegt worden. So ist z. B. in der Bibliothek eines alten spanischen Klosters folgende Hinweistafel angebracht: «Wer Bücher stiehlt oder ausgeliehene Bücher zurückbehält, in dessen Hand soll sich das Buch in eine reißende Schlange verwandeln. Der Schlagfluss soll ihn treffen und all seine Glieder lähmen. Laut schreiend soll er um Gnade winseln, und seine Qualen sollen nicht gelindert werden, bis er in Verwesung übergeht. Bücherwürmer sollen in seinen Eingeweiden nagen wie der Totenwurm, der niemals stirbt. Und wenn er die letzte Strafe antritt, soll ihn das Höllenfeuer verzehren auf immer.» Das ist harter Tobak. Gleichwohl scheint sich kaum ein Bücherdieb durch derlei Drohungen von seinen bibliophilen Untaten abhalten zu lassen. Kriminologische Untersuchungen wollen gar ergeben haben, dass sich die meisten Bücher, die aus Universitätsbibliotheken gestohlen werden, in den Händen angehender Theologen und Juristen befinden. Wenn man bedenkt, dass es gerade diese Berufsgruppen sind, die sich später ganz besonders für die Einhaltung von Moral und Recht zuständig fühlen werden, mag man ernüchtert feststellen: Offenbar wird hier der Bock zum Gärtner gemacht.

Beginnen wir mit einer Typologie der illegitimen Selbstbedienung. Laut § 242 des deutschen Strafgesetzbuches liegt ein Fall von Diebstahl dann vor, wenn eine Person «eine fremde bewegliche Sache einem anderen in der Absicht wegnimmt, die Sache sich oder einem Dritten rechtswidrig zuzueignen». Dazu ein Beispiel: Eine Studentin der Rechtswissenschaften lässt ein teures, aber dennoch nicht angekettetes Handbuch («bewegliche Sache») in ihrem Rucksack verschwinden. Ob sie das Buch für sich oder aber für eine Kommilitonin klaut, ist unerheblich. Entscheidend für die strafrechtliche Einstufung als Diebstahl ist allein der bewusste Vorsatz, auf verbotene Weise, d. h. ohne das Buch offiziell auszuleihen bzw. ohne dafür zu bezahlen, in den Besitz dieses Buches zu gelangen. Dadurch unterscheidet sich der Diebstahl von Akten einer bloß *versehentlichen* Entwendung. Nehmen wir an, die Studentin habe das Buch völlig gedankenlos, zusammen mit ihren übrigen Unterlagen, in ihren Rucksack gesteckt. Und beim Verlassen der Bibliothek schlägt ganz plötzlich die elektronische Diebstahlsicherung Alarm. Falls die Studentin dem Aufsichtspersonal glaubhaft versichern kann, dass es gar nicht ihre Absicht gewesen ist, das Buch zu klauen, wird man sie davonkommen lassen. Der Fall ist gänzlich anders geartet, wenn sie erst daheim bemerken sollte, dass sie das Buch ungewollt hat mitgehen lassen. Dann müsste sie das vermeintliche Diebesgut umgehend zurückbringen. Wenn sie das nicht tut, so wird aus der versehentlichen Aneignung des Buches ex post ein echter Bücherklau.

Doch es gibt noch eine ganze Reihe weiterer Diebstahlvarianten. Ein sehr häufig im Einzelhandel vorkommendes Diebstahlmuster wird im Jugendjargon «Klaufen» genannt. Nehmen wir an, die besagte Studentin befände sich in einem kleinen Buchladen. Sie hat dort eine Weile in den Regalen gestöbert, und nun geht sie zur Kasse, um ein Taschenbuch zu bezahlen. Ein zweites, viel teureres Buch hält sie jedoch in ihrem Rucksack verborgen, um es heimlich an der Kasse vorbeizuschmuggeln. Da sie keinen Verdacht erregen will, täuscht sie vor, einen regelkonformen Einkauf zu tätigen; ähnlich wie eine steuerpflichtige Person, die ihre Steuererklärung zwar abgibt und doch dem Finanzamt darin wichtige Informationen vorenthält. Folglich handelt es sich um eine Art von → Betrug, bei dem es laut § 263 StGB um eine gezielte Täuschung durch «Vorspiegelung falscher oder durch Entstellung oder Unterdrückung wahrer Tatsachen» geht. Diesbezüglich besonders beliebt ist unter Ladendieben auch der Austausch von Preisschildern: Das wertvolle Buch mit Goldschnitt bekommt das Etikett eines billigen Paperbacks übergeklebt. Wird die Ware hingegen, was ebenso häufig vorkommt, vorsätzlich lädiert und dadurch teilweise entwertet, um an der Kasse einen Rabatt zu erzielen, so geht die betrügerische Täuschung mit einer Sachbeschädigung nach § 303 StGB einher: Bücher werden zerfleddert oder mit Eselsohren versehen, in Supermärkten werden Verpackungen aufgerissen, und in den Umkleidekabinen teurer Mode-Boutiquen wird mancher Knopf abgetrennt.

Allerdings sind alle der bislang genannten Diebstahlvarianten eher harmlos, vergleicht man sie mit dem «Raub». Einen Raub begeht nach § 249 StGB, wer «mit Gewalt gegen eine Person oder unter Anwendung von Drohungen mit gegenwärtiger Gefahr für Leib oder Leben» vorgeht. Dies dürfte in einer Uni-Bibliothek eher selten vorkommen, wer aber eine Supermarkt-Kassiererin, die sich einem Täter in den Weg stellt, gewaltsam zu Boden stößt, ist nicht mehr nur ein Dieb, sondern Räuber. Denn hier tritt zum eigentlichen Akt des Stehlens körperliche → Gewalt hinzu. Dies gilt auch für denjenigen, der eine Bank mit erhobener Waffe betritt, um jede nur erdenkliche Form des Widerstands bereits im Keime zu ersticken. Eine demgegenüber äußerst milde Form des Diebstahls wird zwar im Volksmund ebenfalls «Raub» genannt, doch zu Unrecht, denn es mangelt dem Täter am Vorsatz interpersonaler Gewaltanwendung. Gemeint ist der sogenannte Mundraub, der vorliegt, wenn eine existenziell notleidende Person sich dazu genötigt sieht, Lebensmittel zu stehlen, um nicht verhungern zu müssen. Vor deutschen Gerichten konnte eine derartige Zwangslage lange Zeit als «entschuldigender Notstand» geltend gemacht werden. Doch Mitte der 1970er Jahre wurde der Mundraub-Paragraph aus dem Strafgesetzbuch gestrichen. Seither wird der gemeinte Direktverzehr als Diebstahl einer «geringwertigen Sache» behandelt, weil man davon ausgeht, dass in einem Sozialstaat niemand mehr zum Hungern genötigt ist. Man darf freilich gespannt sein, ob dies nicht eines Tages vielleicht auch wieder anders sein wird.

Vom Mundraub zu unterscheiden ist ein Direktverzehr *ganz ohne eigene Not*. Wer im Supermarkt unterwegs ist und einen noch nicht bezahlten Schokoriegel verdrückt, noch während er den Einkaufswagen durch die Gänge dirigiert, der tut dies in der Regel nicht, um sich aus einer lebensbedrohlichen Situation zu befreien. Und doch gibt es eine wichtige Parallele zum Mundraub: Auch dieser Direktverzehr ist allein in kleinen Mengen von geringfügigem Wert möglich – von einer Fressattacke, gestillt durch Beluga-Kaviar, einmal abgesehen. Doch es muss sich dabei nicht notwendig um einen Direktverzehr von Lebensmitteln handeln. Wer jeden Morgen, wenn er zur Arbeit geht, eine auf dem Weg liegende Parfümerie aufsucht, um sich dort aus dem Tester eines teueren Dufts zu bedienen, verhält sich auf Dauer ebenso fragwürdig wie eine eifrige, aber geizige Leseratte, die jeden Tag in dieselbe Buchhandlung einkehrt, um sukzessive ein spannendes Buch auszulesen. So mancher größere Buchladen lässt das heute zwar zu, aber der Elektronik-Händler an der Ecke, den man jeden Nachmittag zum Fernsehen besucht, dürfte schon bald genervt sein. Man mag das nicht schon «Diebstahl» nennen wollen, aber ein Direktkonsum ohne angemessene Gegenleistung ist es schon.

Fragt man nach den Gemeinsamkeiten all dieser zum Teil sehr unterschiedlichen Diebstahlvarianten, so ist zunächst die eher generelle Beobachtung zu machen, dass kaum ein Mensch, nicht nur der Dieb, wirklich gern bezahlt oder auch nur freiwillig. Man geht mit größtem Vergnügen zum Shoppen, in Buchläden oder auch in Restaurants. Aber zahlen? Seien wir ehrlich: Jeder Einkauf endet mit einem Akt, dem trotz aller Rechtmäßigkeit stets auch etwas Nötigendes anhaftet. Als Konsumenten gelangen wir nur dann in den Besitz der von uns begehrten Ware, wenn wir ein «Äquivalent» zu leisten bereit sind. Und hätte man die Wahl, so würde man sein Geld, das man in aller Regel mühsam verdient hat, viel lieber für sich behalten und alles umsonst bekommen. «Ich würde gern zahlen» – diese häufig in Restaurants zu vernehmende Ansage grenzt fast immer an eine → Lüge. Und deshalb tut der Dieb etwas, was vermutlich viele Menschen gern viel öfter tun würden; und zwar die Zahlung zu verweigern, ohne auf die Konsumtion der betreffenden Ware verzichten zu müssen.

Gleichwohl sind die im konkreten Einzelfall vorliegenden Diebstahlmotive sehr unterschiedlich geartet. Versuchen wir es auch hier zunächst mit einer Typologie. Manche Menschen, so wurde gesagt, stehlen deshalb, weil sie direkt *bedürftig* sind. Von dem Entwicklungspsychologen Lawrence Kohlberg stammt ein berühmtes Beispiel, das unter dem Stichwort «Heinz-Dilemma» in die Theoriegeschichte eingegangen ist: Heinz, Ehemann einer schwerkranken Frau, ringt mit sich und dem Gedanken, nachts in eine Apotheke einzubrechen, um ein teures Medikament zu stehlen, das sich die finanzschwache Familie nicht leisten kann. Darf Heinz das? Um einen vergleichbaren Fall von Bücherklau zu konstruieren: Eine mittellose Studentin, deren depressiver Lebenspartner sich mit Suizidgedanken plagt, weil er bereits zweimal durchs Examen gefallen ist, stiehlt ein Lehrbuch, das es nirgendwo zu leihen gibt, um daheim mit ihrem Freund für die Prüfung lernen zu können. In Fällen wie diesen dürfte das Urteil seitens der moralischen Gemeinschaft eher milde ausfallen, ja, der Diebstahl vielen sogar verzeihlich erscheinen. Ähnlich verhält es sich mit Diebstählen, die sich psychischen → Zwängen oder pathologischer Langeweile verdanken. Dann nämlich mag eine klinische Persönlichkeitsstörung vorliegen, die man «Kleptomanie» nennt: Es werden unentwegt auch solche Waren geklaut, die der Dieb überhaupt gar nicht benötigt, und oftmals werden diese Dinge kurz nach dem Diebstahl gleich wieder weggeschmissen. Im Fall der Kleptomanie scheint es dem Dieb allein um eine psychische «Spannungsabfuhr» zu gehen, die sich im Zuge der Tat ereignet.

Auf einen ganz ähnlichen Nervenkitzel sind Diebe aus, die aus rein *sportiven* Gründen stehlen, z. B. um sich oder ihrer Peergroup zu beweisen, wie mutig sie sind. Man beginnt mit dem Stehlen von CDs und landet eines Tages beim Autoknacken. Während jedoch die Kleptomanie als Zwangskrankheit gilt, die therapeutisch behandelt werden muss, bleibt sportives Stehlen häufig auf die Jugendzeit beschränkt und «wächst» sich aus. Härtere Strafen drohen, wenn die Täter erwachsen sind und dezidiert *habgierig* agieren. Ein bibliophiler Vogelkundler z. B., der seine Sammlung teurer ornithologischer Bildbände komplettieren will, dafür aber nicht das nötige Geld hat, marschiert in die nächste Uni-Bibliothek und «mopst» sich die entsprechenden Bände. Oder er klaut die Bücher bloß deshalb, weil er sie weiterverkaufen will.

Als demgegenüber *trotzig* kann ein Diebstahl gelten, wenn der Täter auf eine seltsame Art von «Wiedergutmachung» aus ist: Das letzte Buch, das er sich kaufte, war so schlecht, dass er sich um dessen Verkaufspreis → betrogen fühlt. Nun kehrt er in den Buchladen zurück, um sich ein neues zu klauen. Wer aber glaubt, einen ersten Diebstahl durch einen zweiten wettmachen zu können, handelt selbstgerecht und vollzieht Selbstjustiz in Form von «Selbstbedienung». Eng verwandt sind Fälle *ideologischen* Diebstahls. Hier dient die Wegnahme beweglicher Güter einer politisch-programmatischen «Wiederaneignung». Von dem Sozialisten Pierre-Joseph Proudhon stammt die kämpferische Parole: «Eigentum ist Diebstahl!» Und bis heute gehen große Teile der politischen «Linken» davon aus, dass sich im Grunde das gesamte kapitalistische Privateigentum gewaltsamer → Ausbeutung verdankt. So mag man also den ursprünglichen Dieb nun seinerseits enteignen und dadurch den einstigen Unrechtsakt «ungeschehen» machen wollen. Man nimmt sich doch nur das, was einem sowieso gehört. Und so lauten die Motti: «Expropriation der Expropriateure!», «Schwarzfahren für die Revolution!» oder «Wir wollen kein Stück vom Kuchen, sondern die ganze Bäckerei!»

Aber so unterschiedlich diese vielen illegalen Aneignungsabsichten auch sein mögen, ihre Gemeinsamkeit ist offenkundig: Sie alle eint der Wille, auch ohne die Gegenleistung eines Äquivalents in den Besitz oder Genuss fremden Eigentums zu gelangen. Genau dies lässt sich, zumindest gegenüber den Geschädigten, selbst dann nicht rechtfertigen, *wenn* auf Seiten des Täters eine existenzielle Notlage vorliegen sollte. Denn fast nie sind die Personen, die bestohlen werden – man nehme die Buchhändlerin oder den Filialleiter eines Kaufhauses –, auch jene, die direkt für die betreffende Notlage *verantwortlich* sind. Man wird zwar Diebstähle aus Not bisweilen verzeihlich finden, nicht aber – im strikten Sinn – bejahen können, solange man an ein «Recht» auf Eigentum glaubt, das wir zumindest jenen zuerkennen müssen, die zuvor rechtmäßig in den Besitz der betreffenden Sache gelangt sind. Natürlich mag auch dies in Einzelfällen anders sein: Manchmal wird ein Drogendealer von einem Kunden geprellt oder ein Einbrecher von seinem Komplizen bestohlen. Dies wird man dann vielleicht sogar als gerecht empfinden, aber *gesetzeskonform* ist auch das nicht. Ein Strafgesetz, das selbst den Besitz jener schützt, die ihrerseits ihr Eigentum auf vermeintlich unmoralischem Wege angehäuft haben, ist nicht deshalb schon ein unmoralisches Strafgesetz. Ja, dieses Gesetz erlaubt es uns sogar, einen Räuber, der uns Gewalt antun will, in Notwehr zu töten, aber es gestattet uns nicht, dem Toten die Armbanduhr zu klauen.

Prima facie verstößt also jeder Diebstahl gegen eine individuelle Pflicht, fremdes Eigentum zu respektieren; eine moralische Pflicht, die man selbst dann hat, *wenn* man in Not ist. Was freilich die moralische Gemeinschaft empört, ist weniger der Diebstahl aus Not als vielmehr der sehr viel häufigere Fall, dass sich ein Täter – ganz ohne Not – einfach etwas nimmt, was ihm nicht gehört; was er sich gar nicht «verdient» hat. Aus Sicht der unmittelbaren Opfer ergibt sich zumeist aber noch ein zweites Problem. Wer schon einmal fassungslos vor seinem aufgebrochenen Auto stand, wem in der Kneipe das Portemonnaie aus der Jackentasche entwendet wurde oder wer nach dem Urlaub eine aufgestemmte Haustür und ein zerwühltes Schlafzimmer vorfand, mag den schmerzlichen Verlust von Wertsachen stets auch als einen verstörenden Einbruch in die *Intimsphäre* erlebt haben. Diebe treten ihren Opfern «zu nahe», hinterlassen nicht nur Chaos und Fingerabdrücke, sondern auch andere, vollends unsichtbare Spuren, die selbst eine Hausratversicherung und aufwendige Reparaturen nicht beseitigen können. Es gibt Menschen, die ihr Auto verkaufen oder in eine andere Wohnung umziehen, wenn bei ihnen eingebrochen wurde. Es scheint ihnen dabei weniger um die Angst vor der Wiederholungstat als vielmehr um ein tiefes Unwohlsein zu gehen, das sich angesichts einer «beschmutzten» und «entweihten» Privatsphäre einstellt. Dieses Unwohlsein mag irrational anmuten, und doch kann es sehr real und auch beklemmend sein. Die Integrität der eigenen Intimsphäre ist uns überaus wichtig – wenn man das Auto hier einmal dazuzählen darf.

Darüber hinaus ist aber auch ein *gesellschaftlicher* Schaden zu eruieren. Aus Sicht der Volkswirtschaft mag jeder Einzeldiebstahl marginal erscheinen, und doch ist Stehlen zersetzend auch in dem

Legitimer Schutz oder illegaler Waffenbesitz?

Sinn, dass ein gesellschaftliches Tauschgleichgewicht unterminiert wird. Niemand zahlt gern, hieß es, aber die meisten tun es trotzdem. Ja, es ist geradezu erstaunlich, dass der alltägliche Vorgang der Bezahlung nicht viel häufiger, als es üblich ist, verweigert wird. Warum eigentlich? Jede Person, die eine Ware in Empfang nimmt, weiß, dass sie in Schwierigkeiten kommen kann, wenn sie kein Äquivalent leistet. Ohne Sanktionsdrohungen würde kaum ein Mensch regelmäßig zur Zahlung bereit sein. Die gesellschaftlichen Eigentumsverhältnisse wären schutzlos der Willkür zahlungsunwilliger Befürworter der schrankenlosen Selbstbedienung ausgeliefert, wenn nicht Polizei und Strafgerichte regelmäßig für Recht und Ordnung sorgten. Die Volkswirtschaft basiert als Ganze, d.h. in ihren Grundfesten, auf dem Vertrauen darauf, dass die Regeln des Äquivalententausches eingehalten und überwacht werden.

Gleichwohl kann man natürlich der Auffassung sein, dass die herrschenden Eigentumsverhältnisse insgesamt ungerecht sind. Manche Menschen können schon deshalb nicht bestohlen werden, weil sie überhaupt gar nichts besitzen. Und was ist mit denen, die auf fast obszöne Weise viel zu viel Eigentum gehortet haben? Will ernsthaft irgendjemand bestreiten, dass der Reichtum jener etwa 10% der Bevölkerung, die rund 60% des gesamten Eigentums besitzen, zumindest teilweise auf moralisch fragwürdigen Erbschaftsregelungen, zwielichtigen Geschäften oder gar auf direkten → Ausbeutungsprozessen beruht? Sehen diese Praktiken dem Diebstahl nicht mitunter zum Verwechseln ähnlich? Wer dies bejaht, wird entsprechend verneinen wollen, dass man die Gefahr, die von Akten des Diebstahls ausgeht, allein den ertappten Dieben in die Schuhe schieben kann. Apropos: Zwar mag die Etymologie des «Diebes» nach wie vor ungeklärt sein, die Herkunft der Redewendung «in die Schuhe schieben» ist bezeugt. Zu einer Zeit, als man beim Reisen in Gasthöfen und Herbergen noch keine Einzelzimmer bekam, sondern das Zimmer mit Wildfremden teilte, die man im Dunkeln leicht bestehlen konnte, versteckte man sein nächtliches Diebesgut in den vor der Tür des Schlafraums abgestellten Stiefeln irgendeines dritten Gastes. Wenn nun am nächsten Morgen der Diebstahl entdeckt wurde und der Bestohlene sein Hab und Gut suchte, so bezichtigte er zunächst natürlich diejenige Person, in dessen Schuhen er das Diebesgut gefunden hatte. Manchmal ist der vermeintliche Dieb also tatsächlich völlig unschuldig.

Literaturtipps:

Kohlberg, Lawrence: *Die Psychologie der Moralentwicklung*, Frankfurt a. M.: Suhrkamp 1995, S. 495–508. [Hier wird das berühmte «Heinz-Dilemma» diskutiert.]

Pollmann, Arnd: «Fehlende Zahlungsbereitschaft», in: Lummel, Peter/Deak, Alexandra: *Einkaufen!*, Berlin: Domäne Dahlem 2005 [Mein erster Versuch über den Diebstahl in einem schönen Buch über dessen Gegenteil: das Einkaufen.]

Proudhon, Pierre-Joseph: *Was ist das Eigentum?*, Wien: Monte Verita 1992. [Die Bibel sozialistischer Kritiker des generell auf Diebstahl beruhenden Privateigentums.]

Diskriminierung

Das dem Lateinischen entlehnte Verb «diskriminieren» bedeutet ursprünglich schlicht: *unterscheiden*. Wer sich also beklagt, dass Menschen diskriminiert werden, wird sich fragen lassen müssen: Was ist so schlimm daran, Unterschiede zwischen Menschen zu machen? Die einen heißen Thomas oder Stefanie, die anderen Fatih oder Mai-Lin. Ob blond, schwarz, braun oder henna: Viele sind weiblich, andere männlich. Manche sind groß, andere kleiner, die einen jung, die anderen alt, viele verheiratet und viele ledig. Sie kommen aus Afrika, Amerika, Asien, Australien oder Europa. Es gibt Buddhisten, Christen, Juden, Muslime, Hinduisten, Nudisten und viele, die an gar nichts glauben. Kurz: Menschen sind verschieden. Man nennt das «Pluralismus» und meint damit das bunte Nebeneinander ungleicher Identitäten, individueller Lebensstile, kultureller Hintergründe und prägender Gruppenzugehörigkeiten. Ist nicht genau dies das viel gepriesene «Salz in der Suppe» menschlichen Miteinanders? Es lebe die Vielfalt! Was wäre das für eine Gesellschaft, in der alle Menschen buchstäblich *gleich*, sozusagen geklont, wären? Nichts würde sich in dieser eintönigen Welt bewegen, und wenn, dann nur im Gleichtakt. Die völlige Differenzlosigkeit – ein Albtraum.

Doch es gab eine Zeit, in der man nicht ganz so weltoffen war. Der Pluralismus – im Sinne einer bejahenswerten Weltanschauung – ist eine Errungenschaft der Moderne und der Globalisierung. Früher, in «traditionellen» Gesellschaften, neigten die Menschen viel eher dazu, im Innern ihrer Gemeinschaften auf Homogenität zu pochen und sich nach außen hin gegen fremde Einflüsse abzuschotten. Das «Fremde» machte ihnen Angst, bot Anlass zu Vorurteilen, es weckte Aggressionen bis hin zu offenem Hass. Und natürlich gibt es auch heute noch viele Menschen, die entsprechend «vormodern» denken und sich mit dem Pluralismus schwertun: Man beharrt standhaft auf dem schützenswerten Eigenen und spricht dann gern von «Leitkultur». Und obwohl man gerade einen schmackhaften Döner verdrückt oder mit Freunden beim Chinesen sitzt, wünscht man sich doch insgeheim, dass all die Fremden eines Tages in ihre Heimat zurückkehren werden oder besser gleich dort bleiben, wo der berühmte Pfeffer wächst. Auch der Gegner des

Pluralismus «unterscheidet» also, doch er tut dies ersichtlich auf ganz andere Weise als der moderne Befürworter der Vielfalt. Während Letzterer auf ein gleichberechtigtes und sich wechselseitig befruchtendes Miteinander der Differenzen hofft, besteht Ersterer auf strikter Trennung. Er sagt: Wer nicht genau so ist, wie «wir» es sind, der kann und wird auch nicht dazugehören; der gehört vielmehr zu «denen». Und wer nicht genau jene Merkmale aufweist, die die Mitglieder der jeweils eigenen Bezugsgruppe teilen, wird folglich auch nicht «wie einer von uns» behandelt werden können. Eben das wird im Folgenden das Wesen *echter* Diskriminierung sein: Aus der zunächst rein deskriptiven Feststellung von personenbezogenen Unterschieden, die als abweichend empfunden werden, sollen – per logischem Fehlschluss – moralische und rechtliche Abwertungen abgeleitet werden.

In der Soziologie, die sich für gesellschaftliche Exklusionserfahrungen zuständig weiß, spricht man im Anschluss an Erving Goffman von einem «Stigma», wenn man auf ein «anormales» und deshalb besonders hervorstechendes Persönlichkeitsmerkmal, einen sozialen Makel, hinweisen will. Ursprünglich waren Stigmata echte Brand- und Wundmale, d. h. körperliche Versehrungen (griech. *stigma*, «Stich»), die schon von weitem ein wie auch immer geartetes Anderssein erkennen ließen und die man heute in Form von Tätowierungen oder Piercings, die ihren Trägern etwas Verruchtes oder Randständiges geben sollen, nachahmt. Während man mittlerweile jedoch mit diesem Körperschmuck fast schon zum Mainstream gehört, wirken in unserer Zeit besonders solche Abnormitäten stigmatisierend, die im zwischenmenschlichen Verkehr als beunruhigend oder gar «ansteckend» empfunden werden: z. B. schwere Krankheiten, wie Aids und Depressionen, oder körperliche Entstellungen und Behinderungen. Aber auch ein langes Vorstrafenregister, eine «schwere» Kindheit, sozialer Abstieg, ja, sogar Armut und Arbeitslosigkeit können stigmatisierend wirken. Wer sich von solchen «Makeln» gezeichnet weiß, mag sich auf eine geradezu intime Weise sozial entblößt vorkommen. Oft wird die Person sogar buchstäblich von anderen angestarrt. Und es sind nicht zuletzt diese beschämenden Blicke, die die von der Norm abweichende Person als «anders» brandmarken und damit an den Rand der Gemeinschaft drängen.

Häufig können aber auch schon weit weniger gravierende Unterschiede Anlässe zur Diskriminierung bieten. Betrachten wir ein geradezu alltägliches Beispiel aus der Arbeitswelt: Ein Autohaus sucht einen Verkäufer, und der Chef des Hauses überlegt, welchen Bewerber bzw. welche Bewerberin er zu einem Gespräch bitten soll. Der erste Kandidat besitzt zwar ausreichend Berufserfahrung, doch er ist bereits zu alt für das «flotte» Autohaus. Eine zweite Bewerberin wird schon deshalb nicht eingeladen, weil sie das «falsche» Geschlecht oder auch die «falsche» Gesichtsfarbe hat. Der dritte Bewerber gibt an, bei der Arbeit, und zwar aus religiösen Gründen, ein für Autohäuser unübliches Kleidungsstück tragen zu müssen. Ein vierter Kandidat erhält nur deshalb keine Einladung, weil der Chef des Autohauses nach genauerer Betrachtung des Bewerbungsfotos zu der Auffassung gelangt, dass er es, wie er sagt, mit einem «Schwulen» zu tun habe. Nun muss die Frage lauten: Was ist all diesen Ablehnungen gemein? Alle vier Bewerberinnen und Bewerber erhalten eine Absage, weil sie ein individuelles Persönlichkeitsmerkmal aufweisen, das jener Person, die die betreffende Auswahl vornimmt, nicht ins Geschäftskonzept passt – sei es aus unmittelbar persönlichen Abneigungen heraus oder auch schlicht aus ökonomischen Erwägungen. Der Arbeitgeber scheint zu befürchten, dass die in Frage stehenden Persönlichkeitsmerkmale seinem Geschäft abträglich sein könnten. In Wirklichkeit aber – und darauf wird es ankommen – sagen diese Merkmale zunächst rein gar nichts über die *fachlichen* Kompetenzen der Bewerberinnen und Bewerber aus. Denn die Frage, ob jemand ein guter Autoverkäufer bzw. eine gute Autoverkäuferin ist, wird nicht schon dadurch *vorentschieden*, welches Alter oder Geschlecht, welche Hautfarbe, Religion oder sexuelle Präferenz man hat.

Damit haben wir bereits zwei wichtige definitorische Merkmale der Diskriminierung beisammen. Erstens: Wer einen Menschen diskriminiert, unterscheidet ihn auf *abwertende* Weise von anderen Menschen; setzt folglich eine für die Person direkt nachteilige Differenz. Allerdings ist das nicht schon ausreichend, um von einer Diskriminierung sprechen zu können, denn wenn man einen Job nur deshalb nicht bekommt, weil man tatsächlich unzureichend qualifiziert ist, da einem z. B. die passende Ausbildung oder auch entsprechende Berufserfahrungen fehlen, so wird man darin zwar ebenfalls eine Abwertung der eigenen Person gegenüber fachlich besser geeigneten Jobanwärtern sehen, nicht aber eine Diskriminierung. Dazu muss eine zweite Bedingung vorliegen: Die als unerwünscht aufgefassten Persönlichkeitsmerkmale stehen in keinem *nachweisbaren* sachlichen Zusammenhang zu der in Frage stehenden Benachteiligung. Wenn eine Unternehmenschefin auf die längst fällige Beförderung eines leitenden Angestellten verzichtet, nur weil dieser sich ihr gegenüber nicht hinreichend «charmant» zeigt, oder wenn ein Ladenbesitzer eine Angestellte entlässt, weil sie die «falsche Körbchengröße» hat, dann mag es zwar einen persönlichen Grund für die betreffende Ablehnung geben, nicht aber einen *guten* Grund, der allgemein zu rechtfertigen wäre. Die Entscheidung würde auf individuellen Vorlieben oder gängigen Vorurteilen, nicht aber auf rationalen und nachvollziehbaren Argumenten beruhen, die selbst noch die abgelehnte Person – von einem Standpunkt der Unparteilichkeit aus gesehen – als «vernünftig» müsste einsehen können.

Dazu ein zweites Beispiel aus der Automobilindustrie: Im Stammwerk eines großen deutschen Autoherstellers – der folgende Fall ist bezeugt – sind sogenannte Leiharbeiter tätig. Sie üben in der Regel genau dieselben Tätigkeiten wie ihre fest angestellten Kollegen aus, doch aus Sicht des Unternehmers sind sie «billiger». Außerdem genießen sie keinen Kündigungsschutz und überhaupt viel weniger Rechte. In dem gemeinten Autowerk heißt das konkret: Die Leiharbeiter dürfen sich vor und nach der Arbeit nicht in den Umkleideräumen der Stammbelegschaft waschen und umziehen, und sie müssen während der Arbeit eine spezielle Kleidung tragen, und zwar eine neongelbe Weste, die sie schon von weitem als bloß temporär Beschäftigte erkennbar macht. Sie verdienen nicht einmal die Hälfte ihrer Kollegen, mit denen sie «Seit' an Seit'» am Fließband stehen, doch dafür müssen sie in der Werkskantine exakt das Doppelte für ihr Essen bezahlen. Außerdem setzt sich niemand mit ihnen an einen Tisch. Spätestens hier wird also deutlich: In diesem Rüsselsheimer Autowerk sind Leiharbeiter Menschen «zweiter Klasse». Denn innerhalb einer Gruppe relevanter Bezugspersonen (Belegschaft) wird eine abwertende und damit folgenreiche Unterscheidung getroffen (Stammbelegschaft vs. temporär Beschäftigte), und zwar allein aufgrund eines personenbezogenen Merkmals (Status «Leiharbeiterschaft»), das ersichtlich keinen rational nachvollziehbaren Einfluss auf das hat, was man von dieser Personengruppe erwartet (Arbeitsleistung). Diese diskriminierende Herabsetzung geht unmittelbar mit einer Minderung an rechtlichen Ansprüchen einher (Kündigungsschutz, halbierter Lohn). Es kommt darüber hinaus sogar zu einer deutlichen Stigmatisierung (neongelbe Weste), die begleitet ist von einer geradezu beschämenden Einbuße an Intimität (fehlende Umkleidekabine). Und als wäre das noch nicht genug, lässt man die Leiharbeiter «draufzahlen» (doppeltes Kantinenentgelt), obwohl sie doch prinzipiell den *gleichen* Anteil an der gemeinsamen Arbeitsleistung haben.

Besonders dieser letzte Punkt macht deutlich, warum Akte der Diskriminierung als fundamentale Verstöße gegen die Moral zu werten sind: Sie verletzen den für jedes moderne Moralverständnis zentralen Zusammenhang von «Gleichheit» und «Gerechtigkeit». Doch bevor wir diesen wichtigen Punkt etwas genauer betrachten, muss zuvor gezeigt werden, wie sich der durch Diskriminierung bewirkte Verstoß gegen wichtige moralische Intuitionen unmittelbar auf die Opfer auswirkt. Es war behauptet worden, dass der diskriminierte Mensch eine ungerechtfertigte Abwertung seiner Person erfährt. Der dadurch bewirkte Schaden kann vielschichtig und auch gravierend sein. Zuvorderst ist an die faktische Einschränkung legitimer Rechtsansprüche zu denken: verminderte Chancen, mangelnder Schutz, weniger Lohn etc. Da diese Einschränkungen unbegründet sind, bringen sie mangelnde gesellschaftliche Akzeptanz und Anerkennung zum Ausdruck und dürften somit von den Betroffenen als Abwertung, → Beleidigung oder sogar als → Demütigung erfahren werden. Geht die Diskriminierung zudem mit einer Stigmatisierung oder mit Einbußen an Intimität einher, so mögen quälende Schamgefühle hinzutreten. Auf einen kurzen Nenner gebracht: Abgesehen von den handfesten rechtlichen Benachteiligungen greifen Akte der Diskriminierung vor allem das soziale *Selbstwertgefühl* der betroffenen Personen an.

Nun ist es zweifellos nicht immer so, dass die durch Diskriminierung bewirkten Verletzungen direkt vom Täter bezweckt werden. Nicht jede Diskriminierung dient dazu, sich über das Opfer zu «erheben» oder es loszuwerden. Tatsächlich handeln manche Täter aus dezidiert ökonomischen Erwägungen oder schlicht aus Unachtsamkeit. Und das wichtigste Motiv für Diskriminierung betrifft die *eigene Bezugsgruppe*. Primär dient die Abwertung, Stigmatisierung oder gar Exklusion von «Persona non grata» dazu, die eigene soziale Einheit intakt zu halten. Wer andere diskriminiert, unterscheidet zwischen denen, die voll dazugehören, und jenen schwarzen Schafen, für die das nicht zutrifft. Dabei geht es zuvorderst um eine neuerliche Bestätigung jener identitätsstiftenden Grenze, die das «Eigene» vom «Fremden» trennt. Akte der Diskriminierung dienen folglich der «Gruppenhygiene» bzw. der «Reinhaltung». Die eigene Bezugsgruppe wird demonstrativ unter Artenschutz gestellt.

Doch so folgenreich und individuell schmerzhaft Akte der Diskriminierung auch sein mögen: Sie müssen nicht schon notwendig eine völlige → Missachtung der Person darstellen. Denn Fälle von → Missachtung greifen noch tiefer in das Selbstverständnis ihrer Opfer ein, indem sie die Person nicht einfach nur *relativ* zu anderen Mitgliedern der gleichen Bezugsgruppe als minderwertig einstufen, sondern *absolut* entwerten. Wer auf fundamentale Weise missachtet wird, den stößt man aus der größten aller denkbaren Bezugsgruppen aus, und zwar aus der gesamten Menschheit. Folglich können Akte der Missachtung als Steigerungsform der Diskriminierung betrachtet werden, weil sie nicht nur die Gleichheit aller Mitglieder derselben Bezugsgruppe, sondern die Gleichwertigkeit aller *Menschen* anzweifeln. In den meisten Diskriminierungsfällen jedoch «reicht» es, die diskriminierte Person an den Rand der jeweils *eigenen* Bezugsgruppe zu drängen. Dazu ein Beispiel, das diesen Unterschied verdeutlichen soll: Wenn sich die katholische Amtskirche nach wie vor dagegen sträubt, dass auch Frauen das Priesteramt anstreben dürfen, so werden die betreffenden Glaubensschwestern diskriminiert. Dennoch genießen diese Frauen, sofern sie katholisch sind, innerhalb der katholischen Kirche immer noch mehr Rechte als die Anhängerinnen oder Anhänger anderer Religionsgemeinschaften. Indem sich z. B. der Papst noch immer beharrlich weigert, den abtrünnigen Protestantismus *überhaupt* als eine legitime Religionsgemeinschaft anzuerkennen, werden dessen Anhängerinnen und Anhänger nicht nur diskriminiert, sondern auch

Wer ist hier das schwarze Schaf?

missachtet. Sie sind es nicht einmal wert, dass man mit ihnen das Abendmahl feiert.

Kehren wir aber noch einmal zu unserem Leiharbeiter-Beispiel zurück, das uns auf eine äußerst enge Verknüpfung der Ideen «Gleichheit» und «Gerechtigkeit» aufmerksam machen sollte. Gemeint ist die Überzeugung, dass soziale Praktiken, rechtliche Regelungen und politische Institutionen nur dann *gerecht* sein können, wenn mit ihnen zugleich zum Ausdruck gebracht wird, dass sämtliche Betroffene als *Gleiche* geachtet werden. Wer für die gleiche Arbeit einen halbierten Lohn bekommt, wird ungerecht behandelt und damit diskriminiert. Ziehen wir nun, der Anschaulichkeit wegen, ein weiteres Beispiel hinzu: In amerikanischen Spielfilmen, die von historischen Schiffsunglücken oder vergleichbaren Katastrophen handeln, ist sehr häufig die folgende Rettungsregel zu vernehmen: «Frauen und Kinder zuerst!» Diese Vorzugsregel, die noch heute vielen Menschen moralisch vernünftig erscheint, war schon zu früheren Zeiten nicht etwa dem Anstand tugendhafter Gentlemen geschuldet, sondern der demographischen Stabilität: Die Reproduktion und Verjüngung der Bevölkerung musste gewährleistet bleiben. Aus heutiger Sicht wird man freilich feststellen müssen, dass es sich um eine diskriminierende und deshalb ungerechte Regelung handelte. Oder will ernsthaft irgendjemand behaupten, dass demographische Erwägungen dieser Art bereits als allgemein akzeptable Gründe hinreichen, um Männer – bloß weil sie Männer sind – bevorzugt in den Tod zu schicken? Auch wenn so manche Leserin spontan mit «Ja» antworten dürfte: Wenn eine Person oder Personengruppe auf eine nicht (länger) zu rechtfertigende Weise *ungleich* behandelt wird, liegt prima facie der Verdacht nahe, dass zugleich auch eine *ungerechte* Behandlung vorliegt.

Die Forderung nach Gleichheit ist eine wichtige Implikation der Forderung nach Gerechtigkeit. Jede zwischenmenschliche Entscheidung, aber auch jede rechtliche Regelung oder politische Institution muss notwendig, um als gerecht und damit als nicht-diskriminierend gelten zu können, die grundlegende Gleichheit aller von diesen Praktiken Betroffenen anerkennen. Nun war aber ganz zu Anfang behauptet worden, alle Menschen seien auf bejahenswerte Weise «verschieden»: Frauen sind keine Männer, Männer sind keine Kinder usw. Wie können wir nun behaupten, sie seien alle strikt gleich? Bedeutet nicht, verschieden zu sein, zugleich auch, verschieden viel *wert* zu sein? Betrachten wir dazu eine sehr kleine Bezugsgruppe, und zwar eine Familie mit zwei Kindern. Immer wenn diese Familie gemeinsam zu Tisch sitzt, bekommt der Sohn und nie die Tochter das «größere Stück vom Kuchen». Liegt hier ein Fall von Diskriminierung vor? Muss Gleichbehandlung stets *strikte* Gleichbehandlung bedeuten? Nun, da Menschen unterschiedlich sind, werden sie oftmals auch unterschiedliche Bedürftigkeiten aufweisen. Nehmen wir an, der bevorzugte Sohn sei sehr viel älter und größer als seine Schwester, und diese leide zudem an einer Frühform von Diabetes. Wenn nun der Junge stets das größere Kuchenstück bekäme: Wäre das ein Grund zur Klage? Oder betrachten wir ein Verteilungsproblem aus der staatlichen Gesundheitsfürsorge: Ist es ungerecht, dass chronisch Kranke und Behinderte *mehr* Gesundheitsleistungen vom Staat bekommen als gesunde Menschen? Wird nur dann von Gerechtigkeit die Rede sein können, wenn alle Menschen ausnahmslos über einen Kamm geschert werden?

Die Antwort lautet: Nein. Bisweilen gibt es allgemein akzeptable Gründe für eine entsprechende Ungleichbehandlung, und eben dann ist es regelrecht geboten, und zwar im Namen der Gerechtigkeit, *gegen* die Forderung nach strikter Gleichbehandlung zu verstoßen. Von dem amerikanischen Rechtsphilosophen Ronald Dworkin stammt das berühmte Diktum: Menschen sollen zwar stets *als Gleiche*, nicht aber unentwegt *strikt gleich* behandelt werden. Dass Menschen individuell verschieden sind, ändert nichts an ihrer prinzipiellen Gleichwertigkeit. Und folglich ist das Gegenteil von Diskriminierung nicht einfach ausnahmslose Gleichbehandlung, sondern *gerechte* Gleichbehandlung. Eine soziale Ungleichbehandlung muss nicht notwendig eine Diskriminierung sein, solange sie in den Augen aller Betroffenen zu rechtfertigen ist. Man mag dies «positive» Diskriminierung nennen, doch terminologisch wäre das irreführend. Denn es verbliebe ein negativer Beigeschmack, der dem Begriff «Diskriminierung» stets anhaftet, der aber unangemessen ist, solange die Ungleichbehandlung gerechtfertigt werden kann. Man sollte aber auch nicht den gegenteiligen, bisweilen in «politisch korrekten» Kreisen anzutreffenden Fehler begehen, bestimmte Personen oder marginalisierte Gruppen schon deshalb für *wertvoller* als andere zu halten, *weil* sie diskriminiert werden. Dies wäre tatsächlich ein Fall von «positiver» Diskriminierung: eine zwar gut gemeinte, aber letztlich doch illegitime Ungleichbehandlung aufgrund eines Persönlichkeitsmerkmals, das sachlich gänzlich irrelevant ist.

Literaturtipps:

Dworkin, Ronald: *Bürgerrechte ernstgenommen*, Frankfurt a. M.: Suhrkamp 1990, Kap. 9. [Begründung der Gerechtigkeitsforderung, dass alle Menschen stets als gleiche, nicht aber strikt gleich zu behandeln sind.]

Goffman, Erving: *Stigma*, Frankfurt a. M.: Suhrkamp 2007. [Analyse von Techniken der Bewältigung stigmatisierter Identität.]

Ladwig, Bernd: «Gerechtigkeitsgebot – Diskriminierungsverbot», in: Klein, Eckart/Menke, Christoph (Hg.): *Universalität, Schutzmechanismen, Diskriminierungsverbote*, Berlin: BWV 2008. [Eine genaue Betrachtung des Zusammenhangs von Gerechtigkeit und Diskriminierung.]

Folter

Bei einem großen Internet-Versandhaus kann man für 11,90 € das «Folter-Werkzeug Knochensäge» bestellen. Die Produktbeschreibung preist den handlichen Schmerzartikel als ein «krasses, derbes» Gerät im «rostigen Antiklook» an, das «direkt aus einem der populären Folter-Horrorfilme» stammen könnte. In der Produktkategorie «Küche & Haushalt» des Versandhauses belegt die Knochensäge immerhin Verkaufsrang 90 009; dicht gefolgt von einem digitalen Fieberthermometer. Und die ebenfalls als Folterwerkzeug angebotene «Rohrzange» hat «als Bonus drei ausgebrochene Zähne als Anhängsel dabei!» Natürlich handelt es sich um keine echten sadistischen Folterinstrumente, sondern um Halloween-Accessoires, mit denen man sich in einer nebligen Novembernacht gegenseitig Angst einjagen soll – was durchaus Spaß machen kann. Dennoch bleibt einem das Lachen samt den drei ausgebrochenen Zähnen im Halse stecken, wenn man bedenkt, dass sich die mediale Öffentlichkeit in den letzten Jahren mit einer unheilvollen «Aktualität» des Folter-Problems befassen musste; und zwar in der Folge des nach dem 11. September 2001 begonnenen *war on terrorism*. Die abscheulichen Folterfotos aus den Militärgefängnissen von Abu Ghuraib und Guantánamo Bay, auf denen Angehörige des US-Armee zu sehen sind, die – offenbar zur eigenen sadistischen Unterhaltung – inhaftierte Terror-Verdächtige quälen, haben sich tief ins öffentliche Bewusstsein eingebrannt.

In Deutschland war es dann vor allem der «Fall Daschner», der im Jahre 2002 eine heftige Debatte über das rechtsstaatliche Folterverbot entfachte. Der Jura-Student Magnus Gäfgen hatte den 11-jährigen Bankierssohn Jakob von Metzler entführt. Als Gäfgen kurz nach der Lösegeld-Übergabe festgenommen wurde, hoffte die Polizei noch, den kleinen Jakob lebend zu finden. Doch der Entführer schwieg sich über das Versteck des Jungen aus. Daraufhin fasste Wolfgang Daschner, stellvertretender Polizeipräsident von Frankfurt am Main, den Entschluss, dem Entführer Gewalt androhen zu lassen, damit er das Versteck preisgeben werde. Dies tat Gäfgen dann auch – wenngleich zu spät. Denn Jakob war bereits tot. Die an dieses Ereignis unmittelbar anknüpfende Debatte über die Frage, ob Daschner richtig gehandelt hat, ist in mindestens zwei

Hinsichten von zentraler philosophischer Bedeutung: In der *Rechtsphilosophie* wird darüber gestritten, ob der liberale Rechtsstaat in derartigen Extremsituationen nicht doch Ausnahmen vom strikten Folterverbot zulassen müsse. Dabei geht es zuvorderst um die Frage, ob staatliche Folter nicht per se eine niemals zu rechtfertigende Verletzung der «Menschenwürde» darstellt. In der *Moralphilosophie* hingegen wird das Folter-Verbot primär im Hinblick auf persönliche Dilemmata und tragische Konflikte diskutiert, d. h. hinsichtlich der Frage, was ein *einzelnes* moralisches Individuum – und nicht der Staat – tun soll, wenn es sich in einen schier ausweglosen Handlungskonflikt verstrickt sieht. Darf eine Mutter den Entführer ihres Kindes foltern, um ihr Kind vor dem sicheren Tod zu bewahren? Darf man seinen Nachbarn, der sich als Terrorist erwiesen hat, mit roher → Gewalt dazu nötigen, das Versteck einer tickenden Zeitbombe preiszugeben?

Auf den ersten Blick mag es so scheinen, als würde es in beiden Debatten um die gleiche Frage gehen: Kann Folter in extremen Ausnahmesituationen gerechtfertigt sein? Dass es sich jedoch um äußerst unterschiedliche Problemperspektiven handelt, zeigt sich schon daran, dass in der jüngsten Folter-Debatte verschiedentlich die Position vertreten worden ist, zwar dürfe der Rechtsstaat unter gar keinen Umständen foltern, aber als «Privatperson» habe Daschner am Ende doch nur jene nachvollziehbare Entscheidung getroffen, die jeder andere von uns vermutlich auch befürwortet hätte – zumindest dann, wenn es dabei um das eigene Kind gegangen wäre. Diese Position mutet reichlich widersprüchlich an: Entweder ist die Folter ein unentschuldbarer Verstoß gegen die Menschenwürde, und dann muss sie auch entsprechend bestraft werden. Oder aber sie kann ausnahmsweise gerechtfertigt werden, solange sie Schlimmeres verhindern hilft – nur wäre sie dann eben *so* unmoralisch auch wieder nicht. Wer hat recht? Die Befürworter oder die Gegner des Folter-Tabus?

Obgleich es auch heute noch viele Staaten gibt, in denen gefoltert wird, haben spätestens die totalitären Erfahrungen des 20. Jahrhunderts diesbezüglich für eine weltweite Sensibilisierung gesorgt. Zieht man die UN-Konvention gegen Folter vom 10. Dezember 1984 heran, der bislang 145 Staaten beigetreten sind, so wird deutlich, dass die Folter längst ein völkerrechtlich geächtetes Menschenrechtsverbrechen ist – auch wenn die Hoffnung auf deren *vollständige* Abschaffung unrealistisch sein mag. In der philosophischen Debatte jedenfalls geht es keineswegs um eine *generelle* Legitimierung der Folter, sondern allein um extreme Notsituationen, die zumeist als völlig übertriebene «tragic choices» oder «ticking bomb»-Szenarios konstruiert werden: Ein Attentat soll verübt werden, die Zeit verrinnt, die Bombe tickt, viele Menschen könnten sterben. Was würden Sie tun, wenn Ihnen einer der Attentäter in die Hände fiele? Um überhaupt von einer extremen «Ausnahmesituation» sprechen zu können, müssten zumindest die folgenden Bedingungen erfüllt sein. Erstens: Der mutmaßliche Attentäter ist eindeutig als Mittäter zu identifizieren. Zweitens: Das zu schützende Rechtsgut – in diesem Fall: das Leben der potenziellen Attentatsopfer – wiegt deutlich schwerer als das durch Folter verletzte Rechtsgut auf Seiten des Attentäters; z. B. dessen körperliche Unversehrtheit. Drittens: Die geplante → Zwangsmaßnahme ist gänzlich unentbehrlich und zudem alternativlos. Viertens: Sie wahrt zudem die Verhältnismäßigkeit, indem sie in so geringer «Dosis» wie möglich erfolgt. Und schließlich fünftens: Die amtlichen Entscheidungen müssen überprüfbar bleiben und dürfen ausschließlich von rechtsstaatlichen Instanzen vorgenommen werden. Dann *könnte* Folter legitim sein, aber ist sie es auch?

Vergewissern wir uns zunächst, was überhaupt unter «Folter» zu verstehen ist. Foltert man z. B. auch schon dann, wenn man einem Ladendieb den Arm umdreht? Die erwähnte UN-Konvention trifft diesbezüglich einige wichtige Vorentscheidungen. Ihr zufolge bezeichnet der Ausdruck «Folter» «jede Handlung, durch die einer Person vorsätzlich große körperliche oder seelische Schmerzen oder Leiden zugefügt werden, zum Beispiel um von ihr oder einem Dritten eine Aussage oder ein Geständnis zu erlangen, um sie für eine tatsächlich oder mutmaßlich von ihr oder einem Dritten begangene Tat zu bestrafen oder um sie oder einen Dritten einzuschüchtern oder zu nötigen (…), wenn diese Schmerzen oder Leiden von einem Angehörigen des öffentlichen Dienstes oder einer anderen in amtlicher Eigenschaft handelnden Person, auf deren Veranlassung oder mit deren ausdrücklichem oder stillschweigendem Einverständnis verursacht werden.» Diese komplexe Definition ist erläuterungsbedürftig. Im ersten Schritt wird gesagt, was Folter *ist*, und zwar die Verursachung «körperlicher oder seelischer Schmerzen». Dies ist nicht selbstverständlich, denn noch immer ist die Auffassung verbreitet, dass es sich bei Folter primär um *körperliche* Grausamkeit handelt. Dieser Eindruck mag entstehen, wenn man sich historische Folterwerkzeuge vor Augen führt, z. B. Streckbänke oder Daumenschrauben, oder wenn man an mittelalterliche Foltermethoden wie das «Rädern», denkt. Heutzutage sind Folterknechte jedoch bemüht, so wenig sichtbare Spuren wie möglich zu hinterlassen, und so verlegt man sich auf dezidiert *psychische* Grausamkeiten wie Schlafentzug, Isolationshaft oder das gefürchtete Waterboarding. Dass es sich – laut Definition – um «große» Schmerzen handeln muss, bedeutet, dass nicht schon jede vorsätzliche Schmerzzufügung Folter ist. Jedenfalls wird die Verursachung eines kurzen, einmaligen, minderschweren Schmerzes nicht schon als Folterqual zählen können.

Wozu aber «dient» Folter? Diese Frage wird im zweiten Definitionsschritt beantwortet: Man will eine Aussage erzwingen, das Opfer soll bestraft, nachhaltig eingeschüchtert oder aber zu irgendetwas genötigt werden. Im dritten Definitionsschritt wird eine wichtige Beschränkung des Täterkreises vorgenommen: Folter ist nur dann eine Menschenrechtsverletzung im Sinne der UN-Konvention, wenn sie von Repräsentanten der öffentlichen Ordnung, d. h. von Amtspersonen, Polizisten oder Militärs, verübt, veranlasst oder auch nur geduldet wird. Daraus folgt zunächst: Folterhandlungen von Seiten «privater» Akteure kann es zwar geben, aber sie werden von der UN-Konvention nicht erfasst. Aus Sicht des Völkerrechts ist diese Beschränkung sinnvoll, weil internationale Menschenrechtsabkommen das Machtverhältnis von Staaten zu ihren Bürgerinnen und Bürgern reglementieren. Doch eine *umfassende* Folterdefinition muss diesen Fokus erweitern, weil die Frage, ob ein Mensch in staatlichem oder aber in privatem Rahmen gefoltert wird, für den *Begriff* der Folter zunächst irrelevant ist.

Die zitierte UN-Definition ist aber noch aus einem zweiten Grund unzulänglich, denn sie verschweigt uns den «gemeinsamen Nenner» der dort aufgelisteten Folterzwecke: Stets geht es dem Folterer darum, den widerständigen *Willen* seines Opfers zu brechen. Die gefolterte Person soll →gewaltsam dazu gebracht werden, Dinge zu tun, die sie freiwillig niemals tun würde; z. B. eine

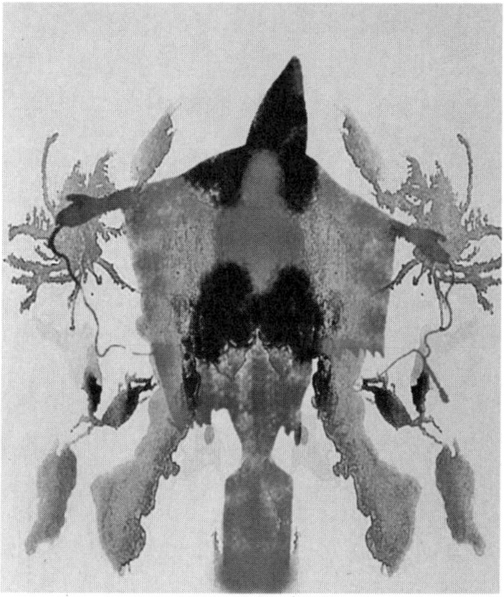

Tintenkleckse oder nicht verblassende Erinnerung?

sie selbst belastende Aussage zu machen oder → Verrat an einem Verbündeten zu üben. Demnach ist Folter eine besonders grausame Form von → Zwang: Das Opfer wird dazu genötigt, nicht länger das zu tun, was in *seinem* Sinne ist, sondern das, was im Sinne *anderer* ist. Und es ist anzunehmen, dass die Brutalität des Folterers umso größer sein wird, je stärker und widerstandsfähiger die Persönlichkeit des Gefolterten ist. Doch damit nicht genug, denn der entscheidende Aspekt, der allererst die besondere Grausamkeit der Folter und deren Unterschied zu anderen Formen von Zwang und Gewalt zu erklären vermag, ist noch gar nicht benannt. Der «Sinn» der Folterqualen *erschöpft* sich nicht schon darin, einen als widerständig erfahrenen Willen zu brechen. Das Anliegen des Folterers ist sehr viel weitreichender. Abgesehen davon, dass es ihm fast immer auch darum gehen dürfte, die eigenen sadistischen Triebe zu befriedigen und sich an der eigenen destruktiven Macht sowie an den Qualen seines Opfer zu «berauschen». Wichtiger noch scheint der erstrebte Langzeiteffekt auf Seiten der gefolterten Person zu sein: Sie soll offenbar derart nachhaltig gequält, ja, ruiniert werden, dass am Ende nicht nur ihr Wille, sondern möglichst auch sie *selbst* daran zerbricht. Auch lange nach dem Martyrium noch werden tiefe, schmerzhafte Wunden zu spüren sein, die niemals ganz verheilen dürften. Das Unwesen der Folter besteht also in ihrer nachhaltigen «Brechungsfunktion», wie Richard Rorty sagt. Es geht dem Folterer darum, «daß die Gepeinigten auch dann, wenn die Qual vorbei ist, nicht wieder zu sich finden können. Man erreicht das dadurch, daß man sie dazu bringt, Dinge von einer Art zu tun oder zu sagen [...], die es den Gequälten unmöglich macht, sich jemals damit abzufinden, daß sie dazu fähig waren.»

Es wäre anmaßend, über derart gravierende Integritätsverluste allein aufgrund von dokumentarischen Quellen, Fotos oder biographischen Erzählungen sprechen zu wollen. Und doch ist anzunehmen, dass die meisten Menschen auf die Frage, welches wohl die schlimmste aller unmoralischen Taten sei, antworten werden, dass sie den eigenen Tod der Folter vorziehen würden. Was aber kann schlimmer als der eigene Tod sein? Und die nahe liegende Antwort lautet: ein Leben, das durch Folter derart unerträglich werden würde, dass man lieber sterben *möchte*. Ginge es dem Folterer allein um das erzwungene Geständnis, so wäre fraglich, warum das Opfer anschließend so selten → getötet wird. Dies kommt zwar vor, doch die Tatsache, dass es zahlreiche Überlebende der Folter gibt, dürfte kaum auf einen Restbestand an Moral auf Seiten der sadistischen Täter zurückzuführen sein. Im Gegenteil: Das Sadistische an der Folter besteht gerade darin, die Opfer mit der nicht mehr verblassenden Erinnerung an die vernichtende Qual in die Welt zu entlassen. Kurz: Mit der Folter muss man leben, mit dem Tod per definitionem nicht.

Versuchen wir es deshalb mit einer eigenen, verbesserten Definition: Folter ist die systematische und zumeist auch sadistisch motivierte Zufügung erheblicher physischer oder psychischer Schmerzen und Leiden, durch die der widerständige Wille der gequälten Person derart nachhaltig gebrochen werden soll, dass daran möglichst auch die Person selbst zerbricht. Folgt man dieser Definition, erscheinen manche Folterbeispiele in verändertem Licht. Zwar kann es keinen Zweifel daran geben, dass die sadistischen Quälereien schwer gestörter US-Soldaten in Abu Ghuraib als Folter zu bezeichnen sind. Ob aber ein Polizist schon dann ein Folterknecht ist, wenn er einem überführten Verbrecher Gewalt androht, nur um das Leben einer dritten Person zu retten, muss bezweifelt werden; und zwar selbst dann, wenn man der Auffassung ist, dass bereits die bloße Androhung von Gewalt, das «Zeigen der Folterinstrumente», zur Folter dazugehört. Einem Polizisten wie Wolfgang Daschner fehlt jedoch nicht nur die sadistische «Lust» an der Qual, sondern auch die Intention, die gesamte Persönlichkeit seines Gegenübers zu zerstören. Entsprechend entschied das Frankfurter Landgericht, Daschner zu einer vergleichsweise niedrigen Bewährungsstrafe zu verurteilen, weil man der Auffassung war, dass er zwar eine «schwere Nötigung» nach § 240 StGB begangen hatte, nicht aber eine für Folter relevante «Aussageerpressung im Amt» nach § 343 StGB.

Damit ist ausdrücklich nicht gesagt, dass ein Polizist *im Recht* ist, wenn er den mutmaßlichen Täter «bloß» nötigt. Denn der Unterschied zwischen Folter und schwerer Nötigung ist terminologischer Natur und zunächst lediglich für die konkrete Strafzumessung relevant. Deshalb sollten wir abschließend auf die wichtige Ausgangsfrage zurückkommen, wo genau die Grenzen des Rechtsstaats liegen und inwiefern es einen rechtlichen Unterschied macht, ob ein öffentlicher Amtsträger oder aber eine Privatperson foltert. Wenn staatliche Funktionsträger, wie z. B. in Abu Ghuraib oder eben auch in Frankfurt, foltern oder nötigen, so kommt es zu einer Verletzung von Menschenrechten, wenn es sich hingegen um Privatpersonen handelt, wird «lediglich» gegen geltende Strafgesetze verstoßen. Worin besteht der Unterschied? Spricht man von «Menschenrechten», so geht es um die Frage, wozu der *Staat*, der das Gewaltmonopol besitzt, seinen Bürgerinnen und Bürgern gegenüber verpflichtet ist. Im Fall von Strafgesetzen jedoch vergewissern wir uns, was wir *einander* nicht antun dürfen. Und spätestens seit 1945 haben demokratische Rechtsstaaten gute Gründe, sich herrschaftliche Willkürakte zu verbieten, die sich wir untereinander nicht schon *gleichermaßen* verbieten. Um ein paar Beispiele zu nennen: Der Staat darf die Meinungsfreiheit nicht unterdrücken, seine Bürgerinnen und Bürger jedoch fahren sich geradezu ständig wechselseitig «übers Maul». Der Staat hat Frauen und Männer strikt gleich zu behandeln, wir aber dürfen, je nach Vorlieben, partikulare Unterschiede machen. Der Staat darf die Würde des Menschen nicht antasten, doch der Mensch selbst hat bisweilen wenig Hemmung, andere Menschen zu → missachten oder gar zu → demütigen.

Ist das im Fall von schwerer Nötigung oder Folter am Ende vielleicht ähnlich?

Die Mütter und Väter des deutschen Grundgesetzes haben 1949 den Entschluss gefasst, die «Menschenwürde» zum höchsten aller Rechtsgüter zu erheben. Dies ist eine bewusste *Entscheidung* gewesen, die man durchaus auch anders hätte fällen können. Manchen Menschen mag das Leben, ihre Meinungsfreiheit, ihr Geld oder auch ihr Auto wichtiger sein. Doch nach den totalitären Barbareien sollte sich der neu geschaffene Staat fortan daran messen lassen, inwiefern er seinen Bürgerinnen und Bürgern ein Leben in Würde ermöglicht. Daraus folgt: Verletzt der deutsche Staat das unbedingte Grundrecht auf Würdeschutz, so ruiniert er die eigene Legitimationsgrundlage. Natürlich *kann* man bestreiten, dass die Würde des Menschen das höchste Rechtsgut ist, nur steht man dann nicht länger auf dem Boden der deutschen Verfassung. Zumindest für alle Amtsträger des deutschen Staates gilt also: Wer den kategorischen Würdeschutz missachtet, kann sich nicht länger als *Repräsentant* unserer Verfassungsordnung verstehen.

Mit Blick auf die Folter-Debatte ist nun zunächst fraglich, ob die Würde eines Menschen bereits dann verletzt wird, wenn man ihn zwar nicht foltert, wohl aber gewaltsam zu einer Aussage nötigt. Die unmissverständliche Antwort muss lauten: Ja. Für die Frage, ob eine Verletzung der Würde vorliegt, ist der terminologische Unterschied von Folter und schwerer Nötigung unerheblich. Jeder öffentliche Funktionsträger, der mit → Zwang oder → Gewalt den Willen eines Menschen zu brechen sucht, auch wenn er dabei *nicht* schon sadistisch orientiert ist, verletzt das fundamentale Gebot menschenrechtlicher Gleichbehandlung, das selbst für Schwerverbrecher gilt. *Alle* Menschen sind vor staatlicher Willkürgewalt zu schützen und mithin davor, dass sich das staatliche Gewaltmonopol, wie im Fall der anfangs erwähnten Knochensäge, in einem «krassen, derben Antiklook» zeigt. Doch gilt dasselbe auch für Privatpersonen? Ja und nein. Kein noch so gewiefter moralischer Winkelzug wird einem die Erlaubnis erteilen, aus sadistischen Motiven foltern zu dürfen. Dennoch mögen Akte schwerer Nötigung in dramatischen Ausnahmesituationen, z. B. wenn es um das eigene Kind geht, *entschuldbar* sein – unmoralisch zwar, aber doch verzeihlich. Ja, müssen wir am Ende sogar noch einen Schritt weiter gehen? Ist eine schwere Nötigung in solchen Ausnahmesituationen regelrecht *geboten*? Diese Ansicht wird bisweilen vertreten, aber sie ist falsch, denn sie hätte zur Konsequenz, dass eine Person, die es in derartigen Notsituationen → unterlassen würde zu nötigen, einen moralischen Fehler beginge. Wie aber könnte es jemals ein Fehler sein, einen anderen Menschen *nicht* zu entwürdigen? Auch im Privaten heiligt der Zweck nicht die Mittel.

Aus Sicht der Polizei dürfte dieses Ergebnis unbefriedigend anmuten, aber angesichts der Dramatik entsprechender Entscheidungssituationen wird es kaum befriedigender ausfallen können. Die These war: Ein Amtsträger, der sich in einer extremen Notlage dazu entschließt, einen Verbrecher zur Aussage zu zwingen, wird sich nicht länger als ein legitimer Repräsentant des die Menschenwürde schützenden Rechtsstaates verstehen können. Und doch ist er als moralische *Privatperson* nicht nur seinem Arbeitgeber, sondern stets auch seinem Gewissen verpflichtet. Sein Entschluss kann ihn den Job kosten und ihm ein Strafverfahren einbringen, doch das gehört zu seinem «Berufsrisiko». Auch in jedem anderen Job mag man bisweilen vor der Entscheidung stehen, ob man tun soll, was von einem verlangt wird, oder ob man moralische Verantwortung übernehmen will für das, was man in diesem Augenblick ganz einfach tun muss.

Literaturtipps:

Beestermöller, Gerhard/Brunkhorst, Hauke (Hg.): *Rückkehr der Folter*, München: C.H.Beck 2006 [Juristische und philosophische Diskussion u. a. zum «Fall Daschner».]

Rorty, Richard: *Kontingenz, Ironie und Solidarität*, Frankfurt a. M.: Suhrkamp 1992, Kap. 8. [Eine Interpretation von George Orwells Klassiker *1984* unter besonderer Berücksichtigung der Folter.]

Sofsky, Wolfgang: *Traktat über die Gewalt*, Frankfurt a. M.: Fischer 2005, Kap. 5. [Ein Essay über das, was bei der Folter mit Täter und Opfer geschieht.]

Freiheitsberaubung

Von Oscar Wilde, dem großen Schriftsteller und Dandy, wird berichtet, dass er sich Zeit seines Lebens eher zu Männern hingezogen fühlte. Gleichwohl ist Wilde mit einer schönen jungen Frau verheiratet gewesen, die aus gutem Hause stammte und mit der er zwei Kinder hatte. Schon bald nach der Hochzeit jedoch zeigte sich der Flaneur von der bürgerlichen Enge des Familienlebens gelangweilt. Und so befand er später nüchtern, wenn auch nicht ohne Nachsicht mit Blick auf jene, die vom Heiraten nicht lassen wollen, die Ehe sei eine «gegenseitige Freiheitsberaubung im beiderseitigen Einvernehmen». Was der Dichter damit meinte, ist offenkundig, auch wenn man umgehend protestieren möchte: Der sogenannte Bund fürs Leben mag zwar das Ergebnis einer freiwilligen Zustimmung sein, doch man willigt aus freien Stücken in eine lebenslange, den eigenen Willen stets auch einschränkende Verpflichtung ein, die von beiden Ehepartnern verlangt, den Willen des jeweils anderen als annähernd *gleichberechtigt* anzuerkennen. Auch wenn beide Eheleute Wichtiges hinzugewinnen: Man verzichtet bewusst auf einen Teil der eigenen Freiheit, um im Gegenzug einen partiellen Freiheitsverzicht des Partners zu erlangen. Und damit läuft das gemeinsame Eheversprechen nicht zuletzt auf eine beiderseitige Preisgabe «außerehelicher» Freiräume hinaus, die man vor der Ehe, jedenfalls als Single, noch ungestraft nutzen durfte. Oder wie es einst Arthur Schopenhauer etwas unsensibel formulierte: «In unserm monogamischen Welttheile heißt heirathen seine Rechte halbiren und seine Pflichten verdoppeln.»

Diese dandyhaften Bonmots dürften vielen, die verheiratet sind oder aber zu heiraten planen, geradezu frevelhaft erscheinen, wird hier doch der «heilige» Bund der Ehe mit dem Begriff der Freiheitsberaubung assoziiert. Bei genauerem Hinsehen jedoch hat dieses Unbehagen weniger mit der These zu tun, dass die Ehe eine *freiheitsbeschränkende* Funktion besitzt. Selbst wenn man nämlich der Auffassung ist, dass der Gewinn, der beiden Eheleuten zuteil wird, unverhältnismäßig viel größer ist als der vermeintliche Verlust, der mit der Ehe einhergeht, so wird doch niemand ernsthaft bestreiten können, *dass* der vor dem Gesetz geschlossene Ehebund eine Reihe einschränkende Verpflichtungen mit sich bringt; Verpflichtungen, denen man sich fortan nicht einfach «aus Freiheit» wieder entziehen kann, nur weil einem plötzlich danach sein sollte. Das gemeinte Unbehagen hängt viel eher damit zusammen, dass Wilde einen wechselseitigen «Raub» der Freiheit unterstellt. Denn damit wird suggeriert, dass es sich bei der Ehe um einen besonders schweren Fall von → Diebstahl handelt, der laut § 249 StGB dadurch definiert ist, dass der Räuber «mit Gewalt gegen eine Person oder unter Anwendung von Drohungen mit gegenwärtiger Gefahr für Leib oder Leben» vorgeht. Dies mag im Fall von sogenannten Zwangsehen tatsächlich der Fall sein, doch wer behaupten will, Heiraten habe *grundsätzlich* etwas mit Raub zu tun, wird ganz sicher Unverständnis ernten, da → Gewalt sich nur schlecht mit der Idee einer einvernehmlichen Eheschließung verträgt.

Sobald man sich aber «echten» Formen der Freiheitsberaubung zuwendet, wird erkennbar, dass der terminologische Zusammenhang von Freiheit und Raub auf der Phänomenebene sehr wohl besteht. Dies beweisen nicht zuletzt berühmte Entführungsfälle. Oder man erinnere sich an das «Drama von Amstetten», das im Jahre 2008 weltweit für Entsetzen sorgte: Josef Fritzl, ein pathologisch triebgestörter, despotischer Familienvater, hatte seine Tochter jahrelang in einem Kellerverlies gefangen gehalten, dort unzählige Male zum Sex → gezwungen und mehrere Kinder mit ihr gezeugt. Da der Haustyrann dabei mit massiven Drohungen und auch mit offener Gewalt vorgegangen sein dürfte, kann ersichtlich von einem Raub der Freiheit die Rede sein. Während jedoch herkömmliche Raubdelikte in aller Regel dazu dienen, sich unmittelbar und brutal das Hab und Gut anderer Personen anzueignen, sind Fälle der Freiheitsberaubung anders geartet: Zwar mag der Täter im Entführungsfall, in dem ein Lösegeld gefordert wird, ebenfalls auf eine widerrechtliche Aneignung fremden Eigentums aus sein. Im eigentlichen Moment der Freiheitsberaubung jedoch geht es um die Entwendung einer typisch menschlichen *Daseinsweise*. Der Besitz von Freiheit ist kein «bewegliches Gut», das dem Menschen äußerlich wäre, sondern ein «Modus» des selbstbestimmten Lebens. In aller Regel jedenfalls will der Mensch *in* diesem Leben und *zu* diesem Leben frei sein, und zwar so frei wie möglich. Er möchte sein Leben eigenverantwortlich «führen». Folglich ist das Unmoralische an Akten einer echten Freiheitsberaubung der brutale Entzug einer Bewegungsform, die für jedes Leben, das gelingen soll, existenziell notwendig ist.

Freilich ist mit diesen eher formalen Überlegungen zunächst noch gar nichts über den konkreten Inhalt der Freiheitsidee ausgesagt. Was genau wird einem Menschen genommen, wenn man ihm seine Freiheit raubt? Der Freiheitsbegriff ist allgegenwärtig, aber doch sehr «schwammig», sofern er vielfältige Interpretationen in sich aufzunehmen vermag. Ob in der Politik, in der Rechtsprechung oder im Wirtschaftsleben, ob in der Wissenschaft, der Werbung oder in der Kunst: Kaum eine Idee wird öffentlich derart strapaziert und mitunter auch auf geradezu unanständige Weise zweckentfremdet. Mit der konservativen Kampfparole «Freiheit statt Sozialismus!» werden linke Reformkräfte abgewehrt; man preist als «freie Marktwirtschaft», was bei zahllosen Menschen viel eher für Beklemmungen sorgt; mit dem Slogan «Die Freiheit nehm' ich mir!» wird für ein Kreditkarten-Unternehmen geworben, das seine Kunden, falls nötig, in den Ruin treibt, und mit der «Freiheit der Forschung» wird zu rechtfertigen versucht, was man an seinem eigenen Nachwuchs oder auch nur an den eigenen Haustieren niemals auszuprobieren wagte. Gleichwohl ist anzunehmen, dass die öffentliche Präsenz der Freiheitsidee dem Umstand geschuldet ist, dass diese Idee den meisten Menschen äußerst attraktiv erscheint. Es mag zwar bisweilen politisch und auch rechtlich notwendig sein, die Freiheit der Menschen einzuschränken. Aber gerade deshalb wird derjenige, der glaubhaft ein «Mehr» an Freiheit verspricht, umgehend Gehör finden.

So ist es nicht verwunderlich, dass auch in der Philosophie seit jeher über das richtige Maß an Freiheit diskutiert wird. Die Positionen reichen von der als «individualistisch» und «libertinär» verschrienen Auffassung, der Mensch sei allein dann wahrhaft frei, wenn er tun und lassen könne, was er wolle, bis zu der mit den Etiketten «kollektivistisch» und «kommunitaristisch» versehenen und nicht weniger umstrittenen Gegenüberzeugung, echte Freiheit werde der Mensch nur dann finden, wenn er voll und ganz in den Interessenlagen seiner Gemeinschaft aufgehe. In die-sem Streit geht es primär um *politische* Dimensionen der Freiheit, aber der Begriff taucht auch in ganz anderen philosophischen

Diskussionszusammenhängen auf. Manche Philosophen behaupten, z.B. im Anschluss an die moderne Hirnforschung oder die Humangenetik, dass man sich den Menschen nicht länger als «willensfrei» vorzustellen habe, sondern als neurologisch bzw. genetisch «determiniert». Andere vertreten die direkt gegenteilige Auffassung, der Mensch sei nicht bloß willensfrei, sondern derart «radikal» frei, dass er sein gesamtes Leben ändern könne, wann immer er es wolle. All diese recht widersprüchlichen Auffassungen verschärfen das Problem: Was genau nimmt man dem Menschen, wenn man ihm seine Freiheit raubt? Den freien Willen, seine Selbstbestimmung, konkrete Handlungsalternativen, kreative Lebensstiloptionen, soziale Bewegungsräume oder politische Partizipationschancen? Jede genauere Interpretation der «Freiheitsberaubung» muss folglich mit dem jeweils verwendeten Freiheitsbegriff variieren.

In der philosophischen Diskussion hat man sich daran gewöhnt, an eine Unterscheidung von Isaiah Berlin anzuknüpfen, der in einem berühmten Aufsatz aus dem Jahre 1958 eine Gegenüberstellung von «negativen» und «positiven» Freiheitskonzeptionen vorgeschlagen hat. Theorien der Freiheit, so Berlin, behandeln stets eines der beiden folgenden Probleme: Wie groß sollen die sozialen oder auch rechtlichen *Freiräume* sein, in denen der Mensch tun und lassen darf, was er will? Und: Von wem soll dabei die *Kontrolle* über sein Leben ausgehen? Der Unterschied zwischen diesen beiden Problemstellungen dürfte zunächst kaum augenfällig sein, und doch ist er nicht unerheblich. Auf Berlins erste Frage, die sich nach Freiräumen menschlichen Handelns erkundigt, antwortet man für gewöhnlich mit Forderungen nach gesellschaftlicher und staatlicher Nicht-Einmischung; und zwar im Hinblick auf jene Bereiche des persönlichen Lebens, die man unter dem Stichwort «Privatsphäre» zusammenfasst. Gemeint sind z.B. die eigene Wohnung (besonders das Schlafzimmer), die Familie, Freundschaften, Vereine, Bankdaten, der eigene Computer, das Handy oder auch die Chip-Karte der Krankenkasse. In diesen Lebensbereichen pocht man auf ein Recht, «in Ruhe gelassen» zu werden, wenn es um die Abwehr oder Beseitigung von äußeren Hindernissen geht, die für die freie Entfaltung der individuellen Persönlichkeit als schädlich aufgefasst werden. Deshalb nennt Berlin entsprechende Freiheitsforderungen «negativ». Nicht weil sie schlecht wären, sondern weil sie festlegen wollen, was die Gesellschaft und der Staat ausdrücklich *nicht* tun dürfen. Ganz anders verhält es sich bei «positiven» Freiheitskonzeptionen, die auf Berlins zweite Frage nach der Kontrolle über das menschliche Leben antworten. Ihr Augenmerk gilt nicht der Abwesenheit äußerer Hindernissen, sondern der «inneren» Freiheit des Menschen im Sinne einer inhaltlichen Ausgestaltung autonomer Lebensformen. Der Mensch sieht sich dazu aufgerufen, sein Leben in die eigenen Hände zu nehmen und sich aus «selbstverschuldeter Unmündigkeit» zu befreien, wie Immanuel Kant es einmal ausgedrückt hat. Positive Freiheit meint «Autonomie», d.h. ethische und authentische Selbstgesetzgebung. Jeder Mensch soll selbst entscheiden, wie er leben möchte.

Der interne Zusammenhang dieser beiden Freiheitsdimensionen lässt sich auf eine hilfreiche Kurzformel bringen: A ist frei von X, um Y zu tun. Der erste Halbsatz betont den negativen Aspekt des Freiseins *von* äußeren Hindernissen, während der zweite Halbsatz auf den positiven Aspekt des Freiseins *zu* einem selbstbestimmten Leben gemünzt ist. Diese griffige Faustformel kann jedoch noch einmal in zwei sehr verschiedenen Hinsichten ausgelegt werden. Berlin selbst ging es zuvorderst um die *politische* Frage, ob und inwieweit der Staat seinen Bürgerinnen und Bürgern eine von institutionellen Übergriffen verschonte Privatsphäre lässt (negative Freiheit I), ihnen dabei jedoch zugleich auch partizipatorische Ansprüche auf kollektive Selbstbestimmung zugesteht (positive Freiheit I). Doch man kann die besagte Formel auch auf spezifisch *ethische* Freiheitszusammenhänge anwenden. Dann gilt ihr Augenmerk der oben ebenfalls schon angerissenen Unterscheidung zwischen «Handlungs-» und «Willensfreiheit». Person A besitzt *Handlungsfreiheit* dann, und nur dann, wenn sie von keinem X daran gehindert wird, jene Handlung Y auszuführen, die sie gern ausführen möchte (negative Freiheit II). Dagegen ist *Willensfreiheit* gegeben, wenn die geplante Handlung Y tatsächlich genau die Handlung ist, die A nach zwangloser Überlegung und aus freien Stücken tun will (positive Freiheit II). Beide Freiheitsaspekte besitzen eine gewisse Unabhängigkeit voneinander: Handlungsfreiheit ist ohne Willensfreiheit denkbar. Man nehme den Fall einer alkoholkranken Person, die zwar die negative Freiheit besitzt, Schnaps zu kaufen, die aber den eigenen Willen dazu als «fremd» erfahren mag. Aber auch Willensfreiheit ist ohne Handlungsfreiheit möglich; wenn sich z. B. ein Entführungsopfer aus seinem Versteck zu befreien versucht, von seinem Entführer jedoch in letzter Minute daran gehindert wird.

Aber kann der Mensch auch in all diesen vier Dimensionen seiner Freiheit «beraubt» werden? Tatsächlich lassen sich mühelos entsprechende Beispiele finden: Fälle eines unzulässigen Entzugs negativer politischer Freiheit (private Freiheit) liegen z. B. dann vor, wenn ein um Stabilität bemühter Spitzelstaat in die Privatsphäre seiner Bürgerinnen und Bürger einbricht oder wenn er unliebsame Dissidenten von der Geheimpolizei verschleppen lässt. Beispiele einer Beschränkung positiver politischer Freiheit (partizipatorische Freiheit) sind hingegen dort zu konstatieren, wo ein Staat öffentliche Meinungsbildungsprozesse unterdrückt oder politische Kundgebungen niederknüppeln lässt. Mit einem unmoralischen Eingriff in die negative ethische Freiheit (Handlungsfreiheit) hat man es dann zu tun, wenn der Erbe einer wohlhabenden Familiendynastie entführt wird oder wenn ein pathologisch triebgestörter Familienvater die eigene Tochter im hauseigenen Hobbykeller gefangen hält. Von einem Entzug positiver ethischer Freiheit (Willensfreiheit) schließlich kann überall dort gesprochen werden, wo man einem Menschen einen fremden Willen aufzuzwingen versucht; z. B. durch massive Drohungen oder sogar körperliche → Gewalt.

Zugegeben: Dies sind sehr plakative und drastische Beispiele. Weitaus alltäglicher dürften «sanfte» Formen eines eher strukturbedingten Freiheitsentzugs sein. Man denke hier z. B. an mediale Zensurmaßnahmen, sich verschlechternde Bildungschancen, ausbleibende Umverteilungsmaßnahmen oder auch an sukzessive Einschränkungen der Grundrechte im Namen der Sicherheit. Aber auch direkt interpersonale Vergehen, wie → Beleidigungen und → Lügen, → Diskriminierung und → Mobbing, können als Angriffe auf die Freiheit erlebt werden, ohne dass sie jedoch notwendig mit offenem → Zwang einhergehen müssen. Deshalb sollte man in diesen Fällen besser von «Freiheitsbeschränkungen» als von Akten der «Freiheitsberaubung» sprechen, obgleich die von diesen Maßnahmen Betroffenen auch hier unfreiwillig und unverschuldet zu Entscheidungen oder Handlungen gedrängt werden, von denen sie

Freiheitsberaubung im Dienste der Freiheitssicherung

vermutlich absehen würden, wenn sie «frei» von derartigen Manipulationen wären. Nun stellt sich allerdings die Frage, wie angesichts all dieser doch sehr unterschiedlichen Phänomene noch länger eine allgemeine Definition der Freiheitsberaubung möglich sein soll. Unsere Kurzformel der Freiheit lautete: A ist frei von X, um Y zu tun. Es wurde gezeigt, dass diese Formel insgesamt vier zentrale Hinsichten abdeckt, in denen der Mensch frei, aber auch erzwungenermaßen unfrei sein kann. Da nun relativ unstrittig sein dürfte, dass Freiheit in all diesen Dimensionen moralisch wünschenswert ist, können Freiheitsverluste von unmoralischer Relevanz in eine definitorische Formel von ähnlicher Schlichtheit gepackt werden: Wenn Person A, und zwar unfreiwillig und unverschuldet, daran *gehindert* wird, frei von X zu sein, um Y zu tun, so wird A einer unzulässigen Freiheitsbeschränkung unterworfen. Und wird A dabei → Gewalt angedroht oder sogar zugefügt, dann wird aus der Freiheitsbeschränkung eine Freiheitsberaubung. Noch kürzer: Freiheitsberaubung = Freiheitsbeschränkung + Zwang.

Nun «endet» aber bekanntlich die eigene Freiheit dort, wo die Freiheit anderer beginnt. Menschen können sich in der Ausübung ihrer Freiheit massiv in die Quere kommen. Immer dann stellt sich unweigerlich die Frage, ob es nicht doch auch *legitime* Formen von Freiheitsbeschränkung geben muss. Und zweifellos ist dem auch so. Dass wir die Freiheit gemeinhin hochschätzen, und zwar höher als vieles andere, bedeutet nicht schon, dass wir sie uns niemals gegenseitig beschränken oder gar entziehen dürfen. Immer wieder gibt es Menschen, die ihre Freiheit vollends rücksichtslos und unmittelbar auf dem Rücken anderer zu verwirklichen suchen. Dieser Egoismus bedarf der moralischen und rechtlichen Eindämmung, will die Gemeinschaft unmoralische Freiheitsverluste von unschuldigen Dritten abwenden. Deshalb kann es notwendig werden und auch gerechtfertigt sein, direkt *im Namen* der Freiheit empfindliche und damit freiheitsbeschränkende Sanktionen auszusprechen, um jene unmoralischen Grenzgänger der Freiheit in ihre Schranken zu weisen. Das bedeutet: Wer glaubt, dass zur eigenen Freiheit die Möglichkeit gehört, anderen Menschen massiv zu schaden, dem gehört diese Freiheit eingeschränkt oder gar entzogen. Wie auch immer die betreffenden Sanktionen ausfallen mögen: Aus Sicht des Täters und auch der Moralphilosophie stellen sie stets ein begründungsbedürftiges Übel dar, da sie dem Missetäter *unfreiwillig* aufgenötigt werden (→ Und die Moral von der Geschicht'). *Wenn* sich jedoch zeigen lässt, dass diese freiheitsbeschränkenden Sanktionen nachweislich dazu dienen, Schaden von unbeteiligten Dritten abzuwenden, kann eben unter Umständen sogar eine hohe Freiheitsstrafe moralisch zu rechtfertigen sein. Selbst wenn man Kritiker oder Kritikerin des rechtsstaatlichen Strafvollzugs ist und in jedem empirischen Einzelfall skeptisch sein mag, ob die betreffende Sanktionsmaßnahme tatsächlich gerechtfertigt oder auch nur sinnvoll ist: Niemand wird sich ernsthaft wünschen wollen, dass die Gesellschaft jeden Verbrecher «frei» herumlaufen lässt.

Damit scheint bereits auf begrifflicher Ebene ausgeschlossen zu sein, dass es so etwas wie eine *Freiheit zur Unmoral* gibt. Wenn doch die Unmoral, wie eben dargelegt, ein bedrohlicher Widersacher der menschlichen Freiheit ist: Kann der Mensch dann «aus Freiheit» gegen die Moral verstoßen? Würde er sich dadurch nicht in unerträgliche Selbstwidersprüche verwickeln? Man könnte also meinen, zu einem «richtigen» Freiheitsverständnis gehöre notwendig die Bereitschaft, zugleich auch die Freiheit aller anderen Menschen zu respektieren. Auch wenn genau dies in der Philosophie sehr häufig behauptet worden ist: Die Überzeugung, dass Freiheit und Unmoral miteinander unverträglich seien, ist unplausibel, ja, regelrecht irreführend. Denn Freiheit ist eine notwendige *Bedingung* der Unmoral. Nur wer sehenden Auges und aus freien Stücken agiert, d. h. wissentlich und willentlich, kann dezidiert unmoralisch handeln (→ Im Anfang war das Wort). Folglich ist davon abzuraten, die Grenzen der Freiheit bereits in den *Begriff* der Freiheit hineinverlegen zu wollen. «Echte» Freiheit kann sehr wohl unmoralisch sein. Zwar wird jede Gesellschaft der Freiheit ihrer Mitglieder Grenzen setzen müssen, aber diese Grenzen sind und bleiben der Freiheit *äußerlich*. Es wäre ein Missverständnis zu glauben, dass es freien Menschen ein inneres «Bedürfnis» sei, durch Sanktionsdrohungen in Schach gehalten zu werden. Gleichwohl sind solche Schranken unumgänglich. Die Frage, wo genau die betreffenden Demarkationslinien zu ziehen sind, kann die Philosophie freilich nicht schon beantworten. Sie ist Gegenstand *politischer* Auseinandersetzungen. Dabei wird stets die heiß umkämpfte Alternative lauten: Wer ein Höchstmaß an menschlicher Freiheit fordert, wird im Hinblick auf moralische und rechtliche Schutzmechanismen für Zurückhaltung plädieren müssen. Wer sich hingegen für ein Maximum an moralischer und rechtlicher Protektion einsetzt, muss damit rechnen, dass das Reich der Freiheit vergleichsweise «mickrig» ausfallen wird.

Literaturtipps:

Berlin, Isaiah: «Zwei Freiheitsbegriffe», in: ders.: *Freiheit. Vier Versuche*, Frankfurt a. M.: Fischer 1995. [Enthält die berühmte Unterscheidung negativer und positiver Freiheitsbegriffe.]

Taylor, Charles: «Der Irrtum der negativen Freiheit», in: ders.: *Negative Freiheit?*, Frankfurt a. M.: Suhrkamp 1988. [Wegweisende Kritik an Berlin durch Klärung des Unterschieds von Handlungs- und Willensfreiheit.]

Reemtsma, Jan Philipp: *Im Keller*, Reinbek: Rowohlt 1998. [Erinnerungen eines Entführungsopfers – auf höchstem Reflexionsniveau.]

Gewalt

Wer Schmerzen hat, ist damit auf signifikante Weise allein: Körperliche Leiden machen sprachlos. Sie sträuben sich dagegen, in verständlicher, wohlüberlegter Form mitgeteilt zu werden. Ein Gegenüber mag zwar erkennen, *dass* man leidet, sofern man nämlich stöhnt oder schreit, das Gesicht verzieht oder den Körper krümmt. Doch das, was in diesen körperlichen Schmerzexpressionen «kommuniziert» wird, und zwar die unmittelbare Empfindung eines unvorhergesehenen Getroffenseins, scheint doch als solches unaussprechlich zu sein. Und selbst wenn man einmal versuchen sollte, den Schmerz zu beschreiben oder in klare Worte zu fassen, so wird doch die sprachliche Äußerung: «Ich habe Schmerzen» kaum mehr als bloß ein schwacher Widerhall sein. Philosophisch betrachtet: Der je eigene Schmerz ist in seiner subjektiven Unmittelbarkeit intersubjektiv unvermittelbar. Und folglich dürfte jeder Schmerz, der nicht direkt der eigene ist, aus Sicht derjenigen, die ihn nicht selbst erleiden, wie eine Art Phantomschmerz anmuten.

Man könnte deshalb meinen, die einsame und unmittelbare Empfindung des Schmerzes sei etwas zutiefst Privates oder Intimes, da ja niemand sonst einen buchstäblich *mitfühlenden* Zugang zum Schmerz-Zentrum seines Gegenübers hat. Dennoch haben Schmerzen stets auch eine wichtige «öffentliche» Funktion, wie der Soziologe Wolfgang Sofsky sagt: Indem das Individuum durch körperliche Pein «im Kerker seines Leibes» eingeschlossen und ins Private zurückgedrängt wird, erfolgt zugleich auch eine elementare *Grenzziehung* zwischen dem eigenen «Ich» und einer als bedrohlich erfahrenen Außenwelt. Körperliche Leiden mögen zwar in kommunikativer Hinsicht schwer vermittelbar sein, doch gerade indem sie den Menschen vereinzeln, wird der Graben, der zwischen dem Subjekt und seiner beunruhigenden Umwelt verläuft, allererst markant bzw. spürbar. Der vom Schmerz befallene Körper wird von der Öffentlichkeit abgesondert und auf sich selbst zurückgeworfen, aber dadurch zugleich auch konturiert und privatisiert. Und immer dann, wenn diese Grenze des Privaten von anderen Menschen überschritten wird, z. B. gewaltsam, wird für das Subjekt offenkundig: Mein Ich hat «Schmerzgrenzen».

Damit ist bereits die zentrale These angedeutet, dass schmerzvolle Gewalterfahrungen durch grobe Übertretungen jener Grenze ausgelöst werden, die das Private vom Öffentlichen trennt. Wodurch aber unterscheidet sich das Private vom Öffentlichen? In den Sozialwissenschaften, aber auch in den Rechtswissenschaften und in der Philosophie ist dies eine viel diskutierte Frage, über die bislang allerdings nur wenig Einigkeit erzielt werden konnte. Folgt man Sofsky, so ist die gesuchte Grenze primär *sinnlich* zu bestimmen: Als «öffentlich» sind folglich all jene Angelegenheiten zu bezeichnen, die prinzipiell für jeden Menschen wahrnehmbar sind; die jede andere Person hören, sehen, lesen, riechen, spüren oder auch antasten kann. Zur «Privatsphäre» hingegen gehören all jene Dinge im Leben eines Menschen, für die das nicht gilt; deren Wahrnehmbarkeit also reglementiert ist. Damit ist freilich nicht gemeint, dass diese privaten Angelegenheiten von *niemandem* gehört, gesehen, gelesen, gerochen, gespürt oder angetastet werden können. Wenn dem so wäre, könnte es überhaupt gar keine «privaten Beziehungen» geben. Vielmehr kommt es hier lediglich darauf an, dass Privatpersonen selbst darüber entscheiden möchten, zu wem sie derartige Beziehungen aufnehmen, d. h. welchen Personen sie Zutritt zu dieser sinnlich wahrnehmbaren Privatsphäre gewähren wollen. Nicht dass es unbefugten Personen gänzlich unmöglich wäre, diese Grenze zu überschreiten. Sie könnten versuchen, sich gewaltsam Zutritt zu verschaffen. Doch eben deshalb wächst der Wunsch nach einer klaren Demarkationslinie, hinter der man das, was privat ist und auch bleiben soll, zu verbergen sucht. Als Privatperson hat man ein Anrecht darauf zu *kontrollieren*, wer wissen darf, was andere nicht wissen sollen, und für wen stattdessen gilt: Zutritt verboten!

Daraus folgt zunächst, dass die gesuchten Schmerzgrenzen zwar demonstrativ und selbsttätig gezogen werden, diese Grenzziehungen jedoch nicht so verstanden werden sollten, als würden dadurch unverrückbare Gegenstandsbereiche separiert. Im Gegenteil: So gut wie jede persönliche Angelegenheit kann *entweder* privat *oder* aber öffentlich sein. Dies hängt allein davon ab, ob die Person die betreffende Angelegenheit ausdrücklich zur Privatsache erklärt oder aber der Öffentlichkeit preisgibt: sensible Daten, geheime Tagebuchaufzeichnungen, vertrauliche Gespräche, verbotene Schlüssellöcher oder verborgene Körperzonen. Von Mensch zu Mensch sind dabei enorme individuelle Unterschiede zu verzeichnen. Es gibt Internet-User, Künstlerinnen, Schriftsteller oder auch Schauspielerinnen, die bereit sind, selbst noch ihre peinlichsten Erinnerungen, persönlichsten Gedanken oder intimsten Körperöffnungen der Öffentlichkeit preiszugeben. Und doch dürfte es kaum etwas geben, was den meisten Menschen auf Anhieb privater erscheinen würde als die vom jeweils eigenen Leib umschlossene «Innenwelt». Damit wird der Körper, der diese Innenwelt umhüllt, zum eigentlichen «Nervenzentrum» des Privaten; zu einer sowohl von innen als auch von außen sinnlich wahrnehmbaren Schnittstelle. Hier scheiden sich buchstäblich die Geister, indem sich, und zwar bisweilen schmerzhaft, das Vertraute vom Unvertrauten, das Selbst vom Anderen, das Eigene vom Fremden trennt. Auch wenn der Körper, von außen gesehen, lediglich als «Oberfläche» der Person erscheinen mag, so handelt es sich doch um eine äußerst empfindliche Schutzhülle, die das eigene Selbst allererst konturiert und deren gewaltsame Verletzung deshalb «bis ins Mark» gehen kann.

Jan Philipp Reemtsma hat vorgeschlagen, vier Grundtypen einer gewaltsamen Übertretung dieser identitätsstiftenden Schmerzgrenze zu unterscheiden: «Dislozierende» Gewaltakte (von lat. *dis-* und *locare*, «verteilen») betrachten den menschlichen Körper als ein Hindernis, das es aus dem Weg zu schaffen gilt. Ein Bankräuber schlägt einen Wachmann nieder, um an den Tresor einer Bank zu gelangen, Polizisten räumen eine Straßenkreuzung, die von demonstrierenden Studenten besetzt wird. «Captive» Gewalt hingegen (von lat. *captare*, «fangen») sieht im Körper ausdrücklich kein Hindernis, das weggeräumt werden muss, sondern ein bewegliches Gut, das es herbeizuschaffen und festzusetzen gilt. Ein Entführer sperrt sein Opfer in ein Kellerverlies, Soldaten nehmen einen Kriegsgefangenen in Gewahrsam. «Raptive» Gewalt (von lat. *raptare*, «rauben») will den Körper nicht bloß dingfest machen, sondern schänden oder → missbrauchen. Ein Erwachsener zwingt ein Kind zum Oralverkehr, ein Vergewaltiger überfällt eine Spaziergängerin im nächtlichen Stadtpark. Bei «autotelischer» Gewalt schließlich (von griech. *autos* und *telos*, «selbstzweckhaft») geht es darum, den Körper seines Gegenübers mutwillig zu zerstören.

Neonazis schlagen «aus Spaß» einen wehrlosen Obdachlosen tot, ein Schüler läuft Amok.

So unterschiedlich diese vier Grundtypen von Gewalt auch sein mögen, ihnen ist gemein, dass es sich jeweils um unfreiwillige Eingriffe in die körperliche Unversehrtheit einer Person handelt, und zwar jeweils mit grenzüberschreitenden, invasiven, brachialen und destruktiven Mitteln. Zur Erläuterung: Gewaltakte sind *grenzüberschreitend*, sofern sich der Täter ungefragt und unbefugt in die Intimsphäre seines Opfers hineinwagt, um es im körperlichen Zugriff auf dessen verletzliche Hülle aus dem Weg zu räumen, gefangen zu nehmen, zu schänden oder auch zu zerstören. Diese Grenzüberschreitungen sind *invasiv*, weil sie die körperliche Hülle der Betroffenen in aller Regel nicht bloß antasten, sondern auch verletzen, indem sie – und zwar buchstäblich – in die Innenwelt der betroffenen Personen vordringen. Dies geht *brachial* vonstatten (von lat. *brachialis* «zum Arm gehörig»), sofern es sich um handgreifliche, mit roher Körperkraft vollzogene Übergriffe handelt, sodass «sanfte Gewalt» ein Widerspruch in sich sein dürfte. Das liegt vor allem daran, dass Gewalt per definitionem *destruktiv* ist, da es dem Gewalttäter stets darum geht, etwas kaputt zu machen – wenn nicht den Körper selbst, so doch wenigstens den widerständigen Willen der gewaltsam traktierten Person.

Dass es sich dabei insgesamt um «unfreiwillige» Eingriffe in die körperliche Integrität handelt, scheint geradezu selbstverständlich zu sein, und doch sollte es in einer Gewaltdefinition Erwähnung finden. Denn bisweilen kommt es vor, dass Menschen sich mit ausdrücklicher *Einwilligung* versehren lassen. Man muss hier gar nicht erst an Extremfälle denken; z. B. an sadomasochistischen Sex oder sogenannte Fight Clubs. Bei jedem Zahnarztbesuch, jeder Blinddarmoperation, jeder Tätowierung und jedem Piercing werden einem Schmerzen zugefügt. Und wer zu Botox, Lippenaufspritzungen, Nasenkorrekturen oder Fettabsaugungen neigt, dem mag sein von Seiten der Schönheitschirurgie unterstütztes Hobby bisweilen ebenso «wehtun» wie dem Rugby-Spieler, Ringer oder Boxer ein Schlag des Gegners. Dennoch geschieht all dies mit dem ausdrücklichen Einverständnis der betreffenden Personen, die sich dadurch einen konkreten Nutzen, Heilung, eine Steigerung ihrer Lebensqualität oder einfach nur Spaß erhoffen. Und obwohl es so scheint, als sei in vielen Fällen bereits eine beunruhigende Grauzone zwischen vernünftiger Selbsterhaltung und irrationaler Selbstzerstörung betreten, werden entsprechende Praktiken einer sowohl freiwilligen als auch assistierten Selbstschädigung für gewöhnlich doch als moralisch zulässig erachtet.

Gleichwohl wird man sich fragen dürfen: Ist Selbstschädigung *immer* moralisch zulässig? Wie weit reicht das private Nutzungs- und Verfügungsrecht über den eigenen Körper? Dürfen wir gar von anderen Menschen fordern, z. B. im Rahmen von Sterbehilfe, dass sie uns bei unserer Selbstauslöschung zur Hand gehen? Man kann hier durchaus unterschiedlicher Auffassung sein: Wer das Gut der menschlichen Autonomie als *höchstes* Gut betrachtet, mag selbst gravierende Formen freiwilliger Selbstverstümmelung, z. B. durch gezielte Verbrennungen («brandings») oder sogar Amputationen («amputings»), für tolerierbar halten. Wer hingegen der Auffassung ist, dass die Pflicht zum Erhalt der körperlichen Unversehrtheit überwiegt, wird Grenzen einer assistierten, freiwilligen Selbstschädigung markieren und auch begründen müssen. In unserem Zusammenhang ist dieser Widerstreit zweitrangig, denn eine «freiwillige» Selbstschädigung, auch wenn sie von anderen unterstützt wird, kann per definitionem keine *unmoralische* Tat sein, denn dazu müsste sie ausdrücklich gegen den Willen der betroffenen Person erfolgen (→ Im Anfang war das Wort). Doch wichtiger noch ist die Einsicht, dass man genau aus demselben Grund auch nicht von «Gewalt» sprechen sollte. Denn auch dazu ist es notwendig, dass einem die in Frage stehende Tat unfreiwillig aufgezwungen wird. Eine Tätowierung z. B. ist sehr schmerzhaft, doch solange sie in einem schicken Tätowierstudio aufgetragen wird, kann von einer «Gewalttat» keine Rede sein. Wenn es sich jedoch um einen KZ-Häftling handelt, dem man diese Tätowierung brachial aufnötigt, so hat man es sehr wohl mit einem unmoralischen Gewaltakt zu tun.

Doch kommen wir noch einmal auf den Schmerz zurück, der uns den entscheidenden Weg zur Antwort auf die Frage weist, was Gewaltakte von anderen unmoralischen Delikten unterscheidet. Bei keiner anderen Untat ist der Mensch so unmittelbar und auf niederschmetternde Weise mit der eigenen Hinfälligkeit, mit körperlichen, aber auch psychischen Leiden konfrontiert. Und in aller Regel ist der Mensch sehr daran interessiert, solche Leiden zu ver-

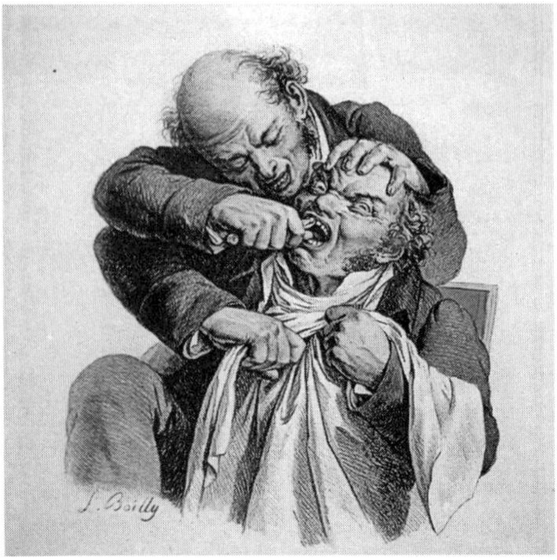

Zahnarztbesuch oder Folter?

meiden, von denen es im Leben ohnehin schon viel zu viele gibt: Man schluckt Kopfschmerztabletten, gönnt seinem Baby eine Unterwassergeburt, hält an roten Ampeln oder zahlt Steuern an einen Rechtsstaat, der uns Schutz gewährt. Vor allem aber achtet man sehr sorgfältig darauf, dass man allzu gewalttätigen Mitmenschen aus dem Weg geht. Und wird ein Mensch am Ende dann doch einmal zum Opfer oder auch nur zum Zeugen einer gravierenden Gewalttat, so ist man fassungslos: Verwahrloste Eltern lassen ihre Kinder verhungern oder quälen sie mit brennenden Zigaretten; randalierende Jugendliche prügeln in der S-Bahn einen couragierten Passanten zu Tode; ein depressiver, verpickelter Außenseiter läuft in seiner Schule Amok; ein entführtes Passagierflugzeug kracht in ein Hochhaus.

Kaum eine andere Untat ist derart brutal und direkt zerstörerisch wie die Gewalt, weil sie die unmittelbare *Negation* des leiblichen Gegenübers, seines Willens, ja, seiner gesamten Existenz ist. Und diese unmittelbare Zerstörungskraft der Gewalt scheint es zu sein, die zugleich auch deren «Faszination» auf Seiten der Täter zu erklären vermag: In Bruchteilen von Sekunden schlägt Ohnmacht in monströse Herrschaft um, und wer sich eben noch klein, unterdrückt und minderwertig gefühlt haben mag, wird durch Gewalt «mit einem Schlag» mächtig oder sogar berühmt. Wer da noch immer behauptet, Gewalt sei «sinnlos», verkennt den Zweck, den der Täter damit verbindet. So als wäre er der Teufel höchstpersönlich, schwingt er sich zum «Herrn der Destruktion» auf, von dessen größenwahnsinniger Willkür es fortan abhängt, wer unbehelligt bleiben wird und wer stattdessen leiden oder gar sterben muss. Diese mit Gewalt überaus eng verknüpfte Selbstüberhebung ist es, die dafür verantwortlich ist, dass uns brutale und monströse Gewaltakte, und zwar viel stärker als andere unmoralische Vergehen, als Sinnbilder des «Bösen» erscheinen (→ Im Anfang war die Tat). Man wird an dieser Stelle vielleicht einwenden wollen: Wie aber verhält es sich mit Verbrechen wie Mord, Vergewaltigung oder auch → Folter? Sind diese Untaten nicht noch schlimmer als «einfache» Körperverletzungen? Ja, sie sind es. Doch sind sie es nur deshalb, weil sie notwendig mit Gewalt *einhergehen*. Mord, Vergewaltigung und Folter *sind* Akte der Gewalt; wenn auch sehr spezielle, denn sie fügen der rohen Gewaltanwendung jeweils noch etwas Wesentliches hinzu: die Auslöschung eines Lebens, einen aufgezwungenen Geschlechtsverkehr, das sadistische «Brechen» einer Persönlichkeit. Ähnliche «Ergebnisse» können auch *ohne* Gewalt erzielt werden, nur wird man die entsprechenden Vorgänge dann ganz anders erleben und auch anders nennen; z. B. «Sterbehilfe», «Sex» oder «Überredung».

Betrachten wir zum Ende hin noch etwas genauer das Verbrechen der Vergewaltigung, da es aus Sicht vieler Opfer die wohl *intimste* aller die Privatsphäre zerstörenden Gewalttaten darstellt. Nach § 177 StGB handelt es sich bei Vergewaltigungsdelikten um besonders schwere Fälle von «sexueller Nötigung». Ein solcher Fall ist dann gegeben, wenn eine Person durch Androhung oder Anwendung von Gewalt zu sexuellen Handlungen → gezwungen wird, die das Opfer «besonders erniedrigen, insbesondere, wenn sie mit einem Eindringen in den Körper verbunden sind». Der Gesetzestext klingt ein wenig «technisch», und so werden Erfahrungsberichte einstiger Vergewaltigungsopfer auf bestürzende Weise konkreter: Wer in der kalkulierten Unsichtbarkeit des nächtlichen Stadtparks, einer verlassenen Tiefgarage, eines Waschraums in der Haftanstalt oder auch des heimischen Wohnzimmers vergewaltigt worden ist, hat erleben müssen, dass die intime Invasion zumeist nicht nur körperliche Schmerzen und Schäden mit sich bringt, sondern auch gravierende seelische Leiden und Spätfolgen. Die Opfer berichten, dass die brutale Invasion nicht nur als ein vollends ohnmächtiger und kränkender Kontrollverlust, sondern auch als eine massive, niederschmetternde Einbuße an Selbst- und Weltvertrauen durchlitten wird. Oft Jahre später noch reaktiviert die bloße Erinnerung daran, einst schutz- und wehrlos dem niederträchtigen Willen eines sich gewaltsam als Intimpartner aufdrängenden Täters ausgeliefert gewesen zu sein, peinigende Gefühle der Kränkung und Schmach. Diese Leiderfahrungen scheinen für Vergewaltigungsopfer besonders typisch zu sein, doch sie treten auch bei vielen anderen Gewaltakten auf: Physische Gewalt geht fast immer auch mit *psychischer* Gewalt einher, und jede schwere Verletzung der körperlichen Unversehrtheit einer Person stellt zugleich auch einen Angriff auf deren seelische Integrität dar.

Bisweilen scheint es sogar vorzukommen, dass psychische Gewalt ganz *ohne* physische Gewalt auftritt; man denke z. B. an schwere → Demütigungen, seelischen → Missbrauch oder auch an → Mobbing. Auch in diesen Fällen kann man sich als Opfer grob oder sogar brutal behandelt fühlen, obwohl es dabei zu konkreten Handgreiflichkeiten gar nicht kommen muss. Und doch wird bei genauerer Betrachtung deutlich, dass seelische Grausamkeiten von körperlicher Gewalt *abhängig* bleiben. Denn Akte psychischer Gewalt gehen fast immer mit der Drohung oder gar mit dem Versprechen einher, dass es notfalls eben doch auch zu Akten körperlicher Gewalt kommen könnte. Wer gedemütigt, missbraucht oder auch gemobbt wird, muss stets mit noch Schlimmerem *rechnen*. Auch psychische Gewalt «reduziert» also ihre Opfer auf dessen verletzliche, nackte Existenz. Oder anders: Psychische Gewalt ist nur deshalb psychische *Gewalt*, weil das Opfer die eigene – auch körperliche – Vernichtung zu antizipieren vermag.

Als in seelischer Hinsicht besonders grausam wird Gewalt sich immer dann erweisen, wenn die lebensgeschichtliche Erinnerung an einstmals erlittene Qualen mit Gefühlen der Scham und der Schuld verknüpft ist, die das Opfer auf seltsame Weise zum «Mittäter» stempeln. Man weiß aus der psychotherapeutischen Behandlung von Vergewaltigungsopfern, dass die betroffenen Frauen – aber auch Männer – sehr häufig von geradezu niederschmetternden Selbstvorwürfen geplagt werden. Diese reichen von dem unguten Verdacht, in der fraglichen Situation allzu leichtsinnig gewesen zu sein, über das → demütigende Gefühl, von nun als «armes Opfer» zu gelten, bis hin zu dem katastrophalen Eingeständnis, trotz aller Gewalt dennoch auch so etwas wie sexuelle Erregung verspürt zu haben. Ähnliches gilt für → Folteropfer, die, sofern sie überlebt haben, im Nachhinein oft mit dem unerträglichen Wissen zu kämpfen haben, dass sie, wenn auch unter äußerstem → Zwang, zu einer «Kooperation» mit ihren Folterknechten und mithin zu einem unverzeihlichen Geständnis oder entwürdigenden → Verrat fähig waren. Derartige Seelenqualen können es dem unter Selbstvorwürfen leidenden Opfer bisweilen unmöglich machen, noch länger zwischen Gut und Böse zu unterscheiden. Und wenn die Betroffenen am Ende sogar selbst daran zweifeln, ob sie tatsächlich Opfer *sind,* dann haben die einstigen Gewalttäter endgültig ihr Ziel erreicht.

Literaturtipps:

Reemtsma, Jan Philipp: *Vertrauen und Gewalt*, München: Pantheon 2009. [Bahnbrechende Analysen zur Gewalt im Rahmen einer Theorie der Moderne.]

Scarry, Elaine: *Der Körper im Schmerz*, Frankfurt a. M.: Fischer 1992. [Phänomenologisch dichte Beschreibungen schmerzvoller Gewalterfahrungen u. a. am Beispiel von Vergewaltigung und Folter.]

Sofsky, Wolfgang: *Verteidigung des Privaten*, München: C.H.Beck 2007, Kap. 6. [Zur Rolle des schmerzempfindlichen Körpers bei der Grenzziehung zwischen privat und öffentlich.]

Lüge

Es handelt sich um eine der berühmtesten Lügen der deutschen Nachkriegsgeschichte: Auf einer Pressekonferenz am 15. Juni 1961 wird Walter Ulbricht, Staatsratsvorsitzender der DDR, gefragt, ob der Schutz Berlins alsbald Grenzbefestigungen am Brandenburger Tor, und zwar «mit allen Konsequenzen», zur Folge haben werde. Und Ulbricht antwortet: «Ich verstehe Ihre Frage so, dass es Menschen in Westdeutschland gibt, die wünschen, dass wir die Bauarbeiter der Hauptstadt der DDR mobilisieren, um eine Mauer aufzurichten, ja? Äh, mir ist nicht bekannt, dass eine solche Absicht besteht, da sich die Bauarbeiter in der Hauptstadt hauptsächlich mit Wohnungsbau beschäftigen und ihre Arbeitskraft voll eingesetzt wird.» Und dann folgt die legendäre Unwahrheit: «Niemand hat die Absicht, eine Mauer zu errichten.» Bekanntlich wurde bereits wenige Wochen später mit dem Bau des «antifaschistischen Schutzwalls» begonnen. Berlin sah sich fortan geteilt, Familien wurden auseinandergerissen. Zahlreiche Menschen sind bei dem Versuch, die schwer geschützten Grenzanlagen in Richtung Westen zu überwinden, getötet worden.

Was war das Anstößige an Ulbrichts Lüge? Muss man es als Politiker mit der Wahrheit denn immer so genau nehmen? Ist es nicht regelrecht ein *Gebot* der politischen Vernunft, so wie das Niccolò Machiavelli zu Beginn des 16. Jahrhunderts behauptet hat, zu lügen, bis sich die Balken biegen, solange es dem eigenen Machterhalt dient? Tatsächlich mag dies in einem autoritären Regime pragmatisch ratsam sein, in einer «Demokratischen Republik» jedoch hätte das Volk selbst zu entscheiden, wie und auf Grundlage welcher Informationen es regiert werden möchte. Jedenfalls ist anzunehmen, dass zahllose Bürgerinnen und Bürger der DDR, wenn sie die Wahrheit rechtzeitig gekannt hätten, ihnen also bewusst gewesen wäre, dass ihre Staatsführung sehr wohl plante, eine unüberwindliche Mauer zu errichten, ihr Land bereits im Juni 1961 und nicht erst im November 1989 verlassen hätten. Zumindest aber wäre ihnen etwas Zeit geschenkt worden, *selbst* zu entscheiden, ob sie gehen oder bleiben wollen. So aber wurde ihnen auch diese Entscheidung abgenommen, und eine Lüge ihres geradezu auf banale Weise bösen Staatschefs, der mit allen Mitteln den Exodus seines Volkes verhindern wollte, brachte sie in unfreiwillige Gefangenschaft. Ja, in vielen Fällen sogar buchstäblich hinter Gitter. Für all diese Unfreiheit und das persönliche Leid, das mit dem Mauerbau über die Bevölkerung hereinbrechen sollte, ist Ulbrichts Lüge mitverantwortlich gewesen.

Selbstredend sind die Konsequenzen einer Lüge nicht immer derart dramatisch und überdies auch weltpolitisch folgenreich. Dennoch bewirkt fast jede Lüge eine seltsame → Freiheitsberaubung: Wer belogen wird und falsche Informationen erhält, wird sich fortan nicht länger so verhalten, wie er sich verhalten würde, wenn er die *richtigen* Informationen hätte. Zu einer Lüge kommt es folglich dann, wenn Tatsachen, die zur Aufdeckung eines für den Lügner unangenehmen Sachverhalts führen könnten, ausdrücklich verneint oder wenn gezielt gegenteilige Sachverhalte behauptet werden. Das muss nicht immer nur durch Worte geschehen; man kann z. B. auch mit einem Kopfnicken und mit Morse- oder Rauchzeichen lügen. Dennoch sind Lügen *kommunikative* Akte: Sie sollen dem Empfänger falsche Informationen zuspielen oder ihn gezielt in die Irre führen, damit er etwas tut oder auch lässt, was in der egoistischen Absicht des Lügners liegt. Wer lügt, will also in seinem Gegenüber eine situative Störung adäquater Wirklichkeitsanpassung hervorrufen: Die belogene Person wird in ihrem Wahrnehmungsfeld und Handlungsspektrum eingeschränkt und manipuliert, damit es zu einer Situationsdeutung und Entscheidung im Sinne des «Erfinders» kommt.

Als Lügner maßt man sich die Kontrolle über die Auswahl an Informationen an, die für das betreffende Gegenüber relevant sein könnten. Damit impliziert jede Lüge eine Art von → Missbrauch. Der Lügner «benutzt» die belogene Person zu egoistischen Zwecken und versagt ihr damit den Respekt als einer Person, die sich ihre Zwecke *selbst* setzen will. Dabei sind Lügen zunächst von Akten bloßer «Täuschung» zu unterscheiden, und zwar dadurch, dass dabei ausdrücklich Unwahrheiten konstatiert werden, während es zum Gelingen einer Täuschung ausreicht, dass der Täter das, was aus seiner Sicht wahr ist, ganz einfach *zurückhält*. Man erreicht dies z. B. durch Ausflüchte oder Ablenkung, durch mimisch-gestisches Abwehrverhalten oder schlicht: durch Schweigen. Ein Mensch kann also täuschen, ohne bereits zu lügen. So hätte Ulbricht z. B. die unangenehme Frage nach der Mauer übergehen und sogleich den nächsten Journalisten aufrufen können. Doch weil er dadurch vermutlich Verdacht erregt hätte, erschien ihm eine gezielte Lüge zweckdienlicher.

Wenn aber auch dies nicht hilft, einen Verdacht abzuwehren, ja, wenn selbst wiederholtes Lügen nicht ausreicht, um einem «bösen Erwachen» der Belogenen vorzubeugen, kann die Lüge zum → Betrug gesteigert werden: Man ergreift Maßnahmen, die die Lebensumstände der Getäuschten so tiefgreifend manipulieren, dass ein konkreter Verdacht gar nicht erst aufkommen will: Zensur, Staatsfernsehen, parteikonforme Tageszeitungen. Dies sind besonders typische Maßnahmen, mit denen autoritäre Regime ihr Volk von Informationen abschotten, durch die es auf dumme Gedanken gebracht werden könnte. Derartige Betrügereien operieren nicht bloß auf der Ebene einer gezielten Vermittlung von Unwahrheiten, so wie die Lüge, sie wollen vielmehr die *Bedingungen* der Wahrheitsfindung manipulieren. Es soll auf Seiten der Betrogenen geradezu «von selbst» zu irreführenden Fehlschlüssen kommen. Man kann diese Verschleierungspraktiken bis zur Indoktrination und Gehirnwäsche steigern, indem man wichtige Tatsachen nicht bloß vorenthält oder verdreht, sondern direkt gegenteilige Überzeugungen «eintrichtert»: Nennt man z. B. die Mauer einen «antifaschistischen Schutzwall» bzw. eine «befestigte Staatsgrenze» oder etikettiert man ausreisewillige Personen als «Republikflüchtlinge», dann werden Bewusstseinsvorgänge und Meinungsbildungsprozesse derart tiefgreifend unterminiert, dass die Betroffenen sich bald schon für jede Art von Misstrauen schämen mögen.

Dabei wird rasch deutlich, was lügenhaftes Verhalten von vielen anderen unmoralischen Vergehen unterscheidet. Die Lüge ist eine Untat, die sich wiederholen und reproduzieren muss, um wirksam zu bleiben. Oder anders: Eine Lüge zieht die nächste nach sich. Denn wer in einer wichtigen Angelegenheit lügt, wird sich fortan dazu genötigt sehen, an der Lüge festzuhalten und diese womöglich durch weitere Lügen zu stützen. Droht eine Lüge gar aufzufliegen, kann sie *nur* durch weitere Lügen gerettet werden. Dann mag es mit der Zeit zur Errichtung eines vermeintlich immer perfekter werdenden Lügengebäudes kommen, das allerdings rasch wie ein Kartenhaus einzustürzen droht, sobald nur eine der vielen Lügen, aus denen es zusammengebaut ist, aufgedeckt wird. Hier gilt: Einmal

Lügner, immer Lügner. Dieses geradezu zwanghafte Reproduktionsbedürfnis der Lüge schlägt sich auch in der althergebrachten Redeweise nieder: Wer einmal lügt, dem glaubt man nicht!

Die Lüge besitzt aber noch eine weitere unmoralische Eigenart, die man das «Paradoxon der perfekten Lüge» nennen könnte. Ganz anders als z. B. → Rache oder → Gewalt ist die Lüge, je besser sie gelingt, umso *weniger* als eine unmoralische Tat zu identifizieren. Denn bei einer perfekten Lüge merkt die Person ja gar nicht, *dass* sie belogen wird. Muss deshalb nicht fraglich sein, ob dabei überhaupt ein «Schaden» auf Seiten des Opfers entsteht? Warum sind wir dennoch geneigt, selbst perfekte Lügen als Verstöße gegen die Moral zu werten? Offenbar deshalb, weil wir als außenstehende Beobachter stets die Befürchtung haben, dass die belogene Person eines Tages eben doch ein böses Erwachen erleben könnte. Wir antizipieren, und zwar stellvertretend, schmerzhafte Momente der Desillusionierung, in denen plötzlich eine tiefgreifende Verwirrung auch *subjektiv* spürbar wird, die im Zuge des einstigen Täuschungsmanövers bloß *objektiv* vorhanden war. Diese *Ent*-Täuschung wurde im einstigen Moment der Lüge lediglich vertagt. Und selbst wenn die Lüge derart perfekt sein sollte, dass sie tatsächlich niemals aufgedeckt werden wird, so nimmt der Lügner dieses böse Erwachen doch billigend in Kauf. Schon deshalb ist die Lüge unmoralisch (→ Im Anfang war die Tat).

Demnach sind Lügen stets mit einer Art «Zeitzünder» versehen: Die seelischen Verletzungen, die durch sie bewirkt werden, besitzen die Eigenart, *zeitversetzt* aufzutreten, d. h. erst dann, wenn die Lüge aufgedeckt wird. Selbst wenn – oder gerade wenn – das ursprüngliche Vergehen bereits eine Weile zurückliegt, mag erhebliches Leid angesichts einer Tat spürbar werden, von der das Opfer lange Zeit gar keine Kenntnis hatte. Ja, in dieser Nachträglichkeit summiert sich etwas: Die Wut und Trauer über die eigentliche Tat mischt sich mit der *zusätzlichen* Enttäuschung, lange Zeit gar nicht bemerkt zu haben, dass man hinters Licht geführt worden ist. Wird ein Mensch gar in existenziell bedeutsamen Hinsichten belogen, z. B. in Fragen der Liebe oder Freundschaft, kann ihm im Nachhinein der sprichwörtliche Boden unter den Füßen schwinden. Ganz plötzlich beruhen lebensgeschichtlich einschneidende Erlebnisse auf Illusionen oder falschen Voraussetzungen, und ganze

Sieht so ein Lügner aus?

Kapitel der eigenen Biographie müssen nun umgeschrieben werden. In solchen Momenten können sich einem verstörende oder gar niederschmetternde Fragen stellen: Warum hat man mir das angetan? Wie konnte man mir nur derart offen ins Gesicht lügen? Wieso war ich so dumm, die ganze Zeit nichts zu bemerken?

Immanuel Kant hat einmal behauptet: Die Lüge sei schändlich, ja, sie sei sogar die schändlichste aller unmoralischen Taten, weil wir bei moralischen Vereinbarungen und Regeln insgesamt darauf vertrauen müssen, dass jeder sich «wahrhaftig» zur Einhaltung dieser Übereinkünfte verpflichtet. Laut Kant unterminiert die Lüge also nicht nur jeweils konkrete Verpflichtungen und jeweils spezielle soziale Beziehungen, sondern zugleich auch die Moral *als ganze*. Wer die Lüge auch nur als Möglichkeit zulasse, und sei es in extremen Notsituationen, der entziehe *sämtlichen* moralischen Vereinbarungen das für sie notwendige Fundament normativer Verbindlichkeit. Denn jede moralische Einzelvereinbarung – «Ich werde nicht töten», «Ich werde keine Rache üben», «Ich werde keine körperliche Gewalt anwenden» usw. – beruht auf einem fundamentalen Metagebot, das da heißt: Du sollst all diese Verpflichtungen jeweils wahrhaftig, d. h. ohne zu lügen, eingehen. Daher, so Kant, ist *jede* Form der Lüge verwerflich, und zwar nicht nur mit Blick auf den drohenden Schaden der Belogenen, sondern weil sie der Sündenfall aller Moral ist.

Meint Kant das wirklich ernst? Darf man tatsächlich niemals lügen? Nicht einmal in Notwehr? Der Königsberger Philosoph hat auf diese Frage eine rigorose, aber schlichte Antwort gegeben, an der die Moralphilosophie bis heute verzweifelt: Nein, man darf niemals lügen, und zwar unter gar keinen Umständen. Kant diskutiert das Beispiel eines Mannes, in dessen Haus sich ein Freund geflüchtet hat, der verfolgt wird und getötet werden soll. Als die Verfolger an die Haustür des Mannes klopfen und fragen, ob er wisse, wo der Gesuchte sei, erinnert Kant den Hausherren an dessen «unbedingte Pflicht» zur Wahrhaftigkeit: Er müsse tatsächlich die Wahrheit sagen, und zwar auf die Gefahr hin, dass sein Freund getötet werde. Die kategorische Pflicht zur Wahrhaftigkeit gelte selbst noch gegenüber Lügnern und Verbrechern.

Ist das nicht geradezu verrückt? Gibt es nicht unabweisbar Notsituationen, in denen eine Lüge nicht nur gerechtfertigt, sondern geradezu geboten ist, falls dadurch andere Menschen geschützt oder verschont werden können? Für Kant jedenfalls ist klar, dass diese Fragen zu verneinen sind, und seine komplizierte, aber geniale Begründung anhand des «kategorischen Imperatives» verblüfft bis auf den heutigen Tag: Wenn sich jeder Mensch das Recht herausnehmen würde, in Ausnahmesituationen zu lügen, dann würde alsbald überhaupt niemand mehr damit rechnen, dass andere ihm die Wahrheit sagen. Denn zum jeweils gegebenen Zeitpunkt könnte stets auf Seiten der jeweils anderen Person eine entsprechende Notsituation vorliegen. Wenn nun aber tatsächlich niemand mehr davon ausgeht, dass man ihm die Wahrheit sagt, dann wird auch die Lüge bald schon ihren Dienst versagen. Denn eine Lüge wirkt täuschend nur dann, *wenn* das belogene Gegenüber davon ausgeht, dass man ihm die Wahrheit sagt. Folglich verhalten sich alle Lügen – auch die Notlüge – parasitär zur Wahrheit, denn sie haben zur Bedingung, dass Menschen sich normalerweise die Wahrheit sagen. So macht auch die Notlüge, als «allgemeines Gesetz» gedacht, wie Kant sagt, nicht nur die Wahrhaftigkeit, sondern zugleich auch *sich selbst* unmöglich. – Logisch zwingend, oder etwa nicht?

Im erwähnten Verfolgungsbeispiel fügt Kant zudem noch eine strafrechtliche Begründung hinzu. Nehmen wir an, der Hausherr lüge tatsächlich, und er erklärt, der Gesuchte befinde sich nicht in seinem Haus. Daraufhin ziehen die Verfolger ab, ohne die Wohnräume genauer inspiziert zu haben. Plötzlich aber werden sie gewahr, dass der Verfolgte, der das Haus soeben durch den Hintereingang verlassen hat, durch den Garten zu entkommen versucht. Sie hätten dessen Flucht gar nicht bemerkt, wenn der Hausherr sie nicht mit seiner Lüge auf die nunmehr «richtige» Spur gebracht hätte. Wenn sie den Verfolgten nun schnappen und töten, dann, so Kant, ist der Hausherr direkt für den Tod seines Freundes mitverantwortlich. Im Fall jedoch, dass er die Wahrheit gesagt hätte, wäre er vollends unschuldig geblieben – und zwar selbst dann, wenn es daraufhin in seinem Keller zu einem Mord gekommen wäre. Für diesen Mord wären allein die unmoralischen Häscher verantwortlich gewesen.

Nicht jedem werden diese haarsträubenden Begründungsmanöver einleuchten. Die meisten von uns dürften überzeugt sein, dass Notlügen in derartigen Ausnahmesituationen moralisch entschuldbar oder sogar geboten sind. Und dennoch: Es scheint, als würde man in jedem konkreten Fall die Beweislast dafür übernehmen, *dass* es sich um eine legitime Ausnahme handelt, die man selbst noch gegenüber jener Person muss rechtfertigen können, die man belügt. In unserem Mordfall dürfte eine solche Begründung kaum schwer fallen, denn bisweilen hat man konkurrierende Pflichten; z. B. die Pflicht, andere zu schonen oder gar Leben zu retten. Und oftmals mögen diese konkurrierenden Pflichten schwerer wiegen als das Lügenverbot. Falls also eine «höherstufige» Pflicht verletzt werden würde, indem man *nicht* lügt, kann eine Lüge entschuldbar sein. Dies gilt für fast alle unmoralischen Taten: Auch ein → Diebstahl, ein → Verrat oder bestimmte → Gewaltakte können verzeihlich sein, wenn es darum geht, ein Leben zu retten. Aber ganz gleich, wie man sich entscheidet: In solchen Konfliktfällen wird man die jeweils erste Pflicht nur dadurch erfüllen können, dass man eine zweite Pflicht verletzt, und umgekehrt. Das gilt übrigens auch dann, wenn man einer Person per Notlüge eine für sie schmerzliche Information vorenthält. Diese Entscheidung mag nachvollziehbar sein, aber die Lüge selbst wird dadurch nicht schon moralisch «gut». Sie ist und bleibt eine Pflichtverletzung, denn an deren tendenziell verletzendem Charakter ändert sich nichts. Selbst noch diejenige Person, die man hat schonen wollen, wird retrospektiv die wie immer schwache Enttäuschung verspüren, seinerzeit belogen worden zu sein. Kurz: Menschen wollen zwar nicht immer die Wahrheit wissen, aber sie wollen auch nicht belogen werden.

Am Ende mag es nur einen einzigen Fall geben, in dem eine Notlüge nicht nur verzeihlich, sondern *gerechtfertigt* ist, und zwar dann, wenn man zur Lüge → gezwungen wird; z. B. durch Erpressung oder mit vorgehaltener Waffe. In Kants Mordbeispiel ist diese Bedingung zweifellos gegeben. Auch eine junge Frau, die im Bewerbungsgespräch gefragt wird, ob sie sich in naher Zukunft ein Kind wünsche, muss nicht die Wahrheit sagen. Man hat ein Recht auf «Notwehr» bzw. auf «Nothilfe», sobald einem selbst oder aber Dritten ein unmoralischer Schaden aufgenötigt werden soll. Aber diese Fälle sind selten. Im Alltag geht es zumeist um recht triviale Fragen: Darf ein Schüler lügen, wenn er beim Pfuschen erwischt wird? Darf man, wenn man in akuter Geldnot ist, seine Steuererklärung fälschen? Sollte man einen Seitensprung verschweigen, um eine Ehe zu retten? Wenn man die Möglichkeit von Ausnahmen erst einmal eingeräumt hat, kann ein Urteil im konkreten Einzelfall schwer fallen. Zudem ist zu bedenken, dass Menschen, die recht häufig lügen, dies nur zu oft mit der letztlich vorgeschobenen Begründung tun, dass es sich um Notlügen handelt, mit denen man andere schonen will. Zumeist nämlich geht es um die jeweils *eigene* Not: Man will ganz einfach keinen Ärger haben.

Was aber, wenn es sich um vergleichsweise lächerliche Sachverhalte handelt? Man wird gefragt: «Schmeckt es dir?», und man antwortet: «Schmeckt super, ehrlich!» Eine andere Person ist besorgt: «Findest du, dass ich zu dick bin?» Und man beruhigt sie: «Dein Bäuchlein ist total süß.» Die Grenzen zwischen Lüge und Höflichkeit sind sehr oft fließend. Und so wird man sich fragen müssen: Gehören Lügen nicht einfach zum Leben dazu? Britische Forscher wollen errechnet haben, dass der Mensch am Tag durchschnittlich etwa zweihundertmal lügt. Das klingt ein wenig übertrieben, und doch dürfte es sich bei der Lüge um die häufigste aller unmoralischen Taten handeln. Auch soll es Unterschiede zwischen den Geschlechtern geben: Frauen lügen, weil sie andere schonen, trösten oder motivieren wollen, während Männer zumeist deshalb zur Lüge greifen, weil sie selbst am Ende mit der Wahrheit schlechter dastehen könnten. Fest steht jedenfalls: Kleinere Lügen, aus sozialer Bedrängnis heraus, kommen sehr häufig vor. Und mit einem Menschen, der einem ständig nichts als die Wahrheit ins Gesicht sagen würde, könnte man schwerlich befreundet oder auch liiert sein. Und dennoch: Die Lüge mag alltäglich sein, doch ist sie nicht schon deshalb moralisch einwandfrei.

Zu guter Letzt sei aber darauf hingewiesen, dass dem traurigen Helden in Kants Mordfall auch eine ganz andere Alternative offen gestanden hätte: Warum nicht einfach schweigen, einfach mal die «Klappe» halten? Zwar sollte man nicht lügen, wenn man etwas gefragt wird, aber keine Moral dieser Welt, auch nicht der kategorische Imperativ, zwingt uns dazu, die Wahrheit stets auch herauszuposaunen. Das ist ein wichtiger Unterschied, dessen Beachtung im Alltag durchaus hilfreich ist. Wenn Sie z. B. gefragt werden: «Na, wie geht's?», und Sie wollen derzeit nicht wirklich über Ihren Zustand Auskunft geben, so können Sie, statt mit «gut» zu antworten, ruhig auch einen Seufzer von sich geben. Nur *wenn* man etwas sagt, sollte es die Wahrheit sein. Wenn Sie hingegen schweigen, dann ist das zwar nicht die Wahrheit, aber eine Lüge ist es auch nicht.

Literaturtipps:

Dietz, Simone: *Die Kunst des Lügens,* Reinbek: Rowohlt 2003. [Eine philosophische Verteidigung der Lüge als einer moralisch «neutralen» Fähigkeit.]

Kant, Immanuel: *Über ein vermeintes Recht aus Menschenliebe zu lügen*, Werkausgabe, Bd. VIII, Frankfurt a. M.: Suhrkamp 2004. [Der Klassiker zum kategorischen Lügenverbot.]

Machiavelli, Niccolò: *Der Fürst*, Frankfurt a. M.: Fischer 2005. [Ein früher Ratgeber für Politiker, die zum Zwecke des Machterhalts ungehemmt zur Lüge greifen sollen.]

Missachtung

Wie schnell das geht: Man nimmt sich einen Stift, macht zwei kleine Punkte, und aus «Achtung» wird «Ächtung». Und plötzlich steht ein Wort, das eben noch Respekt und Anerkennung signalisierte, für eine erhebliche Respektlosigkeit. Was muss vorgefallen sein, damit eine Person, die zuvor als achtbares Subjekt galt, schlagartig zum Objekt der Missachtung wurde? Wer hat es verdient, dass sich seine Mitmenschen derart abrupt von ihm abwenden? Und wie lässt sich der fundamentale Einstellungswandel erklären, den man vollzogen haben muss, um einen Menschen, den man eben noch als ein gleichwertiges Mitglied der Gemeinschaft anzuerkennen bereit war, nunmehr an den Rand dieser Gemeinschaft zu drängen? Man sieht: Das *moralische* Problem, dass Achtung in Ächtung umschlagen kann, dürfte weitaus schwieriger zu verstehen sein als das orthographische.

Eine Person, die geächtet wird, ist «out», wird «kaltgestellt», darf das «Weite» suchen. Dies alles kommt vor, doch mag der Ausdruck «Ächtung» in diesem Zusammenhang ein wenig altmodisch anmuten. Tatsächlich stammt er aus dem tiefsten Mittelalter. Zu jener Zeit begab es sich, dass man einen flüchtigen Straftäter, der bei Gericht angezeigt worden war, empfindlich dafür sanktionierte, dass er rotz mehrmaliger Vorladung nicht zu seiner Verhandlung erschien. Das ist heutzutage zwar nicht anders – bei Nichterscheinen vor Gericht kann ein Ordnungsgeld verhängt oder auch in Abwesenheit des Angeklagten verhandelt werden –, damals aber wurde ein äußerst konsequenzreicher Vollstreckungsakt angeordnet, den man «Verhängung der Acht» nannte: Der flüchtige Täter wurde nicht etwa eingefangen, sondern offiziell aus der Gemeinschaft ausgestoßen und mit einem Bann belegt, der ihm für immer verbot, in seine Heimat zurückzukehren. Und damit nicht genug. Der Flüchtige wurde zudem für «vogelfrei» erklärt, sodass ihn fortan jeder, der ihm begegnete, ungestraft →töten durfte: «[S]ein leib soll frei und erlaubt sein allen leuten und thieren, den vögeln in den lüften, den vischen im waßer, so daß niemand gegen ihn einen frevel begehen kann, dessen er büßen dürfe», wie es im *Deutschen Wörterbuch* der Brüder Grimm heißt.

Man nannte diese schwere Strafe bisweilen auch «Friedloserklärung», und zwar offenkundig deshalb, weil ein derart sanktionierter Täter für immer seinen Frieden «los» war. Mit der sozialen Mitgliedschaft zur heimischen Gemeinschaft büßte er zugleich auch seinen *rechtlichen* Status als ein Subjekt ein, dem, wie allen anderen auch, Schutz vor fremden Übergriffen zustand. Der Geächtete verlor sein «Recht, Rechte zu haben», wie Hannah Arendt es viele Jahre später mit Blick auf die Vertriebenen und Flüchtlinge des 20. Jahrhunderts ausdrücken wird. Wer so nachhaltig in Ungnade fiel, dass er nunmehr außerhalb aller Gesetze stand, dem war zu raten, sich nicht länger dort aufzuhalten, wo er zuvor gelebt hatte. So ergriffen die Ausgestoßenen die Flucht, zogen in unbesiedelte Landstriche, und man erzählte sich, dass sie in Wäldern hausten, dort verwilderten und zunehmend das Aussehen von Wölfen annahmen. So wurde der «Werwolf» (von german. *wer*, «Mann») zum gefürchteten Sinnbild des geächteten Menschen: Des Nachts und bei Vollmond würde er zurückkehren, um tollwütig → Rache an all jenen zu nehmen, die ihn einst ausgestoßen hatten. Und nach Art einer unheilvollen Prophezeiung würde der hasserfüllte und infektiöse Biss des Werwolfs dessen einstige Exklusion schon bald in eine virale Inklusion der vormals Ächtenden umschlagen lassen.

Nun ist allerdings aus etymologischer Sicht mehr als fraglich, ob der Ausdruck «Ächtung» tatsächlich etwas mit «Achtung» zu tun hat. Trotz ähnlicher Schreibweise nämlich ist die *Acht-* (von ahd. *āhta*, «Verfolgung»), die im Begriff der Ächtung steckt, wortgeschichtlich nicht identisch mit jener *Acht-* (von ahd. *ahta*, «Erwägung, Ansehen»), die im Begriff der Achtung anklingt. So muss also geklärt werden, ob der zu Beginn bloß orthographisch hergestellte Gleichklang auch inhaltlich und moraltheoretisch begründet ist. Tatsächlich wird sich dabei zeigen, dass die mittelalterliche Abschiebepraxis, die man «Acht» nannte, exakt jenem folgenreichen Einstellungswandel entspricht, den Menschen auch heute noch vollziehen, wenn sie anderen die Achtung versagen. Da dafür aber der Ausdruck «Missachtung» inzwischen geläufiger ist, findet sich der vorliegende Handbucheintrag unter «M».

Missachtung ist das Gegenteil von Achtung, und Achtung wiederum scheint eine besondere Form von Anerkennung zu sein.

Klären wir daher zunächst, was «Anerkennung» meint. Sofort dürfte auffallen, dass man sehr unterschiedliche Dinge anerkennen oder auch nicht anerkennen kann: Personen, einzelne ihrer Meinungen, Eigenschaften oder Leistungen. Auch Tatsachen, Landesgrenzen, ein Gesetz oder eine Vaterschaft. Stets wird in Akten der Anerkennung zum Ausdruck gebracht, dass man das, was man anerkennt, nicht bloß wahrnimmt (an-*erkennt*), sondern auch akzeptiert (*an*-erkennt). Kompliziert ausgedrückt: Ein Akt der Anerkennung kann als eine zugleich konstatierende und affirmierende Zurkenntnisnahme definiert werden. Oder einfacher: Man schaut hin und findet gut, was man sieht. Dieser Vorgang geht entweder demonstrativ oder sogar «offiziell» vonstatten, wie im Fall eines amtlichen Stempels. Oder aber er vollzieht sich stillschweigend, wie bei der Anerkennung von Spielregeln, die auch dann Geltung besitzen, wenn man sie zu Beginn des jeweiligen Spiels nicht noch einmal ausdrücklich thematisiert hat.

Sobald es allerdings um Fragen unmoralischer Missachtung geht, können nicht schon all diese Formen von Anerkennung gleichermaßen relevant sein. Zu einem moralischen Problem wird fehlende Anerkennung vielmehr erst dann, wenn es sich um *zwischenmenschliche* Beziehungen handelt, in denen man als Person erkannt und auch bejaht werden will. Von Formen der Anerkennung nichtmenschlicher Begebenheiten unterscheiden sich derart intersubjektive Anerkennungsprozesse primär dadurch, dass sie von vornherein auf *Wechselseitigkeit* zielen: Wenn du mich anerkennst, dann respektiere ich dich auch! Natürlich kommt es empirisch vor, dass Anerkennung bloß einseitig oder auch gar nicht vorhanden ist, doch fast immer geht die Anerkennung eines menschlichen Gegenübers mit dem Anspruch einher, dass die betreffende Person es einem gleichtun möge. Personale Anerkennung ist also insofern intersubjektiv, als sie sich «zwischen» Subjekten abspielt: «Keines kann das andere anerkennen, wenn nicht beide sich gegenseitig anerkennen», sagt Johann Gottlieb Fichte, einer der beiden Begründer der philosophischen Anerkennungstheorie. Und der andere, Georg Wilhelm Friedrich Hegel, fasst diesen Gedanken noch etwas dialektischer: «Sie anerkennen sich als gegenseitig sich anerkennend.»

Die philosophische Grundidee ist die folgende: Zwischenmenschliche Anerkennung ist allein dann *vollwertig* gegeben, wenn die jeweils anerkannte Person die jeweils anerkennende Person ebenfalls für ausreichend anerkennungswürdig hält. Zunächst sieht das nach einer recht anspruchsvollen Forderung aus, doch sie beruht auf einer überaus alltäglichen Erfahrung: Die Anerkennung seitens einer Person, die man selbst *nicht* hinreichend anerkennt, bedeutet einem nicht viel. Viel wichtiger scheint es zu sein, die Anerkennung jener Bezugspersonen zu erlangen, die einem bislang *nicht* in ausreichendem Maße Anerkennung zukommen lassen. Nach Auffassung von Axel Honneth, dem derzeit prominentesten Anerkennungsphilosophen, ist der Mensch geradezu lebenslang in einen «Kampf um Anerkennung» verwickelt. Von Kindesbeinen an scheint unser Selbstbewusstsein davon abhängig zu sein, ob wir von anderen genügend Aufmerksamkeit bekommen. Und um eine annähernd stabile Ich-Identität ausbilden zu können, muss der Mensch lernen, sich in den reaktiven Blicken, Gesten und Äußerungen seiner engen Bezugspersonen wiederzuerkennen und allmählich auch *selbst* zu akzeptieren. Dies wird dem Menschen freilich nur dann gelingen, wenn er sich im Gegenzug dazu bereit erklärt, entsprechenden Anerkennungsbedürfnissen seiner Mitmenschen ebenfalls als bestätigende Projektionsfläche zu dienen. Kurz: Individuelle Persönlichkeitsreifung wird nur dann funktionieren, wenn Menschen dabei «gemeinsame Sache» machen.

Dabei, so Honneth, sind drei elementare Anerkennungsdimensionen zu unterscheiden: Als Kind braucht der Mensch vor allem «Liebe», d. h. das Gefühl, von engen Bezugspersonen in seiner unverwechselbaren *Einzigartigkeit* bestätigt zu werden. Doch schon bald tritt ein zweites elementares Anerkennungsanliegen hinzu, und zwar ein spezifisch moralisches Bedürfnis nach «Achtung», das gerade nicht auf eine individuelle Sonderbehandlung aus ist, sondern auf den egalitären Status der Rechtsperson als einer *Gleichen unter Gleichen*. Je mehr nun aber der Mensch in seine Gemeinschaft hineinwächst und integriert wird, umso stärker erwacht ein drittes Anerkennungsbegehren. Gemeint ist das Bedürfnis nach «sozialer Wertschätzung», das insofern über den Anspruch moralisch-rechtlicher Gleichheit hinausweist, als es auf die jeweilige *Besonderheit* der Person als einer sozialen Kooperationspartnerin zielt, die sich mit ihren je individuellen Eigenschaften und Leistungen noch einmal von allen übrigen Mitgliedern der Gemeinschaft unterscheiden will. Erst wenn diese drei Anerkennungsformen gegeben sind, so Honneth, wird der Mensch ein gelingendes Selbst- und Weltverhältnis ausbilden können, das auf einer «Verinnerlichung» dieser drei Anerkennungsformen beruht. Die These lautet: Damit der Mensch im späteren Leben gelegentlich auch *ohne* die Anerkennung anderer auskommen kann, was ja bisweilen notwendig ist, muss er zuvor in seinem Leben genügend Anerkennung getankt und mithin «Selbstvertrauen», «Selbstachtung» und «Selbstwertschätzung» entwickelt haben.

Aus Sicht von Phänomenen der Missachtung dürfte nun vor allem die zweite Stufe des hier skizzierten Anerkennungsmodells von Interesse sein, und zwar allein schon deshalb, weil dort ausdrücklich von «Achtung» die Rede ist. Darüber hinaus ist zu bedenken, dass wir nach einer dezidiert *unmoralischen* Tat Ausschau halten, nicht aber bereits jede Form von versagter Anerkennung per se schon gegen moralische Rechtsansprüche verstößt. Vielmehr können Menschen das, wonach sie auf der ersten und dritten Stufe von Honneths Anerkennungsmodell streben, und zwar nach Liebe und sozialer Wertschätzung, moralisch gar nicht *einklagen*. Eine Person, die sich beschweren würde: «Aber ich habe einen Anspruch darauf, dass du mich liebst!», würde ebenso irritiert angeschaut werden wie jemand, der sich beklagte: «Aber ich verlange von Ihnen, dass Sie gutheißen, was ich kann!» So wichtig Liebe und soziale Wertschätzung auch sein mögen, niemand hat – im engeren Sinn – ein *Recht* darauf, geliebt und wertgeschätzt zu werden. Denn letztlich beruhen Liebe und Wertschätzung auf Freiwilligkeit. Sie können daher nicht erzwungen werden. Und dementsprechend wird man andere auch nicht dazu «verpflichten» können, uns Liebe und Wertschätzung entgegenzubringen. Natürlich wäre es schön, wenn sie dies täten, aber wenn nicht, dann ist das schlicht Pech.

Genau das ist bei der Achtung anders. Denn die Beschwerde: «Ich habe ein Recht darauf, so behandelt zu werden wie jeder andere Mensch auch!» klingt auf Anhieb plausibel. Wer Achtung einklagt, weil er sich *miss*achtet fühlt, gibt seinem Umfeld zu verstehen, dass er sich nicht wie ein gleichwertiger Mensch behandelt sieht, sondern herabsetzend oder gar menschenunwürdig. Man proklamiert ein fundamentales Recht auf egalitäre moralische Berücksichtigung, das sich allein dem Umstand verdankt, dass man, wie jede andere Person auch, ein vollwertiges Mitglied der moralischen Gemeinschaft ist. Und obwohl es auf den ersten Blick so aussehen mag, als hätten wir es bei Akten der Missachtung mit der Verletzung eines beliebigen moralischen Anspruchs *neben* anderen moralischen Ansprüchen zu tun, sind solche Vorfälle doch als weitaus gravierender einzustufen: Während alle anderen der in diesem Handbuch versammelten Untaten jeweils spezifische moralische Pflichten verletzen, stellen Akte der Missachtung die Moral viel grundsätzlicher in Frage: Wer eine andere Person missachtet, der bestreitet, dass es sich überhaupt um eine gleichwertige Person mit moralischen Rechten handelt. Da es aber der genuine «Sinn» der modernen Moral ist, genau dies zu verhindern – dass Menschen auf schädigende Weise ungleich behandelt werden –, verletzen Akte der Missachtung, anders als die meisten anderen Untaten, bereits diese äußerst basale Grundbedingung der Moral: Sie verneinen, dass tatsächlich *alle* Menschen in den Kreis jener gehören, die gleich zu behandeln sind. Und wäre dieses Handbuch nicht alphabetisch sortiert, sondern nach moralischen Prioritäten, so hätte das vorliegende Kapitel deshalb an den Anfang gemusst.

Doch bevor wir auf den Gleichheitsgedanken zurückkommen, sollten wir zunächst noch etwas genauer den eigentlichen *Akt* der Missachtung analysieren. Er ist zu unterscheiden von Phänomenen bloßer «Nicht-Beachtung», bei denen man das, was es zu achten gilt, buchstäblich nicht *sieht*. So kann es z. B. passieren, dass man ein Verkehrszeichen oder auch das Kleingedruckte eines Kaufvertrages übersieht, und mitunter geschieht einem dasselbe Missgeschick mit einem Menschen, an dem man arglos im Getümmel vorbeiläuft und der sich dann hinterher beschwert, man habe ihn nicht zurückgegrüßt. Tatsächlich kann auch dies schon schmerzlich sein: Die übersehene Person fühlt sich behandelt, als wäre sie «Luft». Doch solange derjenige, dem dieses Missgeschick unterlaufen ist, nicht schon vorsätzlich weggesehen hat, wird man ihm keinen Vorwurf daraus machen können. Ja, selbst wenn er gezielt in ein Schaufenster geblickt hätte, weil er die andere Person in diesem Moment ganz einfach nicht hat treffen wollen, wäre es übertrieben, einen

Fall von Missachtung zu konstatieren. Solche Ausweichmanöver mögen sehr unhöflich und auch ein wenig peinlich sein, aber Missachtung geht *tiefer*: Wer nicht bloß übersehen oder unhöflich übergangen, sondern missachtet wird, dem wird demonstriert, dass er es nicht «wert» ist, und zwar als Mensch, überhaupt gesehen und beachtet zu werden.

Genau hier kommt die Doppelbedeutung des Begriffs «Anerkennung» ins Spiel: Die missachtete Person wird zwar sinnlich erkannt, aber nicht schon evaluativ anerkannt. Folglich setzen Akte der Missachtung nicht etwa eine organische oder kognitive, sondern eine dezidiert moralische «Blindheit» voraus. Die missachtete Person wird zwar wahrgenommen, aber doch nicht so, wie sie es verdient hätte. Man verkennt, dass es sich um eine Person von gleichem Wert oder gleicher «Würde» handelt, und damit werden ihr moralische Ansprüche aberkannt, die grundlegender kaum sein könnten. Bereits ein flüchtiger Blick in die Geschichte des westlichen Kulturkreises reicht aus, um die Konsequenzen zu erahnen, zu denen Missachtung führen kann. Ob man sich das historische Schicksal von Sklaven, Indianern, Frauen, Schwarzen, Juden, Ungläubigen, Homosexuellen oder Behinderten vor Augen führt: Immer wieder hat man die Mitglieder dieser marginalisierten Gruppen an den Rand der moralischen Gemeinschaft drängen wollen, und auch darüber hinaus, indem man sie → diskriminierte, wie Aussätzige behandelte, entwürdigte und nicht selten sogar → tötete.

Im 20. Jahrhundert, und zwar in Gestalt des europäischen Totalitarismus, haben diese massiven Exklusionspraktiken ihre bislang katastrophalste historische Gestalt angenommen. Die deutschen Nationalsozialisten haben ihr «Tausendjähriges Reich» auf radikale Ungleichheit gründen wollen und den Ausschluss ganzer Bevölkerungsgruppen bis hin zu deren industrieller Vernichtung betrieben. Der arische Rassenwahn leugnete ausdrücklich, dass alle Menschen Menschen sind, und so wurden Juden, Kommunisten, Homosexuelle, Zigeuner und Behinderte zu «Untermenschen» oder gar zu «Ungeziefer» gestempelt. Ähnlich agierte der sowjetische Bolschewismus: Zwar mochten «Kulaken» Menschen sein, doch aus Sicht der Revolution waren sie als vollkommen wertlos zu betrachten. Rolf Zimmermann nennt dies den doppelten totalitären «Gattungsbruch» durch Nazis und Bolschewisten: Ganze Bevölkerungsan-

Und wenn der Hund weiß ist?

teile wurden aus der Menschenrechtsgemeinschaft ausgestoßen und fortan so behandelt, als hätte man es nicht länger mit Menschen «im vollen Sinn» zu tun. All jene, die man in das Konzentrationslager oder in den Gulag transportierte, waren – mittelalterlich gesprochen – friedlos und vogelfrei.

Aber nicht jede Form von Missachtung tritt per se schon in Gestalt *totalitärer* Missachtung auf. Denn es gibt zahllose Beispiele einer eher alltäglichen Ungleichbehandlung, die nicht gleichermaßen lebensbedrohlich ist. Der Unterschied zwischen totalitären und weniger extremen Formen der Missachtung ist der folgende: Im Zuge totalitärer Missachtung wird bestritten, dass man es überhaupt mit Menschen zu tun hat, die moralische Rechte haben. Man spricht ihnen folglich *sämtliche* Rechte ab. Schwächere Formen von Missachtung hingegen leugnen «lediglich», dass es sich um Menschen mit den *gleichen* Rechten handelt. Dies kann ein Beispiel verdeutlichen: Zahllose Anhänger monotheistischer Weltreligionen glauben bis heute an eine «natürliche» Überlegenheit des männlichen Geschlechts. Gleichwohl leugnet man nicht schon, dass selbstverständlich auch Frauen zur Menschengemeinschaft gehören und dass sie deshalb Rechte haben. Und doch ist man der rückständigen Auffassung, dass Männer immer noch *mehr* Rechte als Frauen haben. Man agiert in etwa so wie jene «Schweine» auf der *Farm der Tiere* von George Orwell, die das Gebot «Alle Tiere sind gleich!» mit dem Zusatz versehen: «Aber manche sind gleicher.»

Wer andere Personen oder ganze Personengruppen missachtet, indem er sich weigert, ihnen exakt die gleichen Rechte wie der eigenen Gruppe zuzuerkennen, handelt unmoralisch. Denn wie könnte es jemals gerechtfertigt sein, einen Menschen für moralisch «minderwertig» zu halten? Selbst wenn man das, was andere Menschen denken und tun, bisweilen ablehnt oder gar verabscheut, so gibt dies niemandem das Recht, willkürlich über den Kreis jener zu entscheiden, die zu respektieren oder aber zu missachten sind. Das gilt selbst noch mit Blick auf jene, die sich ihrerseits weigern, ihre Mitmenschen zu achten. Zum Grundrepertoire einer Moral der gleichen Achtung gehört die fundamentale Einsicht, dass selbst noch der unmoralischste Mensch unverlierbare moralische Rechte hat. Dass wir ihn als Menschen zu achten haben, bedeutet freilich nicht, dass wir ihn auch *mögen* müssen. So bleibt ein Hintertürchen offen: Wir dürfen Schurken meiden, schmähen und sogar verabscheuen. Aber der so wichtige Unterschied zwischen moralischer «Missachtung» und emotionaler «Verachtung» steht auf einem anderen Blatt.

Literaturtipps:

Fichte, Johann Gottlieb: *Grundlage des Naturrechts nach Prinzipien der Wissenschaftslehre*, Hamburg: Meiner 1979. [Neben Hegel – und ähnlich schwer zu verstehen – der wichtigste Klassiker der Anerkennungstheorie.]

Honneth, Axel: *Kampf um Anerkennung*, Frankfurt a. M.: Suhrkamp 1992. [Die derzeit prominenteste Reaktualisierung der philosophischen Anerkennungstradition.]

Zimmermann, Rolf: *Philosophie nach Auschwitz*. Reinbek: Rowohlt 2005. [Ein beeindruckendes Buch über den totalitären «Gattungsbruch» durch Nazis und Bolschewisten.]

Missbrauch

Man kann sehr viele, sehr unterschiedliche Dinge missbrauchen: ein Amt, die Macht, das Recht, den Sozialstaat, die Sprache, ein Abhängigkeitsverhältnis, das Vertrauen eines Mitmenschen. Aber auch Drogen, Medikamente, Waffen, geheime Daten oder ein KFZ-Kennzeichen. In einem sehr weiten definitorischen Sinn läuft zunächst jede Form von Missbrauch auf eine «Zweckentfremdung» hinaus: Man verwendet die betreffende Sache für einen Zweck, für den sie ursprünglich so nicht vorgesehen war. Im Wort «Missbrauch» steckt der «Brauch», gegen den man verstößt, indem man die betreffende Sache anders verwendet, als es konventionell gedacht ist. Und eine entsprechende Fehlnutzung kann derart weit gehen, dass der alte Zweck durch die neue Verwendungsabsicht geradezu in sein Gegenteil verkehrt wird. Dazu ein Beispiel: Ein Mobiltelefon ist dafür da, dass sich zwei Menschen, die räumlich voneinander entfernt sind, ungestört unterhalten können. Folglich dient der «rechtmäßige» Gebrauch des Handys dazu, beiden Gesprächspartnern, trotz geographischer Distanz, kommunikative Diskretion zu ermöglichen – zumindest dann, wenn die beiden nicht lautstark in der U-Bahn telefonieren. Nun kann man jedoch überall im Internet nachlesen, wie man ein ganz normales Handy dazu «umfunktionieren» kann, im Rahmen eines geheimdienstlichen Lauschangriffs als Abhörgerät zu dienen. Ebenfalls im Internet können Sie Ihren vermeintlich unzuverlässigen Lebenspartner per Handy und via GPS orten lassen. Man mag dies finden, wie man will: Diese «nützlichen» Sonderfunktionen sind in Ihrem Mobilfunkvertrag so ganz sicher nicht vorgesehen gewesen.

Allerdings wird nicht schon jede Zweckentfremdung zugleich auch schon als eine *unmoralische* Zweckentfremdung kritisiert werden können. Man kann ein Bettlaken als Tischtuch, ein Kettcar als Fluchtfahrzeug oder ein Buch als Untersetzer «missbrauchen». Soll das etwa unmoralisch sein? Nein, jedenfalls dann nicht, wenn man dabei keinem *anderen Menschen* schadet. Gegenständen und Sachen wird kein «Unrecht» getan, wenn man sie zweckentfremdet, denn Gegenstände und Sachen haben keine Rechte, die man verletzen könnte. Selbst wenn man also auch hier von «Missbrauch» sprechen wollte: Ein dezidiert unmoralischer Akt von Missbrauch kann nur dann vorliegen, wenn es sich um eine Zweckentfremdung handelt, die dazu führt, dass ein Wesen aus Fleisch und Blut Schaden nimmt. Und dies dürfte insbesondere dann der Fall sein, wenn der Mensch *selbst* missbraucht wird; wenn also keine Sache zweckentfremdet wird, sondern ein menschliches Subjekt, das man «zum Objekt macht», wie man manchmal sagt.

Aber kann man einen Menschen buchstäblich zweckentfremden? Setzt die Behauptung, der Mensch habe eine «ursprüngliche Verwendungsabsicht», von der man ihn «entfremden» kann, nicht notwendig den Glauben an eine höhere Schöpfungsmacht voraus? Nun, wie wir gleich sehen werden, kann man einen Menschen tatsächlich durch Missbrauch zweckentfremden, nur hat dies mit der Zweckentfremdung einer Sache nicht viel gemein. Denn im direkt unmoralischen Fall ist der Zweck, von dem das betreffende Subjekt entfremdet wird, nicht irgendein bestimmter Zweck dieses Subjekts, sondern das *Subjektsein selbst* und damit die moralisch grundlegende Fähigkeit, sich überhaupt irgendwelche Zwecke zu setzen. Dieser Gedanke soll hier im Rückgriff auf einen moralphilosophischen Klassiker erläutert werden. Gemeint ist das schmale, aber ungeheuer wirkmächtige Büchlein mit dem Titel *Grundlegung zur Metaphysik der Sitten*, in dem Immanuel Kant einst einen unauflösbaren Zusammenhang zwischen der Moral im Allgemeinen und dem besonderen Gebot der Rücksicht auf menschliche Zweckzusammenhänge behauptet hat. Kant formuliert hier erstmals den berühmten kategorischen Imperativ: «Handle nur nach derjenigen Maxime, durch die du zugleich wollen kannst, daß sie ein allgemeines Gesetz werde.» Und wenige Seiten später folgt eine alternative Fassung, die als «Zweck-Formel» in die Philosophiegeschichte eingegangen ist und die uns helfen wird, der begrifflichen Missbrauchsproblematik zu Leibe zu rücken: «Handle so, daß du die Menschheit, sowohl in deiner Person, als in der Person eines jeden andern, jederzeit zugleich als Zweck, niemals bloß als Mittel brauchest.»

Zunächst dient die von Kant vorgeschlagene Handlungsanweisung dazu, Handlungsalternativen, die sich uns in moralischen Konfliktsituationen bieten, auf «vernünftige» Zulässigkeit hin zu überprüfen. Stellen wir fest, dass eine der Handlungsalternativen, die wir erwägen, andere Menschen, die von dieser Handlung be-

Wo fängt der Missbrauch an?

troffen sein könnten, «bloß als Mittel» betrachten würde und nicht «zugleich als Zweck», d. h. als potenzielle Nutznießer, so haben wir die entsprechende Handlungsabsicht zu verwerfen. Folglich handelt unmoralisch, wer andere Menschen als Werkzeug gebraucht.

Betrachten wir ein recht triviales und in moralischer Hinsicht zunächst vollends irrelevantes Beispiel: Eine Person greift zu einem Hammer, nimmt sich einen Nagel und schlägt diesen in die Wand, um ein Gemälde – sagen wir: ein Porträt von Kant – aufzuhängen. Im Vollzug dieser handwerklichen Verrichtung benutzt die Person sowohl den Hammer als auch den Nagel als «Mittel», um einen ganz bestimmten «Zweck», und zwar das Aufhängen des Kant-Porträts, zu erreichen. Im Ausdruck «Mittel» klingt die «Mitte» an: Wer etwas als Mittel gebraucht, lässt das betreffende Objekt oder Werkzeug buchstäblich in die Mitte zwischen die eigene Handlungsabsicht und das erwünschte Ziel treten. Anders gesagt: Das Werkzeug wird zum «Medium», das den Weg zu eben jenem Ziel allererst ebnen soll. Genau dazu sind Dinge wie Hämmer und Nägel ja auch da. Sie *sollen* als Mittel genutzt werden, und folglich begeht man auch keinen Fehler, wenn man das tut. Vielmehr würde ein Hammer, den man nicht zum Hämmern brauchte, seinen «Sinn» als Hammer verfehlen.

Beim Menschen ist das vollkommen anders. Denn wenn man einen Menschen «bloß als Mittel» gebraucht, dann benutzt man ihn *wie* einen Hammer, *wie* einen Nagel und macht ihn eben dadurch zum Werkzeug eigener, egoistischer Zwecke. Man stuft ihn zum bloßen Objekt herab, behandelt ihn als Ding oder Gegenstand und nicht wie einen lebendigen Menschen, der sich immer auch dadurch auszeichnet, einen *eigenen* Willen zu haben. Man ignoriert also, dass der Mensch ein ganz eigener Zweckzusammenhang ist oder, wie Kant an anderer Stelle sagt, dass der Mensch ein «Zweck an sich selbst» ist; eine bestimmte Art von *Selbstzweck* also. Von einem «Selbstzweck» reden wir im Alltag dann, wenn es sich um eine Angelegenheit, einen Vorgang oder eine Tätigkeit handelt, deren Sinn sich unmittelbar in deren Vollzug und damit «in sich selbst» erschöpft: ein gutes Buch lesen, ins Kino gehen, Musik hören, einen guten Wein trinken oder Liebe machen. Solche Dinge tut und genießt man – in aller Regel jedenfalls – um ihrer selbst willen. Es war Aristoteles, der diese reflexive Sinnstruktur von Selbstzwecken mit Blick auf das «höchste» Gut im menschlichen Leben, und zwar das Glück, analysiert hat: Während der Mensch die allermeisten Dinge, die er im Leben tut, nur deshalb tut, weil er damit etwas anderes erreichen will – wir gehen in einen Laden, um uns einen Jogging-Anzug zu kaufen; wir kaufen uns diesen Jogging-Anzug, um etwas Sport zu treiben; wir wollen Sport treiben, um fit und gesund zu bleiben usw. –, ist das Glück laut Aristoteles ein *Endziel*, an dem sämtliche Zweck-Mittel-Relationen zum Abschluss gelangen. Wir streben nach Glück nicht deshalb, weil es ein Mittel zu irgendeinem *noch* höheren Zweck ist, sondern schlicht deswegen, weil wir glücklich sein wollen.

Hat Kant diese aristotelische Bedeutung von «Selbstzweck» im Sinn, wenn er behauptet, der Mensch sei ein «Zweck an sich selbst»? Geht es ihm um die bloße Feststellung, dass das menschliche Leben um seiner selbst willen da sei? Nein, denn das Entscheidende der Zweck-Formel ist die in ihr enthaltene moralische Forderung: Den Menschen als Selbstzweck zu achten bedeutet, ihn als eine Person zu respektieren, die sich ihre *eigenen* Zwecke setzt. Der Mensch ist ein denkendes und handelndes Subjekt, dessen Willen wir nicht einfach übergehen oder überstimmen dürfen, indem wir ihm *unsere* Zwecke aufzwingen. Denn eben dies würde bedeuten, dem Menschen ein fundamentales Vermögen streitig zu machen, das aus moralischer Sicht kaum überschätzt werden kann. Gemeint ist das Vermögen der «Autonomie», d. h. die Fähigkeit, sich selbst, und zwar aus vernünftiger Einsicht, die Gesetze des eigenen Handelns zu geben. Und die für jede moderne Moral konstitutive Forderung, die jeweils andere Person *als* Person zu respektieren, hat offenbar genau diesen Sinn: die Person als ein Wesen zu achten, das am Ende selbst entscheiden möchte, wie es leben will.

Natürlich sind stets beide Behandlungsarten möglich: Man kann andere Menschen sowohl als Werkzeug wie auch als Selbstzweck behandeln. Im ersten Fall machen wir sie zum Mittel *unserer* Zwecke, im zweiten Fall sind es hingegen *ihre* Zwecke, an denen wir uns orientieren. Dazu ein Beispiel: Ein Chirurg entfernt einer ahnungslosen, komatösen Krankenhauspatientin eine gesunde Niere, um das Organ einer schwerkranken zweiten Patientin zu transplantieren. Der Chirurg behandelt den Körper der ersten Patientin als Mittel, das Wohl der zweiten Patientin jedoch als Selbstzweck. Dass er die Gesundheit der zweiten Patientin auf dem Wege einer offenkundig unmoralischen Tat retten will, ist zunächst unerheblich, weil es an dieser Stelle um die *allgemeine* Struktur von Zweck-Mittel-Relationen gehen soll. Diese können entweder moralisch unbedenklich oder aber moralisch anstößig sein.

Nun will aber Kant darauf hinaus, dass wir andere Menschen nicht «bloß» als Mittel, sondern stets «zugleich» auch als Selbstzweck behandeln sollen. Was genau hat es mit dieser Gleichzeitigkeit auf sich? Dies wird erst dann deutlich, wenn wir klären, was Kant *nicht* sagen will: Der kategorische Imperativ verlangt nicht schon, dass wir andere Menschen *niemals* als Mittel gebrauchen dürfen. Unter Umständen dürfen wir das sehr wohl. Nehmen wir den Fall einer medizinisch notwendigen Operation, die mit ausdrücklicher Zustimmung und zum Wohle der Patientin vorgenommen wird: *Immer* dann, wenn ein Chirurg den Körper eines Menschen aufschneidet, z. B. um einen entzündeten Blinddarm zu entfernen, *muss* er diesen Körper als ein Objekt betrachten, das es nach medizinisch-technischen Standards zu operieren gilt. Nur so kann die Gesundheit der betreffenden Patientin wiederhergestellt werden. Und nur so ist dem Chirurgen die Ausübung seines Handwerks möglich. Worauf es jedoch ankommt, ist das Folgende: Der Körper, der bei dieser Operation als «Sache» betrachtet wird, ist zugleich auch jener Körper, um dessen Wohl es dabei geht. Im Fall der freiwilligen OP gilt also tatsächlich: Die Patientin wird als Mittel *und* zugleich als Zweck gebraucht.

Was Kant uns ebenfalls nicht sagen will: dass es uns in unserem Handeln *ausschließlich* um das Wohl anderer gehen muss. Das wäre absurd. Natürlich darf dabei auch unser eigenes Wohl eine Rolle spielen – und das Wohl dritter Personen sowieso. Man stelle sich eine Ärztin vor, die ihr eigenes Kind behandelt und kuriert. Sie hilft dadurch nicht nur ihrem Kind, sondern zugleich auch sich selbst sowie dem Rest der Familie. Handlungen müssen keine völlig selbstlosen Handlungen sein, um als moralisch einwandfrei gelten zu können. Nur dürfen sie das eigene Wohl, die eigenen Zwecke, nicht *auf Kosten* des Wohls und der Zwecke anderer verfolgen.

Fassen wir zusammen: Wer persönliche Zwecke verfolgt, so wie die zuletzt erwähnte Ärztin, dabei jedoch zugleich auch alle anderen Menschen, die von den eigenen Handlungen betroffen sind, als Selbstzweck betrachtet, handelt moralisch unbedenklich. Ebenfalls moralisch einwandfrei handelt, wer, wie jener Chirurg, der einen entzündeten Blinddarm entfernt, sein Gegenüber als Mittel und zugleich auch als Selbstzweck betrachtet. Dies gilt z. B. auch dann, wenn man sich von einem Taxifahrer durch die Stadt kutschieren oder sich von einer Friseurin die Haare schneiden läßt. Unmoralisch wird es erst dann, wenn man, wie im Fall der unfreiwilligen Nierentransplantation, das Wohl einer beliebigen Person A dadurch zu befördern versucht, dass man das Wohl einer beliebigen Person B instrumentalisiert. Erst recht unmoralisch ist dies dann, wenn man selbst Person A ist; wenn man also das *eigene* Wohl zu befördern sucht, indem man einen anderen Menschen als Werkzeug benutzt. Dieser paradigmatische Missbrauchsfall ist, wie wir nun abschließend sehen werden, noch einmal steigerungsfähig. Denn *doppelt* unmoralisch handelt, wer andere Menschen zweckentfremdet, um ein dezidiert *unmoralisches* Ziel zu erreichen.

Heutzutage begegnet man dem Missbrauchsbegriff vor allem in strafrechtlichen Zusammenhängen, und zwar insbesondere dann, wenn es um «sexuellen Missbrauch von Kindern» nach § 176 StGB geht. Hier dürfte zunächst offenkundig sein: Die Zwecke, die ein Kind in seinem Leben verfolgt, sind ganz sicher nicht die Zwecke, die ein triebgestörter Erwachsener an ihnen ausleben will. Und längst ist empirisch bewiesen und auch unstrittig, dass die psychophysischen Schäden, die kindliche Missbrauchsopfer davontragen, immens sein können. Diese Schäden reichen von akuten körperlichen Symptomen, z. B. Geschlechtskrankheiten oder ungewollten Schwangerschaften, über nachhaltige psychische Verhaltensauffälligkeiten, z. B. Aufmerksamkeitsstörungen, Zwangsneurosen oder Selbstverletzungstendenzen, bis hin zu psychosomatischen Langzeiterkrankungen, wie im Fall von Essstörungen, deren Ursachen im späteren Leben dann häufig ungeklärt bleiben. Schon diese einfache Auflistung psychophysischer Spätfolgen vermag die moralische Empörung verständlich zu machen, mit der die Öffentlichkeit auf Vorfälle sexuellen Missbrauchs reagiert.

In *begrifflicher* Hinsicht jedoch ist etwas anderes entscheidend: Die Zweckentfremdung eines Kindes ist schon schlimm genug; wenn aber der Täter darüber hinaus auch noch ein dezidiert unmoralisches Ziel verfolgt – und zwar in diesem Fall: Sex mit Kindern, der per se schon verwerflich ist –, dann ist die Tat nicht bloß ein unmoralisches Vergehen, sondern ein regelrechtes Verbrechen. Zugleich tritt dabei noch ein weiteres wichtiges Missbrauchsmerkmal zutage, das auch in vielen anderen Fällen von Missbrauch vorliegt, hier aber noch unzureichend behandelt worden ist: Die Zweckentfremdung erfolgt fast immer unter Ausnutzung einer bereits bestehenden Vertrauens- oder Abhängigkeitsbeziehung. Zumeist kennen sich Täter und Opfer bereits, und dies macht sich der Täter zunutzte, indem er gezielt von der Arglosigkeit oder auch Gefügigkeit seines Opfers profitiert. Im Seelenleben eines Kindes kann dies einen derart nachhaltigen Riss und tiefgreifenden Verlust an Selbst- und Weltvertrauen bewirken, dass dem Kind für immer die fundamental wichtige Fähigkeit abhanden kommt, vertrauensvolle und intime Sozialbeziehungen aufzubauen.

Doch so verwerflich sexueller Missbrauch auch ist, mit Blick auf eine *allgemeine* Definition des Missbrauchbegriffs ist es ratsam, sich von dessen alltagssprachlicher Fixierung auf Sexualdelikte zu lösen. Es gibt Erwachsene, die ihre Kinder zum Betteln oder auch zum Klauen schicken. Auch das ist eine Art von Missbrauch. Andere Eltern benutzen ihre Kinder als «Spielball» in konfliktreichen Partnerschaften. Und auch das kann bereits unmoralisch sein. Überdies bestehen Vertrauens- und Abhängigkeitsverhältnisse nicht nur zwischen Kindern und Erwachsenen. Auch in Arbeits- oder Ausbildungsverhältnissen, in Partnerschaften oder Freundeskreisen, in Parteien oder Vereinen herrscht Missbrauch. Und auch die Motive sind vielfältig: übertriebene Geltungssucht, ökonomische Habgier, krankhafter Machtwahn oder eben pathologische Triebgestörtheit. Wenn man unter «Missbrauch» *jeglichen* Akt einer unfreiwilligen Zweckentfremdung von Menschen versteht, bei dem es darum geht, und zwar zumeist unter Ausnutzung einer Vertrauens- oder Abhängigkeitsbeziehung, die betreffende Person zum bloßen Mittel ihr fremder Zwecke zu machen, dann wird deutlich, dass entsprechende Verletzungserfahrungen keineswegs auf die Erfahrungswelt sexuell misshandelter Kinder beschränkt sind.

Es war behauptet worden: Wer einen anderen Menschen missbraucht, behandelt ihn so, als hätte dieser keinen eigenen Willen, keine eigenen Zwecke, die von jedermann zu respektieren wären. Ohne dass es dabei auf *sein* Wohl ankäme, wird das Opfer zu einem bloßen Werkzeug in den Händen des Täters, der dieses Werkzeug fortan rein egoistisch verwendet. Für Missbrauchsakte ist folglich entscheidend, dass sich ein Denken rein «instrumenteller Rationalität» durchsetzt, wie etwa Max Horkheimer und Theodor W. Adorno gesagt hätten. Gemeint ist ein Denken, das in handwerklichen Zusammenhängen zwar berechtigt sein mag, in zwischenmenschlichen Beziehungen aber fehl am Platz ist: Ein Werkzeug hat keinen anderen Sinn als den, es zu gebrauchen. Jedes menschliche Miteinander würde umgehend in Barbarei ausarten, wenn alle Menschen sich bloß wechselseitig instrumentalisierten.

Mitte des 20. Jahrhunderts und in der Folge der nationalsozialistischen Gräueltaten war genau dies die pessimistische Zeitdiagnose der von Horkheimer und Adorno begründeten *Frankfurter Schule*: Der mutmaßliche Fortschritt der Menschheit sei längst in einen Prozess blind fortschreitender Zerstörung umgeschlagen. Das vermeintlich «aufgeklärte» Denken der westlichen Zivilisation habe dem Leben jegliche Selbstzweckhaftigkeit geraubt. Der Mensch betrachte sich und die Welt bloß noch als Verfügungsmasse wissenschaftlicher, technischer und ökonomischer Zweck-Mittel-Erwägungen. Längst sei der hehre Traum vom «befreiten Menschen» dem Albtraum einer instrumentellen Selbstfesselung und Selbstvernichtung gewichen. Und eben dieser Albtraum sei dafür verantwortlich, dass man in deutschen Konzentrationslagern mehr als sechs Millionen Menschen industriell vernichtet habe. Was diese düstere Zeitdiagnose mit der moralphilosophischen Missbrauchsproblematik zu tun hat? Zum Kernbestand jeder Moral «nach Auschwitz» gehört ein geradezu fundamentales Instrumentalisierungsverbot: Menschliches Leben ist zu kostbar, als dass es jemals wieder «vernutzt» werden darf.

Literaturtipps:

Aristoteles: *Nikomachische Ethik*, Reinbek: rororo 2006. [Die klassische Analyse menschlichen Glücks als «Selbstzweck».]

Horkheimer, Max/Adorno, Theodor W.: *Dialektik der Aufklärung*, Frankfurt a. M.: Fischer 2003. [Die «Bibel» der Frankfurter Schule, in der das Programm einer Kritik der instrumentellen Vernunft entfaltet wird.]

Kant, Immanuel: *Grundlegung zur Metaphysik der Sitten*, Reihe Studienbibliothek, Frankfurt a. M.: Suhrkamp 2007. [Enthält den kategorischen Imperativ und die berühmte Zweck-Formel.]

Mobbing

Wenn ein paar Gänse sich zusammentun, um ihrem gemeinsamen Feind, dem Fuchs, laut schnatternd den Tag zu verderben, spricht die Verhaltensbiologie von «Mobbing». Konrad Lorenz war es, der berühmte Verhaltensforscher, der in seinem 1963 erschienenen Buch über *Das sogenannte Böse* (!) ein in der Tierwelt keineswegs seltenes Phänomen vor Augen hatte: ein aggressives, jeweils artspezifisches Gruppenverhalten gegenüber einem als feindlich empfundenen «Eindringling». Das Motto lautet: Gemeinsam ist man stark! Man bildet eine Art tierische Terrorgruppe und verpasst dem verhassten Kontrahenten einen Denkzettel, indem man ihn in psychologische Kampfhandlungen verwickelt. Im Rahmen von Lorenz' Untersuchungen hat dieser dann zunächst beobachten können, dass tierisches Mobbing-Verhalten in drei unterschiedlichen Varianten auftreten kann: Manche Tiere, z. B. jene Gänse, setzen sich gemeinsam gegen artfremde Fressfeinde zur Wehr, denen sie einzeln hilflos ausgeliefert wären. Andere Tierarten, z. B. Affen, schikanieren Konkurrenten aus den *eigenen* Reihen. Wieder andere stürzen sich gezielt auf schwächere Tierarten. So wurde Lorenz selbst einmal bei einem Spaziergang mit seinem Hund von einer Horde Rinder eingekreist – bis er und sein Hund sich zu einem beherzten Sprung in den anliegenden Teich gezwungen sahen.

Aber so verschieden diese drei Spielarten tierischen Mobbings auch sein mögen – Schwächere gegen Stärkere, Gleichstarke gegen Gleichstarke, Stärkere gegen Schwächere –, stets geht es darum, den verhassten Gegner einzuschüchtern und ihm «das Leben sauer zu machen», wie Lorenz schreibt. Das mag einen umgehend an vergleichbare Vorgänge in der Menschenwelt erinnern, da aber der Begriff «Mobbing» erstmals prominent bei Lorenz auftaucht, ist eher das Gegenteil der Fall: Was man heute in der Menschenwelt als Mobbing bezeichnet, erinnert uns an die Tierwelt. Die beispiellose Karriere des verhaltensbiologischen Mobbingbegriffs als einer Bezeichnung für *menschliche* Untaten beginnt also erst viel später, und zwar mit dessen Übertragung auf spezifisch interpersonale Zusammenhänge durch den schwedischen Sozialpsychologen Heinz Leymann. In den 1980er-Jahren hatte dieser – finanziert durch schwedische Gewerkschaften, denen offenbar das Wohl ihrer Arbeiterinnen und Arbeiter am Herzen lag – bahnbrechende Studien zum täglichen Terror am Arbeitsplatz durchgeführt. Dabei hatte Leymann feststellen müssen, dass zahllose Arbeitnehmerinnen und Arbeitnehmer von ihren unmittelbaren Vorgesetzten oder auch Kollegen massiv schikaniert wurden – ohne dass die Gründe dafür ersichtlich gewesen wären. Um diesem Phänomen auf den Grund zu gehen, griff Leymann auf Lorenz' Mobbingbegriff zurück und entwickelte daraus einen sozialpsychologischen Untersuchungsrahmen, der, wie wir später noch sehen werden, bis heute wegweisend ist.

Interessant ist hier zunächst, dass sich auch schon bei Lorenz Parallelen zwischen mobbenden Tieren und vergleichbaren Vorgängen in der menschlichen Berufswelt finden. Lorenz sprach von einem aggressiven und an Psychoterror grenzenden «Revierverhalten», das aus verhaltensbiologischer Sicht vor allem dazu dienen soll, die einzelnen Tiere und Tierarten möglichst gleichmäßig über den vorhandenen Lebens- und Nahrungsraum zu verteilen. Und eben dieses Revierverhalten verglich Lorenz ausdrücklich mit angehenden Ärzten, Kaufleuten und Fahrradmechanikern, die bei der Neueröffnung ihrer Geschäfte stets auch darauf zu achten hätten, sich möglichst weit vom nächsten Konkurrenten anzusiedeln, damit niemand «Hunger leiden» müsse. Denn sobald man sich mit seinen Geschäften wechselseitig in die Quere kommt, wird es ökonomisch «eng», und sofort ist ein aggressiver Konkurrenzkampf entfacht: Man streitet um einen guten Platz am Futtertrog, d. h. um Marktanteile. Und so werden offene Feindseligkeiten, wie sie für tierisches Mobbing typisch sind, kaum ausbleiben können. Doch wie weit trägt diese verhaltensbiologische Analogie?

Der Ausdruck «Mobbing» ist vom englischen Substantiv *mob* abgeleitet, das «Pöbel» oder «Gesindel» bedeutet. Das Verb *to mob* meint dementsprechend: «pöbeln», «sich zusammenrotten» oder «über jemanden herfallen». Dabei muss das Revier, das gemeinsam gegen unliebsame Eindringlinge verteidigt werden soll, nicht immer nur der eigene Arbeitsplatz sein. Bereits im Kindergarten, in der Schule und in der eigenen Peergroup wird gemobbt, in Universitäten, Krankenhäusern und Gefängnissen, beim Militär, in Vereinen und Parteien – und neuerdings auch im Internet, wo sich der

Begriff «Cyber-Mobbing» eingebürgert hat. In all diesen sozialen Brennpunkten kann es zu Spannungen kommen. Und gelegentlich werden diese Konflikte offen thematisiert oder auch mit Fäusten ausgetragen. Häufiger aber werden sie unterdrückt und «gedeckelt». Dann werden sie sich eher unterschwellig Bahn brechen und so in versteckte Bosheiten, subtile Gehässigkeiten oder eben sukzessive auch in Psychoterror ausarten. Empirische Untersuchungen haben gezeigt, dass dabei die Gefahr, zum Mobbing-Opfer zu werden, umso größer ist, je stärker die betreffenden Brennpunkte *hierarchisch* organisiert sind. Offenbar dient Mobbing auf Seiten der Täter einem sozialen Druckausgleich: Bevor der eigene Frust derart anschwillt, dass man «platzt», fungieren gezielte Gemeinheiten, die man an einem Sündenbock auslebt, als Ventil. Wir werden auf diesen wichtigen Aspekt zurückkommen.

Zuvor muss jedoch geklärt werden, wo genau der Punkt zu markieren ist, an dem einfache, vergleichsweise harmlose Bos- und Gemeinheiten in Mobbing *umschlagen*. Denn nicht schon jeder freche Scherz am Arbeitsplatz ist ein Akt von Psychoterror. Um von Mobbing sprechen zu können, müssen mindestens vier Bedingungen erfüllt sein: Das Opfer muss wiederholt, über einen längeren Zeitraum hinweg, systematisch und aus niedrigen Beweggründen mit Gemeinheiten traktiert werden. Anders gesagt: Eine singuläre, temporäre, planlose und versehentlich geäußerte Bosheit wird schwerlich als «Mobbing» bezeichnet werden können. Das Opfer soll vielmehr *zermürbt* und damit sukzessive in eine deprimierende, unterlegene und ohnmächtige Position gebracht werden. Daher dürfte der Mob eine Strategie der «Nadelstiche» präferieren und von allzu extremen Gemeinheiten absehen, mit denen man sich aus Sicht unbeteiligter Dritter vermutlich selbst angreifbar machen würde. Hier klingt sogleich auch schon eine unmoralische Eigenart von Mobbing-Delikten an, die man auch von → Racheakten kennt: Mobbing ist ein Revierverhalten oder besser: ein Verhaltens*muster*, das mit sehr unterschiedlichen Einzeltaten einhergehen kann; z. B. mit → Beleidigungen, → Demütigungen, → Verleumdungen oder gar mit offener → Gewalt. Und erst wenn genügend solcher Einzeltaten zusammenkommen und für den Betroffenen allmählich in Psychoterror ausarten, liegt ein Fall von Mobbing vor.

Wie schon in der Tierwelt tritt Mobbing auch beim Menschen zunächst in drei Grundformen auf: In der ersten Variante rotten sich «dumme Gänse» gegen einen als gefährlich eingestuften «schlauen Fuchs» zusammen, dem sie alleine unterlegen wären. In der zweiten Variante fallen «Affen» über einen unliebsamen Kontrahenten aus den eigenen Reihen her, dessen Ebenbürtigkeit ihnen gefährlich werden könnte. Und im dritten Fall vergreifen sich «Rindviecher» direkt an Schwächeren, um sich an deren Erniedrigung zu laben. Darüber hinaus hat die sozialpsychologische Berufsweltforschung auch noch ein viertes feindseliges Verhaltensmuster beobachtet, von dem jedoch umstritten ist, ob es als «Mobbing» bezeichnet werden sollte. Gemeint ist das sogenannte *Bossing*, bei dem die Aggressionen nicht von Kolleginnen und Kollegen stammen, sondern direkt «von oben» kommen, d. h. von Vorarbeitern, Abteilungsleitern oder Chefs, die dabei nicht selten das Ziel verfolgen, unter Ausnutzung des vorhandenen Machtungleichgewichts den gesetzlichen Kündigungsschutz der Bossing-Opfer zu umgehen.

Heinz Leymann, der bereits erwähnte Arbeitspsychologe, hat im Anschluss an seine empirischen Falluntersuchungen eine Typologie *spezifischer* Mobbing-Akte vorgeschlagen, die er in fünf Gruppen einteilt. In die erste Gruppe gehören Versuche, die kommunikativen Freiheiten der Opfer einzuschränken: Die gemobbte Person kommt in gemeinsamen Gesprächen nicht mehr zu Wort, oder sie wird ständig unterbrochen; man beschimpft sie, schreit sie an, schneidet Grimassen, tuschelt oder gähnt, wenn sie redet. Und ständig klingelt ihr Telefon, aber niemand ist dran. In der zweiten Deliktgruppe sind Verhaltensweisen versammelt, die eine wachsende Isolation der Opfer andeuten: Man redet schließlich gar nicht mehr mit ihnen, behandelt sie wie «Luft»; schaut «durch sie hindurch»; man meidet ihre Nähe, lässt sie in der Werkskantine allein am Tisch sitzen oder verlegt ihren Arbeitsplatz in ein staubiges Kellerarchiv. In die dritte Deliktgruppe gehören gezielte Angriffe auf das soziale Ansehen einer Person: Sie wird unentwegt gestichelt und «verarscht», → beleidigt und → gedemütigt; man imitiert ihre Stimme, ihre Gesten, macht sich über ihren Gang lustig; man spricht «hinter ihrem Rücken», streut Gerüchte oder → verleumdet sie gezielt. In der vierten Fallgruppe finden sich solche Maßnahmen, mit denen man unmittelbar die Arbeitsleistung der betroffenen Person zu sabotieren versucht: Man entwendet ihr wichtige Unterlagen oder enthält ihr wichtige Informationen vor; man überträgt ihr unklare, sinnlose oder gar erniedrigende Aufgaben; setzt sie massiv unter Zeitdruck und übt doch zugleich auch auf unfaire und anhaltende Weise Kritik. Zur fünften Deliktgruppe schließlich zählt Leymann handfeste Übergriffe: sexuelle Belästigungen sowie «Denkzettel» in Form von Sachbeschädigungen oder körperlicher → Gewalt.

Sobald diese Delikte geballt auftreten, wird sich schnell ein reichlich unproduktives, weil lähmendes Arbeitsklima ausbreiten. Die vom Opfer als beklemmend und entmutigend erlebten «Schikanen» sind planmäßig errichtete Hindernisse oder unnötig auferlegte Lasten, die nur ein einziges Ziel verfolgen: ihm das Leben schwer oder eben «sauer» zu machen, wie Lorenz sagt. Man verstärkt diesen lähmenden Effekt, wenn man die gemobbte Person vollends im Unklaren darüber lässt, *warum* man sie eigentlich mobbt, sodass sie sich den Kopf darüber zerbrechen wird, was sie falsch gemacht haben könnte. Bisweilen sieht es tatsächlich so aus, als gäbe es gar keinen konkreten Grund für Mobbing. Dann scheinen die dem Opfer auferlegten Schikanen «Selbstzweck» zu sein und allenfalls der Belustigung einer schadenfrohen Tätergruppe zu dienen, die sich nicht einmal selbst im Klaren darüber sein muss, was sie da tut. Und hinterher heißt es dann oft: «War doch nur Spaß!» In vielen anderen Fällen jedoch wird sehr wohl ein konkreter Zweck verfolgt. Das Mobbing-Opfer soll «fertig gemacht» und dadurch mittelfristig zu einem ganz bestimmten Verhalten → gezwungen werden: z. B. zur Anpassung, zur Kriecherei, zur Selbstverleugnung, ja, und am Ende sogar zur eigenen Kündigung. Denn tatsächlich ist es das erklärte oder doch zumindest billigend in Kauf genommene *Fernziel* vieler Mobbing-Attacken, den unliebsamen Eindringling oder Kontrahenten loszuwerden. Ihn soll schon morgens früh beim Aufwachen das kalte Grausen packen, wenn er an seine Arbeit denkt. Er soll allmählich seine Nerven verlieren und möglichst von allein aufgeben. Genau dann hat der Mob sein Ziel erreicht: Psychoterror, bis der Arzt kommt und der Feind das Feld räumt.

Die Hölle, sind das die anderen?

Laut «Mobbing-Report» der Bundesanstalt für Arbeitsschutz und Arbeitsmedizin ist etwa jeder neunte Arbeitnehmer in Deutschland schon einmal dauerhaft am Arbeitsplatz gemobbt worden. Die Befragten berichten von quälenden Gefühlen der Angst, des Misstrauens und der Verzweiflung, von direkt leistungsmindernden Symptomen, wie starken Selbstzweifeln, schwindenden Motivationen und einer erhöhten Fehleranfälligkeit, bis hin zu gravierenden psychosomatischen Beschwerden, z. B. Stoffwechselproblemen, Herzleiden oder Depressionen. Und was noch schwerer wiegt:Es wird geschätzt, dass hierzulande etwa 20 Prozent aller Suizide direkt mit Mobbing in Zusammenhang stehen. Diese«Kollateralschäden» der Arbeitswelt lassen sich auch volkswirtschaftlich bemessen: Nach Schätzungen von TÜV Rheinland entstehen der deutschen Wirtschaft durch Krankmeldungen und Arbeitsausfälle in der unmittelbaren Folge von Mobbing jährlich Kosten von gut vier Milliarden Euro, zu denen die entsprechenden staatlichen Gesundheitsleistungen dann noch hinzuzurechnen wären. Woher aber nimmt das Mobbing diese destruktive Kraft?

Es ist bereits deutlich geworden, dass es sich beim Mobbing um ein unmoralisches Verhaltensmuster handelt, das besonders typisch für die Arbeitswelt ist. Das Fatale, das dem Mobbing eigen ist, dürfte genau mit diesem Faktum etwas zu tun haben. Vielleicht ist es kein Zufall, dass sich «Mob» auf «Job» reimt. Versteht man unter «Arbeitswelt» einen sozial integrierten Tätigkeitsbereich, in dem man als Arbeitnehmer sehr viel Zeit verbringt, um sich den eigenen Lebensunterhalt zu verdienen, aber auch um gemeinsam mit Kolleginnen und Kollegen zur gesellschaftlichen Reproduktion beizutragen, so wird rasch deutlich, dass Menschen in ihrem Selbstwertgefühl sehr stark von eben dieser Sphäre abhängig sind. Denn hier erhoffen sie sich soziale Anerkennung für jeweils ihren individuellen Beitrag zum Gelingen des gesellschaftlichen «Ganzen». Und so ist Arbeitslosigkeit für die Betroffenen nicht nur wegen fehlender Verdienstmöglichkeiten ein massives Problem, sondern vor allem auch deshalb, weil ihnen auf deprimierende Weise Aussichten auf soziale Wertschätzung verloren gehen. Denn wer arbeitslos ist, mag sich nicht länger als ein gleichwertiges Mitglied der Solidargemeinschaft verstehen, sondern fortan bloß noch als «Bittsteller».

Ähnliches gilt für Mobbing-Opfer, denn diese haben nicht selten das Gefühl, arbeitslos zu *werden*. Das kollegiale Umfeld entzieht ihnen – gewissermaßen frühzeitig – jenen sozialen Respekt, den sie als gleichberechtigte Kooperationspartner verdienen. Dadurch sabotiert und unterminiert man ihr Selbstwertgefühl, denn in der heutigen Welt, in der man sich soziale Anerkennung durch Teilhabe an gesellschaftlichen Arbeitsprozessen «erarbeiten» muss, kommt der drohende oder aber wirkliche Verlust des Arbeitsplatzes geradezu einem *Existenzverlust* gleich. So auch wird verständlich, warum der englische Ausdruck «Mobbing» erst heute in aller Munde ist: Zwar wird es auch schon zu früheren Zeiten Psychoterror am Arbeitsplatz gegeben haben, doch flächendeckend kann dieses Handlungsmuster erst vergleichsweise spät, ja, im Grunde erst in den letzten Jahrzehnten in Erscheinung treten. In eher «traditionellen» Gesellschaften, deren Ausläufer noch bis weit ins 20. Jahrhundert zu spüren sind, bemaß sich der soziale Status einer Person noch wesentlich an deren Stand oder Herkunft, an ihrer Klasse oder Schicht. Erst der Kapitalismus hat dies grundlegend geändert. Heute definiert man sich und seinen sozialen Wert primär durch das, was man *tut*. Und kommt man auf eine Party, so lautet die erste Frage stets: «Und, was machen Sie so?»

Daraus folgt: Aus soziologischer Sicht kann Mobbing nur in solchen Gesellschaften zu einer individuellen Existenzbedrohung und massenhaft zu einem Phänomen werden, in denen mit dem Verlust eines sinnstiftenden und verträglichen Arbeitsumfeldes zugleich auch die eigene soziale Anerkennungswürdigkeit auf dem Spiel steht. Auch ein erneuter Blick auf die konkrete Motivlage der Täter macht dies deutlich, deren sozialer Status ja ebenfalls von einer anerkennungswürdigen Tätigkeit abhängt. In der heutigen Arbeitswelt und in der Folge wirtschaftlicher Krisen wird es, ökonomisch betrachtet, zunehmend «eng», und im Kampf um Arbeitsplätze und Aufstiegchancen mag da so mancher Kontrahent zu unfairen Mitteln greifen. Man setzt, wie manche Tiere das tun, «Duftmarken», die den potenziellen Fressfeind am Napf am besten gleich ganz aus dem Revier herausekeln sollen. In dieser Hinsicht ähneln Mobbing-Delikte der →Diskriminierung. Auch hier soll das Opfer «verdrängt» werden. Während man jedoch mit diskriminierenden Maßnahmen ein eher gruppenspezifisches Anliegen verfolgt – die eigene Bezugsgruppe gleichberechtigter Personen soll möglichst «rein» gehalten werden –, ist Mobbing *egoistischer* in dem Sinn, dass die Auseinandersetzung rasch in einen individuellen Überlebenskampf ausartet. Zwar mobbt man bisweilen gemeinsam, aber wenn es darauf ankommt, wird jeder sich selbst der Nächste sein. Kurz: Wenn das Gegenteil von Diskriminierung gerechte Gleichbehandlung ist, dann ist das Gegenteil von Mobbing *Kollegialität*.

Ähnliches gilt im Übrigen auch für Dritte, die zwar nicht selbst am Mobbing des Sündenbocks beteiligt sein mögen, die aber doch wegschauen, ihren Mund halten und froh sind, dass es nicht sie trifft. Dieses unmoralische →Unterlassungsverhalten bereitet den Tätern allererst den Weg, denn wer zum Mobbing ansetzt, hätte wenig Aussicht auf Erfolg, wenn sein Arbeitsumfeld Widerstand leisten würde. Ja, in einem kooperativen und von wechselseitigem Respekt getragenen Team würde sich der Mobber bloß selbst mobben. Dagegen wird die Mobbing-Gefahr umso größer sein, je unbarmherziger die Hierarchien, je respektloser der wechselseitige Umgang, je unorganisierter die Arbeitsabläufe und je mangelhafter die Produktionsmethoden sind. All dies kann Frust bewirken, und bisweilen wird sich dieser Frust durch scheinbar harmlose Scherze oder auch größere Gemeinheiten «Luft» verschaffen. Auch wenn das keine Entschuldigung ist: Stärker als die meisten anderen unmoralischen Taten in diesem Handbuch scheint Mobbing ein gesellschaftliches *Strukturproblem* zu sein. Individuelle Mobbing-Gelüste werden durch Stress und unkollegiale Arbeitsstrukturen katalysiert.

Doch kehren wir am Ende noch einmal zu Konrad Lorenz und seinen verhaltensbiologischen Untersuchungen zurück: Was sich in der Tierwelt tatsächlich als «arterhaltend» erweisen mag, wirkt sich in der menschlichen Berufswelt allenfalls individuell «arbeitsplatzerhaltend» aus. Spätestens an diesem Punkt endet also die Analogie von tierischem und menschlichem Mobbing: Unter den Bedingungen der kapitalistischen Spätmoderne kämpft der Mensch nicht etwa als Mitglied seiner Gattung, wenn er mobbt, sondern als Einzelkämpfer, der primär seine eigene Haut retten will, indem er unliebsame Konkurrenten aggressiv zu verdrängen sucht. Gleichwohl sollte man an dieser Stelle nicht verschweigen, dass es mitunter tatsächlich Menschen gibt, die reichlich unfähig sind, vernünftig ihren Job zu erledigen. Nicht schon jede berechtigte Kritik am Arbeitsplatz ist deshalb Mobbing. Aber es macht einen erheblichen Unterschied, ob man der betreffenden Person in konstruktiver Absicht aufzeigt, was sie falsch macht; ob man sie an einen geeigneten Arbeitsplatz versetzt; sich gar gütlich von ihr trennt. Oder ob man die Person *behält*, sie unentwegt ihre vermeintliche Unfähigkeit spüren lässt, sie isoliert und sogar quält, bis sie schließlich ganz von selbst, vollends gebrochen, das Weite sucht.

Literaturtipps:

Lorenz, Konrad: *Das sogenannte Böse*, München: dtv 2007. [Verhaltensbiologische Untersuchungen zur Natur der Aggression, in denen erstmals prominent der Begriff «Mobbing» auftaucht.]

Leymann, Heinz: *Mobbing*, Reinbek: Rowohlt 2006. [Die wohl bekannteste Abhandlung zum täglichen Psychoterror am Arbeitsplatz.]

Honneth, Axel: «Arbeit und Anerkennung», in: *Deutsche Zeitschrift für Philosophie*, 3/2008. [Zum heutigen Stellenwert des Arbeitsplatzes im sozialen Kampf um Anerkennung.]

Rache

Friedrich Nietzsche hat einmal gesagt: Wenn man genau hinhört, dann klingt «gerecht» wie «gerächt». Am 6. März 1981 erschießt Marianne Bachmeier in einem Saal des Lübecker Landgerichts den mutmaßlichen Mörder ihrer 7-jährigen Tochter. Die kleine Anna war von Klaus Grabowski, einem 35-jährigen Schlachter, der wegen sexuellen → Missbrauchs bereits vorbestraft gewesen war, entführt und in dessen Wohnung mit einer Strumpfhose erwürgt worden. Daraufhin hatte Grabowski das Mädchen in einen Karton gepackt und am Ufer eines Flusses verscharrt. Bei der polizeilichen Vernehmung behauptete er, dass er das Mädchen zwar gefangen gehalten, nicht aber sexuell belästigt habe. Anna habe ihm jedoch gedroht, ihrer Mutter zu erzählen, *dass* er sie angefasst habe. Und sie verlangte einen Groschen Schweigegeld. Da sei er in Panik geraten und habe das Mädchen → getötet. Am dritten Tag der Gerichtsverhandlung, kurz vor Eröffnung der Sitzung, kommt Marianne Bachmeier zur Tür herein, zieht eine Pistole und erschießt den auf der Anklagebank sitzenden Grabowski. Vor der Tür des Sitzungssaales steht Bachmeiers Lebensgefährte und jubelt: «Sie hat es getan!»

Der «Fall Bachmeier» spaltete die bundesrepublikanische Öffentlichkeit: Viele äußerten Verständnis für die Verzweiflungstat einer bemitleidenswerten Mutter, und man war aufgebracht darüber, dass ein bereits vorbestrafter Sexualverbrecher sich offenbar erneut an einem Kind hatte vergehen können. Triebtäter, so hieß es, gehörten für immer weggesperrt oder gleich vollends aus dem Verkehr gezogen: «Wenn das mein Kind gewesen wäre!» Auf der anderen Seite standen die Kritiker, die den Racheakt als «Selbstjustiz» verurteilten. Man fürchtete, dass, wenn jeder das Recht in die eigene Hand nähme, alsbald das zusammenbrechen würde, was man das «Gewaltmonopol» des Staates nennt: Allein der Staat darf sich das Recht herausnehmen, → Gewalt auszuüben, wenn genau dies notwendig ist, um für Ruhe und Ordnung zu sorgen. Spätestens seit John Locke und seiner *Zweiten Abhandlung über die Regierung* lehrt uns die Politische Philosophie, dass vernünftige Bürgerinnen und Bürger einsehen müssen, dass sie einen souveränen Rechtsstaat benötigen, zu dessen Gunsten sie auf ihren jeweils individuellen Anspruch auf rächende Selbstjustiz verzichten. Man überträgt diesen Anspruch vielmehr auf den Staat, der fortan alle strafende Gewalt auf sich vereint. Gäbe es dieses Gewaltmonopol nicht oder ginge es verloren, so würde erneut jener «Kampf aller gegen alle» ausbrechen, vor dem uns einst Thomas Hobbes, Lockes Vorgänger, so eindringlich gewarnt hat.

Demnach ist der moderne Rechtsstaat als ein ordnungspolitischer Versuch zu verstehen, individuelle Rachegelüste in sittsame Bahnen zu lenken. An die Stelle – letztlich unberechenbarer – Akte strafender Selbstjustiz sollen – politisch berechenbare – Akte einer kollektiven Fremdjustiz treten. In Stellvertretung der Opfer sowie im Tausch gegen deren vormals individuellen Anspruch auf Rache soll der Verbrecher nunmehr kontrolliert einer staatlich geregelten Sanktionsmaßnahme zugeführt werden. Diese Maßnahme soll das Rachebedürfnis der Opfer lindern, eine Eskalation von Gewalt gleichwohl verhindern und damit eine Art «letzte Rache» sein, die keine weitere Rache mehr erlaubt. Auf diesem Wege wird aus individueller Selbstjustiz strafrechtliche *Vergeltung*. Akte der Vergeltung bändigen und zivilisieren «archaische» Rachegelüste, und zwar durch die moderne Überzeugung, dass die Rechtsgemeinschaft moralische Pflichten selbst noch gegenüber jenen hat, die diese moralischen Pflichten ihrerseits mit Füßen treten. Der Verbrecher muss zwar bestraft werden, aber nicht durch unberechenbare Akte der Selbstjustiz, sondern «im Namen der Volkes» sowie mit juridischem Augenmaß. Kurz: Allenfalls in rechtsstaatlich transformierter Gestalt der «gerechten Strafe» erscheint uns Rache heute noch zeitgemäß (→ Und die Moral von der Geschicht').

Früher war das anders. In archaischen, aber auch noch in sogenannten traditionellen Gesellschaften wurden Akte der Rache als durchaus *rechtmäßige* Mittel betrachtet, ein durch interpersonales Unrecht gestörtes Rechtsgleichgewicht wiederherzustellen. In manchen sehr frühen Rechtskulturen gab es gar eine «heilige Pflicht» zur Rache, die z.B. dann zu erfüllen war, wenn eigene Familienmitglieder oder nahe Verwandte ermordet worden waren. Diese Pflicht konnte vererbt werden, und bisweilen wurden Kinder eigens zu dem Zweck geboren, dass sie eines Tages mit den Tätern abrechnen würden. Erst dann konnten die Toten in Frieden ruhen. Auch noch die ersten uns bekannten Rechtssysteme der jüdisch-christlichen und griechisch-römischen Tradition kennen das

«Talionsprinzip» (von lat. *talio*, «Vergeltung»), dem zufolge zwischen dem Schaden, den ein Opfer erlitten hat, und der Strafe, die den Täter erwartet, ein direkter Ausgleich herzustellen ist: Auge um Auge, Zahn um Zahn! Auch die bis heute in Justizgebäuden als Statue anzutreffende «Justitia», die blind ist und in der Rechten ein Schwert sowie in der Linken eine Waage hält, ist ursprünglich in diesem eher vormodernen Sinn zu interpretieren: Es muss etwas Vergleichbares in die Waagschale geworfen werden. Im Gegensatz zu Rechtskulturen, in denen sich noch ältere Strafvorstellungen bis in die heutige Zeit haben retten können, erweist sich das ausgleichende Talionsprinzip jedoch als geradezu fortschrittlich. Nach der islamischen *Schari'a* etwa kann ein schwerer Diebstahl mit der Amputation der rechten Hand bestraft werden, und auf Ehebruch steht gar die Todesstrafe.

Folglich geht die Rechtsgeschichte davon aus, dass es ganz zu Beginn der menschlichen Entwicklung zunächst *nur* individuelle Racheakte gab und dass die ersten kodifizierten Rechtsordnungen, die sich daraus entwickelten, als Eindämmung eskalatorischer Gewaltauswüchse gedacht waren. Doch auch wenn unsere modernen Strafrechtssysteme deshalb als zivilisatorischer Fortschritt verstanden werden können, sind *persönliche* Rachegelüste damit doch nicht schon gleichermaßen «von gestern». Sehen wir uns also genauer an, wie Rache funktioniert und was Menschen dazu treibt. Wenn wir «vererbte» Fälle einer in Stellvertretung verübten Blutrache beiseite lassen und uns auf direkt interpersonale Vergeltungsakte konzentrieren, so kommt ein für Rache typisches Austauschverhältnis, ein wechselseitiges *Geben und Nehmen,* zum Vorschein: Person A hat Person B gegenüber eine Handlung x vollzogen, die B als Unrecht empfindet und für die sie nun ihrerseits mit einer zweiten schädigenden Handlung y Rache übt. Daraufhin beschließt A, auf y mit einer nunmehr dritten Untat z zu reagieren usw. Typische Anlässe für Rache können Fälle von → Beleidigung, → Demütigung, Betrug, Verrat oder auch Gewalt sein. Darauf mag B nun mit einer in etwa gleich starken oder noch stärkeren Beleidigung oder Demütigung, mit einem noch massiveren Betrug odere Verrat oder auch mit noch härterer Gewalt reagieren, sodass umgehend deutlich wird: Akte der Rache gehen stets mit responsiven *zweiten* Unrechtstaten einher, mit denen die sich rächende Person B auf eine erste, von ihr als Unrecht empfundene Tat bloß reagiert, was aber dazu führen kann, dass geradezu unendlich viele weitere responsive Taten vom Typ z folgen werden.

Bereits an dieser Stelle wird deutlich, dass es sich bei der Rache, ähnlich wie beim → Mobbing, weniger um eine besondere unmoralische Tat neben anderen handelt als vielmehr um ein formales *Reaktionsmuster*, das jeweils besondere und recht verschiedene Untaten zum Inhalt haben kann: Ein verlassener Ex-Freund veröffentlicht ein heimlich gedrehtes Sex-Video seiner ehemaligen Geliebten im Internet; eine entlassene Büroleiterin erpresst ihren ehemaligen Chef mit pikanten Details aus dessen Privatleben; ein Kind, das sich von einem befreundeten anderen Kind vernachlässigt fühlt, macht dessen Spielsachen kaputt; eine verzweifelte Mutter tötet den mutmaßlichen Mörder ihrer Tochter. Folglich besteht die moralische Eigenart der Rache darin, dass sie nicht schon selbst eine unmoralische Tat ist, sondern erst noch im Zuge einer jeweils konkreten unmoralischen Tat vollstreckt werden muss. Umgekehrt gilt: Person B, die eine unmoralische Tat y verübt, um mit einer zuvor von A an ihr verübten Tat x abzurechnen, begeht nicht bloß eine zweite unmoralische Tat, sondern dabei *zugleich* auch Rache.

Manchmal erscheint uns Rache nachvollziehbar und bisweilen sogar statthaft. Und wenn die Rache «süß» ausfällt, kann sie sogar regelrecht unterhaltsam sein. Aber kann Rache jemals – im strengen Sinn – *gerechtfertigt* werden? Beginnen wir mit plausiblen Gründen, die aus Sicht jener, die sich rächen, *für* die Rache sprechen. In aller Regel hat man es mit mindestens zwei persönlichen Rachemotiven zu tun: Das erste betrifft den durch die ursprüngliche Tat x aufgewühlten Seelenhaushalt der sich rächenden Person B. Sie fühlt sich durch A verletzt, gekränkt, beschämt oder erniedrigt, und der Vergeltungsakt y soll ihr lädiertes Selbstwertgefühl wiederherstellen. Dabei muss x übrigens nicht selbst eine dezidiert unmoralische Tat gewesen sein; es reicht, dass B die Tat als grundfalsch, unfair oder unerhört *empfunden* hat. Der oben erwähnte Ex-Freund, der sich mit der Veröffentlichung eines Sex-Videos rächt, mag völlig zu Recht von seiner Freundin verlassen worden sein, aber er findet es geradezu empörend, *dass* man einen wie ihn verlässt: «Was werden jetzt wohl die anderen denken?» Wenn die Tat – ob moralisch unbedenklich oder direkt unmoralisch – derart an der Selbstachtung von Person B kratzt, dass in ihr das brennende Verlangen spürbar wird, das angeknackste Selbstbild durch eine verspätete Gegenwehr aufzupolieren, so dient der Racheakt der Psychohygiene. B sehnt sich nach «Genugtuung», sie will, dass A ebenfalls leidet, bis es *genug* ist. Diese Aussichtauf Vergeltung mag auf die geschundene Seele in etwa so wirken, als würden Milch und Honig einen entzündeten Hals hinunterfließen. Dies scheint gemeint zu sein, wenn es heißt, Rache sei «süß».

Das zweite zentrale Rachemotiv betrifft weniger den Seelenhaushalt von B als vielmehr direkt Täter A, der den Stein ursprünglich ins Rollen brachte und nun seinerseits zur Zielscheibe wird. Die sich rächende Person will für ausgleichende Gerechtigkeit sorgen, weil sie befürchtet, dass es sonst kein anderer tun wird. Dieses Motiv ist verantwortlich dafür, dass wir im Zusammenhang von Racheakten, wie etwa im Fall Bachmeier, von «Selbstjustiz» sprechen. Wer sich panisch sorgt, dass der vormalige Täter ungeschoren davonkommen könnte, der wird das Recht in die eigenen Hände nehmen, d. h. eigenhändig Recht *schaffen* wollen. Was ist schon eine Gefängnisstrafe gegen den Verlust der geliebten, vom Täter geschändeten und erwürgten Tochter? Ein Verbrecher, der so etwas getan hat, verdient einen empfindlichen Gegenschlag: Er soll *fühlen*, was er verbrochen hat, und es bloß nicht wagen, jemals wieder etwas so Schreckliches zu tun!

Mitunter mag auch noch ein drittes Rachemotiv hinzutreten, das sich aus einer Verknüpfung der ersten beiden ergibt: Wer sich gekränkt und in seinem Selbstbild geschwächt fühlt, es aber gleichwohl versäumt, denjenigen, der für diesen Zustand verantwortlich ist, empfindlich zu sanktionieren, mag auf unbeteiligte *Dritte* so wirken, als könnte man «alles» mit ihm machen. Ja, andere werden das Ausbleiben einer Vergeltungsaktion vielleicht als Einladung verstehen, es Person A gleichzutun und B nun ebenfalls zu traktieren, wo B doch schon «am Boden» liegt. Auch hier muss B ein deutliches Signal setzen: Ich werde das nicht einfach hinnehmen. *Jeder*, der mir etwas Vergleichbares antun will, wird dafür bezahlen! Man sieht: Nicht selten nehmen Menschen auch deshalb Rache, weil sie anderen gegenüber keine Schwäche zei-

Rechtschaffen oder Recht schaffen?

gen möchten oder besser: weil sie verlorene Stärke demonstrieren wollen.

Da das ehemalige Opfer nunmehr selbst zum Täter wird, lautet die entscheidende Frage: Reichen die genannten Beweggründe bereits aus, um den Racheakt entschuldbar oder sogar gerechtfertigt erscheinen zu lassen? Führt man sich vor Augen, was B durch A angetan worden sein könnte, und wie uneinsichtig sich Täter vom Schlage A bisweilen zeigen, mag man durchaus dieser Auffassung sein. Und nur weil ein Vorgang etwas Archaisches hat, ist das nicht schon ein Grund, ihn moralisch abzulehnen. Auch rituelle Feierlichkeiten, pompöse Sportwettkämpfe und leidenschaftliche Sexualbeziehungen haben etwas Archaisches, doch führt uns dies auch nicht gleich zu deren Verurteilung. Und überhaupt: Wie könnte es jemals unzeitgemäß oder auch unmoralisch sein, für «ausgleichende Gerechtigkeit» sorgen zu wollen?

Das erste Gegenargument ist ganz zu Anfang bereits genannt worden: Akte der Rache und der Selbstjustiz stellen die Grundlagen friedlich-kooperativen Zusammenlebens und mithin das für moderne Rechtsstaaten konstitutive Gewaltmonopol in Frage. Auch ein zweiter Gegeneinwand wurde bereits diskutiert: Statt für ausgleichende Gerechtigkeit zu sorgen, setzt der Rächer bloß neues Unrecht in die Welt und damit vielleicht auch eine unheilvolle Gewaltspirale in Gang. Ein drittes Contra schwingt immer dann mit, wenn man den Rächer fragt: «Hast du das wirklich nötig?» In dieser Frage kommt nicht nur Kritik am anachronistischen Charakter der Rache zum Ausdruck, sondern stets auch die Befürchtung, der Rächer könne nach einer ersten bitteren Enttäuschung nunmehr die zweite erleben, dass ihm die rächende Tat von anderen gerade nicht als neu gewonnene Stärke, sondern als Schwäche ausgelegt werde. Heutzutage wirken Rachegelüste bisweilen etwas kleinmütig und auch peinlich, da sich der Rächer offenbar nicht anders zu helfen weiß, als es seinem Übeltäter gleichzutun: «Wer Rache nimmt, ist nicht besser als sein Feind», hat Francis Bacon einmal gesagt, «verzichtet er aber darauf, dann ist er ihm überlegen.»

Wichtiger aber noch ist ein vierter Einwand: Sehr häufig «funktioniert» die Rache nicht. Wer Alexandre Dumas' Roman *Der Graf von Monte Christo* gelesen hat, wird wissen, dass selbst ein noch so planmäßig betriebenes Racheprojekt von vornherein zum Scheitern verurteilt ist, wenn der ursprünglich erlittene Schaden gar nicht beglichen werden *kann*. Zur Erinnerung: Der Graf von Monte Christo rächt sich für eine grauenerregende Kerkerhaft, in die ihn einst eine Verschwörung von Rivalen und Neidern gebracht hatte. Damals war er ein junger Mann namens Edmond Dantès gewesen, frisch verliebt, die Welt stand ihm offen, eine bedeutende Karriere wurde ihm prophezeit. Doch die Verschwörer zerstörten diese aussichtsreiche Existenz. 14 Jahre sitzt Dantès unschuldig in seiner Gefängniszelle auf der Festungsinsel Château d'If. Dann, endlich, kann er fliehen. Er nimmt eine neue Identität an, gelangt zu Reichtum, und eines Tages kehrt er in die Heimat zurück, um dort Rache an all jenen zu nehmen, die sich einst gegen ihn verschworen haben. Die einen treibt er in den Ruin, andere in den Selbstmord, die nächsten in den Wahnsinn. Doch am Ende muss der Graf von Monte Christo feststellen: Seine Rache, so unerbittlich sie auch ausfiel, hat ihm die ersehnte Genugtuung nicht verschaffen können. Sie kann ihm das Glück der verlorenen Jahre nicht zurückbringen.

Nun verfolgt natürlich kaum jemand einen derart groß angelegten Rachefeldzug wie der Graf von Monte Christo. Und es soll hier auch nicht verheimlicht werden, dass man sich im Alltag und in vergleichsweise harmlosen Fällen mitunter tatsächlich durch Rache besänftigt sieht: Wer noch immer stinkwütend auf seine Ex-Freundin ist, mag tatsächlich Befriedigung daran finden, dass sie nun fellierend im Internet zu sehen ist. Nehmen wir an, im Fall des kompromittierenden Sex-Videos könnten sogar alle *vier* der genannten Bedenken zerstreut werden. Erstens: Die Rachetat tastet offenbar nicht schon das staatliche Gewaltmonopol an. Zweitens: Sie muss nicht per se schon eine Eskalation bewirken, falls die Ex-Freundin davon gar nichts mitbekommen sollte. Drittens: Die Racheaktion wird von Seiten der eigenen «Jungs» nicht etwa als peinliche Schwäche, sondern als clevere Coolness ausgelegt. Und viertens: Die Rache funktioniert auch in dem Sinn, dass sie die gekränkte Seele nachhaltig besänftigt. Was spräche *dann* noch gegen die Rache?

Die allermeisten Menschen dürften der Auffassung sein, dass leichte bis minderschwere Racheakte «ok» sind, solange sie für ausgleichende Gerechtigkeit sorgen, d. h., solange eine erste Tat durch eine zweite «wettgemacht» wird. Der Rächer darf es selbstverständlich nicht übertreiben, und kommt es zu echten Straftaten, so müssen diese geahndet werden. Aber so mancher Übeltäter scheint tatsächlich einen kleinen «Denkzettel» verdient zu haben. Allerdings wird man sich fragen lassen müssen: Stimmt diese Gleichung? Ergibt Minus und Minus stets ein Plus? Was in der Mathematik als doppelte Verneinung zum Positiven führen mag, bewirkt in der Moral bloß eine Verschärfung der Situation. Unmoral wird durch Unmoral kaum besser, sondern schlechter. Denn jetzt haben wir es bereits mit *zwei* kritikwürdigen Taten zu tun. Und indem das vormalige Opfer nunmehr selbst zum Täter wird, macht Rache aus dem vormaligen Täter ganz plötzlich ein Opfer. Rache ist ein interpersonales Austauschverhältnis, in dem nicht nur kritikwürdige Einzeltaten x und y, sondern auch die Rollen A und B getauscht werden – bis am Ende ununterscheidbar wird, wer der Täter und wer das Opfer ist. Was auch immer die Person, an der man sich rächt, getan haben mag: Sie wird nun selbst zur Zielscheibe eines unmoralischen Handlungsmusters, und genau deshalb muss die Analyse an dem *inhärent* unmoralischen Charakter der Rache festhalten. Es mag pedantisch klingen, aber es ist und bleibt moralisch anstößig, moralisch anstößige Dinge zu tun, auch wenn die Aussicht auf Rache noch so süß erscheinen mag. Ja, manche Dinge erscheinen nur deshalb süß, *weil* sie unmoralisch sind.

Aber seien wir realistisch: «Vernünftige» Überlegungen dieser Art werden kaum jemanden ernsthaft davon abhalten, Rache zu üben, wenn ihm oder ihr danach ist. Moraltheoretische Einwände, auch wenn sie richtig sind, werden einem empörten oder erzürnten Gemüt nicht schon Genugtuung verschaffen. Die Vernunft hat da fast immer das Nachsehen. Und übrigens: Wenn man das Racheverhältnis beenden möchte, so reicht es ohnehin nicht, sich einfach weitere Racheakte zu untersagen und auf praktische Genugtuung zu verzichten, nur weil dies vernünftig wäre. Das Gegenteil von Rache *übersteigt* die Vernunft. Um ein bestehendes Racheverhältnis für immer aus der Welt zu schaffen, wird man Großmut demonstrieren und zur Vergebung oder gar zur Versöhnung bereit sein müssen. Wie einem das gelingen soll, wenn man einst schwer geschädigt, verletzt oder auch erniedrigt worden ist? Keine Ahnung. Aber fragen Sie den Grafen von Monte Christo.

Literaturtipps:

Dumas, Alexandre: *Der Graf von Monte Christo*, Frankfurt a. M./Leipzig: Insel 2004. [Der bedeutendste Racheroman des 19. Jahrhunderts.]

Locke, John: *Zweite Abhandlung über die Regierung*, Studienbibliothek, Frankfurt a. M.: Suhrkamp 2007. [Klassiker der Politischen Philosophie zum staatlichen Strafmonopol, welches die Transformation individueller Rechte auf Selbstjustiz ermöglicht.]

Paul, Axel T.: «Die Rache und das Rätsel der Gabe», in: *Leviathan*, 33/2005, Nr. 2, S. 240–256. [Eine provokante soziologische Analyse der Rache als ein Mechanismus der vermeintlichen Wiederherstellung sozialer Gleichgewichte.]

Tötung

Wir alle müssen sterben. Jeder weiß das. Nach wie vor liegt die menschliche Mortalitätsrate bei genau 100 Prozent. Und dennoch ist der Tod ein Ärgernis, ja, eine regelrechte Sauerei. Vor allem in Anbetracht seiner unwiderruflichen Endgültigkeit. Was kommt danach? Warum überhaupt leben, wenn man am Ende dann doch für immer tot ist? Welchen Sinn macht das? Tagtäglich quälen sich unzählige Menschen mit diesen Ungewissheiten herum. Sie fürchten den Tod, und zwar insbesondere den eigenen. Und so ist es kaum verwunderlich, dass sich zu allen Zeiten große Denker darum bemüht haben, der allgemeinen Besorgnis über die menschliche Endlichkeit offensiv entgegenzutreten. Dabei lautet stets der Tenor: Der Mensch brauche gar keine Angst vor dem Tod zu haben, denn letztlich habe das Sterben etwas Gutes an sich. In ihrem *monotheistischen* Gewande will diese beschwichtigende These behaupten, der Mensch könne schon deshalb frohen Mutes sein, weil er nach seinem Tod, im göttlichen Jenseits, mit einer besseren oder gar paradiesischen Existenz belohnt werde. Die *nihilistische* Variante hingegen formuliert es «gottlos» und zynisch: In Anbetracht der völligen Sinnlosigkeit des Lebens und Leidens hier auf dieser Welt werde das Sterben eine regelrechte Erlösung sein. Die *naturwissenschaftliche* Variante schließlich bleibt nüchtern: Ist der Mensch erst einmal tot, und zwar «messbar», kann definitiv ausgeschlossen werden, dass die eigene (Nicht-)Existenz noch länger als nachteilig erfahren wird.

All diese Erklärungen sind bekannt – die Panik jedoch bleibt. Kaum jemand wird sich von diesen theologischen, philosophischen oder naturwissenschaftlichen Besänftigungsversuchen dauerhaft beruhigen lassen. Und so bleibt die zentrale Frage weiterhin unbeantwortet: Was eigentlich wäre so schlimm daran, für immer tot zu sein? Zunächst erscheint ein argumentatives Ausweichmanöver verlockend. Man könnte meinen, dass unsere Angst vor dem Tod in Wirklichkeit gar keine Angst vor dem Tod sei, sondern vor dem, was unwiderruflich zuvor stattfinde: dem *Sterben*. Nicht der eigentliche Exitus beunruhige uns, sondern der als unangenehm oder gar als qualvoll imaginierte Prozess des Ablebens; des leidvollen Übergangs vom Leben in den Tod. Zweifellos ist dem auch so: Der Mensch erschreckt nicht nur vor dem «Nichts», in das er nach seinem Tode fallen wird, sondern stets auch vor dem sehr realen Moment davor, in dem er definitiv «ins Gras beißen» wird. Wird mein Sterben mit schrecklichen Schmerzen verbunden sein? Wird es ein «natürlicher» Tod sein? Werde ich rückblickend bereuen, was ich im Leben so alles verpasst habe?

Diese Fragen klingen tatsächlich furchteinflößend, aber sie treffen dennoch nicht den Punkt. Versuchen wir es mit einem Gedankenexperiment: Stellen Sie sich vor, man würde Sie vollkommen unerwartet töten; z. B. im Schlaf. Der Tod käme auf «leisen Sohlen» und gänzlich schmerzlos, denn man würde Ihnen ein sekundenschnell wirkendes Gift verabreichen. Sie wachen nicht einmal auf. Zugegeben, all dies ist unwahrscheinlich, aber doch möglich. Setzen wir zudem voraus, Sie seien anschließend tatsächlich tot und hätten weder in Ihrer letzten Ruhestätte noch im Fegefeuer, noch irgendwo sonst unter den Folgen dieses Ereignisses zu leiden. Sie dächten und fühlten rein gar nichts mehr, ja, Sie *wären* nicht mehr. Und nun frage ich Sie: Bringt dieses Gedankenexperiment Ihre Angst vor dem Tod zum Verschwinden? Was würde Ihnen «fehlen», wenn Sie tot wären? Und um es schon jetzt auf die im Zusammenhang der Unmoral entscheidende Frage zuzuspitzen: Um was würde man Sie bringen, wenn man Sie *umbringen* würde?

Bestimmen wir zunächst den genauen Todeszeitpunkt. Im Krankenhaus geht man gemeinhin davon aus, dass ein Patient gestorben ist, wenn sein Gehirn und auch sein Herz-Kreislauf-System endgültig ihre Arbeit eingestellt haben. Sollten sich also über einen längeren Zeitraum hinweg weder Gehirnströme noch Herzfrequenzen messen lassen, wird der Mensch «für tot erklärt». Dieser Vorgang scheint auf den ersten Blick relativ unproblematisch zu sein, doch medizinisch betrachtet, hat man es mit zwei recht unterschiedlichen Todeszeitpunkten zu tun, denn der Hirntod eines Patienten muss keineswegs zeitgleich mit dessen Herz-Kreislauf-Tod eintreten. Wenn z. B. ein Patient, dessen Hirntod bereits festgestellt worden ist, einen Organspendeausweis besitzt, dann müssen die Ärzte das Herz-Kreislauf-System des Sterbenden «künstlich» am Leben erhalten, weil seine Organe bis zur endgültigen Entnahme durchblutet bleiben müssen. In Momenten wie diesen hat man es buchstäblich mit einem *lebenden Toten* zu tun: Das Gehirn hat bereits den «Geist aufgegeben», das Herz aber schlägt noch.

Strafrechtlich betrachtet, muss man freilich auch schon diesen Sterbenden für tot erklären, denn sonst würde sich der Chirurg, der kurz darauf das Spenderorgan entnehmen wird, einer Tötung schuldig machen.

Wenn man den Tod jedoch, so wie hier, rein medizinisch betrachtet, wird fraglich, warum er uns sorgen sollte. Denn was ist so beängstigend an der Vorstellung, dass ein Gehirn nicht mehr funktioniert oder ein Herzmuskel nicht mehr schlägt? Dass unser Körper eines Tages zu Staub zerfallen wird, ist aus naturwissenschaftlicher Perspektive nicht nur hinnehmbar, sondern geradezu wünschenswert. Die Menschheit muss sich, wie die Natur insgesamt, periodisch erneuern, und das geht nur, wenn altes Leben neuem weicht, sagt die Biologie. Aber nicht jeder von uns ist Biologe. Uns ganz persönlich beunruhigt die Vorstellung sehr, dass unser Körper hinfällig ist, ja, es stört uns vehement. Auch wenn also der Tod objektiv Sinn machen mag: *Subjektiv* finden wir ihn alles andere als sinnvoll. Und eben deshalb wollen wir uns das Phänomen des Todes nicht nur als eine naturwissenschaftliche Tatsache erklären können. Wir möchten den Tod vielmehr *verstehen* lernen, und zwar als ein interpretationsbedürftiges Ereignis, das zum Leben unumgänglich dazugehört.

Wie bereits angedeutet, wird über die «richtige» Interpretation dieses Ereignisses seit jeher gestritten. Und doch ist die Antwort auf die beunruhigende Grundfrage, warum der Tod ein Übel darstellt, gar nicht so kompliziert: Das Problem des Todes ist schlicht, *dass man fortan nicht mehr lebt.* Was aber genau bedeutet das? Lassen Sie sich bitte auf ein zweites Gedankenexperiment ein, und denken Sie für einen Moment an ein paar kleine, sehr persönliche Dinge, die Ihr Leben lebenswert machen: an einen Kuss, den Duft frischer Waffeln, ein gutes Gespräch unter Freunden oder an die Sonne, die das Meerwasser auf Ihrer Haut trocknen lässt. Addieren Sie nun ein paar Angelegenheiten, die Ihnen größer und bedeutender erscheinen: ein berufliches Vorhaben, ein politisches Ziel, die Kulturgüter Ihres Heimatlandes. Und jetzt die wirklich wichtigen Dinge im Leben: die Familie, die große Liebe, die Geburt des ersten Kindes. All das, worauf Sie niemals verzichten könnten, ohne auf sich *selbst* verzichten zu müssen. Doch plötzlich erfolgt ein krasser, brutaler Schnitt: Der Tod klopft an Ihre Tür und macht alles kaputt. All die schönen und wichtigen Dinge sind passé, für immer Vergangenheit. Sie stürzen ins Nichts. Kann es sein, dass Sie diese Vorstellung, so wie ich, ein wenig deprimierend finden?

Jeder Mensch kennt solche inhärent wertvollen Lebensinhalte, in deren Vollzug man die eigene Existenz allererst als «gut» oder «glücklich» erfährt. Daraus folgt zunächst: Der Tod zerstört nicht nur das *biologische* Leben, sondern etwas, das uns bisweilen noch viel wichtiger erscheint, und zwar den «Genuss» dieses Lebens. Wäre man tot, so hätte dies den überaus empfindlichen Nachteil, dass unausgeschöpfte Lebensmöglichkeiten und verpasste Chancen zurückbleiben würden. All die schönen Dinge, die man selbst noch gern erlebt hätte, werden fortan andere genießen, und all die wichtigen Angelegenheiten, die noch zu erledigen gewesen wären, müssen für immer unerledigt bleiben. Es ist also das Nichts selbst, das uns am Tode stört. Denkt man an den eigenen Tod, so verdunkelt sich der Lebenshorizont. Die Aussichten werden düster, und wo eben noch Licht und Schatten waren, da ist plötzlich nur noch Schatten. «Sie war noch so jung!», heißt es, wenn eine Person «zu früh» aus dem Leben gerissen wird. Und stets mischt sich in diesen Seufzer die Befürchtung, dass der Tod wahrscheinlich immer zu früh kommt und auch man selbst viel mehr Zeit bräuchte, um das eigene Leben auszuschöpfen. Je kürzer das Leben, umso skandalöser der Tod!

Nun folgt aber aus den bisherigen Überlegungen zunächst nur, dass es aus Sicht derjenigen, die eines Tages tot sein *werden*, schlecht ist, auf unausgeschöpfte Lebensmöglichkeiten zu verzichten. Was aber ist mit denen, die bereits tot *sind*? Für sie gilt offenkundig etwas anderes, und eben das wird sich als überaus bedeutsam erweisen: Der jeweils eigene Tod ist immer nur «a priori» und niemals «ex post» ein Übel. Man mag ihn prospektiv bedauern, doch sobald er eintritt, wird zugleich auch jenes schmerzvolle Bedauern ein Ende finden, von dem die sterbende Person das ganze Leben auf beunruhigende Weise begleitet worden sein mag. Die schmerzhafte Retrospektive hingegen bleibt jenen überlassen, die traurig zurückbleiben; den sogenannten Hinterbliebenen. Nur für sie mag «mein» Tod auch nachträglich ein Übel sein. Aber dieser Umstand steht hier nicht zur Debatte, da es uns vornehmlich um die Frage geht, warum der jeweils eigene Tod eine deprimierende Vorstellung ist.

Macht man angesichts des Nichts noch Witze?

Und diesbezüglich kann nun festgestellt werden, dass für den Toten gilt, was noch der Sterbende kurz zuvor ganz anders gesehen haben mag: «Non, je ne regrette rien!»

Kommen wir nun jedoch auf die Bedeutung des Todes für die Unmoral zu sprechen. Tritt der Tod eines Menschen nicht nur verfrüht und unfreiwillig, sondern auch *fremdbestimmt* ein, verschärft sich das Problem. Fortan geht es um Akte vorsätzlicher Tötung. Dabei konfrontiert uns ein Blick in das Strafgesetzbuch zunächst mit einer frappierend unklaren Definition. In § 212 heißt es: «Wer einen Menschen tötet, ohne Mörder zu sein, wird als Totschläger mit Freiheitsstrafe nicht unter fünf Jahren bestraft.» Diese begriffliche Festlegung ist deshalb irritierend, weil sie den Straftatbestand der Tötung definitorisch vom begrifflichen Gehalt des schwerer wiegenden Mords abhängig macht, von dem es in § 211 StGB heißt: «Der Mörder wird mit lebenslanger Freiheitsstrafe bestraft.» Daraus folgt, dass der Straftatbestand der Tötung eine Art *Schwundstufe* des Mords ist. Jede Herbeiführung eines Todes, die nicht schon Mord ist, wird «lediglich» als Tötungsdelikt geahndet. Und deshalb müssen wir uns vorab fragen: Was ist Mord?

Kriminologisch betrachtet, wechseln wir mit dieser Frage die Seiten, denn beim Mord ist nicht länger die Perspektive der Sterbenden entscheidend, sondern die Motivlage der Täter. Folgt man dem Strafgesetzbuch, so ist ein Mord geschehen, wenn mindestens eines der folgenden Mordmerkmale vorliegt: Die Tat muss entweder «aus Mordlust, zur Befriedigung des Geschlechtstriebs, aus Habgier oder sonst aus niedrigen Beweggründen, heimtückisch oder grausam oder mit gemeingefährlichen Mitteln oder um eine andere Straftat zu ermöglichen oder zu verdecken» geschehen sein. Folglich droht das Urteil «lebenslang» u. a. Kannibalen, Sexualstraftätern, Einbrechern, Rassisten, Neidern, Auftragskillern, Giftmischern, Sadisten, Brandstiftern, Bombenlegern und Erbschleichern, sofern sie direkt in Ausführung ihrer böswilligen Pläne bzw. in Auslebung ihrer niederen Triebe getötet haben. Wer aber bleibt da noch für den als weniger schwerwiegend eingestuften Straftatbestand der Tötung übrig?

Lässt man Akte einer bloß «fahrlässigen» Tötung beiseite, so geht es bei herkömmlichen Tötungsdelikten um Fälle, in denen der Täter zwar wissentlich und willentlich handelt, doch ohne dass ihm dabei eine besonders verachtenswerte Gesinnung oder niederträchtige Vorgehensweise zu attestieren wäre. Menschen, die in plötzlich aufflammender Wut, aus akuter Eifersucht, aufgrund von eigenen Gewalterfahrungen oder jahrelangem Missbrauch töten, werden in aller Regel nicht als Mörder bestraft. Auch Fälle postnataler Kindstötungen können in diese Kategorie fallen, sofern die Tat nachweislich von einer verzweifelten, überforderten Mutter begangen worden ist. Ein sehr spezielles Tötungsdelikt, auf das wir später noch zurückkommen werden, wird «Tötung auf Verlangen» genannt. Gemeint ist die sogenannte Sterbehilfe, in deren Verlauf der Täter, wie es in § 216 StGB heißt, «durch das ausdrückliche und ernstliche Verlangen des Getöteten zur Tötung bestimmt worden» ist. Entscheidend ist auch hier, dass ein Gericht zu dem Urteil gelangt, keines der oben genannten Mordmerkmale habe vorgelegen.

All die genannten Tötungsdelikte sind strafbar, denn sie werden *vorsätzlich* ausgeführt. Anders als beim Mord jedoch erscheinen uns die Motive, die auf Seiten der Täter zur Tat geführt haben mögen, gelegentlich nachvollziehbar oder sogar verzeihlich. Wenn aber der Tod, wie oben dargelegt, das größte anzunehmende Übel im Leben des Menschen darstellt, wie kann es dann *jemals* verzeihlich sein, einen anderen Menschen zu töten? Betrachten wir den Fall der «Notwehr» nach § 32 StGB, in dem eine Tötung nicht bloß zu entschuldigen, sondern nach Auffassung des Strafrechts sogar zu rechtfertigen ist: Wenn man sein eigenes Leben nur dadurch retten kann, dass man das Leben eines gewalttätigen Angreifers zerstört, so ist das furchtbar, aber doch verständlich. Und deshalb wird man auch nicht dafür bestraft. Dies gilt übrigens selbst dann, wenn die Person, die man in extremer Bedrängnis tötet, keinen *vorsätzlichen* Angriff unternommen hat. Wenn man z. B. nach einem Bergunfall oberhalb einer zweiten Bergsteigerin an einem rettenden Seil hängt, das jedoch dauerhaft nur eine Person wird tragen können, so darf man das Seil unter sich kappen, auch wenn die zweite Bergsteigerin daraufhin in den Tod stürzen wird. Denn täte man es nicht, so würden *beide* sterben, und deshalb liegt ein «rechtfertigender Notstand» nach § 34 StGB vor. Etwas Ähnliches gilt, wenn man eine Person nur deshalb tötet, weil man eine *dritte* Person retten will. Wenn z. B. eine Polizistin einen bewaffneten Entführer erschießt, der im Begriff ist, seine Geisel zu ermorden, so liegt ein legitimer Fall von «Nothilfe» vor.

In all diesen dramatischen, ja, dilemmatischen Ausnahmesituationen steht «Leben gegen Leben», wie man sagt. Und scheinbar dann *darf* man töten, bevor man selbst oder aber ein anderer Mensch stirbt. Fragen wir uns zum Schluss jedoch, ob ein elementares Rechtsgut denkbar ist, das in dramatischen Ausnahmesituationen *noch* schwerer als das Leben wiegen könnte. Diese Frage dürfte auf Anhieb verwirrend klingen: Was kann schon dringlicher als der Schutz menschlichen Lebens sein? Laut deutscher Verfassung gibt es tatsächlich etwas, das noch bedeutender als das Leben ist, und zwar die in Art. 1 des *Grundgesetzes* unter einen absoluten Schutz gestellte «Würde des Menschen». Man stelle sich eine dramatische Notsituation vor, in der die Bewahrung der Menschenwürde *nur* durch Inkaufnahme des Todes anderer Menschen möglich ist. Ein entführtes Passagierflugzeug z. B. darf nach Auffassung des Bundesverfassungsgerichtes selbst dann nicht abgeschossen werden, wenn es im Begriff ist, in ein voll besetztes Hochhaus zu fliegen. Das Leben der Passagiere, die sich im Flugzeug befinden, darf niemals «instrumentalisiert» werden, hat das Gericht bestimmt, denn eben das wäre eine Verletzung ihrer Würde.

Wenn Ihnen diese höchstrichterliche Entscheidung nicht plausibel erscheinen sollte, so stellen Sie sich einen Würde-Konflikt *in eigener Sache* vor. Dazu ein letztes Gedankenexperiment: Sie sind Sokrates, der berühmteste Sterbende der Philosophiegeschichte. Man hat Sie zum Tode verurteilt, weil Sie nach Auffassung des Gerichts eine «gottlose» Philosophie verbreiten und die Jugend verderben. Wie damals üblich, hat man es Ihnen jedoch freigestellt, statt Ihrer Hinrichtung die Verbannung zu wählen. Diese Wahlmöglichkeit war eher «rhetorisch» gemeint, denn das Gericht ging selbstverständlich davon aus, dass die Verurteilten das Exil dem Sterben vorziehen würden. Sie aber sind, ganz so wie Sokrates, ein philosophischer Dickkopf und so sehr von den eigenen Grundsätzen überzeugt, dass Ihnen die Verbannung als feige Flucht erscheint. Und das Exil wäre auch deshalb die *schlimmere* Strafe, weil man einen stolzen Bürger Athens nicht einfach umsiedeln kann, ohne ihn zu → demütigen und zu entwürdigen. Deshalb entscheiden Sie sich für den berühmten Schierlingsbecher und bestimmen so am Ende selbst den Zeitpunkt Ihres Todes.

Nun, auch wenn Sie das wahrscheinlich nicht tun werden: Das Interessante an der Geschichte ist, dass der weise Sokrates ein auf ihm lastendes und von ihm als Entwürdigung empfundenes Todesurteil im letzten Moment in eine Art «Freitod» hat umwandeln können. Es kann schier ausweglose Situationen im Leben geben, in denen man sich dazu entscheiden mag, den eigenen Tod einem als «unwert» empfundenen Weiterleben vorzuziehen. Und Sokrates ist durchaus kein Einzelfall. Denken Sie hier nur an Menschen, die unheilbar krank sind und unendliche Schmerzen zu erleiden haben; die, angeschlossen an Schläuche und Maschinen, für immer an ihr Krankenhausbett gefesselt sein werden. Manchmal mag es wichtiger sein, «in Würde» zu sterben als unter unwürdigen Bedingungen mit dem Leben fortzufahren. «Das Leben ist der Güter höchstes nicht», hat Friedrich Schiller einmal gesagt. Das Wichtigste im Leben ist vielmehr das *selbstbestimmte* Leben in Würde und Selbstachtung. Und deshalb lautet die entscheidende Frage: Kann es *Ausdruck* eines Lebens in Würde sein, sich *für* den eigenen Tod zu entscheiden?

Genau um diese Frage geht es, wenn heute über die Zulässigkeit von Sterbehilfemaßnahmen gestritten wird. Was soll geschehen, wenn ein Mensch, der sterben möchte, weil er das eigene Leben bloß noch als qualvoll erlebt, nicht mehr dazu in der Lage ist, sich eigenhändig umzubringen? Aus Sicht des Krankenhauspersonals und auch der Angehörigen kommt es in derart dramatischen Notsituationen zu einem fundamentalen Wertekonflikt: Gilt hier das allgemeine Tötungsverbot, oder wird man stattdessen dem kategorischen Gebot der Achtung vor der Menschenwürde folgen und dem Todkranken beim Sterben behilflich sein müssen? Ganz gleich, wie man selbst als Betroffener entscheiden würde, beide Alternativen sind höchst problematisch: Wer das allgemeine Tötungsverbot absolut setzt, nimmt billigend in Kauf, dass Schwerstkranke gegen ihren Willen dazu →gezwungen werden können, ein von ihnen als unwürdig empfundenes Dasein an Schläuchen und Maschinen zu fristen. Wer hingegen die absolute «Unantastbarkeit» der Menschenwürde proklamiert, wird in Fällen wie diesen Ausnahmen vom strikten Tötungsverbot zulassen müssen.

Literaturtipps:

Platon: *Apologie des Sokrates, Kriton, Ion, Hippias II u. a.*, Werke, Bd. I, Reinbek: rororo 2004. [Die beiden erstgenannten Dialoge handeln vom Tode des Sokrates.]

Leist, Anton (Hg.): *Um Leben und Tod*, Frankfurt a. M.: Suhrkamp 1990. [Eine wichtige Aufsatzsammlung zu bioethischen Fragen u. a. der Sterbehilfe, der Selbsttötung und des Schwangerschaftsabbruchs.]

Tugendhat, Ernst: *Über den Tod*, Frankfurt a. M.: Suhrkamp 2006. [Eine knappe, aber eindringliche Abhandlung über das, was der Gedanke an den Tod mit uns macht.]

Unterlassung

Ein Familienvater auf dem Weg zur Arbeit: schicker Anzug, neues Handy, frisch geputzte Schuhe. Er kommt, wie jeden Tag, an einem kleinen Teich vorbei, auf dem gelegentlich ein paar Enten schwimmen. Heute spielt dort ein kleines Mädchen, etwa fünf Jahre alt, ganz allein. «Wo mögen die Eltern sein?», fragt sich der Mann noch, als er sieht, wie das Mädchen, tief in das eigene Spiel versunken, auf einen morschen Holzsteg klettert. Der Steg ist nass und glitschig. Es hat die ganze Nacht geregnet. Und tatsächlich: Das Mädchen rutscht aus, fällt in den Teich. Zwar ist das Wasser an dieser Stelle nur etwa einen Meter tief, aber doch *zu* tief für ein Kind, das noch nicht schwimmen kann. Der Mann sieht das Unglück, denkt an seine frisch geputzten Schuhe – und geht weiter.

Man wäre vollends entsetzt und auch stinkwütend, wenn man von diesem Vorfall erfahren würde: «Wie kann ein Mensch, ein Familienvater zudem, nur derart herzlos sein?» «Was aber hat der Mann getan?», könnte man zurückfragen. «Buchstäblich nichts, null, nada», dürfte die Antwort lauten, «er hat nichts getan, und gerade das ist das moralische Problem.» Aber noch einmal die Gegenfrage: «Wie kann es unmoralisch sein, *nichts* zu tun? Sind nicht alle anderen der in diesem Buch behandelten Phänomene konkrete Taten?» Nun, zunächst ist unstrittig, dass der Mann das ertrinkende Mädchen problemlos hätte retten können. Ein konkretes Tun seitens des zufällig vorbeikommenden Familienvaters wäre sehr wohl angezeigt gewesen. Er aber tat nichts, und da niemand sonst zur Stelle war, der rettend hätte eingreifen können, ist das Mädchen ertrunken. Man nennt diesen recht speziellen Fall von Unmoral eine «Unterlassung»: Anstatt moralisch richtig zu handeln, bleibt die betreffende Person untätig, und eben *dadurch* verhält sie sich falsch. Das Unmoralische dieser Nicht-Tat liegt also darin begründet, dass eine moralisch erforderliche Tat versäumt wurde. Es scheint also, als gelte hier ein berühmtes Wilhelm Busch-Zitat in direkter Umkehrung: «Das Böse – dieser Satz steht fest – ist stets das Gute, das man lässt.» Und auf den ersten Blick wird man deshalb geneigt sein, eine Unterlassung *wie* eine unmoralische Tat zu behandeln. Ist ein Mensch, der sehenden Auges an einem Teich vorbeigeht, in dem ein kleines Kind ertrinkt, nicht genauso ein Unhold wie eine Person, die ein zweites Kind direkt in einen benachbarten Teich *hineinwirft*? Das Resultat ist doch in beiden Fälle dasselbe: Ein Kind ertrinkt.

Doch noch einmal die Gegenfrage: Wäre es wirklich fair, beide Personen – die passive und die aktive – strikt *gleich* zu behandeln? Müssen wir nicht doch einen moralischen Unterschied machen zwischen einem Übel, das man direkt tut, und einem solchen, das geschieht, nur weil man nichts *dagegen* tut? Ganz am Ende werden wir sehen, dass es hier tatsächlich einen wichtigen Unterschied gibt. Als Erstes muss jedoch bedacht werden, dass nicht schon jede Form von Unterlassung per se unmoralisch ist. Denn wir können jedes nur erdenkliche Handeln, auch jedes moralisch vollends irrelevante, stets auch unterlassen: Man kann ins Kino gehen oder es bleiben lassen; den Abwasch erledigen oder warten, bis sich im Waschbecken Schimmel bildet; den Keller aufräumen oder bis zum übernächsten Sperrmüll warten. All dies ist – moralisch betrachtet – vollends irrelevant, denn unmoralisch sind Unterlassungen nur dann, wenn andere Menschen dabei Schaden nehmen. Und dies gilt insbesondere in jenen Fällen, die das Strafrecht unter den Straftatbestand der «unterlassenen Hilfeleistung» subsumiert: Nach § 323 c StGB ist jeder Mensch verpflichtet, anderen Menschen in «Unglücksfällen oder gemeiner Gefahr oder Not» zur Hilfe zu eilen, sofern ihm dies faktisch möglich und «den Umständen nach zumutbar» ist.

Was genau passiert im Fall einer unterlassenen Hilfeleistung? Es scheint an «Blindheit» zu grenzen, wenn ein Mensch nicht sieht, dass ein anderer Mensch gravierend in Not ist. Aber es handelt sich hier weniger um ein kognitives als vielmehr um ein moralisches Versagen: Die Person schaut *gezielt* weg. Ob aus Arroganz oder Egoismus, Faulheit oder Müdigkeit, Zeitnot oder Unsicherheit: Wer nicht helfen *will*, obwohl er helfen könnte, hat dafür in der Regel keine «guten» Gründe. Und genau an diesem Punkt geschieht etwas recht Merkwürdiges: Sollte die betreffende Unterlassung dazu führen, dass ein konkreter Schaden eintritt, der leicht hätte verhindert werden können, so macht sich der passiv bleibende Nicht-Täter unmittelbar mitschuldig, auch wenn er das ursprüngliche Unglück gar nicht ursächlich verschuldet haben mag. Es reicht aus, zufällig vor Ort zu sein und helfen zu *können*, um zur Hilfe verpflichtet zu sein. Die bloße Anwesenheit eines zufälligen Zeugen macht das Unglück ganz plötzlich auch zu *seinem* Unglück. Menschliche Notsituationen sind – moralisch gesehen – «ansteckend». Man muss sich dazu verhalten.

Mit dieser These droht freilich eine für die Schuldfrage geradezu fundamentale Grenze zu verschwimmen: zwischen verantwortlichen Tätern und unbeteiligten Dritten. Der Philosoph Peter Singer, von dem das obige Teich-Beispiel stammt, will diese Grenze tatsächlich nicht gelten lassen. Er bestreitet zwar nicht, dass den Verursacher einer Notlage eine *besondere* Schuld trifft. Sobald es jedoch um die Beseitigung der betreffenden Notlage geht, sind alle Menschen, die vor Ort helfen können, *gleichermaßen* zur Hilfe verpflichtet. Im Fall des ertrinkenden Mädchens ist ohnehin kein schuldiger Verursacher der Notlage vorhanden, da es sich um ein Unglück handelt, das dem schlechten Wetter, einem glitschigen Steg und der Unachtsamkeit eines kleinen Mädchens geschuldet ist. Jeder, der in diesem Moment vor Ort ist und helfen könnte, *muss* helfen. Und alle, die es nicht tun, sind für die Folgen dieser unterlassenen Pflichterfüllung zur Verantwortung zu ziehen. Diese Überlegung dürfte zunächst unstrittig sein.

Doch nun folgt Singers erste provozierende These: An dieser universellen Hilfspflicht ändert sich auch dann nichts, *wenn* die akute Notlage des Kindes schuldhaft von einer anderen Person verursacht worden wäre; wenn also irgendjemand das Mädchen direkt in den Teich hineingeworfen hätte. Zumeist ist der ursprüngliche Verursacher der Notlage ohnehin nicht mehr dingfest zu machen. Und in diesem Fall, so Singer, wird man sein eigenes Nichtstun kaum mit dem Hinweis rechtfertigen können, man habe darauf gewartet, dass der flüchtige Missetäter zurückkehren werde, um seine Hilfe anzubieten. Singer geht jedoch noch einen Schritt weiter: Das Beispiel des ertrinkenden Mädchens soll nicht nur demonstrieren, dass eine konkret *vor Ort* unterlassene Hilfeleistung unmoralisch wäre. Singer will zugleich beweisen, dass selbst noch Menschen, die augenblicklich *nicht* vor Ort sind, zur Hilfe verpflichtet sein könnten, ja, dass es menschliche Notlagen gibt, zu deren Beseitigung alle zur Hilfe fähigen Menschen *weltweit* aufgerufen sind. Diese «globale» Erweiterung des Adressatenkreises menschlicher Hilfspflichten mag im Fall des ertrinkenden Mädchens zunächst nur wenig einleuchtend erscheinen: Warum sollten weltweit alle Menschen zur Rettung eines ihnen vollends fremden, weit entfernten Kindes verantwortlich sein?

Singers List besteht jedoch darin, mit seinem suggestiven Teich-Beispiel auf einen ganz anderen, sehr viel umstritteneren Notstand aufmerksam machen zu wollen, und zwar auf das Problem globaler *Armut*. Angesichts des Umstandes, so Singer, dass tagtäglich etwa 100 000 Menschen an vermeidbarer Armut sterben, stelle sich uns unweigerlich die Frage: Wer ist dazu verpflichtet, von seinem Reichtum abzugeben, damit auch diese Menschen eine reale Überlebenschance haben? Genau hier setzt Singers zweite provokante These an. Zwischen einer unterlassenen Hilfeleistung am hiesigen Teich und einer versagten Unterstützung notleidender Menschen in weiter Ferne bestehe aus Sicht der Moral überhaupt gar kein Unterschied. In beiden Fällen sei der alleinige Grund, warum man helfen muss, der Umstand, dass man helfen *kann*. Die Not eines ertrinkenden Mädchens vor Ort, so Singer, wiegt keineswegs schwerer als das Leiden irgendeines verdurstenden Kindes in der Wüste Afrikas. Und ob andere Menschen «näher dran» an der vermeintlichen Unglücksstelle sind oder aber wohlhabender als man selbst, ist ebenfalls irrelevant. Alle Menschen, die wissen, dass es das Problem globaler Armut gibt, und die zugleich mehr besitzen, als sie zum eigenen Leben brauchen, haben exakt die *gleiche* moralische Pflicht, die weltweite Armut zu bekämpfen.

Wer diese provokante Überzeugung teilt, wird daraus rigorose Forderungen ableiten wollen: Immer dann, wenn irgendwo auf unserer Erdkugel dringend Hilfe benötigt wird und Unterstützung *möglich* wäre, ist der Verzicht auf Hilfe ein unentschuldbares moralisches Vergehen; ganz gleich, wie weit man selbst von dem betreffenden Unglück entfernt sein mag. Aus dem kategorischen Verbot unterlassener Hilfeleistung folgt demnach notwendig ein ebenso universelles *Gebot* zur aktiven Hilfe: Jeder Mensch ist dazu aufgerufen zu helfen, wo er nur kann. Wir alle sind Erbe des antiken Helden Atlas, der den gesamten Globus auf seinen Schultern trägt. Dieser auf Anhieb etwas überspannt wirkende Verantwortungsrigorismus mag einen an den französischen Existentialismus erinnern. Es waren Jean-Paul Sartre, Simone de Beauvoir und Albert

Kann Unheil nicht auch durch Nichtstun verhindert werden?

Camus, die einst in ihren Romanen, Theaterstücken und Essays ein äußerst kämpferisches Freiheitsideal entworfen haben. Die existentialistische Grundthese lautet: Der Mensch ist «radikal» frei, sein Leben zu ändern, wann immer er es will. Jeden Tag steht er erneut vor der Entscheidung, ob er weiterhin so leben möchte, wie andere es ihm diktieren, oder ob er seine Existenz endlich in die eigenen Hände nehmen will. Mit dieser geradezu grenzenlosen Freiheitsidee geht aber zugleich auch ein Höchstmaß an humaner Verantwortung einher: Der wahrhaft freie Mensch, so Sartre, trägt für all das, was er tut *und* unterlässt, die alleinige Verantwortung. Freiheit ist eine Bürde, zu der wir als Menschen «verurteilt» sind. Denn wer frei ist, hat keine Ausreden mehr, warum er sich nicht auflehnt gegen all die Unterdrückung und Ungerechtigkeit in dieser Welt.

In der biederen Nachkriegszeit mag diese existentialistische Freiheitsauffassung regelrecht «sexy» auf die Jugend in Paris, Berlin und anderswo gewirkt haben. Doch heute will sie kaum jemandem mehr einleuchten. Wenn man bedenkt, dass tagtäglich unzählige Menschen überall auf der Welt geradezu unendlich viel Hilfe benötigen und die jeweils eigenen Hilferessourcen arg begrenzt sind, mutet der Aufruf, sich unentwegt und mit ganzer Kraft an der Bekämpfung globaler Ungerechtigkeiten zu beteiligen, wie eine heillose Überforderung an. Aber selbst wenn man diese Skepsis teilt: Das moralphilosophische Plädoyer für eine derart *universelle* Verantwortungsübernahme ist eine ungeheure Provokation geblieben. Denn bis heute scheitert die Moralphilosophie daran, das Gegenteil dieser Auffassung zu beweisen, und zwar die Annahme, dass wir *nicht* allen armen und entrechteten Menschen gegenüber exakt die gleichen moralischen Hilfspflichten haben; dass wir vielmehr Unterschiede machen dürfen zwischen Menschen, die uns nahestehen, und solchen, die uns fremd sind. Derart «partikularistische» Moralvorstellungen sind im Alltag sehr verbreitet. Wie selbstverständlich gehen die meisten Menschen davon aus, dass sie die eigene Familie, die eigenen Freunde und Landsleute moralisch bevorzugt behandeln dürfen. Die moderne Moralphilosophie jedoch will eine Philosophie der «Unparteilichkeit» sein: Sie trägt die Augenbinde der Justitia, die bei ihren Entscheidungen davon absieht, mit welchen jeweils besonderen Individuen sie es zu tun hat. Vor dem moralischen Gesetz sind alle gleich. Damit steht die Moralphilosophie vor einer geradezu paradox anmutenden Aufgabe, falls sie die partikularistischen Moralauffassungen des Alltags nicht einfach übergehen, zugleich aber auch ihre Unparteilichkeit wahren will: Gesucht werden unparteiliche Gründe für die parteiliche Bevorzugung Nahestehender. Und eben diese moralphilosophische Suche ist bislang vergebens gewesen.

Nun wird man aber selbst dann, *wenn* man ein Verantwortungsrigorist wie Singer oder Sartre ist, berechtigte Ausnahmen vom universellen Hilfsgebot zulassen müssen. In § 323 c StGB heißt es diesbezüglich: Die Hilfeleistung muss den Betroffenen «den Umständen nach zumutbar» sein. Diese Bedingung ist nur dann gegeben, wenn Sie sich dadurch, dass Sie helfend eingreifen, nicht schon selbst in gravierende Schwierigkeiten bringen. Niemand kann von Ihnen verlangen, einen in Seenot geratenen Passagier zu retten, falls Sie selbst überhaupt gar nicht schwimmen können. Auch käme es einer unzumutbaren Härte gleich, von einer alleinerziehenden Hartz-IV-Empfängerin zu fordern, sie solle einen Teil ihrer «üppigen» Einkünfte in die Dritte Welt spenden. Es wäre geradezu heroisch, wenn sie dies täte, aber sie darf es auch unterlassen. Etwas Ähnliches gilt dann, wenn eine konkrete Hilfeleistung zwar zumutbar erscheint, die eigenen Ressourcen aber nicht ausreichen, um *allen* Menschen, die akut in Not sind, zu helfen. Wer Zeuge eines schweren Verkehrsunfalls wird, mag nicht schon jedem der zahlreichen Verletzten gleichzeitig helfen können. Solange man jedoch aktiv tut, was man tun kann, *handelt* man und hilft – selbst wenn andere Menschen unterdessen sterben sollten. Deren Rettung *unterbleibt* dann zwar, aber sie wird nicht unterlassen. Das ist ein wichtiger Unterschied.

Auch verpflichtet uns nicht schon jede menschliche Notlage zur Hilfe. Das Hilfegesuch muss vielmehr drei Bedingungen erfüllen, um moralisch bindend zu sein. Erstens: Man muss es mit einer *unfreiwilligen* Notlage zu tun haben. Manche Menschen begeben sich sehenden Auges und aus freien Stücken in Not: z. B. Hungerkünstler, Bettelmönche oder Extremsportler. Diese Menschen werden sich vermutlich sogar wehren, wenn man versuchen sollte, ihnen fremde Hilfe aufzuzwingen. Zweitens: Die betreffende Notlage muss moralisch *unbedenklich* sein. Niemand ist verpflichtet, einem Einbrecher die Leiter zu halten oder einem aus dem Gefängnis entflohenen Schwerverbrecher Unterschlupf zu gewähren. Und drittens: Es muss sich erkennbar um eine *existenzielle* Notsituation handeln. Wenn man sich weigert, einer befreundeten Familie beim Umzug zu helfen, so mag man deren Freundschaft riskieren, aber eine Anzeige bei der Polizei dürfte für Gelächter sorgen. Selbst dem erwähnten Einbrecher werden Sie aber helfen müssen, sollte dieser sich bei der Ausführung seiner Tat derart ungeschickt anstellen, dass er von seiner Leiter stürzt und sich das Rückgrat bricht. Oder sind Sie anderer Meinung? Sollte man ihn liegen lassen, nur weil er ein Ganove ist? Jeder Mensch, selbst der Verbrecher, hat ein Recht auf Hilfe, wenn er sich in einer gefährlichen Notlage befindet. Nur unterstützt man den besagten Einbrecher dann nicht länger bei der Ausführung seiner Tat, sondern schlicht beim *Überleben*. Auch das ist ein wichtiger Unterschied.

Die bisherigen Überlegungen dienten dem Nachweis, dass eine Unterlassung bisweilen ähnlich unmoralisch wie ein aktives Tun sein kann. Noch immer unklar dürfte jedoch sein, ob wir beide Fälle strikt *gleich* behandeln sollen. Betrachten wir dazu die Ergebnisse einer aufschlussreichen empirischen Untersuchung, die auf den ersten Blick allerdings nur wenig mit unserer eigentlichen Frage zu tun zu haben scheint: Eine gesundheitspsychologische Impfstudie hat ergeben, dass es Eltern gibt, die von einer Schutzimpfung ihrer Kinder absehen, sobald man sie darüber aufgeklärt hat, dass die geplante Impfmaßnahme mit einem – wenn auch – geringen Todesrisiko verknüpft ist. Auf den ersten Blick ist diese ängstliche Reaktion mehr als verständlich, doch viele dieser Eltern halten auch dann an ihrem Entschluss fest, wenn man sie darüber informiert, dass der Verzicht auf die Impfung ein sehr viel größeres Gesundheitsrisiko mit sich bringt. Dies wiederum scheint irrational zu sein, denn man könnte meinen, dass sich Eltern stets für jene medizinische Alternative entscheiden werden, durch die sich das Risiko ihres Kindes minimieren lässt. Ob das Kind stirbt, *weil* es geimpft worden ist, oder deshalb, weil es *nicht* geimpft wurde, macht im Endergebnis keinen Unterschied. Was zählt, ist allein die Wahrscheinlichkeit. Oder etwa nicht?

Die betreffenden Eltern jedenfalls scheinen das anders zu sehen. Sie fürchten sich vor dem Tag, an dem sie sich möglicherweise vorhalten werden, durch ihre damalige Zustimmung zur Schutzimpfung *aktiv* zum Tode ihres Kindes beigetragen zu haben. Ihre Intuition lautet: Die aktiven Mitverursacher einer existenziellen Notlage tragen am Ende eben doch *mehr* Schuld als diejenigen, die den Dingen «freien Lauf» lassen. Nun dürften aber die allermeisten Menschen eher die gegenteilige Auffassung vertreten: Eltern, die ihre Kinder *nicht* impfen lassen, machen sich einer unterlassenen Hilfeleistung schuldig, während man jenen, die ihre Kinder zur Schutzimpfung bringen, selbst dann keine Vorwürfe wird machen können, wenn es daraufhin tatsächlich zu unerwarteten Komplikationen kommen sollte. Deshalb sollten wir uns auf der Suche nach einem rationalen Grund für die in Frage stehende Alltagsintuition einem Beispiel zuwenden, in dem die Schuldfrage eindeutiger zu klären ist.

Eine Autofahrerin verursacht einen schweren Verkehrsunfall, und in Panik begeht sie Fahrerflucht. Der Fahrer des in den Unfall verwickelten zweiten Wagens ist so schwer verletzt, dass er in Lebensgefahr schwebt. Völlig unstrittig ist zunächst, dass jeder Autofahrer oder Passant, der zufällig am Unfallort vorbeikommt, unmittelbar zur Hilfe verpflichtet ist. Doch was sehr häufig übersehen wird: Diese kategorische Hilfspflicht gilt nicht nur für zufällig anwesende Zeugen, sondern stets auch für den eigentlichen Verursacher der Tat. Spätestens in dem Moment, in dem sich die Autofahrerin bewusst wird, was sie angerichtet hat, *muss* sie dem eigenen Fluchtimpuls widerstehen und umgehend zum Tatort zurückkehren. Dies gilt im Übrigen nicht nur bei Verkehrsunfällen, sondern prinzipiell für alle Täter, die im Anschluss an ihre Untat das Weite suchen – selbst für brutale Verbrecher. Auch wenn diese nur in den allerseltensten Fällen tatsächlich zum Ort des Geschehens zurückkehren werden: Jeder Verursacher einer Notlage *kann* sich eines Besseren besinnen und den verursachten Schaden ex post zu begrenzen versuchen. Geschieht dies jedoch nicht, so «addiert» sich zu dessen erster Schuld, die eigentliche Verursachung der Tat betreffend, nunmehr die zweite Schuld, darüber hinaus auch noch eine ihm moralisch zumutbare Hilfeleistung unterlassen zu haben. Deshalb trägt der Verursacher einer Notlage *mehr* Schuld als ein bloß zufällig anwesender Zeuge, der nicht hilft. Und genau deshalb sollten wir beide ungleich behandeln.

Literaturtipps:

Birnbacher, Dieter: *Tun und Unterlassen*, Stuttgart: Reclam 1995 [Eine differenzierte Analyse der Unterschiede von Tun und Unterlassen.]

Sartre, Jean Paul: *Das Sein und das Nichts*, Reinbek: Rowohlt 1991, bes. Kap IV.1. [Begründung der existentialistischen Auffassung, dass vollkommene Freiheit auch vollkommene Verantwortung mit sich bringt.]

Singer, Peter: «Hunger, Wohlstand und Moral», in: Bleisch, Barbara/ Schaber, Peter (Hg.): *Weltarmut und Ethik*, Paderborn: Mentis 2007 [Vertritt die provokante These, dass alle wohlhabenden Menschen dieser Weltallen Armen gegenüber zur Hilfe verpflichtet sind.]

Verleumdung

Im Pariser Louvre steht eine dunkelgrau glänzende, etwa 2,20 Meter große Stele aus Diorit-Gestein, in die eine fast 4000 Jahre alte Gesetzessammlung eingemeißelt ist. Der *codex hammurapi*, benannt nach König Hammurapi von Babylonien, gilt als eines der ältesten erhaltenen Rechtsdokumente der Welt. Der Gesetzestext ist in altbabylonischer Keilschrift verfasst, besteht aus insgesamt 281 Vorschriften und äußert sich zu überaus divergenten Rechtsfragen: Was sind die Pflichten von Soldaten, Bauern und Sklaven? Welche Aufgaben haben Kaufleute, Schankwirtinnen und Hebammen? Wie verfährt die Obrigkeit mit säumigen Mietzahlungen oder ehelichen Pflichtverstößen? Wie werden ärztliche Kunstfehler, Pfusch am Bau oder überhöhte Bierpreise geahndet? Im ersten Teil des *codex* jedoch werden eher allgemeine Fragen der Strafverfolgung erörtert. Und offenbar zur Abschreckung soll § 1 sogleich ein Zeichen setzen: «Wenn ein Bürger einen anderen Bürger bezichtigt und ihm Mord vorwirft, ihn jedoch nicht überführt, so wird derjenige, der ihn bezichtigt hat, getötet.» Und § 3 ergänzt: «Wenn ein Bürger vor Gericht zu falschem Zeugnis auftritt und seine Aussage nicht beweist, so wird dieser Bürger getötet.»

Für das, was man heute als «Falschaussage» oder auch als «Meineid» bezeichnen würde, ist die Todesstrafe eine zweifellos drakonische Strafe. Und selbst juristische Hardliner dürften zustimmen, dass diese Strafe *zu* hoch veranschlagt ist. Auch wird man sich leicht ausrechnen können, dass sich eine derart drastische Strafandrohung im Rahmen der alltäglichen Strafverfolgung rasch als kontraproduktiv erweisen dürfte: So manche schwere Straftat käme gar nicht mehr zur Anzeige, und kaum ein Zeuge wäre mehr bereit, vor Gericht eine den Täter belastende Aussage zu tätigen, wenn man dabei stets mit der eigenen Hinrichtung zu rechnen hätte. Und doch beschleicht den Betrachter beim Anblick der schönen alten Stele eine wichtige Eingebung, die einst wohl auch hinter dem Entschluss gesteckt haben mag, den *codex hammurapi* mit einem derart martialischen Warnhinweis zu versehen: Man sollte stets wissen, was man tut, wenn man einen mutmaßlichen Täter bei der Polizei anzeigt oder vor Gericht schwer belastet. Kaum etwas schädigt ein Rechtssystem derart empfindlich wie ein zu Unrecht eingesperrter oder sogar hingerichteter Täter, von dem sich eines Tages herausstellt, dass er überhaupt gar nicht der Täter gewesen ist. Bisweilen kommt es sogar vor, dass das Recht dazu missbraucht wird, eine private Fehde auszutragen oder einen persönlichen → Racheplan zu verfolgen, indem man sich per «Rufmord» eines verhassten Mitmenschen oder unliebsamen Konkurrenten zu entledigen versucht. Besonders dann wird das Rechtssystem hart und demonstrativ durchgreifen müssen. «Justizirrtümer» müssen vermieden werden, und deshalb sind amtliche Falschaussagen *bis heute* unter Strafe gestellt – auch wenn man dafür längst schon nicht mehr hingerichtet wird.

Im gewöhnlichen Alltagsleben spricht man von einer «Verleumdung», wenn sich eine Person öffentlich mit unhaltbaren Anschuldigungen konfrontiert sieht. Gemeint ist der *Leumund*, den man beschädigt, wenn man auf ungerechtfertigte Weise schlecht von einem Menschen spricht; wenn folglich aus «der Leute Mund» haltlose Anklagen zu vernehmen sind. Gemeinhin ist jeder Mensch daran interessiert, sein soziales Ansehen zu bewahren und gegebenenfalls auch gegen unberechtigte Angriffe zu verteidigen. Manche genießen den «Ruf», moralisch anständig, pflichtbewusst und frei von Schimpf und Tadel zu sein. Über andere sagt man, sie seien unanständig, «berüchtigt» oder sogar vorbestraft. Und da es diesbezüglich reichlich Spielraum für Gerüchte, Klatsch und Tratsch gibt, ist kein Mensch davor gefeit, Opfer einer gezielten Verleumdungskampagne zu werden: Demonstrativ wird an der sittlichen Rechtschaffenheit und Unbescholtenheit der betreffenden Person gezweifelt. Sie soll in sozialen Misskredit gebracht werden, indem man ihre «weiße Weste» beschmutzt. Man verunglimpft sie, indem man in aller Öffentlichkeit ein moralisch anrüchiges Bild von ihr zeichnet und auf Seiten ihrer Mitmenschen ernste Zweifel weckt, ob «diese Person» überhaupt ein Leben in Übereinstimmung mit den moralischen Mindeststandards der Gemeinschaft führt. Kurz: Wer Opfer einer Verleumdung wird, büßt seinen guten Ruf ein, indem er *in Verruf* gerät.

Auf den ersten Blick mag es so scheinen, als habe man es bei Akten der Verleumdung mit einem besonderen Typus von → Beleidigungen zu tun. Denn auch Beleidigungen zielen darauf ab, dem sozialen Ansehen einer Person zu schaden, indem man, und zwar möglichst in aller Öffentlichkeit, abwertende Bemerkungen über die Person macht. Die wichtigste Gemeinsamkeit von Verleumdungen und Beleidigungen besteht folglich darin, dass in beiden Fällen die erwünschte Verunglimpfung nur dann «gelingen» wird, wenn ein Publikum anwesend ist, von dem die betreffenden Rufschädigungen vernommen werden. Und im Fall von Verleumdungen ist es oftmals sogar so, dass diese *nur* gegenüber Dritten, d. h. hinter dem Rücken der betroffenen Personen, geäußert werden. Anders gesagt: Verleumdungen und Beleidigungen, die lediglich unter vier Augen vorgetragen werden würden, vermochten es nicht schon, die beschuldigte Person um ihr *gesellschaftliches* Ansehen zu bringen. Und doch gibt es einen wichtigen Unterschied: Im Gegensatz zu Beleidigungen, mit denen man das soziale «Ehrgefühl» einer Person, die sich nach sozialer Wertschätzung sehnt, verletzen will, greifen Verleumdungen unmittelbar den *moralischen Status* der betroffenen Personen an: Es wird bezweifelt, ob es sich überhaupt um akzeptable oder auch nur tolerable Kooperationspartner handelt. Die verleumdeten Personen sollen nicht einfach nur lächerlich gemacht oder herabgewürdigt werden wie bei der Beleidigung. Vielmehr geht es darum, sie an den Rand der sittlichen Kooperationsgemeinschaft zu drängen. Wer eine Verleumdung tätigt, behauptet ausdrücklich, dass die betreffende Person eine *unmoralische* Person ist, die nicht länger akzeptiert werden kann. Daraus ergibt sich ein definitorisches Spiegelbild, das als moraltheoretisches Spezifikum der Verleumdung betrachtet werden kann: In Akten der Verleumdung beruht die Unmoral des Täters unmittelbar darauf, zu Unrecht die Moral des Opfers anzuzweifeln.

Aber es gibt noch einen zweiten entscheidenden Unterschied zur Beleidigung: Mit derben Bosheiten wie «Schwein», «Hurensohn» oder «Schleimscheißer» will man zwar einen empfindlichen Treffer unterhalb der Gürtellinie landen, aber nicht schon – im engeren Sinn – *Wahrheitsansprüche* anmelden. Bei Verleumdungen ist das anders. Sie arbeiten gezielt mit moralisch relevanten Tatsachenbehauptungen, die sich allerdings bei genauerer Überprüfung als unhaltbar erweisen. Eben das ist gemeint, wenn es gelegentlich heißt, bei einer Verleumdung werde «falsches Zeugnis» abgelegt: Die verleumdete Person muss in Wahrheit unschuldig sein, damit eben dies durch eine gezielte Unwahrheit, die man über sie verbreitet, in Abrede gestellt werden kann. Anders gesagt: Die im Zuge einer Verleumdung vorgebrachten Anschuldigungen sind per definitionem unzutreffend. Denn Menschen, die sich nachweislich etwas haben zu Schulden kommen lassen, z. B. → Diebe oder → Gewalttäter, die man auf frischer Tat ertappt, können nicht verleumdet werden. Da die gegen sie vorgebrachten Anschuldigungen offenkundig zutreffend sind, wird man sie vielmehr *berechtigt* eines moralischen Vergehens bezichtigen. Und daraus folgt: Nur wenn sich eindeutig klären lässt, ob die vorgebrachten Vorwürfe zutreffend sind, kann zwischen unmoralischen Verleumdungen und berechtigten Anschuldigungen unterschieden werden. Auch wenn auf Anhieb nicht immer gleich zu erkennen sein wird, ob an den betreffenden Vorwürfen tatsächlich etwas dran ist: Die moralische Schuldfrage ist für den Tatbestand der Verleumdung entscheidend, denn hier ist der Täter nur dann schuldig, *wenn* davon auszugehen ist, dass sein Opfer unschuldig ist.

Dies soll ein sozialpsychologischer Exkurs in die sogenannte Vorurteilsforschung illustrieren. Von einem «Vorurteil» spricht man in der Sozialpsychologie dann, wenn zu beobachten ist, dass den Mitgliedern sozial marginalisierter Gruppen ganz bestimmte «objektive» Merkmale oder gruppenspezifische Eigenschaften unterstellt werden, die umgehend auch zu einer *moralischen* Diskreditierung dieser Gruppen führen. Um ein paar gängige Beispiele zu nennen: Man konstatiert eine «Widernatürlichkeit» homosexueller Neigungen und bringt diese dann in einem Atemzug mit pädophilen → Missbrauchsdelikten in Verbindung; man wertet das «fremdartige» Aussehen von Ausländern unmittelbar als Indiz krimineller Neigungen; macht die «Ungläubigen» dieser Welt für die unmoralische Dekadenz unserer Kultur verantwortlich oder interpretiert die «natürliche Schwäche» des weiblichen Geschlechts als Aufforderung zu dessen Unterwerfung. Schon die eigentlichen Tatsachenbehauptungen – «widernatürlich», «fremdartig», «ungläubig», «schwach» – erweisen sich fast immer als überaus problematisch oder gar haltlos. Schwerer aber noch wiegt der *logische Fehlschluss*, der von diesen empirischen Stereotypen direkt zu den entsprechenden moralischen Verunglimpfungen führen soll. Denn auch hier – in Fragen gruppenspezifischer Verleumdungen – gilt eine philosophische Einsicht, die im Anschluss an David Hume zumeist wie folgt formuliert wird: «Es führt kein Weg vom Sein zum Sollen.» Man begeht schlicht einen Denkfehler, wenn man glaubt, aus einer deskriptiven Tatsachenbehauptung eine moralische Wertung ableiten zu können. Nur weil die Nacht «dunkel» ist, bedeutet das ja auch nicht, dass die Nacht «schlecht» ist. Aber genau diesen – sehr häufig übersehenen – Denkfehler machen sich diejenigen zunutze, die Verleumdungen vorbringen: Sie konstatieren gezielt eine empirische Unwahrheit über die betroffene Person oder Personengruppe und hoffen, damit unmittelbar auch zu deren moralischer Diskreditierung beizutragen.

Dazu ein Beispiel, das uns zugleich auch auf unterschiedliche Härtegrade moralischer Rufschädigungen aufmerksam machen soll: Ein Arzt, der Urologe H., äußert in Kollegenkreisen wiederholt den Verdacht, in der Praxis der Internistin M. gehe es «nicht mit rechten Dingen zu». Dort werde unsauber abgerechnet. Zudem habe H. gehört, dass sich die Kollegin von einem ortsansässigen Pharmaunternehmen dafür «sponsern» lasse, ihren Patientinnen und Patienten zu Testzwecken ein noch nicht zugelassenes Medikament zu verabreichen. Gehen wir davon aus, dass der Arzt diesen Verdacht aufgrund bloß schwacher Indizien äußert, d. h. ohne echte Beweise dafür zu haben. Ihm sind lediglich ein paar Gerüchte «zu Ohren gekommen». H. vermutet allerdings, dass an diesen Gerüchten etwas dran sein könnte. Denn Kollegin M. ist ihm bereits verschiedentlich sehr unangenehm aufgefallen; z. B. auf Ärztekongressen und bei Einladungen der Pharmaindustrie. Gleichwohl leitet H. die betreffenden Anschuldigungen weiter, ohne sie persönlich überprüft zu haben. Und eben dadurch bringt er die Kollegin auf unverantwortliche Weise in öffentlichen Misskredit.

Aus Sicht des Strafrechts kann ein solcher Vorgang als «üble Nachrede» geahndet werden. Täter ist nach § 186 StGB, «wer in Beziehung auf einen anderen eine Tatsache behauptet oder verbreitet, welche denselben verächtlich zu machen oder in der öffentlichen Meinung herabzuwürdigen geeignet ist, [...] wenn nicht diese Tatsache erweislich wahr ist». Der letzte Halbsatz ist zunächst entscheidend. Denn bei der üblen Nachrede reicht es aus, dass der Täter eine Tatsache behauptet, von der er selbst gar nicht recht weiß, ob sie faktisch zutreffend ist. H. *vermutet* lediglich, dass M. unsauber abrechnet und sich von der Pharmaindustrie schmieren lässt. Doch ganz sicher ist er sich nicht. Schwerer wiegt deshalb der eigentliche Straftatbestand der «Verleumdung» nach § 187 StGB, bei dem dies anders ist: Hier handelt der Täter ausdrücklich «wider besseres Wissen», indem er «in Beziehung auf einen anderen eine unwahre Tatsache behauptet oder verbreitet, welche denselben verächtlich zu machen oder in der öffentlichen Meinung herabzuwürdigen oder dessen Kredit zu gefährden geeignet ist». In Fällen der Verleumdung also *weiß* der Täter, dass seine Behauptungen nicht nur unbewiesen, sondern schlicht unzutreffend sind. Und deshalb handelt H. nicht bloß verantwortungslos, sondern mut- und böswillig, wenn er eine öffentliche Anschuldigung vorträgt, an die er nicht einmal selbst glaubt.

Doch spitzen wir das Beispiel noch etwas zu: H. hegt in Wirklichkeit nicht den geringsten Zweifel, dass M. rechtschaffen und charakterfest ist. Er kennt die Kollegin noch aus ihrer gemeinsamen Studienzeit in Göttingen. Damals hatte man eine gemeinsame WG, war sogar miteinander befreundet. Und doch, ja, gerade deshalb nimmt H. es M. noch immer übel, dass sie ihn seinerzeit kalt zurückgewiesen hat, als er zu hoffen begann, dass aus ihrer gemeinsamen Freundschaft mehr werden könnte. Und H. hatte sich wirklich sehr um seine damalige Kommilitonin bemüht – zunächst charmant und dann immer eindringlicher. Jahre später also, nachdem man sich längst aus den Augen verloren hatte, ist für den noch immer in seiner männlichen Eitelkeit gekränkten H. nun endlich die Gelegenheit gekommen, sich für jene schmerzliche Abfuhr zu →rächen. M. hat eine Praxis in derselben Stadt bezogen, und nun beginnt H. – erneut zögerlich, dann immer eindringlicher – seine einstige Mitbewohnerin in Verruf zu bringen. Und je größer die Kreise sind, die seine unhaltbaren Anschuldigungen ziehen, umso gravierender wird der Schaden ausfallen, den die Reputation seiner unschuldigen Kollegin dadurch erleidet. Bis schließlich aus der ursprünglichen Verleumdung eine «falsche Verdächtigung» wird, die laut § 164 StGB das Ziel verfolgt, ein «Verfahren oder andere behördliche Maßnahmen gegen [die Person] herbeizuführen oder fortdauern zu lassen». Im Fall der falschen Verdächtigung also wird eine unschuldige Person wider besseres Wissen bei einer öffentlichen Behörde angezeigt; z. B. bei der Polizei, dem Staatsanwalt

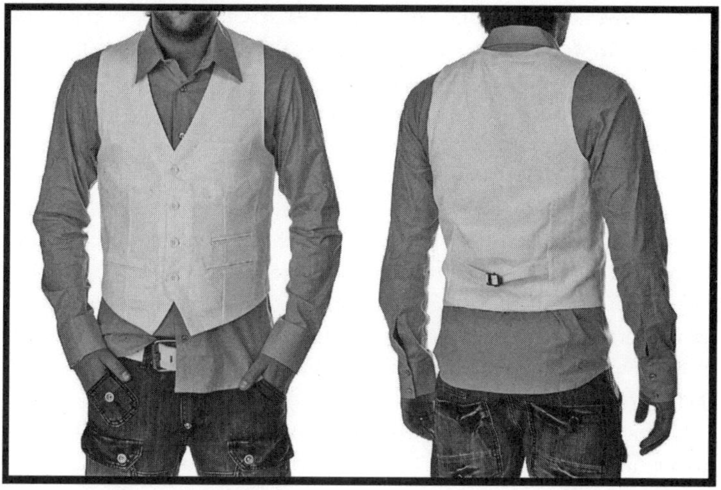

Kann man die im Versandhaus nachbestellen?

oder auch der Ärztekammer. Und sollte es daraufhin zu einem öffentlichen Prozess oder einem berufsständischen Disziplinarverfahren kommen, mag die einmal beschmutzte «weiße Weste» der Angeklagten selbst dann nicht mehr reinzuwaschen sein, wenn der Prozess am Ende deren Unschuld erweisen sollte. «Verleumde nur dreist», hat Francis Bacon im Anschluss an Plutarch gesagt, «etwas bleibt immer hängen.»

Um der Gefahr einer gefährlichen Vorverurteilung entgegenzuwirken, gilt im Prozess der Strafverfolgung die sogenannte *Unschuldsvermutung*; d. h. das als grundlegend anerkannte Gebot, die beschuldigte Person so lange für unschuldig zu halten, bis ihre Schuld gerichtlich erwiesen ist. Dieses elementare Rechtsgebot fungiert als Schutzvorrichtung gegen Risiken und Nebenwirkungen von übler Nachrede, Verleumdungen und falschen Verdächtigungen, indem es jene wichtige Intention, die im ersten Teil des *codex hammurapi* noch auf besonders drastische Weise zum Ausdruck gebracht worden ist, in eine vergleichsweise zivile Strafrechtspraxis transformiert: Unschuldigen Menschen darf kein Unrecht geschehen, und deshalb müssen potenzielle Justizopfer unter einen besonderen Schutz vor übereilten Vorverurteilungen gestellt werden. Man kann an dieser Stelle darüber streiten, ob die Entscheidung des *codex hammurapi*, falsche Ankläger und Zeugen abzuschrecken, und zwar martialisch, nicht doch sinnvoller und effektiver ist. Denn wurde eine schwere Anschuldigung erst einmal öffentlich vorgetragen, so mag es für die geforderte Unschuldsvermutung bereits zu spät sein. Eines jedenfalls ist sicher: Während Akte der üblen Nachrede, der Verleumdung und der falschen Verdächtigung auf der Ebene von *Vorverurteilungen* verbleiben, so kommt es zu der wohl verhängnisvollsten Form von moralischer Rufschädigung dann, wenn sich tatsächlich ein sogenannter Justizirrtum ereignet. Dann nämlich wird die Angeklagte nicht einfach nur eines von ihr gar nicht verübten Vergehens bezichtigt, sondern rechtskräftig zu einer unverdienten Strafe verurteilt.

Im Fall der Internistin M. ist zu befürchten, dass sich die Reputation einer Ärztin, der man die berufliche Zulassung entzieht, weil ein Gericht sie aufgrund zweifelhafter Indizien zu einer Bewährungsstrafe verurteilt hat, nie mehr ganz wird wiederherstellen lassen. Denn indem das mutmaßliche Vergehen aktenkundig und die unverdiente Rufschädigung amtlich werden, nimmt der moralische Reputationsverlust eine institutionelle Gestalt an: Gerichtsurteile ergehen «im Namen des Volkes». Der öffentlich verbriefte Urteilsspruch wird zur «Vorstrafe» und gerinnt so zu einem biografischen Strukturelement. Selbst wenn die unschuldige Ärztin eines Tages rehabilitiert werden sollte: Vermutlich wird etwas an ihr «hängen» bleiben, wie Bacon sagt. Versetzen Sie sich nur einmal in einen Klinikleiter, der die Bewerbungsunterlagen der wieder zugelassenen Ärztin durchblättert. Er wird sich zudem, so wie das heute üblich ist, im Internet über die Kollegin kundig machen. Was wird ihn mehr beeindrucken? Der kleine, fast unscheinbare Eintrag in ihrem Lebenslauf, aus dem hervorgeht, dass M. in einem Wiederaufnahmeverfahren rehabilitiert worden ist? Oder all die reißerischen Berichte über das ursprüngliche Gerichtsverfahren, die er im Netz findet? Könnten Sie sich – an seiner Stelle – da noch ein unvoreingenommenes Urteil bilden?

Apropos «Internet»: Das World Wide Web ist geradezu eine Brutstätte der Verleumdung. Wer einen unliebsamen Mitmenschen oder Konkurrenten in moralischen Misskredit bringen möchte, findet online revolutionäre Verbreitungsmöglichkeiten. In den *com-*

munities von «Facebook», «Youtube», «Twitter» oder «SchülerVZ» ist aus der üblen Nachrede längst ein netter Zeitvertreib geworden. Immer mehr arglose Menschen finden nicht nur ihre Namen, sondern auch ihre Konterfeis, Adressen oder andere pikante Details aus ihrem Privatleben in einschlägigen Chat-Foren oder auf Seiten wie «www.hatepage.com», «www.dontdatehimgirl.com» oder «www.mein-doofer-nachbar.de» wieder. Dort kann man seinen Frust über schlechte Liebhaber, despotische Lehrer und nervende Chefs loswerden. Oder man markiert die Wohnstätten verhasster Nachbarn oder mutmaßlicher Kinderschänder auf elektronischen Straßenkarten. Das Netz ist zum virtuellen Pranger geworden, an dem man ungestraft *blaming and shaming* betreiben darf. Man muss seine Anschuldigungen nicht einmal belegen. Zudem hat das Internet ein Elefantengedächtnis, denn was immer man hier vorträgt: Es wird fortan zu «googeln» sein. Man kann nur beten, dass man hier nicht selbst zur Zielscheibe der Verleumdung wird. Denn sonst werden Sie bei jedem neuen Date oder auch Vorstellungsgespräch mit der bitteren Wahrheit rechnen müssen, dass einer Ihrer Feinde ein unliebsames Jugendfoto von Ihnen ins Netz gestellt haben könnte: «Sagen Sie mal, sind Sie das da auf dem Foto? Der besoffene Typ, der mit heruntergelassener Hose auf dem Tisch tanzt?»

Literaturtipps:

Hume, David: *Über Moral*, Frankfurt a. M.: Suhrkamp 2007, bes. Teil I. [Hier wird das berühmte «Sein-Sollen-Problem» diskutiert, das für eine Theorie der Verleumdung erst noch fruchtbar zu machen wäre.]

Oehmke, Phillip: «Big Brother im Netz», in: *Der Spiegel*, 31/2008. [Ein knapper, äußerst unterhaltsamer Artikel zum Rufmord im Internet.]

Schertz, Christian/Schuler, Thomas: *Rufmord und Medienopfer*, Berlin: Ch. Links 2007. [Anschauliche journalistische Analysen prominenter Verleumdungskampagnen.]

Verrat

Die Geschichte des Abendlandes kennt den personifizierten Verrat. Sein Name: Judas Ischariot. Und nach Angaben der vier Evangelisten ist er einer der zwölf Jünger Jesu gewesen. Aber Judas war nicht *irgendein* Jünger, sondern derjenige unter ihnen, der seinen Herrn, Gottes Sohn, an jene Häscher auslieferte, die ihn kurz darauf ans Kreuz schlagen sollten. Blättert man in der Bibel und liest die dazugehörigen Stellen, so mag man sich darüber wundern, wie leicht dieser Verrat abzuwenden gewesen wäre. Im Evangelium des Matthäus heißt es: «Und am Abend setzte er sich zu Tisch mit den Zwölfen. Und als sie aßen, sprach er: Wahrlich, ich sage euch: Einer unter Euch wird mich verraten» (Mt 26,20–21). Und Jesus macht auch keinen Hehl daraus, um welchen seiner Jünger es sich handeln wird. Denn als mitten im Abendmahl ein Tumult ausbricht und Judas fragt: «Bin ich's, Rabbi?», antwortet dieser nur: «Du sagst es.» Später, in der Nacht, versammeln sich die Gefährten im Garten Gethsemane. Sie sitzen unter den Bäumen, manche machen ein Nickerchen. Und während Jesus noch hofft, «dass dieser Kelch an mir vorübergehe» (Mt 26,42), fragt sich der Leser, warum keiner der Jünger seinen geliebten Herrn davon zu überzeugen versucht, im letzten Moment die Flucht zu ergreifen. Da eilt Judas herbei, gefolgt von einem Stoßtrupp bewaffneter Hohepriester. Und er überlässt ihnen Gottes Sohn mit einer Geste, die uns bis heute als symbolischer Inbegriff des Verrats gilt: Judas küsst Jesus.

Der Rest ist bekannt: Der berühmteste aller Leidenswege konnte beginnen. Und fortan gab es in christlichen Expertenkreisen nur selten Uneinigkeit darüber, dass es dem Verrat eines «Juden» zu verdanken sei, dass der Heiland so vorzeitig hat sterben müssen. Und die Indizien scheinen nicht gerade *für* den Angeklagten zu sprechen, denn tags zuvor war Judas zu den Hohepriestern gegangen und hatte sich dort 30 Silberlinge für seinen Verrat ausgehandelt. Dies hat den Evangelisten Lukas seinerzeit zu der Vermutung veranlasst, dass der «Teufel» in Judas gefahren sein müsse (Lk 22,3). Wie sonst sollte ein derart fundamentaler Sinneswandel zu erklären sein? Doch vielleicht hatte sich Judas durch ganz profane Gründe zu seiner Tat veranlasst gesehen: Er mag neidisch und eifersüchtig auf den wachsenden Ruhm seines Herrn gewesen sein. Eventuell war ihm das Treiben um die Lichtgestalt ganz einfach zu viel geworden. Denkbar auch, dass er das karge Nomadenleben der Jünger satt hatte. Wer weiß? Judas jedenfalls sah die Gelegenheit gekommen, mutwillig und hinterhältig einen vorläufigen Schlussstrich unter das gemeinsame Projekt zu ziehen. So jedenfalls sieht es die katholische Kirche: «Judas spielte ein doppeltes Spiel und brach mit der Wahrheit», hat Papst Benedikt XVI. jüngst noch einmal verlautbaren lassen. Er sei «habgierig» und «ein Lügner» gewesen, für den «nur Macht und Erfolg» zählten.

Schlägt man hingegen selbst die betreffenden Bibelstellen auf, mögen einen ernsthafte Zweifel an dieser Standardinterpretation beschleichen. Die Ungereimtheiten sind offenkundig: Judas hatte eben noch an die gemeinsame Sache geglaubt und seinen Herrn geradezu grenzenlos geliebt. Weshalb sollte er sich so plötzlich zu einem derart kaltblütigen Verrat hinreißen lassen? Er hatte jahrelang größte Entbehrungen auf sich genommen. Warum sollte er den Menschen, den er für den Messias hält, für nur 30 Silberlinge – den Monatslohn eines Handwerkers – an dessen Mörder ausliefern? Wieso hat Judas das Geld am nächsten Tag gleich wieder über die Tempelmauer geworfen? Wenn er doch erreicht hatte, was er wollte, warum hat er sich dann anschließend sogar erhängt? Und was noch viel unerklärlicher ist: Sollte sich Jesus, der weiseste aller Menschen und Sohn Gottes, tatsächlich so sehr in seinem Gefährten getäuscht haben, dass er ihn bei sich behielt, obwohl ihm von dessen Seite ein – letztlich tödlicher – Verrat drohte?

Es darf hier nicht verschwiegen werden, dass es in der christlichen Kirchengeschichte bisweilen auch abweichende und deshalb von offizieller Seite aus bekämpfte Interpretationen gegeben hat. Beispielsweise gibt es seit jeher großes Aufsehen und erbitterte Auseinandersetzungen um ein erstmals im 2. Jahrhundert erwähntes «Judasevangelium», das lange Zeit als verschollen galt, vor wenigen Jahren jedoch gefunden wurde. In diesem apokryphen Evangelium werden die Geschehnisse signifikant anders dargestellt als bei den vier biblischen Evangelisten, und zwar ähnlich wie in einer wegweisenden Bibel-Interpretation des Altphilologen Walter Jens aus dem Jahre 1975. Deren deutlich von der offiziellen katholischen Linie abweichende Grundthese lautet: Judas habe seinen Herrn nicht etwa hinterhältig verraten, sondern unmittelbar in dessen

Auftrag gehandelt. Judas sei derjenige der zwölf Jünger gewesen, den Jesus für den verlässlichsten hielt; dem er am meisten vertraute. Jesus hatte ihn auserkoren, das zu tun, was notwendig war, damit das Evangelium in die Welt getragen werden konnte: Jesus musste ausgeliefert werden und als Gottes Sohn am Kreuze sterben – so wie es bereits im Alten Testament geschrieben stand. Und Judas musste seinem Herrn den denkbar größten aller Vertrauensbeweise liefern: ihn verraten. Denn hätte er das *nicht* getan, so würde es das Christentum heute so nicht geben: «Ohne Judas kein Kreuz, ohne das Kreuz keine Erfüllung des Heilsplans», so Jens. «Keine Kirche ohne diesen Mann, keine Überlieferung ohne diesen Überlieferer. Ein revoltierender Judas hätte Jesus das Leben gerettet – und uns allen den Tod gebracht.»

Vermag diese kritische Gegendeutung den plötzlichen Stimmungswandel des vermeintlich abtrünnigen Jüngers – einschließlich seines merkwürdigen Kusses – nicht sehr viel besser zu erklären? Judas hat lediglich getan, was Jesus ihm befohlen hatte. Doch weil er damit dessen Ermordung einleitete, ist Judas zugleich auch an seiner Gehorsamspflicht zerbrochen. Nicht auszudenken, welch ungeheuerliche Konsequenzen es haben könnte, wenn sich diese häretische Gegeninterpretation eines Tages durchsetzen würde. Von der Notwendigkeit, das unter Christen geläufige Jesus-Bild zu überdenken, mal ganz abgesehen: Der berühmteste Verrat der abendländischen Geschichte wäre gar kein Verrat gewesen, sondern ein geradezu übermenschlicher Vertrauensbeweis. Würde der christliche Hass auf Judas und mithin auch die antisemitische Feindschaft gegenüber dem Volk der «Christusmörder» damit nicht auf einem fast 2000 Jahre alten Missverständnis beruhen? Diese Frage kann hier nicht entschieden werden. Wichtig ist hier zunächst auch nur, dass uns der «Fall Judas» darauf aufmerksam macht, dass man einer Tat nicht unbedingt *von außen* ansieht, ob es sich um einen Akt des Verrats handelt oder aber um dessen genaues Gegenteil: um einen Akt bedingungsloser Treue. Nicht einmal einem innigen Kuss ist anzumerken, ob er einen unmoralischen Zweck verfolgt oder ob er gar im Dienste einer «höheren» Moral steht.

Damit sind wir zugleich bei einer ersten wichtigen Voraussetzung angelangt, die gegeben sein muss, damit aus Treue Verrat *werden* kann. Denn zum Verrat gehört notwendig ein zuvor bereits

Wie schmeckt Verrat?

bestehendes Loyalitätsverhältnis. Menschen, die man gar nicht kennt oder zu denen man in keiner engeren Beziehung steht, kann man → beleidigen, → missachten, → verleumden oder anderweitig verletzen. Auch kann man gänzlich fremde Personen, wie wir später noch sehen werden, bei der Polizei «anzeigen» oder bei einer Behörde «denunzieren». Aber *verraten* kann man sie nicht, denn zum Verrat taugen nur diejenigen, die aufgrund einer bestehenden Vertrauensbeziehung kategorisch damit rechnen dürfen, dass die Treue – koste es, was es wolle – gehalten werde. Folglich unterscheidet sich der Verrat von vielen anderen unmoralischen Taten, erstens, dadurch, dass es sich um die einseitige Aufkündigung eines Treueverhältnisses handelt, und zwar durch Preisgabe wichtiger Informationen, die aus Sicht der verratenen Person unbedingt hätten geheim bleiben müssen. Doch es kommen noch drei weitere wichtige Kennzeichen hinzu.

Zweitens: Da die brisanten Informationen stets an Dritte weitergereicht werden, macht der Verrat aus dem ursprünglichen Treueverhältnis eine unmoralische *Dreiecksbeziehung*. Das unterscheidet den Verrat z. B. vom → Wortbruch. Zwar wird auch hier ein interpersonales Vertrauensverhältnis angetastet, doch bei einem Wortbruch müssen nicht notwendig auch andere Personen involviert sein. Es mag zwar vorkommen, dass ein Wortbruch *durch* Verrat begangen wird. Man stelle sich vor, dass Judas seinem Herrn ausdrücklich geschworen hätte, ihn niemals zu verraten – so wie das Petrus noch kurz vor Jesus' Festnahme getan hatte (Mt 26,69–75). Aber nicht jeder Wortbruch ist zugleich auch schon ein Verrat. Nehmen wir den soeben erwähnten Petrus: Als man auch ihn festnehmen wollte, leugnete Petrus zwar, Jesus zu kennen. Und damit brach Petrus sein Wort, noch bevor der «Hahn» krähte. Dennoch gab Petrus den Wachen, die ihn verhaften wollten, keine vertraulichen Informationen preis, so dass es terminologisch irreführend wäre, Petrus einen «Verrat» an Jesus vorzuwerfen.

Drittens: Beim Verrat kommt es stets darauf an, dass nicht bloß *irgendwelche* Informationen preisgegeben werden, sondern solche, die aus Sicht der verratenen Person überaus bedeutsam sind. Nehmen wir den Fall einer vergleichsweise harmlosen Tratscherei: Zwei Arbeitskolleginnen reden über eine dritte. Die Erste weiß zu berichten, dass die momentan abwesende Kollegin abends nur dann einschlafen könne, wenn ihre drei Teddys bei ihr liegen. Die Zweite erzählt, dass jeder dieser drei Teddys von unterschiedlichen Ex-Freunden stamme. Schon dieses Gespräch mag aus Sicht der abwesenden Teddy-Liebhaberin als eine unerlaubte Preisgabe intimer Geheimnisse gewertet werden, nicht aber als Verrat. Denn dazu sind diese Enthüllungen schlicht zu harmlos. Auch wenn sie den tratschenden Kolleginnen spannend erscheinen mögen: Um als Verrat gewertet werden zu können, müssen die unerlaubt weitergereichten Informationen von *fundamentaler* Bedeutung für die verratene Person sein. Und das sind sie immer dann, wenn bei deren ungewollter Preisgabe gravierende Konsequenzen drohen; z. B. eine Entlassung, ein öffentlicher Ansehensverlust, soziale Isolation, eine Haftstrafe oder sogar → Folter.

Viertens: Vertrauensverhältnisse werden durch Verrat nicht bloß angetastet oder in Frage gestellt, sondern *zerstört*. Eine Treulosigkeit, die aus Sicht der hintergangenen Person spontan verzeihlich erschiene, verdiente es nicht, als Verrat eingestuft zu werden. Man kann sich nur schwer vorstellen, auf die Erkenntnis, dass man verraten worden ist, unmittelbar mit Vergebung zu reagieren: «Macht nichts. Nicht so schlimm!» Denn zum Verrat gehört notwendig, wie es oben hieß, dass die hintergangene Person kategorisch damit rechnen durfte, dass die Treue gehalten werde. Und kommt es am Ende doch zum Bruch, so *erlischt* das vorherige Vertrauensverhältnis. Es muss sich übrigens nicht notwendig um ein Treuverhältnis zwischen nur *zwei* Menschen handeln. Verrat kann auch an einer «gemeinsamen Sache» geübt werden, und dann wird einer ganzen Gruppe, z. B. einer politischen Kampfgemeinschaft, geschadet. Sogar ein ganzes Land, ein ganzes Volk kann verraten werden, indem man ein sogenanntes Staatsgeheimnis ausplaudert, d. h. «Hochverrat» übt.

Fassen wir diese vier Merkmale zunächst in einer Definition zusammen: Zu einem Verrat kommt es, wenn vertrauliche, durch eine Loyalitätsbeziehung geschützte Informationen, die geeignet sind, der jeweils hintergangenen Person oder Personengruppe gravierende Nachteile zu bescheren und eben dadurch das bestehende Loyalitätsverhältnis zu zerstören, heimlich, d. h. ohne Zustimmung, an Dritte weitergereicht werden. Diese Definition bestimmt die Regel, sie lässt jedoch auch Ausnahmen zu: Wenn eine Person unbeabsichtigt oder gar unter → Zwang vertrauliche Informationen preisgibt, so werden wir zögern, den Vorfall als Verrat einzustufen. Bisweilen kommt es vor, dass die betreffende Person schlicht nicht ahnt, dass die Informationen, die sie weitergibt, brisant sind und gravierende Konsequenzen haben könnten. Oder nehmen wir den Fall eines politischen Gefangenen, der unter → Folterqualen die Namen weiterer Untergrundkämpfer preisgibt. Ein Mensch wird nur dann als «Verräter» bezeichnet werden können, wenn die Nachteile, die seiner Vertrauensperson entstehen mögen, vom Verräter ausdrücklich *gewollt* sind oder doch zumindest billigend in Kauf genommen werden.

Weit schwieriger zu beurteilen sind Fälle, in denen zwar wissentlich und willentlich vertrauliche Informationen weitergegeben werden, die aber ihrerseits eine geplante oder auch bereits begangene Untat aufklären helfen. Nehmen wir den Mitwisser oder Komplizen eines Verbrechens, der plötzlich «kalte Füße» bekommt und seinen Partner bei der Polizei «verpfeift»: Der hintergangene Kompagnon wird ihm das fraglos als einen unverzeihlichen Verrat auslegen. Und doch mag der Informant – moralisch betrachtet –

entschuldigt sein, wenn dessen Informationen eine dezidiert unmoralische Tat verhindern oder aufdecken helfen. Denn im Fall einer solchen «Strafanzeige» wird etwas preisgegeben, was preisgegeben werden darf, ja, sogar preisgegeben werden soll. Eine Strafanzeige dient dazu, einen echten Missetäter dingfest zu machen, während ein Verrat nur an solchen Personen verübt werden kann, die es nicht «verdient» haben, ausgeliefert zu werden. Wer verraten wird, ist per definitionem unschuldig, einen schuldigen Straftäter hingegen kann man zwar anzeigen, nicht aber verraten. Auch der couragierte «Whistleblower», der auf die Gefahr hin, seinen Job zu verlieren, brisante Informationen über illegale Machenschaften innerhalb seiner Firma, Organisation oder Dienststelle weitergibt, ist kein Verräter. Ja, wer aus Sicht jener, die sich gleichwohl verraten *fühlen* werden, als Nestbeschmutzer gilt, mag aus Sicht der Gemeinschaft sogar ein Held sein, der einen Preis für Zivilcourage verdient.

Komplizierter noch ist die Abgrenzung zur «Denunziation». Der Denunziant «schwärzt» eine unerwünschte Person bei der Obrigkeit an, indem er einen unsittlichen Verstoß gegen die öffentliche Ordnung meldet. Er ist ein erwachsener Mensch, aber er verhält sich wie ein Kind, das «petzen» geht. Besonders typisch sind Akte der Denunziation für das Leben in politischen Unrechtsregimen. Hier mag es vorkommen, dass viele Menschen an einer «gefühlten» Kluft leiden zwischen den öffentlich erlassenen Willkürgesetzen des Staates und ihren davon erheblich abweichenden moralischen Alltagsüberzeugungen. Da mag es einem schwer fallen, im Rahmen alltäglicher Verrichtungen einmal *nicht* gegen die öffentliche Ordnung zu verstoßen. Und sehr rasch werden sich eifrige Nachbarn oder Mitbürger finden, die stets bereit – «Immer bereit!» – sein werden, etwaige Verstöße zu melden. Dazu ein naheliegendes Beispiel: Als es im Jahre 1989 mit der DDR zu Ende ging, waren dort etwa 300 000 Menschen hauptberuflich oder als Inoffizielle Mitarbeiter (IM) für die Staatssicherheit (Stasi) tätig. Das bedeutet: Etwa jeder 25. erwerbstätige Mitbürger war ein Spitzel und Denunziant, der vertrauliche Informationen über Arbeitskollegen, Nachbarn, Freunde oder sogar Familienmitglieder an die Stasi lieferte. Ohne diesen «willkommenen Verrat», wie es in der soziologischen Denunziationsforschung heißt, würden diktatorische Regime nicht lange überleben können. Autoritäre Machthaber sind fast immer auf die detektivische Mitwirkung ihrer Untertanen angewiesen.

Aber sind Denunziation und Verrat strikt das Gleiche? Zum Verrat, so war behauptet worden, gehört notwendig die Preisgabe eines Vertrauensverhältnisses. Und bei der Denunziation scheint es vor allem darauf anzukommen, dass ein mutmaßlicher Missetäter bei der Obrigkeit angeschwärzt wird. Im Fall jener IMs, die ihre Freunde, Nachbarn oder Lebenspartner bespitzelten, kam dies tatsächlich beides zusammen. Doch man konnte und kann auch wildfremde Menschen denunzieren, und dann liegt offenkundig *kein* Verrat vor. Umgekehrt gilt, dass man ein persönliches Vertrauensverhältnis verraten kann, ohne die betreffende Vertrauensperson zugleich auch an eine offizielle Behörde auszuliefern. Der zweite wichtige Unterschied betrifft die Motive beider Tätergruppen, sofern sie sich nicht, wie im Fall jener IMs, direkt überschneiden. Für Verrat sind in der Regel sehr persönliche Gründe ausschlaggebend, die das Binnenverhältnis der beiden Vertrauenspersonen betreffen: Enttäuschung, Neid, Hass oder ein Bedürfnis nach → Rache. Denunzianten hingegen sind in erster Linie auf die Gunst der Obrigkeit aus. Sie erhoffen sich soziale Vorteile: ein wenig Aufmerksamkeit, eine konkrete Belohnung, einen schicken Orden oder verbesserte Aufstiegschancen. Nicht zuletzt aufgrund dieser schäbigen Motive sind beide – Verräter und Denunzianten – als charakterlich «verkommene» Menschen verschrien. Selbst Machthaber, die von ihnen profitieren, denken geringschätzig von ihnen, da diese Opportunisten ihr Fähnchen in jeden neuen Wind hängen. Schon Julius Cäsar, der es wissen musste, hat einmal gesagt: «Ich liebe den Verrat, aber nicht den Verräter.»

Dies führt uns zum dritten und letzten Unterschied: Die Denunziation geht auf eigentümliche Weise «mit der Zeit». Sollten sich die politischen Verhältnisse ändern, in denen sich der einstige Denunziant wie ein Fisch im Wasser fühlte, sitzt er ganz plötzlich auf dem Trockenen. Nach der «Wende» wird aus dem ehemaligen «Helden der Arbeit» ein sogenannter kleiner Mann, der aufgrund seiner Spitzelvergangenheit nunmehr selbst ins Visier der Strafbehörden geraten mag. Umgekehrt gilt: Die biedere Nachbarin von heute kann die wackere Denunziantin von morgen sein. Das herrschaftsstabilisierende Geschäft der Denunziation weist einen zeithistorischen Index auf: Es steht und fällt mit dem jeweiligen Unrechtssystem, das es zu stützen hilft. Löst sich die politische Unordnung auf, so dreht sich der Wendehals und hofft, dass er in Vergessenheit gerät. Und wer eben noch im Visier der Obrigkeit war, stöbert nunmehr fassungslos, aber als freier Mensch in seiner oder ihrer «Akte». Die Denunziation ist ein *politisches* Vergehen, das an gesellschaftliche Verhältnisse geknüpft ist, denen es fundamental an Legitimität mangelt. Auf eine optimistische These gebracht: In einem wahrhaft demokratischen Rechtsstaat, der tatsächlich von allen Bürgerinnen und Bürgern als gerecht akzeptiert werden würde, fehlte der Denunziation die politische Geschäftsgrundlage.

Für den Verrat gilt das so nicht. Er hat etwas «Zeitloses», denn er ist an keine besonderen politischen Bedingungen geknüpft. Solange es interpersonale Vertrauensverhältnisse gibt, wird es möglich sein, sie durch Verrat zu zerstören. Wichtiger aber noch ist das Folgende: Im Gegensatz zur Denunziation «verjährt» der Verrat nicht, selbst *wenn* der politische Wind sich drehen sollte. Denkt man an all das Unglück, das die vielen IMs ihren Kollegen, Freunden oder auch Lebenspartnern beschert haben, so lässt sich erahnen, dass der Verrat keine Halbwertszeit hat. Einem wildfremden Denunzianten mag man vielleicht noch vergeben – aber einem Verräter, dem man früher einmal zutiefst vertraut hat? Das hätten die realsozialistischen Auftraggeber im Übrigen wissen können. Während der Nazi-Zeit und im Exil hatten viele dieser kommunistischen Freiheitshelden einst selbst mit persönlichem Verrat zu kämpfen. Selbst wenn sie aufrichtig an das Glück und die Notwendigkeit der sozialistischen Befreiung geglaubt haben mögen: Kein ideologischer Zweck heiligt das Mittel des Verrats.

Literaturtipps:

Die Bibel (Luthertext), Stuttgart: Deutsche Bibelgesellschaft 1999. [Für die Judas-Geschichte siehe Mt 26, Mk 14, Lk 22 und Joh 18.]

Jens, Walter: *Der Fall Judas*, Stuttgart: Kreuz 1995. [Spannende Gegeninterpretation zur herkömmlichen Judas-Deutung in Form eines fiktiven Gerichtsverfahrens.]

Schröter, Michael (Hg.): *Der willkommene Verrat*, Weilerswist: Velbrück 2007. [Beiträge zur Denunziationsforschung.]

Wortbruch

«Ich werde immer für dich da sein», «Ich werde dir das Geld ganz sicher zurückgeben» oder «Ich sage dir die Wahrheit und nichts als die Wahrheit». Wenn zwei Menschen sich etwas versprechen, dann gehen sie ein Wagnis ein. Denn wer sich dazu entschließt, jemand anderem sein Wort zu geben, wird – koste es, was es wolle – an dieser Entscheidung festhalten müssen. Und doch hat der andere, der sich «emotional» auf dieses Versprechen einlässt, stets mit dem Risiko zu leben, dass er auf seinem Vertrauensvorschuss sitzen bleiben wird. Versprechen sind wie Barschecks, die erst noch eingelöst werden müssen und sich dabei als ungedeckt erweisen können. Sie schaffen eine geradezu paradoxe Form der moralischen Verbindlichkeit, deren Kraft gerade darauf zu beruhen scheint, dass die im Akt des Versprechens konstituierte Vertrauensbasis fest und brüchig *zugleich* ist: Kein echtes Vertrauen ohne das Risiko herber Enttäuschung, kein verlässliches Versprechen ohne die reale Gefahr des Wortbruchs.

In seinen im Jahre 1899 erschienenen Memoiren erzählt der russische Anarchist Pjotr Kropotkin, er sei einmal einem faszinierenden Anthropologen namens Nikolaj Miklucho-Maklaj begegnet, der seinerzeit als Koryphäe auf dem Forschungsgebiet der malaiischen Naturvölker galt. Kropotkin berichtet, man habe Maklaj bei dessen Expeditionen auf die Malaiische Halbinsel einen – wie es damals hieß – «Eingeborenen» als Begleiter und Bewacher zur Seite gestellt, der nur unter der ausdrücklichen Bedingung in des Forschers Dienste getreten war, dass dieser ihn niemals fotografieren werde. Da Maklaj wusste, dass in indigenen Völkern bisweilen die Auffassung verbreitet ist, man raube dem Menschen die Seele, wenn man sein Antlitz auf ein Foto bannt, akzeptierte er die Bedingung seines Bewachers. Er gab ihm sein Wort. Doch Maklaj war ein Forscher «durch und durch», und sein geschultes ethnologisches Auge erblickte in dem Mann ein besonders typisches «Exemplar» jenes Stamms, dessen Erforschung er sich vorgenommen hatte. Daher wäre ein Foto von seinem Bewacher von geradezu unschätzbarer wissenschaftlicher Bedeutung gewesen. Und manches Mal, wenn sein Begleiter des Nachts friedlich schlief, sah sich Maklaj erheblich in Versuchung geführt. Dann zweifelte er, ob er ein *sinnvolles* Versprechen gegeben hatte: «Er wird es gar nicht merken und auch niemals erfahren. Außerdem handelt es sich um einen Aberglauben. Schon deshalb kann es doch kein Unrecht sein.» Aber dennoch: Maklaj hielt an seinem Versprechen fest. Und als er nach getaner Forschungsarbeit abreiste und seine malaiischen Gastgeber ihn baten, eines Tages zu ihnen zurückzukehren, so löste er viele Jahre später auch dieses Versprechen ein – obwohl er zu diesem Zeitpunkt bereits schwer an Malaria erkrankt war.

Aus heutiger Sicht mag es so scheinen, als wehte uns aus dieser Geschichte ein ferner pazifischer Wind entgegen, der das Lied einer Vergangenheit singt, in der Begriffe wie «Ehre» und «Pflichtgefühl» noch eine entscheidende Rolle spielten. Und wohl auch deshalb ist es bezeichnend, dass uns Maklajs Geschichte in den Memoiren eines Anarchisten begegnet. Der Anarchismus mag seinerzeit zwar – um es mit Friedrich Nietzsche zu sagen – eine «Umwertung aller Werte» angezielt haben, doch als erfahrener Kampfgenosse war man sich bewusst, wie existenziell dringlich es war, sich geradezu bedingungslos auf das Wort seiner politischen Weggefährten verlassen zu können. Im solidarischen Kampfe gegen staatliche Gewalt und Willkürherrschaft wäre alles andere schlicht lebensgefährlich gewesen: Jeder Wortbruch bedeutete einen → Verrat an der gemeinsamen Sache, und jedes uneingelöste Versprechen konnte eine lange Haftstrafe oder sogar den Tod nach sich ziehen. Schon deshalb muss ein moralischer Steinzeitmensch wie Maklaj selbst in den Augen eines revolutionären Anarchisten auf geradezu prämoderne Weise *vorbildlich* gewirkt haben. Für diesen ehrenhaften Forscher und Gentleman galt offenbar noch die Devise: «Ein Mann, ein Wort!»

Nun, inzwischen ist dieses – augenscheinlich patriarchale – Sittlichkeitspathos ein wenig aus der Mode gekommen. Vielen dürfte es geradezu antiquiert, ein wenig sexistisch und vor allem: reichlich naiv anmuten, denn in einer Welt wie der unsrigen, die von ökonomischen Imperativen und egoistischen Nutzenkalkülen durchdrungen ist, tut man gut daran, sich in erster Linie *auf sich selbst* zu verlassen. Und wer interpersonale Verbindlichkeit schaffen will, der geht zum Anwalt und lässt dort einen Vertrag aufsetzen. Wer glaubt heute schon noch an all die «leeren Versprechungen» seiner Mitmenschen? Dennoch wäre es falsch, aus Kropotkins Erinnerungen die Konsequenz ableiten zu wollen, dass ein Versprechen seinerzeit *mehr* wert als heute gewesen wäre. Im Gegenteil: Das noch immer alltägliche Anliegen, dass unsere Mitmenschen ihr Wort halten mögen, verliert nicht schon dadurch an Dringlichkeit, dass die Zeichen der Zeit auf «Unverbindlichkeit» stehen. Ja, gerade *weil* das heutige Beziehungsgeflecht immer breitmaschiger zu werden droht, wird das moralische Gut interpersonalen Vertrauens zu einer äußerst knappen Ressource, auf die wir heutzutage immer *mehr* angewiesen sind. Das verbleibende Restvertrauen darauf, dass sich zumindest jene Menschen als zuverlässig erweisen werden, die uns nahestehen, scheint vielmehr der letzte «Kitt» zu sein, der unsere Gemeinschaften zusammenhält. Genau deshalb unterrichtet uns die Geschichte von Maklaj, dem vermeintlich altmodischen Anthropologen, darüber, warum es auch heute noch unmoralisch wäre, ein Versprechen abzugeben, das man nicht halten wird.

Wenden wir uns zunächst noch einmal dem genaueren Inhalt jenes Versprechens zu, dass Maklaj seinem Begleiter gegeben hat. Letzterer glaubte an die Gefahr einer fotografischen Verflüchtigung seiner Seele, und aufgrund dieser existenziellen Furcht konnte er in das gemeinsame Arbeitsverhältnis nur unter der ausdrücklichen Bedingung einwilligen, dass sein zukünftiger Dienstherr ihm das Gegenteil versprach – ihm seine Seele zu lassen. Deshalb hat er ihn mit einem persönlichen Bilderverbot belegt. Selbst wenn man diesen Aberglauben an einen ikonografischen Gesichtsverlust albern finden mag: Aus Sicht von Maklajs Bewacher ging es schlicht um eine beängstigende Wahrheit. Niemand hätte ihm ausreden können, dass er sich in Gefahr befand, und so war das Versprechen für ihn von buchstäblich existenzieller Bedeutung. Daraus ergibt sich unmittelbar ein erstes allgemeines Kennzeichen von Versprechen: Man bittet nur in Ausnahmefällen um eines, d. h. nur dann, wenn etwas wirklich Elementares auf dem Spiel steht. Wer dagegen seinen Lebenspartner unentwegt nichtige Kleinigkeiten «schwören» lässt – den Einkauf nicht zu vergessen, den Müll zu entsorgen, den Partner gern zu haben –, der entwertet die Institution des Versprechens, die für besonders wichtige Gelegenheiten gedacht ist, und lässt sie zu einer routinierten Geste verkommen. Jeder Mensch weiß, dass auch man selbst ein Versprechen nicht leichtfertig gibt, und daher sollte man auch nicht allzu leichtfertig um eines bitten.

Eng mit dieser Mahnung verknüpft ist ein zweites wichtiges Merkmal: Wer sein Wort gibt, muss sich darüber im Klaren sein, dass er damit eine *einseitige Selbstverpflichtung* eingeht. Maklaj verspricht seinem Bewacher, ihn nicht zu fotografieren, und zunächst sieht es so aus, als verlange er dafür eine Gegenleistung. Doch jedes Versprechen beginnt ein Eigenleben zu führen, sobald es *gegeben* wurde. Maklaj wird sich nämlich auch dann noch an sein Wort halten müssen, wenn das vereinbarte Arbeitsverhältnis eines Tages gar nicht mehr bestehen sollte. Denn mit diesem Arbeitsverhältnis hat sein Versprechen nur insofern etwas zu tun, als es von Maklajs Begleiter zur Bedingung der gemeinsamen Kooperation gemacht wurde. Die Einhaltung dieses Versprechens jedoch ist an *keine* Bedingungen geknüpft. Maklaj hätte zu seinem Wort selbst dann zu stehen, wenn sich sein Bewacher als vollends unfähig oder auch unzuverlässig erweisen würde. Ein Versprechen endet vielmehr erst dann, wenn derjenige, der es gegeben hat, von jener Person, der das Versprechen galt, *ausdrücklich* entbunden wird. Auch macht man die Einhaltung seiner Versprechen selten davon abhängig, ob man im Gegenzug ein äquivalentes Versprechen erhält. Versprechen sind keine «Verträge», in denen wechselseitige Pflichten festgehalten werden, sondern Absichtserklärungen in *eigener* Sache: «Egal was passiert, ich werde mich an dieses Versprechen halten!» Zwar kann es vorkommen, dass die Person, die etwas versprechen soll, im Gegenzug ein *zweites* Versprechen einfordert. Dies aber führt lediglich dazu, dass sich die vorhandene Verbindlichkeitsstruktur verdoppelt: Nunmehr haben beide Personen jeweils einseitige Pflichten, sich an ihr Wort zu halten. Und die Einlösung dieser beiden einseitigen Versprechen hat unabhängig davon zu erfolgen, ob sich die andere Seite ebenfalls an ihr Versprechen hält.

Damit sind wir unmittelbar beim dritten Definitionsmerkmal angelangt: Versprechen werden jeweils nicht nur einseitig, sondern stets auch *freiwillig* gegeben. Was ist der Unterschied? Nehmen wir an, ein eifersüchtiger Ehemann dränge seine Frau unentwegt zu verbindlichen Liebesschwüren. Ja, er droht ihr sogar, sie zu verlassen, sollte sie ihm nicht jeden Tag, und zwar mindestens fünfmal, aufrichtig schwören, dass sie ihn – und nur ihn – liebt. Man sieht sogleich: In Fällen wie diesen schlägt das Bitten um ein Versprechen in Erpressung um. Auch wenn der Ehemann ein Anliegen verfolgt, das ihm existenziell wichtig erscheinen mag, so hat er dennoch nicht begriffen, was die Institution des Versprechens so überaus wertvoll macht: Man muss sein Wort freiwillig und der anderen Person «zuliebe» geben. Ein Versprechen ist ein Gefallen, auf den man zwar hoffen kann, der sich aber nicht befehlen lässt. Man kann ein Versprechen nicht → erzwingen, ohne dass es sogleich aufhören würde, ein Versprechen zu sein. Deshalb begeht man auch keinen moralischen Fehler, wenn man sein Wort *nicht* gibt. Man würde vielmehr nur dann einen Fehler begehen, *wenn* man sein Wort gäbe und sich dann anschließend nicht daran hielte. Kurz: Versprechen müssen zwar gehalten, nicht aber gegeben werden.

Aber erst das vierte Definitionsmerkmal erklärt die besondere Geltungskraft von Versprechen, von der es hieß, sie sei solide und fragil zugleich. Warum ist die persönliche Enttäuschung angesichts eines Wortbruchs häufig größer als bei vielen anderen moralischen Vergehen? Dies scheint daran zu liegen, dass die moralische Verbindlichkeit von Versprechen im eigentlichen Akt des Versprechens noch einmal ausdrücklich *erklärt und bekräftigt* wird. Um es im Jargon der philosophischen Sprachtheorien von John Austin und John Searle zu sagen: Die «illokutionäre» Bindekraft, die mit dem Kommunikationsakt des Versprechens einhergeht, wird im Vollzug des betreffenden Sprechaktes «performativ» hergestellt. Das bedeutet: Erst durch das gesprochene Wort wird jene besondere Form von Verbindlichkeit geschaffen, die sich anschließend nicht einfach annullieren lässt. Denn gibt man ausdrücklich sein Wort, so ist das Versprechen fortan «in der Welt». Ähnlich wie bei einer Gratulation, die just in dem Moment erfolgt, in dem man sagt: «Ich gratuliere dir!», wird auch das Versprechen allererst mit der synchron vollzogenen Äußerung: «Ich gebe dir mein Wort!» real. Und deshalb lautet der kummervolle Vorwurf angesichts eines Wortbruchs stets: «Aber du hast es mir doch ausdrücklich versprochen!»

Doch noch aus einem fünften und letzten Grund sollte man sich stets gut überlegen, wem man welches Versprechen gibt: Man wird sich an sein Wort nämlich selbst dann halten müssen, wenn man persönlich der Auffassung ist, dass das, was man versprochen hat, ganz und gar unsinnig ist. Nehmen wir den autochtonen Aberglauben, ein Foto beraube uns unserer Persönlichkeit: Im Zeitalter der Digitalkamera und der Handyfotografie werden tagtäglich unzählige Gesichter auf noch viel mehr Fotos gebannt. Da dürfte die Vorstellung einer unaufhaltsamen, fotografisch induzierten Dehumanisierung eher abwegig anmuten. Aber selbst wenn Sie diese nüchterne Skepsis teilen: Für die Frage, ob Maklaj sich an sein Versprechen hat halten müssen, spielt das überhaupt gar keine Rolle. Denn sobald Sie etwas versprechen, erklären Sie sich mit dem Inhalt des betreffenden Versprechens «formal» einverstanden. Das bedeutet: Sie akzeptieren zwar nicht notwendig den konkreten Inhalt, wohl aber die elementare *Dringlichkeit* des betreffenden Versprechens aus Sicht der jeweils anderen Person. Sie müssen das Versprechen, nicht aber den Gegenstand dieses Versprechens sinnvoll finden. Es reicht völlig aus, dass die andere Person dies tut.

Aber noch einmal zur Erinnerung: Die Forderung, dass man seine Versprechen halten muss, setzt nicht schon voraus, dass man jedes Versprechen auch *geben* muss. Wenn Sie das, was Sie versprechen sollen, allzu idiotisch finden («Bitte versprich mir, dass du mich fortan nur noch ‹Schnuffelmaus› nennst!»), wenn Sie für die Einlösung dieses Versprechens gar nicht garantieren können («Bitte versprich mir, dass an unserem Hochzeitstag die Sonne scheint!»), wenn Ihnen das Versprechen fundamental gegen den Strich geht («Bitte versprich mir, dass du den Kontakt zu deiner Familie abbrichst!») oder wenn man Sie zu einer dezidiert unmoralischen Tat anstiften will («Bitte versprich mir, dass du den Typen verprügeln wirst!»), so ist Ihnen zu raten, das betreffende Versprechen gar nicht erst in Erwägung zu ziehen. Denn haben Sie Ihr Wort erst einmal gegeben, so wird Ihr Gegenüber fordern dürfen, dass Sie fortan alles tun werden, was in Ihrer Macht steht, um sich daran zu halten. Für die Einhaltung eines Versprechens ist allein diejenige Person verantwortlich, die ihr Wort gibt. Deshalb sollte man stets Vorsicht walten lassen, wenn man allzu unvorsichtig um einen Gefallen ersucht wird. Wer sich auf ein Versprechen einlässt, an dessen Einhaltung er nicht einmal selbst glaubt, begeht einen Fehler, der ihm als eine Art von → Betrug ausgelegt werden könnte.

Kehren wir mit diesem Warnhinweis im Gepäck ein letztes Mal auf die Malaiische Halbinsel zurück. Da Maklaj eine integre Forscherpersönlichkeit gewesen ist, dürfen wir annehmen, dass ihm das Bilderverbot seines Bewachers nicht vollends abwegig erschien. Denn sonst hätte er das betreffende Versprechen gar nicht erst abgeben dürfen. Und man kann sich fragen: Ist die Befürchtung, dass man durch ein Foto an Persönlichkeit einbüßt, tatsächlich so irrational, wie man zunächst vielleicht vermuten würde? Stellen Sie sich bitte einmal vor, Ihr eigener Arbeitsplatz befände sich in unmittelbarer Nähe einer touristischen Sehenswürdigkeit; z. B. in einer Würstchenbude am Brandenburger Tor. Sie werden tagtäglich von Tausenden Touristen aus der ganzen Welt fotografiert; mal eher beiläufig, mal reichlich ungeniert. All diese Fotografien von Ihnen reisen anschließend in ferne Länder, um dort in schmucke Fotoalben eingeklebt oder auf schnöden Festplatten gespeichert zu werden. Ich schätze, inzwischen dürften das in etwa 1 000 000 Fotos sein, auf denen stets *Sie* zu sehen sind, hinter der Theke Ihrer Würstchenbude stehend. Ist diese Vorstellung nicht doch auch ein wenig beängstigend? Würden Sie da nicht auch an ein Bilderverbot denken bzw. an ein Hinweisschild: «Bitte nicht fotografieren»?

Der gewissenhafte Ethnologe jedenfalls wird sich beim Anblick seines schlafenden Begleiters so manches Mal gefragt haben: «Ist an diesem Aberglauben vielleicht doch etwas dran? Dann würde ihm das Foto bereits in dem Moment die Seele rauben, in dem ich den Auslöser drücke, sodass es völlig unerheblich wäre, ob er davon etwas mitbekäme.» Wichtiger aber noch ist das Folgende: Maklaj hätte keineswegs garantieren oder sogar versprechen können, dass sein schlafender Begleiter das heimlich aufgenommene Foto tatsächlich niemals zu Gesicht bekommen werde. Es ist denkbar, dass das Foto viele Jahre später, auf Umwegen, auf die Halbinsel zurückgelangt wäre; z. B. in einem prachtvollen Bildband über Maklajs einstige Expeditionen. Man stelle sich nur einmal vor, sein einstiger Begleiter hätte in diesem Bildband geblättert und plötzlich auch jene intime Nahaufnahme entdeckt, die ihn arglos schlafend zeigt: Wie wäre es ihm da wohl ergangen?

Damit sind wir abschließend bei der Frage angelangt, welchen Schaden ein Wortbruch anrichten kann. Erinnern wir uns an jene Ehe, die ein wenig zerrüttet scheint, weil der eifersüchtige Ehemann seine Frau unentwegt zu nervtötenden Liebesschwüren nötigt. Einst haben sich die beiden aus freien Stücken «ewige Treue» geschworen. Man mag an dieser Stelle frech einwenden, dies sei von Anfang an ein reichlich irrationales und zudem altmodisches Ge-

Zu viel versprochen?

lübde gewesen, aber es wurde nun einmal abgegeben. Nun kommt es dazu, dass sich der anhaltend misstrauische Ehemann, um sich zu → rächen, eines Tages selbst in eine heimliche Affäre verwickelt. Er begeht «Ehebruch», wie man alltagssprachlich sagt, weil auch die Ehe zunächst nichts anderes als ein Versprechen ist, das man halten oder aber brechen kann. Auf den ersten Blick ist freilich festzustellen: So etwas wie ein «gefühlter» Schaden ist noch gar nicht entstanden, denn die → betrogene Ehefrau ahnt ja noch gar nichts von ihrem Unglück. Wo also liegt das moralische Problem? Ähnlich wie bei der → Lüge ist es auch beim Wortbruch zunächst unerheblich, ob die Person, der man verpflichtet ist, von der Verletzung der gemeinsamen Vertrauensbeziehung weiß. Im Fall der außerehelichen Affäre *wurde* das Versprechen der ewigen Treue bereits in dem Moment gebrochen, als das Verhältnis begonnen wurde. Und dabei dürften Dinge geschehen sein, die «geeignet» sind, dem Partner einen empfindlichen Schaden zuzufügen. Dass dieser Schaden nur dann auch *eintreten* wird, wenn die Affäre aufgedeckt wird, ist zweitrangig.

Fassen wir zusammen: Wer mit dem Gedanken spielt, sein Wort zu brechen, muss sich darüber im Klaren sein, dass kein Wortbruch davor sicher ist, aufgedeckt zu werden und just in dem Moment eine tiefgreifende Enttäuschung zu bewirken. Diese Enttäuschung resultiert aus der Zerstörung eines besonderen Vertrauensverhältnisses, das sich von anderen moralischen Verbindlichkeiten signifikant unterscheidet. Wenn man einen Menschen, dem man vertraut, um ein Versprechen bittet, so überantwortet man sich dem Glauben, dass dieser Mensch sein Wort auch halten wird. Dies ist stets ein Wagnis, denn man macht sich damit «abhängig» von einer durchaus riskanten, einseitigen und freiwilligen Selbstverpflichtung seines Gegenübers. Weil einem aber der Inhalt dieses Versprechens existenziell am Herzen liegt, lässt man sich gern und vertrauensvoll auf dieses Wagnis ein. Man darf im Übrigen davon ausgehen, dass sich die Person, die ihr Versprechen gibt, mit dessen Inhalt annähernd einverstanden erklärt, weil sie sich sonst auf diesen Vorgang gar nicht einlassen darf. Darüber hinaus wird die moralische Verbindlichkeit der betreffenden Selbstverpflichtung im Moment der eigentlichen Einverständniserklärung noch einmal performativ bekräftigt. Und so stellt sich unweigerlich die Frage: Wenn man sich auf solche Abmachungen nicht länger verlassen kann, worauf dann?

Literaturtipps:

Anwander, Norbert: *Versprechen und Verpflichten*, Paderborn: Mentis 2008. [Eine systematische Analyse der teilweise paradoxen Struktur von Versprechen.]

Kropotkin, Pjotr A.: *Memoiren eines Revolutionärs*, 2 Bde., Münster: Unrast 2001. [Im ersten Band findet sich die von mir ein wenig ausgeschmückte Geschichte von Maklaj und seinem Begleiter.]

Liebsch, Burkhard: *Gegebenes Wort oder gelebtes Versprechen*, Freiburg/München: Alber 2008. [Betrachtungen zur Verbindlichkeit, aber auch zur Brüchigkeit von Versprechen im Lichte der wichtigsten philosophiegeschichtlichen Quellen.]

Zwang

New York City in den 1940er Jahren. Don Vito Corleone ist einer der mächtigen Mafia-Bosse der Stadt. Einflussreiche Politiker und zahllose Polizisten im Viertel sind dem «Paten», wie er allerorts genannt wird, treu zu Diensten. Eiskalt führt Don Corleone seine Geschäfte – auf die man ihn jedoch nicht ansprechen sollte. Bekannt ist lediglich, dass er das klassische Kerngeschäft mit verbotenen Glücksspielen schätzt. Der Drogenhandel jedoch, der sich zunehmend im Viertel ausbreitet, ist für den Paten nichts als ein schmutziges Business, in das einzusteigen er sich beharrlich weigert. Don Corleone hat eherne Grundsätze. Mit ausgeprägtem Ehr- und Pflichtgefühl hält er den eigenen Clan zusammen, denn die «Familie» geht ihm über alles. Der Pate hilft denen, die seine Hilfe brauchen. Man kann sich auf ihn verlassen. Allerdings bittet er im Gegenzug «kein zweites Mal um einen Gefallen, wenn man ihm den ersten verweigert». Und sollte es tatsächlich einmal jemand wagen, sich den Bitten des Paten zu entziehen, so bekommt er jenen Satz zu hören, der inzwischen zu den wohl legendärsten Zitaten der Filmgeschichte gehört: «Ich werde ihm ein Angebot machen, das er nicht ablehnen kann» (*Der Pate*, Regie: Francis Ford Coppola, USA 1971).

Stellen wir uns für einen Moment dumm – auch wenn das nicht sehr ratsam sein dürfte: «Den Paten in allen Ehren», antworten wir seinem Neffen, der uns aufgesucht hat, um uns das verlockende Angebot zu unterbreiten, «aber gehört es nicht zum Wesen von ‹Angeboten›, und seien diese noch so attraktiv, *dass* man sie ablehnen kann?» Für gewöhnlich wird man Angebote zunächst prüfen und gegen alternative Offerten abwägen wollen, um sich dann nach reiflicher Überlegung zu entscheiden, ob man sie annehmen oder lieber doch ausschlagen möchte. Und weil das so ist, sind Angebote wie die des Paten, die man gar nicht ablehnen *kann*, weil man sich dadurch, und zwar todsicher, empfindliche Nachteile einhandeln würde, gar keine Angebote, sondern *Befehle*. Sie lassen einem überhaupt gar keine Wahl. «Der Pate bittet kein zweites Mal um einen Gefallen», erinnert uns sein Neffe. Wer also sein Leben nicht riskieren möchte, dem ist zu raten, die Instruktionen des Paten, die lediglich als wohlmeinendes Angebot *getarnt* sind, zu befolgen. Denn wer ihnen nicht freiwillig nachkommt, wird schon bald dazu gedrängt werden, und zwar notfalls mit → Gewalt, falls «gutes Zureden» nicht gleich fruchten sollte. Kurz: Offerten, bei denen es keine Alternative gibt, sind der Auftakt zu offenem *Zwang*.

Ein solcher Zwang liegt immer dann vor, wenn Menschen von anderen Menschen dazu genötigt werden, etwas zu tun, zu lassen oder auch zu dulden, was sie ansonsten nicht tun, lassen oder dulden würden. Es gibt zwei Möglichkeiten: Entweder man hindert die Person daran, so zu agieren, wie sie selbst gern agieren würde. Oder aber man zwingt sie dazu, stattdessen ganz andere Handlungen zu vollziehen. Im ersten Fall nötigt man sie zur Passivität, während man im zweiten Fall eine abweichende Aktivität erzwingt. In beiden Fällen jedoch wird die Person nicht länger das tun, was in *ihrem* Sinne ist, sondern das, was *andere* von ihr wollen. Sehr simpel formuliert: Wer unter Zwang etwas tut, macht nicht das, was er ohne Zwang tun würde. Diese definitorischen Erläuterungen mögen zunächst recht unmissverständlich und auch plausibel klingen, aber sind sie es wirklich?

In unser Gespräch mit Don Corleones Neffen mischt sich eine Philosophin ein. Sie ist Anhängerin der Diskursethik von Jürgen Habermas und erinnert uns daran, dass uns gelegentlich nicht nur offener Zwang davon abhält, Dinge zu tun, zu lassen oder zu erdulden, die wir ansonsten nicht tun, lassen oder erdulden würden: «Auch gute Argumente können uns Verpflichtungen auferlegen, die wir mitunter als fast so zwingend erleben wie echten Zwang. Man spricht dann gelegentlich von einem ‹zwanglosen Zwang des besseren Arguments›. Oder denken Sie an wichtige Freundschafts- oder Liebesbeziehungen. Auch da hat man bisweilen keine andere Wahl.» Spontan wird man der Philosophin, die sich auf die Seite des Paten zu schlagen scheint, zustimmen wollen, und doch wirkt ihre Verwendung des Wortes «Zwang» mit Blick auf argumentative und intime Kooperationsbeziehungen leicht befremdlich. Gute Argumente und tiefe Gefühle der Freundschaft oder Liebe mögen uns zwar kategorische Verpflichtungen auferlegen, und doch würde man diese Verpflichtungen gänzlich missverstehen, wenn man sie als eine Form der Nötigung *wider Willen* interpretierte. Eher noch ist das Gegenteil der Fall: Diese Verpflichtungen können als Beweis unserer «Freiheit» verstanden werden, genau das zu tun, was wir aufgrund unserer Vernunft oder Gefühle ganz einfach tun müssen, nur weil wir es für richtig halten. Denn würde man von diesen autonomen Selbstbindungen abrücken, so würde dies zugleich bedeuten, *von sich selbst* abzurücken. Folglich kann es sich um echten Zwang schon deshalb nicht handeln, weil der Druck, der von diesen Selbstverpflichtungen ausgeht, ein «Ausdruck» unseres ureigenen Willens ist.

Am Nachbartisch sitzt eine Psychoanalytikerin, die unserem Gespräch gelauscht hat und die sich nun ebenfalls einschaltet: «Sie müssen bedenken, dass es bisweilen auch psychische Zwänge geben kann, unter denen Menschen höllisch leiden; z. B. Ängste, Neurose oder Süchte. Was ist mit diesen Zwängen?» Die Antwort muss lauten: Psychische Zwänge werden von den Betroffenen zwar tatsächlich *als* Zwänge erfahren, aber nicht schon als *unmoralische* Zwänge. Das liegt daran, dass es sich bei Ängsten, Neurosen und Süchten um Kräfte handelt, die von unserem eigenen «Unbewussten» ausgeübt werden, wie die Psychoanalyse sagt, und nicht von anderen *Personen*. Die Psychoanalyse räumt zwar ausdrücklich ein, dass bei der lebensgeschichtlichen Entstehung dieser Zwänge andere Menschen auf direkt unmoralische Weise beteiligt gewesen sein mögen. Gleichwohl sind Ängste, Neurosen und Süchte nicht selbst schon «Untaten», die von anderen Menschen vollzogen werden, und deshalb sind sie auch nicht unmoralisch. «Etwas ganz Ähnliches gilt übrigens auch für das Wetter», sagt eine zufällig an unserem Tisch vorbeikommende Meteorologin. «Ein heftiger Orkan kann uns ja auch dazu zwingen, zu Hause zu bleiben, obwohl wir das Haus sehr gern verlassen würden. Wenn aber jemand behauptet, schlechtes Wetter sei unmoralisch, dann hat er irgendetwas nicht richtig verstanden!» Und zwar die Quintessenz aus unserem bisherigen Gespräch: Zwänge sind nur dann unmoralisch, wenn sie erstens gegen den Willen der betreffenden Person und zweitens direkt von anderen Personen ausgeübt werden.

Aber auch das reicht als definitorische Bestimmung noch nicht aus, denn selbst ein unfreiwilliger und direkt interpersonaler Zwang muss nicht *immer* mit Moral unverträglich sein. Der herbeieilende Kellner ist offenbar Jura-Student: «In jedem Rechtssystem kann es notwendig werden und dann auch gerechtfertigt sein, einen Menschen, der gegen das Gesetz verstößt, zur Räson zu bringen. Auch wenn man persönlich jede Art von Zwang, der einem selbst auferlegt werden würde, ablehnenswert fände: Niemand wird ernsthaft bestreiten können, dass man Verbrechern das Handwerk legen muss; und zwar notfalls mit Zwang und indem man sie die Härte des Gesetzes spüren lässt.» Man wird es selbst vielleicht nicht ganz so drastisch ausdrücken wollen, dem Jura-Studenten *im Kern* jedoch zustimmen müssen. Aus Sicht des Staates kann es durchaus legitim sein, Zwangsmittel einzusetzen, solange diese dazu dienen, einen drohenden Schaden von unschuldigen Dritten abzuwenden (→ Und die Moral von der Geschicht').

Deshalb lautet die entscheidende Frage: Woran erkennt man den Unterschied zwischen legitimen und illegitimen Zwangsmaßnahmen? Versuchen wir es nach den bisherigen Überlegungen und Einwänden mit der folgenden Begriffsbestimmung: Ein Akt unmoralischen Zwangs liegt vor, wenn eine Person A, ohne dazu ausdrücklich berechtigt zu sein, auf den Willen einer Person B, und zwar durch Androhung gravierender Nachteile oder gar durch direkte Gewalt, derart manipulativ einwirkt, dass B zugunsten von A etwas tut, lässt oder duldet, was B ansonsten nicht tun, lassen oder dulden würde. Der Einschub «ohne dazu ausdrücklich berechtigt zu sein» bedeutet hier zweierlei: Weder ist Person A eine Polizistin oder Beamtin im Strafvollzug, die von Amts wegen Zwang ausüben *darf*. Noch handelt es sich bei B um eine überführte Straftäterin, die die Zwangsmaßnahme *verdient* hätte. Um also unberechtigt und unmoralisch zu sein, muss die hemmende Nötigung aus Sicht von B nicht bloß unfreiwillig, sondern zudem auch unverschuldet sein. Dabei ist der Ausdruck «Nötigung» hier durchaus wörtlich zu verstehen, denn A sorgt dafür, dass B in eine unfreiwillige und unverschuldete *Not* gerät. Oder anders: B sieht sich ganz plötzlich gegen ihren Willen und unverdientermaßen mit der unvorhergesehenen *Notwendigkeit* konfrontiert, ihr Verhalten zu Gunsten von A zu ändern.

Zu einem interessanten, aber recht speziellen Fall von nötigendem Zwang kommt es dann, wenn der Täter buchstäblich *berechnend* vorgeht. Gemeint ist der Fall der «Erpressung», in dem das Opfer durch Androhung eines empfindlichen Übels zur Zahlung eines festen Geldbetrages veranlasst werden soll. Hier geht es darum, das Opfer in eine Zwangslage zu bringen, aus der man Kapital schlagen kann. A will B auspressen «wie eine saftige Zitrone». Dazu ein Beispiel: Es ist dem Paten gelungen, einen Streifenpolizisten auf seine Seite zu bringen. Er hat ihm versprochen, fortan sein karges Gehalt ein wenig aufzubessern. Eine langjährige Kollegin des Streifenpolizisten hat davon Wind bekommen und ergreift nun ihrerseits die günstige Gelegenheit, auch *ihre* Monatseinkünfte zu erhöhen. Sie macht ihrem Kollegen das unwiderstehliche Angebot, einen Teil des Mafia-Geldes direkt an sie weiterzuleiten, und verspricht ihm im Gegenzug, ihn nicht zu verpfeifen. Eine «Win-win-Situation» wie bei der Bestechung. Und doch sollten beide Untaten nicht verwechselt werden. Zwar geht es in beiden Fällen um Geld und mithin darum, sich eine andere Person gefügig zu machen. Doch der Geldfluss verhält sich in beiden Fällen direkt umgekehrt: Bei der Bestechung *zahlt* A Geld an B, bei der Erpressung hingegen *erhält* A Geld von B.

Was aber, wenn B sich weigert zu zahlen? Es gibt unterschiedliche Eskalationsstufen von Zwang. Vor allem muss dabei zwischen der bloßen «Androhung» eines empfindlichen Übels und der tatsächlichen «Anwendung» von → Gewalt unterschieden werden. Nehmen wir an, der bereits erwähnte Polizist habe seitens der Mafia den vermeintlich guten Rat erhalten, auf Streife ab und zu «ein Auge zuzudrücken», da sonst – rein zufällig – seiner Familie etwas zustoßen könnte. Umgehend mag er sich dazu genötigt sehen, vom Ethos des guten Polizisten abzurücken. Die ihm und seiner Familie angedrohte Gewalt muss nicht eigens eintreten, damit er Gehorsam leistet. Sollte er sich wider Erwarten doch weigern zu kooperieren, kann das Zwangsverhältnis rasch eskalieren und das zunächst bloß prophezeite Übel tatsächlich eintreten: Seine Kinder werden entführt oder gar von einem Auto angefahren. In Fällen wie diesen kommen dann zusätzlich zu der bereits erfolgten Nötigung weitere gravierende Untaten hinzu: → Freiheitsberaubung, → Folter oder auch → Totschlag.

Allerdings ist im konkreten Einzelfall nicht immer eindeutig zu entscheiden, wann genau die Schwelle zur *Anwendung* brutaler Zwangsmittel überschritten ist. Dies gilt besonders dann, wenn schon die Androhung von Gewalt ausreichend ist, um das Opfer zu einer Handlung zu zwingen, die bereits *per se* ein übergroßes Übel darstellt. Wie ist das zu verstehen? Der von der Mafia unter Druck gesetzte Streifenpolizist macht sich große Sorgen um seine Familie. Deshalb wird er den Anweisungen der Mafia Folge leisten und ihrem kriminellen Treiben möglichst nicht im Weg stehen. Seinem Berufsethos dürfte das zuwider sein, aber ist ihm bereits Gewalt zugefügt worden? Eindeutiger verhält es sich, wenn ein Mensch zu Handlungen gezwungen wird, die ihm nicht bloß abstoßend, sondern regelrecht unerträglich erscheinen. Dies gilt besonders in Fällen der «sexuellen Nötigung». Stellen wir uns vor, jene Polizistin, die ihren korrupten Kollegen erpresst, werde nun ihrerseits von einem dritten Kollegen belästigt, der damit droht, sie bei der internen Aufsicht anzuschwärzen, falls sie ihm nicht sexuell zu Diensten sei. Umgehend würde die Grenze zwischen der bloßen Androhung eines empfindlichen Übels («Ich werde dich verpfeifen!») und einer tatsächlichen Anwendung von Gewalt («Nun will ich Sex von dir!») verschwimmen. Normalerweise ist Sex natürlich keine Gewalt, doch sexuelle Handlungen können als gewalttätig und qualvoll erlebt werden, sobald es sich um *erzwungene* Intimitäten handelt; wie z. B. in Fällen von Vergewaltigung und sexuellem → Missbrauch.

Zwar kann der Täter in den meisten Fällen von Nötigung und Erpressung auf offene Gewalt verzichten, doch die Wirksamkeit der vorgetragenen Drohung bleibt stets insofern von faktischer Gewaltanwendung abhängig, als die genötigte Person davon überzeugt sein muss, dass es zur Gewalt kommen wird, falls sie sich nicht hinreichend gefügig zeigt. Eine Drohung, von der man genau weiß, dass man sich ihr widersetzen kann, ohne dass ein zuvor prophezeites Übel eintritt, wird schwerlich als Nötigung empfunden werden, sondern eben doch nur als ein Angebot, das man ablehnen kann. Nur wenn die Drohung *wirkt*, verhindert sie den freien Einklang von Wollen und Handeln. Und wirkt sie gar über einen längeren Zeitraum hinweg, mag die zunächst als «äußerlich» erlebte Zwangsmaßnahme zunehmend sogar «verinnerlicht» werden. Der von der Mafia geschmierte Polizist z. B. mag sich schon bald an sein neues Gehalt gewöhnt haben und den neuen Lebensstandard sogar genießen. Anfangs hatte der Polizist noch ein Berufsethos. Er wurde lediglich gezwungen, von dessen Realisierung abzusehen. Inzwischen aber ist ihm dieses Ethos abhandengekommen. Es gibt nichts mehr, was er realisieren *könnte*. Und damit dürfte zunehmend auch ein entsprechender «Leidensdruck» entfallen.

Was aber treibt die Täter? Sie können in drei Gruppen eingeteilt werden: In die erste Gruppe gehören diejenigen, die schlicht nicht willens bzw. ganz einfach zu faul sind, den Aufwand, den sie ihren Opfern aufzwingen wollen, selbst zu betreiben. Wer etwa seinen Kollegen um Geld erpresst, um die eigenen Einkünfte zu mehren, könnte sich stattdessen ja auch selbst einen Nebenjob suchen. In der zweiten Gruppe versammeln sich Täter, denen die individuellen Fähigkeiten oder auch Einflussmöglichkeiten fehlen, die sie benötigen würden, um das von ihnen angestrebte Ziel auch ohne Zwang zu erreichen. Wenn der Pate ein Tanzlokal eröffnen möchte, aber auf offiziellem Wege keine Genehmigung erhält, weil jeder weiß, dass er das Etablissement für illegale Glücksspiele nutzen will, so wird er einen Angestellten in der Stadtverwaltung zwingen müssen, ihm behilflich zu sein. In die dritte Gruppe schließlich gehören Täter, die ein «persönliches» Anliegen verfolgen: Es geht ihnen primär darum, den Willen ihrer Opfer zu brechen, um sich an deren Schwäche, Ohnmacht oder auch Erniedrigung zu laben. Der Zwang wird hier als «Selbstzweck» genossen. Das bedeutet: Das Ziel, das diese Täter erzwingen wollen, liegt nicht außerhalb, sondern direkt *innerhalb* der Beziehung zu ihren Opfern.

In allen drei Fällen muss jedoch ein einseitiges Abhängigkeitsverhältnis vorhanden sein: Täter und Opfer wissen beide, warum A in der Position ist, Zwang auf B ausüben zu können, ohne dass es zu allzu heftigem Widerstand kommen wird. Der Täter hat *Macht* über sein Opfer, und damit ist nach einer berühmten Definition von Max Weber die «Chance» gemeint, «innerhalb einer sozialen Beziehung den eigenen Willen auch gegen Widerstreben durchzusetzen, gleichviel, worauf diese Chance beruht». Wer hingegen völlig machtlos und ohne Einfluss ist, wird schwerlich andere Menschen, die mächtiger und einflussreicher sind, zu irgendetwas zwingen können. Folglich ist Zwang das unmoralische Vergehen der «Stärkeren»; ein typisches Machtinstrument. Wenngleich auch hier gilt, dass Ausnahmen die Regel bestätigen, denn es kann vorkommen, dass die vermeintlich schwächere Person ganz plötzlich eine «Schwachstelle» der stärkeren entdeckt, die dannunmittelbar dazu genutzt werden kann, z. B. im Rahmen einer «feigen» Erpressung, Ohnmacht in Macht umschlagen zu lassen. Im Normalfall jedoch wird Zwang *von oben* ausgeübt.

Bisweilen kann es einem allerdings so vorkommen, als sei ein direkt interpersonales Macht- und Abhängigkeitsverhältnis auf den ersten Blick gar nicht greifbar. Trotzdem mag man sich, und zwar durch die eigenen Lebensumstände, dazu gezwungen sehen, Dinge zu tun, die man im Grunde gar nicht tun will: Man geht zur Arbeit, obwohl man seinen Job hasst; man lebt in einer dreckigen Großstadt, obwohl das Leben auf dem Land viel gesünder wäre; man ist bemüht, mit einer immer rasanteren Welt Schritt zu halten, obwohl man selbst doch eher faul ist und sich nach Ruhe sehnt. Das unangenehme Gefühl, von eher «anonymen» Kräften genötigt oder gar erpresst zu werden, dürfte im Leben vieler Menschen ein vertrautes Phänomen sein. Man sieht sich von sogenannten *Sachzwängen* umstellt, die bis tief in die eigene Alltagswelt hineinreichen und dort ähnliches Unheil anrichten wie direkt interpersonaler Zwang. Das eigene Leben wird als ein gesellschaftlicher Zwangszusammenhang erfahren, durch den man sich von dem, was «eigentlich» gut für einen wäre, «entfremdet» fühlt. Und dennoch: Man wagt es nicht, sich aus diesem Zwangskorsett, das einem zunehmend die Luft abschnürt, zu befreien. Warum nicht?

Es gibt unterschiedliche Varianten einer derart *strukturbedingten* Nötigung. Sie reichen vom «sanften Zwang» demokratischer Wohlfahrtsstaaten und der «normativen Kraft des Faktischen», die das Leben in einem kapitalistischen Wirtschaftssystem mit sich bringt, über die «Tyrannei der Tugend» autoritärer Gottesstaaten bis hin zur offenen Gewalt diktatorischer Unrechtsregime. Selbst wenn ein konkreter Aggressor nicht immer gleich auszumachen sein dürfte: Stets gibt es Menschen, die von diesen gesellschaftlichen Zwangsstrukturen profitieren. Was aber noch viel wichtiger ist: Der Zwang, der von diesen verkrusteten Strukturen ausgeht, darf nicht schon buchstäblich als ein auswegloses «Müssen» verstanden werden. Gesellschaftliche Zwangsverhältnisse sind nicht etwa naturgegeben, sondern *menschengemacht*, und das bedeutet auch, dass sie sich wieder ändern lassen. Dazu bedarf es Mut und großer Anstrengungen. Auch schafft man das nicht allein. Gemeinsame politische Anstrengungen und Kämpfe sind notwendig, um die «versteinerten Verhältnisse dadurch zum Tanzen [zu] zwingen, dass man ihnen ihre eigne Melodie vorsingt», wie Karl Marx einmal gesagt hat. Doch man *kann* sich diesen Strukturzwängen widersetzen. Im

Sachzwang oder Folterinstrument?

Grunde gilt das für jeden Zwang, auch für den direkt interpersonalen. Kein Zwang ist vollends alternativlos. Auch wenn es bisweilen lebensgefährlich sein mag: Zur Idee menschlicher Freiheit gehört notwendig die riskante Einsicht, dass es am Ende nicht ein einziges Angebot gibt, und sei es noch so zwingend vorgetragen, das man nicht doch auch ablehnen könnte.

Literaturtipps:

Galtung, Johan: *Strukturelle Gewalt*, Reinbek: Rowohlt 1984. [Hat die Unterscheidung zwischen «personaler» und «struktureller» Gewalt populär gemacht.]

Jaeggi, Rahel: *Entfremdung*, Frankfurt a. M.: Campus 2005. [Eine äußerst lesbare und doch philosophisch tiefschürfende Analyse alltäglicher Entfremdungserfahrungen.]

Krause, Ralf/Rölli, Marc (Hg.): *Macht*, Bielefeld: transcript 2008. [Lesenswerter Sammelband zum Themenfeld Macht, Zwang und Staatsgewalt.]

Und die Moral von der Geschicht'

In diesem Buch ist gelogen und betrogen worden. Menschen wurden ausgebeutet und bestohlen, bestochen und erpresst. Sie haben einander beleidigt, verleumdet, missachtet und missbraucht. Es gab Täter, die Verrat übten, zur Gewalt neigten oder die ihr Wort brachen. Manche Opfer wurden diskriminiert, gemobbt, geschlagen oder auch gedemütigt. Und es gab solche, die gefoltert oder sogar getötet wurden. Was geschehen ist, ist geschehen. Die Taten können nicht mehr rückgängig gemacht werden, aber die Gemeinschaft wird *reagieren* wollen und vielleicht auch müssen: Soll sie dem Täter das, was passiert ist, «durchgehen» lassen? Muss das Leiden der Opfer nicht vergolten werden? Welchen «Sinn» machen negative Sanktionen, und wie wird das richtige Maß festgelegt? Eine philosophische Analyse der Unmoral ist nicht schon in dem Moment abgeschlossen, in dem die unmoralische Tat vollzogen worden ist. Sie muss sich immer auch damit auseinandersetzen, was auf die Tat zu folgen hat. Kurz: Wer von moralischer Schuld spricht, sollte von Strafe nicht schweigen.

Allein die bloße Nennung des Wortes «Strafe» löst bei vielen Menschen Unbehagen aus – nicht nur bei denen, die damit zu rechnen haben. Strafe ist allgemein eher unpopulär geworden: in Kreisen fortschrittlicher Eltern, unter progressiven Erzieherinnen und Erziehern, in der humanistischen Pädagogik, der «aufgeklärten» Sozialpsychologie und nicht zuletzt auch in der kritischen Strafjustiz. In diesen Zirkeln scheint man sich einig zu sein, dass in der Vergangenheit viel zu viel und viel zu hart gestraft worden ist und dass der «Nutzen» althergebrachter Sanktionspraktiken – gelinde gesagt – zu wünschen übrig lässt. Und doch berührt diese Kritik nur in den seltensten Fällen das *Grundprinzip* der Strafe. Man streitet zwar darüber, ob diese oder jene Strafe heute noch zeitgemäß sei: Darf man seinen Kindern einen Klaps geben? Soll man jugendliche Straftäter einsperren? Lässt sich die lebenslange Freiheitsstrafe rechtfertigen? Aber *dass* bisweilen moralische und auch rechtliche Sanktionen notwendig sind, bestreitet kaum jemand. Auch wenn es gewiss berechtigt ist, vor einer allzu übertriebenen Strafrhetorik konservativer «Hardliner» zu warnen, ist doch daran zu zweifeln, dass die Gemeinschaft eines Tages ganz ohne den «erzieherischen» Effekt moralischer Sanktionen auskommen wird.

Nachdem sich die Einleitung zu diesem Buch auf begriffliche Klärungen im Vorfeld der unmoralischen Tat konzentriert hat und im Hauptteil dann die konkreten Einzelanalysen folgten, soll es im nun folgenden Schlusskapitel um die umstrittene Frage gehen, ob und wie sich moralische Sanktionen rechtfertigen lassen. Zunächst wird es notwendig sein, aus den bisherigen Überlegungen zur Unmoral einen alltagstauglichen Begriff der *Moral* abzuleiten (Abschnitte 1–5). Erst anschließend kann ausdrücklich die Frage nach dem Sinn und der moralischen Rechtfertigung von negativen Sanktionen gestellt werden (Abschnitte 6–9). Dabei wird deutlich werden, dass man nur solche Täter sanktionieren darf, die für ihre Taten nachweislich «verantwortlich» sind. Deshalb wird es am Ende noch einmal ausdrücklich um die Schuldfrage und mithin um die Schwierigkeit gehen, eine der Tat *angemessene* Sanktion zu bestimmen (Abschnitte 10–13).

1. Sinn für Moral

Bislang ist das Unwesen der Unmoral ergründet worden. Was aber ist das Wesen der Moral? Die 21 Einzelanalysen, die in diesem Buch versammelt sind, haben gezeigt, wie vielfältig die Möglichkeiten sind, gegen die Moral zu verstoßen, und wie unterschiedlich der durch diese Interessenverletzungen bewirkte Schaden ausfallen kann. Doch inwiefern geben uns diese Analysen im Umkehrschluss Auskunft darüber, welchen Sinn und Zweck die Moral selbst hat? Zunächst hat jedes Einzelkapitel einen der jeweiligen Untat direkt korrespondierenden Grundanspruch auf Seiten der Geschädigten hervortreten lassen, der durch eben diese Taten verletzt wurde. Sammelt man diese 21 moralischen Ansprüche zusammen, so ergibt sich eine vorläufige Liste moralischer Grundgüter, die in diesem Buch als schützenswert deklariert worden sind:

Unmoralische Vergehen	Moralische Grundgüter
Ausbeutung	Gerechtigkeit
Beleidigung	Respekt
Bestechung	Integrität
Betrug	Ehrlichkeit
Demütigung	Anerkennung
Diebstahl	Eigentum
Diskriminierung	Gleichheit
Folter	Menschenwürde
Freiheitsberaubung	Freiheit
Gewalt	Unversehrtheit
Lüge	Wahrhaftigkeit
Missachtung	Achtung
Missbrauch	Autonomie
Mobbing	Kollegialität
Rache	Vergebung
Tötung	Leben
Unterlassung	Nothilfe
Verleumdung	Unbescholtenheit
Verrat	Treue
Wortbruch	Vertrauen
Zwang	Freiwilligkeit

Auf den ersten Blick mag es so aussehen, als wäre damit bereits benannt, was genau die moralische Gemeinschaft bestraft, wenn sie negative Sanktionen ausspricht: die Verletzung moralischer Grundgüter, auf deren Beachtung wir als soziale Kooperationspartner pochen dürfen. Aber die Angelegenheit erweist sich als weitaus komplizierter, wenn man bedenkt, dass die Moralphilosophie nicht nur nach *Anlässen* für moralische Sanktionen Ausschau halten muss, sondern nach rationalen *Gründen*, die es gerechtfertigt erscheinen lassen, die entsprechenden Sanktionen zu verhängen. Da reicht es nicht, dem mutmaßlichen Missetäter mitzuteilen, *dass* er gegen ein allgemein anerkanntes Moralprinzip verstoßen hat. Denn er wird bloß frech zurückfragen: «Was genau ist das Problem?» Nun, bei genauerem Hinsehen ist eine wichtige Gemeinsamkeit sämtlicher der in diesem Buch behandelten Untaten zu konstatieren: Jede Verletzung konkreter moralischer Rechtsgüter macht ihren Opfern stets zugleich auch ein noch viel basaleres *Grundrecht* streitig, dessen Beachtung in zwischenmenschlichen Angelegenheiten kaum bedeutsamer sein könnte. Gemeint ist das Recht, von unfreiwilligen und unverschuldeten Schäden verschont zu bleiben. Dieses moralische Grundrecht ergibt sich aus dem kaum von der Hand zu weisenden Umstand, dass es dem individuellen Wohlergehen jedes Menschen abträglich wäre, wenn andere Menschen absichtlich und ungefragt wichtige Interessen der jeweils betroffenen Person ignorieren oder aber direkt verletzen würden. Zugleich bildet dieses Grundrecht die normative Basis, vor dessen Hintergrund sich allererst die Dringlichkeit der in der obigen Tabelle noch einmal vermerkten Rechtsgüter ergibt: Weil Menschen an ihrem individuellen Wohlergehen interessiert sind, sind sie *zugleich* auch an Gerechtigkeit, Respekt, Integrität, Ehrlichkeit, Anerkennung, Eigentum, Unversehrtheit etc. interessiert. Deshalb müssen Menschen – möglichst gemeinsam – darauf achten, dass andere diese Rechtsgüter nicht mutwillig verletzen. Denn niemand hat ein *Recht* darauf, dem Wohlergehen seiner Mitmenschen zu schaden. Daraus folgt: Moralische Regeln sind offenkundig dazu da, zwischen jenen Taten, die dem Wohlergehen aller Mitglieder der Gemeinschaft zuträglich sind, und solchen Handlungen, die einer friedfertigen Kooperation abträglich sind, zu unterscheiden:

Die Moral ist das soziale Regelwerk aus jenen Rechten und Pflichten, die für den Schutz und das Gelingen des Lebens sämtlicher Mitglieder der Gemeinschaft und mithin für den Erhalt der Gemeinschaft als solcher notwendig erscheinen.

Allerdings bedarf diese Definition der moralphilosophischen Erläuterung. Denn wer von «Moral» spricht, kann zunächst zweierlei meinen: eine Moral, die die Mitglieder einer jeweils *bestimmten* Gemeinschaft miteinander teilen und durch die sie sich von anderen Gemeinschaften unterscheiden, oder aber eine Moral, die Rechte und Pflichten tendenziell *aller* Menschen festzuschreiben versucht. Was ist der Unterschied? Die allermeisten Menschen dürften ein «partikularistisches» Moralverständnis aufweisen, nach dem die Binnenmoral der jeweils eigenen Gruppe oder Kultur gegen die Binnenmoral anderer Gruppen und Kulturen abgegrenzt werden kann und muss. Ein Moralverständnis ist partikularistisch, wenn es die Mitglieder der jeweils eigenen Gemeinschaft ausdrücklich favorisiert. Und auch die jeweils «vor Ort» vorherrschenden Sitten und Gebräuche werden anderen, «fremden» Traditionen gegenüber als prinzipiell vorzugswürdig erachtet. Die moderne Moralphilosophie jedoch hat eine ganz andere Auffassung von Moral. Heutige Philosophinnen und Philosophen gehen mehrheitlich davon aus, dass allein noch ein «universelles» Moralverständnis zeitgemäß sei, nach dem sämtliche Menschen weltweit als gleichermaßen achtungswürdig zu gelten haben. Diese Moralvorstellung *transzendiert* die engen Grenzen von partikularen Gruppen und Kulturen. Zu einer solchen Universalmoral gelangt, wer sich im Zuge seiner moralischen Reflexionen konsequent aus der Perspektive der «Unparteilichkeit» heraus betrachtet: Entspricht das, was ich tue, dem, was mit Rücksicht auf beliebige andere Menschen geboten wäre? Wer aber sind diese «beliebigen anderen»? Meine Familie? Meine Freunde? Meine Landsleute? Die Bewohner des Kontinents, auf dem ich lebe? Warum sollten meine moralischen Unparteilichkeitserwägungen an Grenzen, die letztlich kontingent sind, haltmachen? Ist ein fremder Mensch irgendwo auf dieser Welt moralisch *weniger* wertvoll als z. B. meine Nachbarin oder mein Mitbürger? Hat eine «richtig» verstandene Moral nicht gerade den global *entgrenzten* Sinn, gleiche Rechte und Pflichten aller Menschen weltweit aufzeigen und begründen zu wollen?

Im Folgenden ist jedoch von dem empirischen Sachverhalt auszugehen, dass der Moralbegriff sowohl in der ersten Bedeutung eines partikularistischen Regelwerks als auch in der zweiten Bedeutung einer universellen Moral gleicher Achtung Verwendung findet – auch wenn ein Großteil der Kritik, die später an illegitimen Strafpraktiken geübt werden wird, allein vor dem Hintergrund einer universellen Achtungsmoral Sinn ergibt. Wichtiger noch ist eine zweite definitorische Klarstellung: Der in der oben genannten Moral-Definition erwähnte «Schutz» individuellen Lebens garantiert nicht schon das im selben Atemzug genannte «Gelingen» dieses Lebens. Wie ist das gemeint? Nehmen wir an, das Leben einer Person bliebe tatsächlich weitgehend von unmoralischen Fremdeinwirkungen verschont. Würde die Person deshalb bereits notwendig ein gelingendes Leben führen? Nein. Die Moral bietet zwar Schutz vor unfreiwilligen und unverschuldeten Übergriffen, aber zu einem gelingenden oder gar glücklichen Leben gehört weit mehr als das, was Menschen sich moralisch *zusichern* können. Man muss an dieser Stelle nur einmal an Liebes- oder Freundschaftsbeziehungen denken, ohne die ein gelingendes oder glückliches Leben nur schwer möglich sein dürfte. Aus diesen Beziehungen können Pflichtgefühle erwachsen, die weit über das hinausweisen, was Menschen als reziproke Schutzrechte *einklagen* können. Liebende und Freunde mögen sich verpflichtet fühlen, liebevoll, zärtlich, freundlich, sanft, milde, dankbar, geduldig, mitfühlend oder auch nachsichtig zu sein. Aber sind sie es nicht, so wird die jeweils andere Person die Erfüllung dieser Pflichten nicht schon einfordern können. Dies liegt vor allem daran, dass die Erfüllung dieser Pflichten auf dem Prinzip der *Freiwilligkeit* beruht und schon deshalb nicht →erzwungen werden kann. Die Moralphilosophie nennt solche Pflichten «verdienstlich» oder «supererogatorisch» (von lat. *supererogare*, «mehr als nötig zahlen»). Es handelt sich um Pflichten, denen auf Seiten der durch diese Pflichten begünstigten Personen nicht schon starke *Rechte* korrespondieren. Eine Person, die diese Pflichten nicht erfüllt, mag zwar unsympathisch sein und ein Freundschaftsverhältnis bzw. eine Liebesbeziehung gefährden, aber gewiss kann die betreffende Person nicht schon als moralisch «schlecht» oder gar als «böse» bezeichnet werden.

Daraus ergibt sich eine wichtige Einsicht: Für die Moral in ihrer *positiven* Spannbreite reicht es offenbar nicht schon aus, dass der Mensch nichts Schlechtes tut. Die Unmoral mag die Negation der Moral sein, aber die Moral ist *mehr* als bloß die Abwesenheit von Unmoral. Was aber genau besagt diese begriffliche These? Zunächst trägt sie zur Klärung der wichtigen Frage bei, wann Verstöße gegen die Moral zu sanktionieren sind: Verstöße gegen moralische Pflichten sollten nach dem soeben Erörterten nur dann als moralisch schlecht oder böse bezeichnet werden, wenn es sich um fahrlässige oder absichtsvolle Verstöße gegen Pflichten handelt, denen direkt moralische *Schutzrechte* korrespondieren. Der Bereich dieser Schutzrechte erstreckt sich auf die sozialen Ermöglichungsbedingungen gelingenden Lebens und damit insbesondere auf den Schutz jener moralischen Grundgüter, die in der obigen Tabelle noch einmal aufgelistet worden sind. Das Gebiet der zu sanktionierenden Interessenverletzungen endet folglich dort, wo das Feld der supererogatorischen Pflichten beginnt. Deren Nicht-Erfüllung verletzt nicht schon das basale und einklagbare Recht, von anderen Menschen keinen unfreiwilligen und unverschuldeten Schaden zugefügt zu bekommen, sondern allenfalls freiwillige und unverbindliche Zusatzansprüche, die über dieses Grundrecht weit hinausreichen. Etwas technisch ausgedrückt: Unmoralische Taten, die eine Sanktion verdienen, unterminieren die notwendigen, aber nicht schon die hinreichenden Bedingungen gelingenden Lebens.

2. *Typisch Mensch*

Wenn der Schutz vor Unmoral, wie eben dargelegt, eine notwendige Bedingung des gelingenden Lebens ist, so können wir jedem Menschen, der am Gelingen seines Lebens interessiert ist, zugleich auch ein entsprechendes Interesse an effektiven moralischen Schutzgarantien unterstellen. Wenn wir aber *jedem* Menschen ein derartiges Schutzinteresse unterstellen dürfen, dann ist die Vermeidung von Unmoral ein typisch *menschliches* Interesse. Dementsprechend verstößt, wer eine unmoralische Tat verübt, nicht nur gegen ein je individuelles Schutzinteresse seines Opfers, sondern immer auch gegen ein gemeinsames und damit nicht zuletzt eben auch *eigenes* Schutzinteresse. Verschiedentlich schon ist in diesem Buch gefragt worden: Wer tut so etwas? Und im Anschluss an die konkreten Phänomenanalysen des Hauptteils wird die einzige ehrliche Antwort lauten müssen: Wir alle tun so etwas – gelegentlich jedenfalls. Es kommt eben vor, dass Menschen egoistisch sind und das eigene Glück auf Kosten anderer zu realisieren versuchen. Die Unmoral mag zwar nicht die Regel oder der Normalfall sein, und doch

Ein natürlicher Antagonismus?

scheint sie etwas «Menschliches, allzu Menschliches» und nicht etwa die Angelegenheit einiger weniger «Übermenschen» zu sein – um es mit Friedrich Nietzsche *gegen* Nietzsche zu sagen. Selbstredend hat nicht jeder Mensch das «Zeug» zu einem Gewalttäter, Mörder oder auch Folterknecht. Wer aber hat nicht schon einmal gelogen, beleidigt, gestohlen, betrogen, gedemütigt, diskriminiert oder missachtet? Nicht nur der Wunsch nach ausreichend moralischem Schutz, sondern auch der Hang zur Unmoral ist etwas typisch Menschliches.

Von Immanuel Kant stammt die überaus wegweisende Behauptung, für das menschliche Miteinander sei ein Antagonismus der «ungeselligen Geselligkeit» prägend. Was Kant vor Augen hatte, war eine tiefe Ambivalenz, eine innere Zerrissenheit des Menschen, die beinahe jeden schon einmal auf irritierende Weise heimgesucht haben dürfte: Der Mensch, so Kant, strebt danach, sich mit anderen zu «vergesellschaften», aber zugleich auch danach, sich zu «vereinzelnen». Mal sehnt sich der Mensch nach Nähe, mal möchte er in Ruhe gelassen werden. Manchmal erweist er sich als kooperativ, dann wieder gestaltet sich das Zusammenleben äußerst schwierig und konfliktreich: «I can't live – with or without you», wie es in einem Refrain der irischen Rockband *U2* heißt. Auf spezifisch moralphilosophische Zusammenhänge übertragen: Hier steht das eigene Selbst mit seinen sehr persönlichen Interessen, dort sind die Anderen mit ihren Bedürfnissen. Zumeist herrscht ein Primat des Ich, und der Mensch denkt zuvorderst an sich und seine eigenen Wünsche, dann wieder mag er von diesen Wünschen Abstand nehmen und die berechtigten Interessen seiner Mitmenschen zu ihrem Recht kommen lassen. Geradezu unentwegt pendelt der Mensch zwischen den Polen des Eigennutzes und der Uneigennützigkeit hin und her. Und moralische *Konflikte* sind dementsprechend fast immer Abwägungsprobleme: «Soll ich eher an mich und mein eigenes Wohlergehen denken oder stehen dieser Entscheidung berechtigte Forderungen meiner Mitmenschen im Wege?»

Entscheidend an der These der «ungeselligen Geselligkeit» ist der Umstand, dass sich dabei zwei vollends *gleichberechtigte* Kräfte gegenüberstehen. Weder ist der menschliche Hang zum Eigennutz «natürlicher» als der ihm direkt entgegenstehende Hang zur Uneigennützigkeit, noch sollte man diesen für legitimer als jenen halten. Beide Grundorientierungen sind dem Menschen angeboren, und das durch sie erzeugte Spannungsfeld ist so unauflöslich wie brisant. Denn die beiden antagonistischen Kräfte neutralisieren oder lähmen sich nicht etwa, sondern sie führen zu Spannungen im menschlichen Miteinander, die sich bisweilen äußerst produktiv, manchmal aber eben auch auf unmoralische Weise destruktiv auswirken. Dennoch gelingt es dem Menschen in aller Regel ganz gut, für einen annähernd vernünftigen Ausgleich zwischen seinen ungeselligen und eigennützigen Absichten einerseits und seinen geselligen und uneigennützigen Interessen andererseits zu sorgen. Der Mensch ist fähig, von der akuten Dringlichkeit und Rigorosität beider Triebkräfte temporär abzusehen und Kompromisse zu machen.

Allerdings ist an dieser Stelle ein naheliegendes Missverständnis zu vermeiden: Der natürliche Ich-Pol des ungeselligen Eigennutzes ist nicht schon mit Unmoral *identisch*. Nur weil der Mensch bisweilen an sich und seine persönlichen Belange denkt, muss er nicht schon automatisch zum Schaden anderer agieren. Die Realisierung rationaler Eigeninteressen kann durchaus mit Moral vereinbar sein, ja, wie wir später noch sehen werden, gibt es sogar ein sehr eigennütziges Interesse an der Moral selbst. Fest steht: Nicht schon jede Person, die eigene Zwecke zu realisieren versucht, verfolgt ihr Glück notwendig rücksichtslos auf Kosten anderer Menschen (→ Missbrauch). Und deshalb darf der Begriff des Eigennutzes nicht mit dem des «Egoismus» verwechselt werden. Zu einem gravierenden moralischen Problem wird der skizzierte Antagonismus vielmehr erst dann, wenn die lebenspraktische Balance «kippt» und die natürliche Ich-Bezogenheit des Menschen in eine vergleichsweise unnatürliche, weil einseitige *Selbstsucht* umschlägt. Zur Unmoral kommt es folglich in dem Moment, in dem sich der ungesellige Grundantrieb des Individuums vollends kompromisslos gegen seinen geselligen Gegenspieler durchsetzt und egoistische Bedürfnisse direkt vorsätzlich auf dem Rücken anderer Menschen befriedigt werden. Viele Menschen werden zwar der Ansicht sein, dass auch dies etwas zutiefst Menschliches ist, aber für gewöhnlich reagiert die moralische Gemeinschaft empört oder auch zornig, wenn sich ein Mensch auf unmoralische Weise als Egoist erweist. Um diese Aufregung erklären zu können, sollten wir uns zunächst der «emotionalen» Seite der Unmoral zuwenden.

3. Gefühlte Unmoral

Sieht man einmal ab von Boxkämpfen, Casting-Shows oder Kriegen: Wann immer Menschen zusammenkommen, hegen sie die moralisch grundlegende Erwartung, dass der jeweils andere ihnen keinen unfreiwilligen Schaden zufügen möge. Auch wenn wir als Menschen bisweilen direkt gegenteilige Erfahrungen sammeln, müssen wir doch nicht bei jedem neuen Aufeinandertreffen eigens betonen, dass wir von unserem Gegenüber verlangen dürfen, u. a. nicht betrogen, bestohlen, gemobbt, missbraucht, diskriminiert, verraten, verleumdet und getötet zu werden. In Bezug auf diese jeweils konkreten Einzelerwartungen hegen Menschen zugleich aber auch eine bemerkenswerte «Meta-Erwartung», die darauf zielt, dass die jeweils andere Person möglichst *all* ihre moralischen Pflichten erfüllen möge. Anders gesagt: Stabile menschliche Beziehungen basieren nicht nur auf einzelnen moralischen Forderungen und Vereinbarungen, sondern stets auch oder besser: mehr noch auf dem wechselseitigen *Grundvertrauen*, dass diese einzelnen Forderungen und Vereinbarungen auch tatsächlich eingehalten werden.

Der Soziologe Niklas Luhmann hat dies einmal auf die geistreiche Formel gebracht: Die Moral basiere auf dem «Erwarten von Erwartungserwartungen». Diese Formel ist durchaus kein Nonsens, und sie klingt auf Anhieb komplizierter, als sie es in Wirklichkeit ist. Betrachten wir dazu das Beispiel einer Verlobung, das Luhmann selbst zur Illustration heranzieht: Eine junge Frau erwartet von ihrem Verlobten, dass dieser zur Hochzeit gewillt ist und sein Eheversprechen einlösen wird («Erwartung»). Sie erwartet aber zugleich, dass dieser seinerseits die Erwartung hat, dass auch sie in die geplante Hochzeit einwilligen wird («Erwartungserwartung»). Doch damit nicht genug: Die junge Frau erwartet darüber hinaus, dass ihr Verlobter die Erwartung hat, dass sie ihrerseits die Erwartung hat, er möge sein Eheversprechen einlösen («Erwarten der Erwartungserwartung»). Wäre dem nicht so und würde dieses komplexe Erwartungsverhältnis nicht auch spiegelbildlich vorhanden sein, könnte der gemeinsame Hochzeitsplan gar nicht als ein wechselseitig *verbindlicher* Hochzeitsplan betrachtet werden. Folglich steht die Moral im Dienste der Koordinierung und Stabilisierung wechselseitiger Erwartungserwartungen, die letztlich allesamt darauf abzielen, dass niemand von anderen einen unfreiwilligen Schaden zugefügt bekommt. Ob es sich im konkreten Konfliktfall um ein falsches Eheversprechen handelt oder aber um ein ganz anderes Vergehen: Stets wird ein komplexer Erwartungszusammenhang durchbrochen, der kurz zuvor noch für wechselseitiges Vertrauen sorgte.

Wie wir noch sehen werden, enttäuscht der unmoralisch handelnde Mensch damit nicht nur ein jeweils konkretes Vertrauensverhältnis. Er sorgt damit zugleich auch für *kollektive* Instabilität und Unruhe. Doch wenden wir uns zunächst noch einmal der enttäuschten Zweierbeziehung zu und ermessen wir die emotionalen Reaktionen, mit denen man als unmittelbar geschädigte Person, aber gegebenenfalls auch als ein mitfühlender Zeuge auf einen vorsätzlichen Bruch moralischer Erwartungserwartungen reagiert.

Nur im Rückgriff auf diese emotionalen Reaktionen wird später verständlich zu machen sein, was der Sinn moralischer Sanktionen ist und wie sich diese rechtfertigen lassen. Was die geschädigte Person selbst betrifft, so wird diese zunächst vermutlich mit Enttäuschung und Trauer, aber auch mit Groll und Wut bis hin zu Zorn oder gar offenem Hass reagieren. Nicht selten entstehen massive → Rachegelüste. Das Opfer will «Genugtuung»: Es muss etwas getan werden, und zwar genug, um das geschehene Unrecht auszugleichen. Als unbeteiligte, aber mitfühlende *dritte* Person empfindet man signifikant anders. Wird man Zeuge einer unmoralischen Tat, fällt die emotionale Anteilnahme buchstäblich geteilt aus: Im Hinblick auf den Täter reagiert man mit Missbilligung, Empörung oder gar mit Abscheu, während man für das unschuldige Opfer Bedauern, Verständnis und vor allem Mitleid empfindet. Auch der Täter selbst mag sich im Nachhinein von der Schwere seiner Tat erdrückt fühlen. Zwar ist dies nicht unbedingt der Regelfall, aber die Einsicht, einem anderen Menschen massiv geschadet und ein wechselseitiges Vertrauensverhältnis zerstört zu haben, kann schmerzhafte Gewissensbisse verursachen. Man muss kein Mitleid mit dem unmoralischen Täter haben, aber es kommt vor, dass ihn im Nachhinein Gefühle der Scham, der Schuld und der Reue plagen.

Worauf es an dieser Stelle ankommt: Ohne moralische *Gefühle* keine moralischen *Einsichten*. Vieles spricht dafür, dass unser Nachdenken über die Moral buchstäblich von Kindesbeinen an sowohl emotionale als auch kognititive Dimensionen aufweist, die sich wechselseitig durchdringen, deren genaueres Verhältnis jedoch schwer zu durchschauen ist. Einerseits *signalisieren* uns diese unerfreulichen Emotionen, dass etwas geschehen ist, was nicht hätte geschehen sollen. Das Unangenehme, das mit Gefühlen der Enttäuschung, Wut, Missbilligung, Empörung, Scham oder Scham einhergeht, macht Geschädigte, Zeugen und wohl auch Täter gleichermaßen darauf aufmerksam, dass ein Mensch unrechtmäßig zu Schaden gekommen ist. Andererseits *reagieren* Opfer, Zeugen sowie Täter mit diesen Emotionen bloß auf die vorgängige Wahrnehmung der betreffenden Tat, sodass sie auch ohne diese Gefühle bereits zu wissen scheinen, was unmoralische Taten sind. Um es entwicklungspsychologisch auszudrücken: Erst durch unangenehme Gefühls-

Berechtigte Empörung oder neue Unmoral?

reaktionen lernt das Kind, was pflichtwidrige Handlungen von moralischem Wohlverhalten unterscheidet; was an ihnen schlecht ist und warum man sie vermeiden sollte. Zugleich aber scheint das Kind den Unterschied von moralisch bedenklichen und moralisch unbedenklichen Handlungen bereits zu kennen, denn sonst würde es kaum wissen können, mit welchen Gefühlen man auf welche Taten zu reagieren hat. Was war zuerst da: die Henne oder das Ei? Diese Frage ist bekanntlich schwer zu beantworten. Und doch scheint festzustehen: Wir wissen, was Moral ist, weil wir fühlen können, was Unmoral ist.

4. Wenn Reden nicht viel nützt

Seit langem schon herrscht in der Moralphilosophie Uneinigkeit darüber, wo das Nachdenken über Moral und rechtes Handeln anzusetzen habe: bei der «Vernunft», wie Immanuel Kant behauptet hat, oder aber beim «Gefühl», so wie das die Auffassung von David Hume war. Im Folgenden wird dieser klassische Streit auf einen Kompromiss hinauslaufen, der sich in den beiden vorangehenden Abschnitten bereits abgezeichnet hat: Die Vernunft vermag *einzusehen*, dass es unmoralisch ist, anderen Menschen einen Schaden zuzufügen und mit den Regeln friedlicher Koexistenz zu brechen. *Dass* aber moralische Regeln gebrochen wurden und was dieser Bruch auf Seiten der Opfer bewirkt, darüber informieren uns unsere moralischen Gefühle.

Die Moralphilosophie selbst hat die Rolle der Gefühle bislang ein wenig unterschätzt. Während die unmittelbar Betroffenen teilweise «hochemotional» auf unmoralische Taten reagieren, begegnen ihnen Philosophinnen und Philosophen zumeist recht gelassen. Sie glauben an die Kraft des Dialogs und an den «zwanglosen Zwang des besseren Arguments». Man will die eigenen Leserinnen und Leser nicht verführen, sondern *überzeugen* und durch den Aufweis guter oder sogar zwingender Gründe möglichst auch zu moralischem Wohlverhalten anregen. Dabei geht die Moralphilosophie zumeist so vor, dass sie die logische *Inkonsistenz* unmoralischen Handelns zu erweisen versucht, indem sie den potenziellen Täter in unvermeidliche Widersprüche verwickelt: Man kann nicht zugleich an den Wert eines jeweils bestimmten moralischen Grundguts glauben – an Gerechtigkeit, Gleichheit, Freiheit, Menschenwürde, Leben, Integrität, Wahrhaftigkeit etc. – und dieses Grundgut doch mit Füßen treten wollen.

Erinnern wir uns an das Beispiel des → Diebstahls: Der Dieb verletzt das Gebot, fremdes Eigentum zu achten. Er wird bei seinen Einbrüchen allerdings nur dann zum Ziele kommen, wenn seine Opfer einigermaßen arglos sind und keine allzu sorgfältigen Sicherheitsvorkehrungen getroffen haben. Eine derartige Arglosigkeit wird freilich nur dann vorliegen, wenn die jenigen, die bestohlen werden sollen, in ihrem bisherigen Leben annähernd von Diebstahl verschont geblieben sind. Denn wer tatsächlich schon einmal bestohlen worden ist, mag sein Eigentum fortan besser schützen. Wenn aber alle Menschen ständig auf der Hut vor Dieben wären und ihr Eigentum vollends diebstahlsicher machten, müsste sich der Täter sehr bald ein neues Metier suchen. Es gäbe schlicht nicht mehr viel zu stehlen. Und daraus folgt: Der Dieb kann eine Welt voller Diebe gar nicht widerspruchsfrei wollen. In signifikanter Häufung würde sich der Diebstahl *unmöglich* machen.

Dies gilt für sämtliche unmoralische Taten: In zivilen Zeiten «zehrt» der unmoralische Täter – wie ein Parasit – von einem gesellschaftlichen Restvertrauen in die Einhaltung moralischer Regeln. Und dieses Vertrauen würde sich sehr rasch in Luft auflösen, wenn alle potenziellen Opfer es dem Täter gleichtun sollten. Deshalb wird unmoralisches Handeln von der Moralphilosophie sehr gern als «unvernünftiges» oder «praktisch-irrationales» Tun gebrandmarkt. Damit soll bewiesen sein, dass unmoralische Taten buchstäblich keinen *Sinn* machen. Denn niemand, ja, nicht einmal der Täter selbst kann sich eine signifikante Häufung dieser Untaten wünschen. Das offenkundige Problem dieser moralphilosophischen Einsicht ist nur: Der gewöhnliche Missetäter wird sich um derart «vernünftige» Argumente gar nicht scheren, denn «kognitive Dissonanzen», wie es in der Sozialpsychologie heißt, dürften dem Täter ganz egal sein. Folglich wird man die wenigsten Übeltäter bereits dadurch von der Verwirklichung ihrer unmoralischen Pläne abhalten können, dass man ihnen die Irrationalität und Widersprüchlichkeit dieser Vorhaben vor Augen führt. Philosophische Argumente, auch wenn sie zutreffend sind, wirken in diesem Zusammenhang etwas weltfremd und nur selten buchstäblich entwaffnend. Sie überzeugen vielmehr nur diejenigen, die ohnehin längst überzeugt sind.

Was aber sonst soll man einem potenziellen Täter auf die Frage antworten, warum er von seiner Untat lassen sollte? Damit an dieser Stelle kein Missverständnis aufkommt: Natürlich *kann* man versuchen, mit guten Gründen und Argumenten auf ihn einzuwirken. Doch was man niemals zur Hand haben wird, sind buchstäblich *zwingende* Gründe, die den akut unmoralisch gesinnten Menschen schlichtweg überrumpeln, ja, geradezu nötigen würden, seine Pläne umgehend zu verwerfen und daraufhin sein Leben zu ändern. Die Suche nach einer ultimativen «Letztbegründung» der Moral, die unmittelbar moralisches Wohlverhalten produzieren würde, scheint vergebens zu sein. Selbst wenn die betreffende Person die schlagende Beweiskraft der vorgetragenen Argumente einsähe, so hieße das noch lange nicht, dass sie auch «automatisch» danach handeln würde. Jeder Mensch findet sich bisweilen in Entscheidungssituationen wieder, in denen er ganz genau weiß, was zu tun *gut* wäre – aber er tut es trotzdem nicht. Deshalb sollten wir uns zunächst der Frage zuwenden, wodurch wir *empirisch* zu moralischem Wohlverhalten motiviert werden. Die These wird lauten: Man wird nur aus Erfahrung klug! Und erst im Anschluss daran wird die Frage beantwortet werden können, was der Sinn moralischer Sanktionen ist.

5. Alles eine Frage der Motivation

Bislang sind wir auf mindestens vier Gründe gegen die Unmoral gestoßen. Erstens: Der Täter verstößt gegen das moralisch grundlegende Recht seiner Opfer, keinen unfreiwilligen und unverschuldeten Schaden zugefügt zu bekommen. Zweitens: Er verletzt darüber hinaus ein jeweils konkretes moralisches Grundgut. Drittens: Sofern die Verbindlichkeit der Moral insgesamt von erwartbaren Erwartungserwartungen abhängt, unterminiert der unmoralische Regelverstoß das moralische Regelwerk als Ganzes. Und viertens: Indem der Täter das moralische Regelwerk insgesamt untergräbt, stellt er nicht nur für seine konkreten Opfer, sondern zugleich auch für mögliche weitere Opfer und mithin für die friedliche Koexistenz der Gemeinschaft eine ernst zu nehmende Gefahrenquelle dar. Es handelt sich um vier «objektive» Gründe, warum man von der Unmoral lassen sollte. Aber wie schon gesagt: Derart vernünftige Gründe müssen nicht schon notwendig auch «subjektiv» motivierend wirken. Gesucht wird also nach einem je individuellen Motiv, von dem man auch faktisch zur Einhaltung der Moral angehalten wird. Und dieses subjektive Motiv wird nach der oben erwähnten Skepsis gegenüber der Durchschlagskraft philosophischer Argumente nicht schon selbst einer dieser vier objektiven Gründe sein. Es ist zwar nicht auszuschließen, *dass* Menschen – z. B. Philosophinnen und Philosophen – durch solche Gründe zu moralischem Wohlverhalten motiviert werden. Aber zumeist werden ganz andere Motive ausschlaggebend sein; z. B. ein dringliches Bedürfnis nach Anerkennung oder die akute Furcht vor drohenden Sanktionen. Folglich muss die moralphilosophische *Begründungsfrage* von der empirischen *Motivationsfrage* unterschieden werden, die da lautet: «Wenn es doch für mich von Vorteil wäre, unmoralisch zu sein: Warum sollte ich es lassen?»

Der Unterschied zwischen diesen beiden Fragen wird erst dann ersichtlich, wenn man sich die semantische Zweideutigkeit des Wortes «Grund» vor Augen führt: Mal ist damit ein *normativer Rechtfertigungsgrund* gemeint, mal geht es um einen *kausalen Beweggrund*. Was ist der Unterschied? Befragt man eine Person nach ihren Gründen für den Vollzug einer moralisch fragwürdigen Handlung, so mag sich die Person zu rechtfertigen versuchen, indem sie Argumente anführt, die den Vollzug der betreffenden Handlung moralisch angebracht oder doch zumindest erlaubt erscheinen lassen. Aber die im Rahmen derartiger Rechtfertigungsprozesse vorgebrachten Gründe müssen keineswegs notwendig mit den *tatsächlichen* Beweggründen jener Person in Einklang stehen. Dazu ein triviales Beispiel: Ein Restaurantgast will bezahlen. Die Kellnerin hat sich zu seinen Gunsten verrechnet. Der Gast aber macht sie auf diesen Fehler aufmerksam und bezahlt den korrekten Rechnungsbetrag. Anschließend erkundigt sich seine Begleiterin, warum er das getan habe. Mit dem Restgeld hätte man in der nächsten Bar noch einen animierenden Cocktail trinken können. Doch der Gast erweist sich als moralischer Schlauberger: Es sei nicht gerecht, eine Leistung entgegenzunehmen, für die man kein Äquivalent zu zahlen bereit ist. Wenn jeder Gast das täte, könnte das Restaurant sehr bald schon schließen.

Nun, der Mann hat zweifellos recht, aber seine Begleiterin wird das kaum überzeugend finden. Was sie im Übrigen gar nicht weiß: In Wahrheit hat ihr Tischnachbar die vergleichsweise profane Absicht verfolgt, bei der zwar unfreundlichen, aber äußerst attraktiven Kellnerin ein wenig zu «punkten». Und weil er das aus naheliegenden Gründen nicht zugeben will, weichen seine vorgeschobenen Rechtfertigungsgründe von seinen faktischen Beweggründen ab. Mit Blick auf eben diese elementare Differenz hat sich in der neueren Moralphilosophie die Unterscheidung zwischen «Gründen» und «Motiven» etabliert. Demnach sollten als moralische *Gründe* nur solche Aussagen oder auch Sachverhalte bezeichnet werden, mit denen man objektiv und unparteiisch zu rechtfertigen versucht, warum die jeweils in Frage stehende Handlung moralisch erlaubt oder auch verboten gewesen ist. Mit *Motiven* hingegen sind jene subjektiven und parteiischen Neigungen und Antriebe gemeint, die in der betreffenden Situation tatsächlich handlungswirksam, d.h. ausschlaggebend, gewesen sind. Selbstverständlich kommt es vor – und auch nicht selten –, dass Gründe und Motive deckungsgleich sind und Menschen unmittelbar aus Einsicht in die moralische Vernünftigkeit der betreffenden Handlungsoptionen agieren. Aber mindestens ebenso oft dürften objektive Gründe und subjektive Motive auseinanderklaffen und dann – wie im Fall des zahlungswilligen Restaurantgastes – bloß zufällig zu den gleichen Ergebnissen führen. Viel wichtiger aber noch ist das Folgende: Erst die Unterscheidung von Gründen und Motiven vermag zu erklären, wie es kommt, dass Menschen bisweilen sehr genau wissen, was zu tun moralisch gut wäre, ohne aber entsprechend danach zu handeln. Denn selbst die besten moralischen Gründe können starken subjektiven Motiven unterlegen sein. Damit aus vernünftigen Gründen handlungswirksame Absichten *werden*, muss in der betreffenden Entscheidungssituation offenbar noch etwas Wesentliches hinzutreten; etwas, das die Moralphilosophie selbst nicht schon durch Letztbegründungen sicherstellen kann. Aber was?

Zunächst sei hier noch einmal ausdrücklich an die bereits in der Einleitung diskutierte Mahnung erinnert, dass nicht einmal ein Handbuch der Unmoral allen Menschen ausnahmslos zumuten darf, *unentwegt* der Moral zu folgen. Denn auch dies könnte dem Gelingen des Lebens abträglich sein (→ Im Anfang war die Tat). Dennoch ist zu beobachten, dass sich die meisten Menschen in moralischen Konfliktfällen anständig verhalten. Warum eigentlich? Nach dem, was weiter oben als «Gefühlsdimension» der Unmoral bezeichnet wurde, ist zu vermuten, dass die jeweils subjektive Motivation, von einer unmoralischen Tat abzusehen, weit mehr mit den emotionalen Abwehrreaktionen der moralischen Gemeinschaft als mit abstrakten philosophischen Erwägungen zu tun haben dürfte. Damit ist ausdrücklich nicht schon gesagt, dass die betreffende Entscheidung deshalb bereits «irrational» wäre, nur weil Gefühle im Spiel sind. Es ist ein weitverbreiteter Irrtum zu glauben, Gefühle seien das *Gegenteil* von Vernunft, denn sie besitzen fast immer einen rationalen Kern. Und im Fall spezifisch moralischer Emotionen enthält dieser rationale Kern die bereits erwähnte Einsicht, dass eine Tat geschehen ist, die nicht hätte geschehen dürfen.

Wer schon einmal die Wirkung oder gar die Wucht dieser unangenehmen Gefühle am eigenen Leibe erfahren hat, wird einsehen, dass es besser ist, und zwar allein schon aus egoistischen Erwägungen, derartige Gefühlsreaktionen zu vermeiden. Folglich können moralische Emotionen einen ersten motivationalen Schub auslösen: Unmoralisch oder gar böse zu sein ist offenbar nicht *nur* von Vorteil.

6. Wir können auch anders (Teil I)

Fraglich ist, ob die abschreckende Wirkung moralischer Gefühlsreaktionen bereits ausreicht, um potenzielle Missetäter zu einem Verzicht auf ihr rücksichtsloses Tun anzuhalten. In aller Regel ist das nicht schon der Fall. Deshalb sind moralische Gemeinschaften gemeinhin der Ansicht, «aufrüsten» zu müssen. Und wenn gutes Zureden nicht fruchtet und selbst heftigste Gefühlsausbrüche am Täter abprallen, mag als letztes Mittel bloß noch die Aussicht auf drohende Sanktionen erfolgversprechend sein. Von der Androhung einer «Sanktion» spricht man für gewöhnlich dann, wenn die moralische Gemeinschaft potenziellen Tätern eine konkrete «Besserungsmaßnahme» in Aussicht stellt, durch die sie das abtrünnige Gemeinschaftsmitglied auf den rechten Weg zurückbringen will. Man unterscheidet dabei zwischen «positiven» und «negativen» Sanktionen. Von einer *positiven* Sanktion spricht man dann, wenn ein Mensch für moralisches Wohlverhalten belohnt wird: Er wird gelobt oder öffentlich gewürdigt, manchmal wird ihm eine Geldprämie ausbezahlt, ein Orden verliehen oder ein sozialer Aufstieg ermöglicht. Hierdurch sollen demonstrativ Anreize – neudeutsch: *incentives* – geschaffen werden für entsprechende Wiederholungstaten und positive Nachahmungstäter. Die empirische Wirksamkeit positiver Sanktionen ist umstritten: Auf der einen Seite stehen jene eingangs bereits erwähnten Reformerinnen und Reformer, die das erzieherische Potenzial positiver Sanktionen überaus hoch einschätzen. Auf der anderen Seite befinden sich die sogenannten Hardliner, die der Auffassung sind, dass negative Sanktionen weitaus effektiver sind und anhaltender wirken. *Negativ* ist eine Sanktion dann, wenn es ihr um die Androhung oder Zufügung eines empfindlichen Übels geht. Während positive Sanktionen Vorteile versprechen, sollen negative Sanktionen Nachteile bringen. Da es im Folgenden um den Sinn und die Rechtfertigung von *Strafe* gehen soll, werden wir uns auf eine kritische Analyse negativer Sanktionen beschränken.

Die Palette möglicher «Denkzettel» ist breit: Als eher *milde* Sanktionen gelten Vorwürfe, Tadel, Ermahnungen, Verwarnungen, demonstrative Missbilligungen oder böse Blicke. Man wird hier vermutlich zögern, überhaupt schon von «Strafe» sprechen zu wollen. Denn für Strafe scheint eine gewisse Schwere der Sanktionsmaßnahme erforderlich zu sein: Auf Seiten der sanktionierten Person muss ein empfindlicher oder sogar gravierender Nachteil entstehen. Dieser Unterschied kommt z. B. dann zum Tragen, wenn es um die Sanktion der «Androhung von Strafe» geht. Die bloße *Androhung* von Strafe wird dann offenbar nicht schon selbst *als* Strafe, wohl aber als negative Sanktion aufgefasst. Darüber hinaus ist zu berücksichtigen, dass der Begriff der Strafe ein *asymmetrisches Machtverhältnis* impliziert. Der Begriff wird nur dann verwendet, wenn die gemeinte Sanktionsmaßnahme von «Stärkeren» angeordnet wird; z. B. von Eltern oder staatlichen Behörden. Wer strafen will, muss aufgrund eines bestehenden Macht- oder Abhängigkeitsverhältnisses die effektive Handhabe besitzen, den angedrohten Nachteil notfalls auch gegen den erheblichen Widerstand der sanktionierten Person durchzusetzen. Eine Strafe *ohne* Vollstreckungsgewalt wäre ein zahnloser Tiger.

Dies mag der Grund dafür sein, dass die Diskussion über die moralische Zulässigkeit von Strafe sehr häufig auf staatliche und strafrechtliche Zusammenhänge verengt wird – auf den Aspekt der «Kriminalstrafe» also. Straft der Staat, so dient die entsprechende Sanktionsmaßnahme stets auch dazu, ein staatliches Gewaltverhältnis neuerlich zu bestätigen. Gleichwohl darf nicht schon auf der Theorieebene übersehen werden, dass auch in nicht-staatlichen Zusammenhängen, z. B. in Partnerschaften, Familienbeziehungen oder Arbeitsverhältnissen, gestraft werden kann, sofern die betreffenden Machtverhältnisse hinreichend asymmetrisch gestaltet sind. Zwar mögen sich staatliche Strafverhältnisse und nicht-staatliche Sanktionsbeziehungen darin unterscheiden, *wie* sie strafen. Auch können die jeweils konkret verhängten Strafmaßnahmen, wie wir später noch sehen werden, in bloß unterschiedlichem Ausmaß Legitimität und Wirksamkeit aufweisen. Aber in der prinzipiellen und deshalb vorgängig zu klärenden Frage nach dem *moralischen Sinn* negativer Sanktionen gibt es keine Differenzen. Auch staatliche Strafe bedarf einer dezidiert moralischen Begründung. Und deshalb wird im Folgenden – verallgemeinernd – von «der» moralischen Strafgemeinschaft die Rede sein, falls es nicht doch einmal auf feine Unterschiede ankommen sollte.

Kommen wir zunächst noch einmal zu der Frage zurück, wann genau die *Schwelle* zur Strafe überschritten ist. Schwerer als die oben erwähnten «Denkzettel», die es zumeist bei einer Drohung mit einem empfindlichen Übel bewenden lassen, wiegen Sanktionsmaßnahmen, die spürbar mit einer materiellen oder immateriellen Einbuße einhergehen: Geldstrafen, Sozialstunden, Fahrverbote, Stubenarrest, Liebesentzug, eine öffentliche Bloßstellung. Noch schwerer wiegen Sanktionen, die nicht nur mit einer partiellen Einbuße, sondern mit dem völligen *Verlust* einer wichtigen materiellen oder immateriellen Sache einhergehen: Ein Haus wird beschlagnahmt, eine Freundschaft wird beendet, eine Ehe wird geschieden oder ein Arbeitsverhältnis gekündigt. Man wird aus einer identitätsstiftenden Gruppe ausgeschlossen, zu einer langjährigen Freiheitsstrafe verurteilt oder gar des Landes verwiesen. Manche dieser drastischen Sanktionen «riechen» bereits ihrerseits nach Unmoral. Dies gilt vor allem dann, wenn die Strafe gänzlich *unverhältnismäßig* ausfällt. Ein Kind, das einem Nachbarn einen harmlosen Streich spielt, muss nicht schon deshalb in ein Heim. Eine Parksünderin gehört nicht ins Gefängnis. Wer eine Frikadelle vom Firmenbuffet «mopst», sollte nicht entlassen werden. Und wer dafür plädiert, dass einem Dieb die Hand abgehackt und eine Ehebrecherin gesteinigt werden soll, lässt ebenfalls das für negative Sanktionen notwendige «Fingerspitzengefühl» vermissen. Aber dazu später mehr.

Für *sämtliche* der genannten Sanktionen gilt, dass sie ein hinreichend deutliches und dem Vergehen möglichst angemessenes Zeichen setzen wollen: Verstöße gegen die Moral oder das Recht können nicht einfach hingenommen werden. Um als «negativ» empfunden zu werden, muss die betreffende Sanktion ein empfindliches *Übel* darstellen. Und aus Sicht der Moralphilosophie wird man hinzufügen müssen: ein vielleicht notwendiges, aber dennoch paradoxes und begründungsbedürftiges Übel. Denn es handelt sich um ein *zweites* Übel, mit dem die Strafgemeinschaft auf ein erstes Übel reagiert, um dieses erste Übel «auszugleichen». Anders gesagt: Jede negative Sanktion oder Strafmaßnahme beansprucht für sich, ein *gerechtfertigtes* Übel zu sein, das denjenigen ereilt, der seinerseits ein *ungerechtfertigtes* Übel produziert hat. Von einem dezidiert unmoralischen Übel unterscheiden negative Sanktionen sich folglich durch ihren Anspruch, dem Täter einen zwar «unfreiwilligen», nicht aber «unverschuldeten» Schaden zuzufügen (→ Im Anfang war das Wort). Und damit nicht genug: Negative Sanktionen wollen in aller Regel auch einen präventiven Langzeiteffekt bewirken. Das erste Übel soll sich möglichst nicht wiederholen. Sowohl der Täter als auch jene, die sich ihn zum Vorbild nehmen könnten, sollen davon abgehalten werden, gleich den nächsten Schaden anzurichten. Probieren wir es daher mit dem folgenden Definitionsvorschlag:

> *Strafe will ein gerechtfertigtes zweites Übel sein, das dem Verursacher eines ungerechtfertigten ersten Übels aufgezwungen wird, um ein ungerechtfertigtes drittes Übel zu verhindern.*

7. Muss Strafe sein?

Da negative Sanktionen in aller Regel ein Übel darstellen, liegt zunächst die überaus grundsätzliche Frage auf der Hand, wie im Fall der Strafe moralisch geboten sein kann, was im Fall der unmoralischen Tat ausdrücklich verboten gewesen ist: dass einem anderen Menschen ein empfindlicher Schaden zugefügt wird. Wie kommt die moralische Gemeinschaft auf die geradezu absurde Idee, ein Übel mit einem weiteren Übel zu «verrechnen»? Wie kann es jemals moralisch gerechtfertigt sein, gezielt wichtige Interessen eines Menschen zu verletzen? Im letzten Abschnitt war behauptet worden, dass es bei negativen Sanktionen nicht zuletzt darum gehe, im Anschluss an einen bereits entstandenen Schaden *weiteren* Schaden zu vermeiden. Dies ist als notwendige Bedingung gemeint: Negative Sanktionen werden sich allenfalls dann rechtfertigen lassen, *wenn* sie diesen Zweck erfüllen. Man nennt dieses rechtsphilosophische Begründungsprinzip im Anschluss an John Stuart Mill das «harm-principle»: Ein moralischer oder auch rechtlicher → Zwang kann sich dann – aber nur dann – als legitim erweisen, wenn er dazu dient, einen drohenden Schaden von unschuldigen Dritten abzuwenden. Die gravierenden Konsequenzen, die sich *ohne* dieses Schadensprinzip ergeben würden, sollen hier zunächst durch ein auf strafrechtliche Zusammenhänge gemünztes Gedankenexperiment beleuchtet werden.

Stellen Sie sich vor, die kürzlich wiedergewählte Regierung Ihres Landes habe sich dazu entschieden, ein nachträgliches Wahlgeschenk zu verteilen. Es wird ein «straffreier Sonntag» nach dem Vorbild autofreier Sonntage, die es in den 1970er Jahren gegeben hat, anberaumt. Die Regierung erhofft sich monetäre Einsparungen im Bereich der Strafverfolgung sowie konkrete Arbeitsentlastungen für das Gerichtswesen und die Polizei. Und so kündigt die Kanzlerin an: Alle Vergehen, die am nächsten Sonntag begangen werden, fallen von vornherein der Amnestie anheim. Und tatsächlich passiert zunächst auch gar nicht viel. Denn die politikverdrossenen Bürgerinnen und Bürger Ihres Landes trauen dieser Maßnahme nicht recht. Es kommt lediglich zu kleineren Diebstählen. Manche machen eilig eine nicht ganz saubere Steuererklärung. Doch verglichen mit den haushaltstechnischen Einsparungen dieser Maßnahme sind die volkswirtschaftlichen Schäden als vergleichsweise gering einzustufen. Aufgrund dieser überaus positiven Erfahrung beschließt die Regierung, entsprechende Einsparungen im gesamten nächsten Jahreshaushalt vorzunehmen. Man stelle sich also eine Rechtsgemeinschaft vor, die für einen längeren Zeitraum ganz auf strafrechtliche Sanktionen verzichten würde. Ob das eine gute Idee ist?

Nun, das hängt ersichtlich von zahlreichen empirischen Umständen ab und nicht zuletzt auch von der Frage, wie gefestigt das moralische Pflichtbewusstsein Ihrer Mitbürgerinnen und Mitbürger ist. Zu befürchten ist jedoch, dass die allgemeine Achtung vor einem Strafgesetz, das de facto außer Kraft gesetzt wäre, sehr rasch schwinden würde. Und damit dürfte auch die Furcht vor drohender Strafe umgehend verblassen. Selbst jene Bürgerinnen und Bürger, die sich für gewöhnlich annähernd regelkonform verhalten, werden sich bald schon zu der einen oder anderen Ausnahme hinreißen lassen, während sich diejenigen, die ohnehin ein eher pragmatisches Verhältnis zum Strafrecht haben, geradezu «entfesselt» fühlen werden. Es ist kaum zu bestreiten, dass zwar nicht alle, aber doch sehr viele Mensche *primär* von der Furcht vor Strafe davon abgehalten werden, gegen das Gesetz zu verstoßen. Dies jedenfalls belegen empirische Untersuchungen, in denen gezeigt werden konnte, dass es in der Folge von größeren Stromausfällen zu einem sprunghaften Anstieg der Kriminalitätsrate kommt. Auch wer sich unentdeckt wähnt, mag sich enthemmt fühlen: «Die im Dunkeln sieht man nicht», heißt es in der *Moritat von Mackie Messer*.

Nehmen wir an, die Straftaten in Ihrem Land nähmen tatsächlich signifikant zu. Die Opfer dieser Straftaten könnten sich animiert fühlen, umgehend für erlittene Schäden → Rache zu üben. Und zwar mit zunehmend primitiveren Mitteln, denn die Unverhältnismäßigkeit rächender Selbstjustiz wäre nunmehr ebenfalls kein strafrechtlich zu ahndendes Problem mehr. Infolgedessen dürfte die allgemeine Unruhe und Unsicherheit enorm anwachsen. Es würde nicht länger die Freiheit regieren, sondern die nackte Angst. Die meisten Menschen wären einen Großteil ihrer Zeit damit beschäftigt, sich vor ihren bedrohlichen und eben auch rachsüchtigen Mitbürgerinnen und Mitbürgern in Sicherheit zu bringen. Bald schon erlahmten die gesellschaftlichen Produktivkräfte. Der Wohlstand nähme rapide ab. Und die zivile Rechtskultur fiele mehr und mehr in Barbarei zurück; in jenen Krieg «aller gegen alle», vor dem uns einst Thomas Hobbes so eindringlich gewarnt hat. In diesem «Naturzustand» würde allein noch die vermeintliche «Moral des Stärkeren» ihre rohe Kraft entfalten. Und was einmal gut gemeint war und als beschaulicher Sonntag begann, endet in purem Stress.

Natürlich ist das ein völlig übertriebenes, ja, absurdes Szenario. Es beansprucht weder empirische Wahrscheinlichkeit noch rechtfertigende Beweiskraft. Das Gedankenexperiment stammt ursprünglich von Georg Jellinek, einem berühmten Staatsrechtler des späten 19. Jahrhunderts, der anhand dieser strafrechtsfreien Drohkulisse lediglich veranschaulichen wollte, warum die Institution des modernen Rechtsstaates, der das Gewalt- und Strafmonopol auf sich vereint, eine gute Sache ist. Auch würde Jellinek freimütig zugeben, dass man in jedem Einzelfall darüber streiten kann, ob der jeweils in Frage stehende Rechtsstaat ein legitimes oder auch nur effektives Strafrechtssystem vorzuweisen hat. Gleichwohl dürfte unstrittig sein, so Jellinek, *dass* es negativer Sanktionspraktiken bedarf, um jene Menschen in Schach zu halten, die sich gezielt und auf Kosten anderer über das Recht hinwegsetzen. Diese strafrechtlichen Überlegungen lassen sich problemlos verallgemeinern und auf *moralische* Sanktionsziele übertragen: Der Urheber unmoralischer Taten vergeht sich nicht nur an seinen Opfern und an einzelnen moralischen Grundgütern, sondern stets auch am Gesamtsystem der Moral. Im Zuge der Tat schlägt die entschlossene Bejahung des jeweils eigenen Willens in eine Verneinung des Willens all jener um, denen an einer friedlichen Koexistenz gelegen ist. Was auch immer der Grund sein mag, eine jeweils spezifische Untat für moralisch anstößig zu halten, alle Täter senden ein und dasselbe bedrohliche Signal aus: «Seht her! Mich interessiert gar nicht, was moralisch geboten ist!» Wenn die Gemeinschaft diese Angriffe dauerhaft unpariert ließe, könnte das für sie der Anfang vom Ende sein – meint jedenfalls Jellinek.

Daraus lässt sich der folgende Schluss ziehen: Solange Menschen in Gemeinschaften leben und auf Kooperation angewiesen sind, werden sie sich jenes Maß an Zwang und wohl auch Strafe gefallen lassen müssen, das notwendig ist, um den Schutz des Individuums vor feindlichen Übergriffen und die Bedingungen friedfertiger Koexistenz zu gewährleisten. Damit haben wir zugleich auch die gesuchte moralphilosophische *Begründung* der Strafe: Negative Sanktionen sind als korrigierende «Antwort» der Gemeinschaft auf destabilisierende Verletzungen moralischer Grundgüter und Rechtsansprüche gedacht. Sie dienen der Sicherung bzw. der Wiederherstellung einer annähernd geregelten Koexistenz und damit der Gewährleistung notwendiger Bedingungen individuell gelingenden Lebens. Das responsive zweite Übel der Strafe kann folglich dann – und nur dann – gerechtfertigt werden, *wenn* es im Dienste des Schutzes individuell gelingenden Lebens und der Bestandserhaltung der moralisch-rechtlichen Ordnung steht. *Ob* aber eine jeweils konkrete Sanktion diese notwendige Legitimitätsbedingung erfüllt, hängt von vielfältigen – stets auch empirischen – Faktoren ab, auf die wir noch zu sprechen kommen werden; z. B. vom Ausmaß der Schuld des Täters, von der Art der gewählten Sanktion und nicht zuletzt auch von der Legitimität der Rechtsordnung insgesamt. Zunächst ist wichtig, dass die soeben skizzierte «objektive» Strafbegründung zugleich auch eine komplexe Antwort auf die subjektive Motivationsfrage ermöglicht, die da lautete: «Wenn es doch für mich von Vorteil wäre, unmoralisch zu handeln: Warum sollte ich es lassen?»

Fassen wir die bisherigen Überlegungen zusammen, so besteht die Antwort nunmehr aus drei Teilen. Erstens: Man sollte von unmoralischen Handlungen absehen, wenn man anderen Menschen keinen Schaden zufügen und die Bedingungen friedfertiger Koexistenz nicht unterminieren will. Dies ist das wichtigste Motiv. Zweitens: Man sollte unmoralische Handlungen vermeiden, wenn man unangenehme und heftige Gefühlsreaktionen vermeiden möchte. Und wenn dies als moralische Motivation noch immer nicht ausreicht, so gilt drittens: Wenn man empfindliche Sanktionen vermeiden will, die sich in jenen Gefühlsreaktionen bereits drohend ankündigen, so sollte man ebenfalls darauf verzichten, anderen Menschen einen unfreiwilligen und unverschuldeten Schaden zuzufügen. Der moralisch rechtschaffene Mensch will anderen, aber auch sich selbst keinen Schaden zufügen. Das ist eine gute, eine rationale Motivation. Doch nur weil es sich um eine rationale Motivation handelt, bedeutet das nicht, dass man es mit einer *egoistischen* Absicht zu tun hätte. Denn die Interessen anderer Menschen sind in diese rationalen moralischen Reflexionen ausdrücklich als ebenfalls schützenswert einbezogen. Kurz: Man schont sich selbst, *indem* man andere schont.

8. Täter-Opfer-Ausgleich

Im Folgenden soll deutlich werden, dass der soeben skizzierte Begründungszusammenhang noch einmal in eine Vielzahl punitiver Teilzwecke (von lat. *punire*, «strafen») zerlegt werden kann. Am Ende werden insgesamt 16 denkbare Straffunktionen, eingeteilt in vier Gruppen, zu unterscheiden sein (vgl. Tabelle, S. 278). Um Missverständnissen vorzubeugen, muss vorab darauf hingewiesen werden, dass sich nicht alle der hier diskutierten Sanktionszwecke gleichermaßen gut begründen und legitimieren lassen. Manche erscheinen unmittelbar plausibel, andere sind äußerst umstritten.

Können Täter zu Opfern werden?

Deren Zusammenstellung ist zunächst rein deskriptiv gemeint. Allerdings beschränkt sich die einschlägige rechtsphilosophische Literatur fast immer auf die Nennung von jeweils drei, maximal vier Strafzwecken. Auch deshalb sollte die nun folgende Darstellung als ein ergänzender und sortierender Überblick und nicht schon als Plädoyer für die gleichberechtigte Berücksichtigung all dieser Strafzwecke verstanden werden. Die These wird lauten: Wer auch immer Strafe zu begründen versucht, greift dabei auf mindestens einen der folgenden Strafzwecke oder aber auf eine Kombination verschiedener Strafzwecke zurück. Und als erstes Unterscheidungskriterium wird die Frage dienen, ob der betreffende Sanktionszweck auf den Täter, das Opfer, die moralische Gemeinschaft oder das moralische Regelwerk insgesamt zielt.

Beginnen wir mit der naheliegenden Frage, was negative Sanktionen im Hinblick auf den Missetäter bewirken sollen. Hier gilt es genau vier verschiedene Strafzwecke zu unterscheiden. Erstens: Der Täter hat eine Handlung vollzogen, die geeignet war, anderen Menschen einen unfreiwilligen und unverschuldeten Schaden zuzufügen. Deshalb mag man der Auffassung sein, dass ihm nun seinerseits ein vergleichbares Übel zugefügt werden muss, welches das erste Übel «wettmachen» soll. Dieses hier bereits mehrfach erwähnte Strafprinzip wird seit jeher «Vergeltungs-» oder «Talionsprinzip» genannt. Gemeint ist die Hoffnung, dass die negative Sanktion eine Art Schadensausgleich bewirken möge. Schon im Alten Testament heißt es: «Auge um Auge, Zahn um Zahn». Was in heutigen Ohren ein wenig martialisch klingt, ist zur damaligen Zeit geradezu fortschrittlich gewesen. In sehr alten Rechtskulturen kam es – und kommt es bisweilen auch heute noch – zu vollends unverhältnismäßigen Sanktionsmaßnahmen: Steinigung bei Ehebruch oder Handamputation bei Diebstahl. Hier mahnt das rechtsphilosophische Talionsprinzip zur Verhältnismäßigkeit. Die Forderung «Auge um Auge» besagt, dass der Schaden, den man dem Täter zuzufügen gedenkt, keineswegs *größer* sein darf als das Übel, das der Täter verursacht hat. Gleichwohl streitet die Rechtsphilosophie anhaltend darüber, ob dieser Vergeltungsaspekt noch immer zeitgemäß ist. Denn in vielen Fällen scheint es unmöglich oder aber sinnlos zu sein, «Gleiches mit Gleichem» zu vergelten. Gleichwohl hat z. B. das Bundesverfassungsgericht in einem prominenten Urteil zur lebenslangen Haftstrafe vom 21. Juni 1977 den Vergeltungsaspekt der Strafe noch einmal ausdrücklich bekräftigt.

Etwas weniger strittig dürfte der zweite Strafzweck sein: Der Täter soll durch das Übel, das ihn ereilt, davon abgehalten werden, zum Wiederholungstäter zu werden. Negative Sanktionen dienen folglich präventiv der individuellen «Abschreckung». Der Täter soll in Schach gehalten werden. Auch die Feuerwehr legt manchmal gezielt einen Gegenbrand, um einen bereits lodernden Brand einzudämmen. Die Gesellschaft will sich also vor dem Missetäter schützen, und deshalb soll er erfahren, was ihm blüht, sollte er rückfällig werden. Um allerdings von einer *wirksamen* Abschreckungsmaßnahme sprechen zu können, muss die negative Sanktion zunächst eine simple Bedingung erfüllen: Der durch die Sanktion bewirkte Nachteil muss merklich größer sein als der Vorteil, den der Täter aus einer etwaigen Wiederholungstat ziehen würde. Das betrifft übrigens nicht nur dezidiert strafrechtliche Sanktionen. Alle der in Abschnitt 6 genannten Sanktionsmaßnahmen sollen diesen individuell abschreckenden Effekt haben. Empirisch betrachtet wird dieses Ziel zwar sehr häufig verfehlt. So gibt es seit jeher Diskussionen um den pädagogischen Nutzen z. B. von Stubenarrest oder hohen Haftstrafen. Aber *dass* negative Sanktionen eine individuelle Einschüchterung bewirken wollen, dürfte kaum bezweifelt werden.

Doch soll der Täter keineswegs *nur* durch die abschreckende Wirkung der Sanktion von weiteren Untaten abgehalten werden. Der dritte Strafzweck lautet vielmehr: Die Sanktion soll stets auch einen moralischen Lernerfolg, eine «Besserung» bewirken. Der Täter soll nicht nur spüren, sondern vor allem *einsehen*, dass er etwas falsch gemacht hat. Und die mit der konkreten Sanktionsmaßnahme verknüpften Nachteile wollen eben diesen Reflexionsschritt beschleunigen. Eng damit verknüpft ist auch die vierte Straffunktion: Wer aus seinen Taten lernt, soll anschließend eine zweite Chance bekommen. Die moralische Gemeinschaft geht davon aus, dass sich der Täter mit seiner Tat «ausgegrenzt» hat. Und nun bietet sie ihm an, ihn erneut als ein gleichberechtigtes Mitglied aufzunehmen; ihn zu «resozialisieren», wie es im Strafrecht heißt. Jede Sanktion *ohne* Aussicht auf eine derartige Reintegration wäre ihrerseits als moralisch höchst problematisch einzustufen. Vor diesem Hintergrund scheiden z. B. die lebenslange Haftstrafe und vor allem auch die Todesstrafe als legitime Sanktionsmaßnahmen aus. Aber auch diesbezüglich gibt es heftigen rechtsphilosophischen Streit. Überhaupt darf bezweifelt werden, ob eine wirklich schwere Sanktionsmaßnahme zur Resozialisierung taugt. Was ursprünglich als Besserungsmaßnahme gedacht ist, z. B. eine begrenzte Freiheitsstrafe, artet oft nur in eine die Lage des Täters bloß noch verschlechternde Stigmatisierung aus – und in ein zunehmend länger werdendes Vorstrafenregister sowieso.

Spätestens an dieser Stelle wird mancher Hardliner einwenden wollen: «Wer aber denkt an die Opfer?» Hier müssen ebenfalls vier Sanktionsabsichten unterschieden werden. Erstens: Man wird kaum leugnen können, dass die Bestrafung eines schuldigen Täters sehr häufig den Effekt hat, dessen Opfern oder aber deren Angehörigen eine gewisse «Genugtuung» zu verschaffen. Auch wenn man das nicht schon gutheißen muss: Gefühle der Enttäuschung, Trauer, Empörung und Wut wollen besänftigt sein. Zumindest aber müssen sie «entschärft» werden, damit es nicht zu → Rache und Selbstjustiz kommt. Dazu aber wird auf Seiten der Betroffenen die Gewissheit notwendig sein, dass der schuldige Täter nicht «ungeschoren» davongekommen ist. Auch wenn das individuelle Bedürfnis nach Genugtuung aus heutiger Sicht ein wenig «archaisch» anmuten mag, so sind die mit diesem Bedürfnis verknüpften Affekte doch nicht schon aus der Welt. Die Aggressivität, zu der ein vorsätzlich verursachter Schaden auf Seiten der Geschädigten und ihrer Angehörigen führen kann, muss kanalisiert werden, damit die Geschädigten zur Ruhe kommen können. Vielmehr würde eine Strafpraxis ganz ohne Genugtuungsabsichten das Opfer vorschnell übergehen, ohne auch *ihm* Gerechtigkeit widerfahren zu lassen.

Der Strafaspekt der Genugtuung sollte freilich nicht mit einer zweiten Strafabsicht verwechselt werden, die man «Wiedergutmachung» nennt. Hier geht es unmittelbar darum, den durch die Tat materiell oder aber immateriell entstandenen Schaden zu kompensieren. Ist ein → Diebstahl geschehen, muss das Diebesgut zurückgegeben oder aber ersetzt werden. Ist es zu einer schweren → Beleidigung gekommen, ist eine Entschuldigung fällig. Kam es zu körperlicher → Gewalt, muss der Täter die Arztrechnung und gegebenenfalls auch Schmerzensgeld bezahlen. Bereits diese wenigen Beispiele zeigen: Akte der Wiedergutmachung sind fast immer nur Akte der *Wieder-so-gut-es-geht-Machung*. Ein gestohlenes Familienerbstück kann nicht einfach ersetzt werden, eine Beleidigung ist durch eine Entschuldigung nicht schon aus der Welt, und blutige Platzwunden hinterlassen Narben. Aber nur dann, wenn die erwünschte Kompensation annähernd gelingt, ist auch die dritte Strafabsicht plausibel: Moralische Sanktionen sind im Hinblick auf die Geschädigten stets auch als Akte der «Vertrauensbildung» zu verstehen. Wie in Abschnitt 3 gezeigt wurde, kann der erwartbare Erwartungszusammenhang der Moral durch unmoralische Taten empfindlich Schaden nehmen. Eben dieser Verunsicherung soll die Verhängung negativer Sanktionen vertrauensbildend entgegenwirken, und zwar durch das Signal an die Geschädigten, dass diese sich wieder sicher fühlen können. Damit liegt zugleich auch ein vierter opferorientierter Sanktionszweck auf der Hand: Die demonstrative Bestrafung des schuldigen Täters ist stets auch ein Akt der «Solidarisierung» mit dem Opfer. Die moralische Rechtsgemeinschaft will der geschädigten Person nicht nur neue Sicherheit, sondern zudem auch die Gewissheit geben, dass die Gemeinschaft auf ihrer Seite steht.

9. Kommunale und systembedingte Strafanliegen

Der zuletzt skizzierte Gedanke der Solidarisierung leitet uns zu den *gemeinschaftsbezogenen* Funktionen moralischer Sanktionen und damit zu der Frage über, was sich die Gesellschaft von der Strafe verspricht. Mit dieser Frage ist ein heikles Terrain betreten, denn nur zu oft wird im Dienste einer partikularistischen Moral eine Strafe verhängt, die aus Sicht einer universalistischen Moralauffassung herbe Kritik verdient. Nicht selten dienen autoritäre Strafsysteme – vor allem staatliche, aber auch religiöse oder familiäre – der Repression unangepasster Individuen. Und bisweilen werden negative Sanktionen selbst gegen vollends unschuldige Menschen verhängt, nur weil es sich dabei um selbstständig denkende Individuen handelt, durch die man die gemeinschaftliche «Harmonie» gestört sieht. Daher muss die erste kommunale Strafabsicht so vorsichtig wie möglich formuliert werden: Wenn sich mit allgemein nachvollziehbaren Gründen zeigen lässt, dass der Täter wissentlich und willentlich einem anderen Menschen hat schaden wollen, und wenn die Tat für erhebliche Unruhe und erhitzte Gemüter sorgt, kann eine der Schuld und der Tat angemessene Sanktionsmaßnahme für allgemeine «Entspannung» sorgen. Denn je länger sich die Ahndung der betreffenden Untat hinzieht, umso mehr mag sich inmitten der Gemeinschaft ein in vielerlei Hinsicht bedrohlicher Unmut aufstauen.

Vor allem aber sollte niemand auf die Idee kommen, es dem Missetäter gleichzutun. Daher muss die negative Sanktion demonstrativ unangenehm ausfallen. Und damit liegt der zweite gemeinschaftsbezogene Sanktionszweck auf der Hand: In direkter Korrespondenz zur Abschreckung des Täters sind negative Sanktionen fast immer auch in kommunaler Hinsicht als Prävention und damit als «kollektive Abschreckung» gedacht. Sie wollen potenziellen Nachahmungstätern vor Augen führen, was auch ihnen blüht, sollten sie Ähnliches vorhaben. Gleichwohl hat die Gemeinschaft mit der Strafe zu warten, *bis* etwas geschehen ist. Prävention darf nicht bedeuten: Alle potenziellen Täter werden von vornherein weggeschlossen. Sie werden lediglich gewarnt. Diese volkspädagogische Strafabsicht soll zugleich auch einen dritten Strafzweck begünstigen: Moralische Sanktionen, sofern sie demonstrativ vollzogen und öffentlich verkündet werden, dienen der Wiederherstellung einer gestörten «Rechtssicherheit». Bereits die ursprüngliche Regelübertretung des Täters mag von der Gemeinschaft als ein beunruhigender Verstoß gegen die Mindestanforderungen friedfertiger Koexistenz interpretiert worden sein. Die dabei entstandene Desintegration kann sich jedoch verschärfen, sollte der Täter *nicht* sanktioniert werden. Das Vertrauen in die «Wehrhaftigkeit» des moralischen Rechtssystems könnte verloren gehen, und potenzielle Nachahmungstäter sähen sich regelrecht dazu animiert, es dem ersten Täter gleichzutun. Daher muss die moralische Gemeinschaft allen potenziellen Opfern ein beruhigendes Signal geben: Unmoralische Taten werden auch zukünftig nicht ungeahndet bleiben.

Der vierte kommunale Sanktionszweck wird sehr häufig übersehen und dürfte auf Anhieb auch ein wenig befremdlich wirken: Indem die moralische Gemeinschaft auf das ursprüngliche Übel der Tat mit einem zweiten Übel antwortet, reagiert sie auf die ursprüngliche Schuld des Täters mit der Übernahme einer zweiten, einer *eigenen* Verantwortung. Das mit der Sanktionsmaßnahme einhergehende zweite Übel mag ein gemeinschaftlich für notwendig erachtetes Übel sein. Aber diese Notwendigkeit macht aus dem zweiten Übel nicht schon etwas «Gutes». Negative Sanktionen sind und bleiben moralisch problematisch, d. h. begründungsbedürftig, auch wenn eine überzeugende Begründung bisweilen gelingen mag. Wichtig ist, dass die Gemeinschaft sich darüber im Klaren sein muss, dass sie für den sanktionierten Täter eine doppelte Verantwortung trägt; und zwar nicht nur für die Folgen der konkreten Sanktionsmaßnahme, sondern stets auch für den Täter *selbst*. Wie das gemeint ist? Nach allem, was wir heute aus der Sozialisationsforschung, aber auch aus den Neurowissenschaften und der Genetik wissen, wird der Mensch nicht schon als Täter «geboren». Vielmehr hat die Gemeinschaft in aller Regel einen nicht zu unterschätzenden Anteil daran, wer zum Täter wird und wer nicht. Daraus ergibt sich eine provokante These, die man nicht vorschnell abtun sollte: Indem die Gemeinschaft strafend Verantwortung auf sich lädt, scheint sie dem Täter, für dessen Biografie sie mitverantwortlich ist, einen Teil von dessen Verantwortung zu nehmen. Und erst durch diesen Akt der weithin unbewussten *Übernahme* von

Verantwortung eröffnet sich die Chance auf eine echte Resozialisierung des Täters. Damit ist dessen ursprüngliche Schuld zwar nicht getilgt. Auch wird das Übel der negativen Sanktion dadurch nicht erträglich. Und doch gilt: Geteilte Verantwortung ist halbe Verantwortung.

Ähnlich abstrakt und strittig mögen auch die letzten vier Strafzwecke anmuten, die das moralische Regelsystem als solches betreffen. Zur Erinnerung: In Abschnitt 3 war behauptet worden, dass jede unmoralische Tat geeignet ist, das relativ stabile und doch zugleich auch störanfällige Gefüge des Erwartens von Erwartungserwartungen zu gefährden. Sollte dieses Gefüge tatsächlich ins Rotieren geraten, müssen allzu bedrohliche Unwuchten sehr rasch beseitigt werden. Daraus ergibt sich eine erste dezidiert systembedingte Funktion der Strafe: Negative Sanktionen gehen stets mit dem Anspruch einher, der Wiederherstellung von «Gerechtigkeit» zu dienen. Von Georg Wilhelm Friedrich Hegel stammt diesbezüglich eine überaus wegweisende, wenn auch etwas eigentümliche Formulierung, der zufolge die Strafe als «Negation der Negation» zu verstehen sei. Die ursprüngliche Tat, so Hegel, hat die Geltung der Moral und des Rechts *verneint*, und nun muss diese Geltung erneuert werden, indem das Regelwerk nun ebenfalls mit einem entschiedenen «Nein» antwortet. Erst damit wäre die entstandene Ungerechtigkeit – dialektisch gesprochen – «aufgehoben». Folglich geht es bei Strafe immer auch darum, die Integrität des Rechtssystems wiederherzustellen.

Wie aber verschiedentlich schon erwähnt: Die Frage, ob ein vorhandenes Unrecht tatsächlich durch ein zweites Übel *ausgeglichen* werden kann, ist Gegenstand hitziger rechtsphilosophischer Debatten. Selbst wenn man aber Hegels provokativer Idee folgen möchte, muss sich im Zuge der «doppelten Negation» am Ende der Gleichung doch ein «Plus» ergeben. Die reaktive zweite Negation darf nicht einfach nur Selbstzweck sein. Strafe muss *mehr* bewirken als nur die Wiederherstellung des Status quo. Aus dieser Forderung ergeben sich unmittelbar alle weiteren systembedingten Straffunktionen. Zweitens: Negative Sanktionen dienen der «Normverdeutlichung». Sie wollen kenntlich machen, welche *konkreten* Gebote, Verbote, Regeln, Konventionen oder auch Gesetze es sind (→ Im Anfang war die Tat), deren Verletzung das moralische oder aber rechtliche Regelwerk nicht dulden kann, und wie diese Vorschriften jeweils zu verstehen sind. Anders gesagt: Im Zuge von Sanktionen expliziert und konkretisiert die Gemeinschaft ihre normativen Grundlagen und Zielvorgaben. Drittens: Da jeder noch so geringe Regelverstoß nicht nur einzelne Normen, sondern stets auch die Integrität des gesamten Regelwerks in Frage stellt, muss auch dieses Regelwerk neuerlich und demonstrativ bestätigt werden. Folglich haben negative Sanktionen stets auch den Zweck einer deutlich vernehmbaren «Selbstbekräftigung» des jeweiligen Regelwerks. Und schließlich viertens: Diese Selbstbekräftigung ist zugleich auch ein Akt der «Selbstlegitimierung». Denn nur wenn das betreffende Regelwerk empfindliche Sanktionen für potenzielle Regelverletzer vorsieht, wird es sich in den Augen der potenziell Geschädigten als vertrauenswürdig und wehrhaft erweisen. Das lässt sich am Beispiel von Spielregeln beim Sport demonstrieren: Nur wenn die Regeln versprechen, mögliche Spielverderber «zurückzupfeifen», wird man als deren Gegenspieler geneigt sein, das Regelwerk insgesamt für legitim und beachtenswert zu halten.

Täter	Opfer	Gesellschaft	Regelwerk
Vergeltung	Genugtuung	Entspannung	Gerechtigkeit
Abschreckung	Wiedergutmachung	Abschreckung	Normverdeutlichung
Besserung	Vertrauensbildung	Rechtssicherheit	Selbstbestätigung
Resozialisierung	Solidarität	Schuldübernahme	Selbstlegitimierung

Man wird in jedem einzelnen Fall darüber streiten können, ob diese insgesamt 16 Gründe für negative Sanktionen allesamt *gute* Gründe sind. Wie bereits angedeutet, sind inzwischen zahlreiche Kritikerinnen und Kritiker der Auffassung, dass «Vergeltung» nicht mehr zeitgemäß ist oder dass «Abschreckung» nur selten funktioniert. Andere verneinen, dass negative Sanktionen zu einer «Besserung» des Täters beitragen können oder dass sich durch das Übel der Strafe «Gerechtigkeit» wiederherstellen lässt. Bei jedem punitiven Teilzweck lassen sich Pro- und Contra-Argumente finden. Auch werden nicht alle Sanktionsabsichten ohne weiteres miteinander vereinbar sein. Die Beweislast, *dass* eine konkrete Sanktion ein, wie es hieß, «gerechtfertigtes» zweites Übel ist, übernehmen diejenigen, die diese Sanktion mit einer jeweils bestimmten Strafabsicht verknüpfen. Dies gilt für den Staat und sein Strafmonopol ebenso wie für religiöse Tugendwächter, die das «Wort Gottes» vollstrecken, oder auch für Eltern, die ihre Kinder sanktionieren. In diesem Abschnitt sollte lediglich behauptet werden: Wer negative Sanktionen rechtfertigen will – und man muss dies nicht wollen –, wird auf mindestens einen der genannten Strafzwecke oder aber auf eine Kombination verschiedener Sanktionsabsichten rekurrieren müssen. Es handelt sich um Gründe, die man zur Rechtfertigung von Strafe heranziehen *kann*, aber es handelt sich offenkundig nicht schon um gleichermaßen *gute* Gründe. Und doch wird kaum jemand ernsthaft bezweifeln wollen, *dass* negative Sanktionen bisweilen gerechtfertigt werden können – von einigen versprengten Anhängern der «anti-autoritären Erziehung» einmal abgesehen. Selbst die rechtspolitische Bewegung des «Abolitionismus» (von lat. *abolere*, «abschaffen») fordert lediglich den Verzicht des *Staates* auf Strafe, nicht aber ein generelles Sanktionsverbot.

10. Wir können auch anders (Teil II)

Angesichts der soeben diskutierten Sanktionsabsichten ist die entscheidende Frage ein wenig aus dem Blick geraten: Wer überhaupt «verdient» Strafe? Die spontane Antwort mag lauten: der schuldige Täter, d. h. der Urheber des zu sanktionierenden Vergehens. Aber ist mit dieser knappen Antwort zugleich auch schon geklärt, *warum* die Gemeinschaft der Ansicht ist, den Täter empfindlich sanktionieren zu dürfen? Wer gibt ihr eigentlich das Recht dazu? Zu Beginn dieses Schlusskapitels hieß es: Wer von Schuld spricht, darf von Strafe nicht schweigen. Doch offenkundig gilt auch das Gegenteil, denn wer zu strafen gedenkt, muss zunächst einmal einen Schuldigen dingfest machen. Schuld ist notwendige *Voraussetzung* für negative Sanktionen. Wir können, ja, dürfen niemanden zur Rechenschaft ziehen, von dessen Schuld wir gar nicht überzeugt sind. Erinnert sei hier an die in der Einleitung diskutierte «wuw»-Prämisse: Der unmoralische Täter ist daran zu erkennen, dass er wissentlich und willentlich eine Handlung vollzieht, die geeignet ist, anderen einen – aus deren Sicht – unfreiwilligen und unverschuldeten Schaden zuzufügen. Dass die betreffende Handlung «geeignet» sein muss, diesen Schaden zu verursachen, war und ist so zu verstehen, dass die gemeinte Interessenverletzung vom Täter ausdrücklich bezweckt sein muss oder doch zumindest fahrlässig verursacht wird. Im ersten Fall ist die Handlung als «böse» oder sogar als «sadistisch grausam» zu bezeichnen, im zweiten Fall als «schlecht».

Mit Blick auf die Schuldfrage ist davon auszugehen, dass eine Person, die aus böser oder gar grausamer Absicht handelt, *mehr* Schuld auf sich lädt als eine Person, die bloß schlecht, weil fahrlässig, handelt. Aber auch diese Person trifft eine gewisse Schuld an dem, was geschehen ist, denn auch sie ist für ihr fahrlässiges Handeln verantwortlich. Was aber genau heißt «Verantwortung»? Wer Verantwortung trägt, dem traut die moralische Gemeinschaft eine «Antwort», und zwar eine *begründete* Antwort, auf die Frage zu, warum er oder sie die betreffende Handlung vollzogen hat. Eine Person, die in diesem Sinn für sich und ihre Taten verantwortlich zeichnet, kann im Nachhinein eine plausible Auskunft in der Frage geben, was die konkreten Gründe oder auch Motive für ihr Verhalten gewesen sind. Und handelt es sich um ein verantwortliches *Fehlverhalten*, so können wir es der in Frage stehenden Person «vorwerfen». Sie hat sich schuldig gemacht und wird dafür «geradestehen» müssen. Auf eine kurze Faustformel gebracht: Moralische Schuld basiert auf *vorwerfbarer Verantwortlichkeit*.

Entscheidend bei jedem Schuldspruch ist aber, dass die moralische Gemeinschaft davon ausgehen muss, dass der Übeltäter im Moment der Tat eine echte Wahl gehabt hat. Es muss ihm nachgewiesen werden können, dass er sich nach reiflicher Überlegung auch anders, und zwar gegen die unmoralische Tat hätte entscheiden können. Für die Zuerkennung von Schuld ist demnach die feste Überzeugung notwendig, dass die Person im Moment ihrer Entscheidung «frei» gewesen ist; dass ihr auch eine alternative, moralisch unbedenkliche Entscheidung möglich gewesen wäre. Zu Beginn dieses Buches ist bereits angedeutet worden, dass neueste Forschungen im Bereich der Neurowissenschaften und der Humanbiologie genau diese – für die Schuldfrage unabdingbare – Prämisse in Frage stellen. Viele Forscherinnen und Forscher gehen stattdessen von einer neurologischen oder genetischen Präformation, ja,

Determination menschlicher Willensentscheidungen aus. Doch die im Folgenden diskutierten «Schranken» der moralischen Schuldfrage ergeben sich nicht aus dieser – alltagsweltlich eher kontraintuitiven – Fundamentalkritik der Willensfreiheit, sondern aus der zweifellos vertrauten Erfahrung, dass durchaus nicht alle Urheber unmoralischer Handlungen *gleichermaßen* für schuldig befunden werden können, selbst wenn sie faktisch das Gleiche *getan* haben sollten. Wie aber kommt es, dass die Gemeinschaft ein und dieselbe Tat im ersten Fall sehr hart, im zweiten Fall recht milde und gelegentlich auch gar nicht sanktioniert?

11. Mildernde Umstände

Man kennt das aus den Gerichtsshows im Fernsehen: Übeltäter haben rasch Ausreden zur Hand, wenn sich ihnen die Chance bietet, mit einer vergleichsweise milden Strafe davonzukommen. Dann heißt es, sie hätten es «doch nur gut gemeint», eine «schwere Kindheit» gehabt oder gar nicht «wirklich gewusst, dass das verboten war». Aber selbst wenn diese Erklärungen bisweilen bloß vorgeschoben sind, ändert dies doch nichts daran, dass es tatsächlich mildernde Umstände gibt, die das Gericht oder aber die moralische Gemeinschaft zögern lassen, sämtliche Täter über einen Kamm zu scheren. Auch in diesem Buch sind wir immer wieder auf Ausnahmefälle gestoßen, in denen eine Tat, die auf den ersten Blick unmoralisch erschien, am Ende dann doch verzeihlich oder sogar entschuldbar war. Die Prüfung mildernder Umstände nimmt den Täter ernst und schützt ihn zugleich vor allzu raschen Vorverurteilungen. Die möglichen Gründe für ein entsprechendes Zögern lassen sich in sechs Kategorien einteilen.

Die erste Kategorie betrifft die Frage, ob der Täter im Moment der Tat überhaupt «schuldfähig» gewesen ist. Manchmal handeln Menschen unter Drogen- oder Medikamenteneinfluss. Andere werden von psychischen → Zwängen oder durch Erpressung zur Tat genötigt. Diese Täter lassen schon deshalb wichtige Voraussetzungen für wissentliches und willentliches Tun vermissen, weil sie entweder gar nicht *wissen*, was sie tun, oder weil sie das, was sie tun, nicht wirklich tun *wollen*. Wer unter Hypnose Juwelen aus einem Tresor entwendet, begeht einen → Diebstahl, dennoch mag er gänzlich frei von Schuld sein. Hier sind die Umstände der Tat nicht nur strafmildernd, sondern buchstäblich «entschuldigend». Wer dasselbe unter Drogeneinfluss tut, weil er dringend Geld benötigt, ist dabei zwar nicht gänzlich frei von Schuld, wohl aber nur *bedingt* für sein Tun verantwortlich. Die Moralphilosophie sollte daher nach dem Vorbild des Strafrechts zwischen «voll schuldfähig», «vermindert schuldfähig» und vollends «schuldunfähig» unterscheiden. *Volle* Schuld ist jedenfalls nur dann gegeben, wenn der Urheber der betreffenden Tat eine echte Alternative gehabt hat, die ihm zumutbar gewesen wäre.

Ebenfalls nicht nur strafmildernd, sondern entschuldigend sind Beweggründe, die in die Kategorie dramatischer oder dilemmatischer Notlagen fallen. Mancher Täter mag sich angesichts einer existenziellen Bedrängnis dazu gezwungen sehen, in «Notwehr» oder aus Gründen der «Nothilfe» eine vermeintlich unmoralische Tat zu begehen, nur um von sich oder anderen Personen einen gravierenden Schaden abzuwenden. Eine entsprechende Rechtfertigung kann selbst dann vorliegen, wenn die Person, die dabei unfreiwillig Schaden nimmt, ihrerseits vollkommen unschuldig ist. Erinnert sei hier an das Beispiel der beiden verunglückten Bergsteigerinnen, die gemeinsam an einem Rettungsseil hängen, das aber nur eine der beiden zu tragen vermag (→ Tötung). Wenn diejenige, die oben hängt, das Seil mit einem Messer kappt, so ist das furchtbar, aber doch verzeihlich. Auch den überlebenden Passagieren der sinkenden Titanic wird man kaum vorwerfen können, dass sie unter Einsatz ihrer Ellenbogen einen der begehrten Plätze in den wenigen Rettungsbooten ergattern wollten – auch wenn es den vielen «Gentlemen» an Bord charakterlich gut zu Gesicht gestanden hätte, Damen und Kindern der Vortritt zu lassen und stattdessen an der Bar einen Whiskey «on the rocks» zu bestellen.

Die dritte Gruppe schuldreduzierender Gründe betrifft den im Strafrecht als «Verbotsirrtum» bezeichneten Umstand, dass sich der Täter im Moment der Tat gar nicht bewusst gewesen sein mag, dass sein Tun verboten ist. Dies mag beispielsweise für Reisende oder Fremde gelten, die sich mit den moralischen und rechtlichen Gepflogenheiten jenes Landes, in dem sie sich derzeit aufhalten, nicht hinreichend auskennen. Wenn ein LKW-Fahrer aus der Ukraine einen unvorhergesehenen Umweg über Deutschland nehmen muss und dort das sonntägliche Fahrverbot «missachtet», ohne es zu kennen, so wird ihm dies kaum zur Last gelegt werden können. Auch kleine Kinder, die in das moralische Regelsystem ihrer Gemeinschaft erst noch «hineinsozialisiert» werden müssen, dürfen bei so manchem Regelverstoß mit Milde rechnen. Zwar werden die als unmoralisch oder auch widerrechtlich geltenden Taten «objektiv» ausgeführt, doch es fehlt den Tätern das «subjektive» Unrechtsbewusstsein. Freilich wird sich nicht schon jeder Täter damit herausreden können, dass er das deutsche Strafgesetzbuch nicht gelesen hat. Dennoch kann – entgegen einem weit verbreiteten Irrtum – Unwissenheit vor Strafe schützen, wenn sich dem Übeltäter nicht nachweisen lässt, dass ihm die Kenntnis der Regeln, gegen die er verstoßen hat, möglich und auch zumutbar gewesen wäre.

Die vierte Kategorie strafmildernder Umstände ergibt sich aus der bereits in der Einleitung diskutierten Differenz zwischen «schlechten» und «bösen» Taten. Eine Person, die *fahrlässig* einen Schaden bewirkt hat, mag zwar wissentlich und willentlich gehandelt haben. Und doch hat sie ihrem Gegenüber nicht schon wissentlich und willentlich *geschadet*. Man sagt etwas, merkt aber nicht, dass man eine andere Person damit → beleidigt oder → diskriminiert. Man schießt auf einen Hasen, trifft aber versehentlich einen Jagdgenossen. An diesen Schäden ist man nur insofern schuld, als man im Nachhinein einsehen wird, dass man sich nach reiflicher Überlegung etwas vorsichtiger hätte verhalten müssen. Schwerer wiegt die Tat, wenn der Übeltäter den Schaden direkt bezweckt hat, aber durch äußere Umstände an der Verwirklichung seiner Tat gehindert wurde: Die schriftlich formulierte Beleidigung oder Diskriminierung geht auf dem Postweg verloren. Der Abzug eines Revolvers klemmt, oder man schießt daneben. «Der Versuch ist strafbar», sagt das Strafrecht. Aber die *volle* Strafe verdient ein Täter nur dann, wenn er eine böse Absicht verfolgt, ausdrücklich zur Tat schreitet und überdies den von ihm erwünschten Schaden verursacht.

Die fünfte Kategorie strafmildernder Gründe betrifft das Verhalten des Täters unmittelbar im Anschluss an seine Tat. Was kann die schuldige Person *selbst* tun, um die Sanktion, die sie verdient hätte, bereits vorab zu entschärfen? Sobald der Täter bemerkt, was er angerichtet hat, kann er sich einsichtig zeigen und Schadensbegrenzung betreiben (→ Unterlassung). Auch wenn das nur selten vorkommen mag: Der Täter kann an den Ort des Geschehens zurückkehren, der geschädigten Person zu Hilfe kommen, sich entschuldigen oder baldige Wiedergutmachung in Aussicht stellen. Viele Beobachter und auch das Opfer selbst wird ein derart reuevolles Verhalten nachsichtig stimmen. Auch das berühmte «letzte Wort», das im Strafprozess dem Angeklagten zusteht, bietet diese Chance: Wer sich glaubhaft schuldbewusst und reumütig zeigt, darf mit einer verminderten Schärfe der Sanktion rechnen.

Die sechste und letzte Kategorie strafmildernder Umstände ergibt sich aus dem bereits in Abschnitt 9 erwähnten Umstand, dass die Gesellschaft weiß, dass sie für den Täter *mitverantwortlich* ist. In zahlreichen empirischen Untersuchungen, z. B. zum sozialisatorischen Hintergrund von Gefängnispopulationen, konnte gezeigt werden, dass die Wahrscheinlichkeit, mit der man kriminell oder auch zum Wiederholungstäter wird, mit den sozialen Verhältnissen, aus denen man stammt, stark variiert. Auch in Fragen der Alltagsmoral dürfte die Bereitschaft, den universalmoralischen Standpunkt gleicher Achtung zu akzeptieren, von der Erziehung abhängen, die man genossen hat, oder auch von der Peergroup, an der man sich orientiert. Die sozialen Lebensumstände einer Person werden sich weder durch tolerantere Strafrechtsnormen noch durch härtere Strafen ändern lassen. Und auch deshalb können sie Einfluss auf das Bild haben, das sich die Strafgemeinschaft vom Täter macht. Manchmal ist eine «schwere» Kindheit eben doch keine Ausrede.

12. Strafe nach Maß

Ganz gleich, ob es sich um mildernde oder aber um gewöhnliche Tatumstände handelt: Das legitimatorische Problem negativer Sanktionen besteht nicht zuletzt darin, eine dem Vorfall qualitativ und quantitativ *angemessene* Sanktion zu bestimmen. Wenn sich rechtfertigen lässt, dass ein Unrecht geschehen ist und eine Sanktion angezeigt wäre, muss etwas annähernd Vergleichbares in die Waagschale geworfen werden. Dieses zweite Übel sollte schwer genug sein, um das geschehene Unrecht aufzuwiegen, es darf zugleich aber auch nicht *zu* schwer wiegen, denn sonst könnte die Waage rasch ins gegenteilige Ungleichgewicht umschlagen. Bei jeder konkreten Strafzumessung besteht also offenkundig ein *doppeltes* Risiko: Die Sanktion kann entweder viel zu hart oder aber auch zu milde ausfallen. Fortschrittliche Moral- und Rechtssysteme tendieren dazu, die zuerst genannte Gefahr für bedrohlicher zu halten. Und damit haben sie Recht: Dem Täter darf unter gar keinen Umständen ein *größeres* Übel widerfahren, als er es verdient hat, denn damit wäre bloß eine neuerliche Ungerechtigkeit in die Welt gesetzt, von der die Legitimität des Regelwerks insgesamt bedroht wäre (→ Verleumdung). Auch der althergebrachte Grundsatz, «Gleiches mit Gleichem» zu vergelten, hilft an dieser Stelle nicht weiter: Soll man den Dieb bestehlen, den Lügner belügen, den Vergewaltiger vergewaltigen oder den Folterer foltern? Wer negativ zu sanktionieren gedenkt, braucht nicht nur punitive Passgenauigkeit, sondern auch salomonische Zurückhaltung: Berechtigt kann eine Sanktion allenfalls dann sein, wenn sie dem Täter und seiner Tat *entspricht*. Wann aber ist das der Fall?

Nach den Ausführungen im letzten Abschnitt mag man zu der Auffassung gelangt sein, dass bei der Festlegung einer konkreten Sanktionsmaßnahme allein das subjektive Ausmaß der Schuld auf Seiten des Täters zu zählen habe. Doch stets kommt ein zweiter wichtiger Aspekt hinzu, und zwar die objektive «Schwere» der Tat, d. h. die Größe des Schadens, den der Täter angerichtet hat. Zweifellos macht es einen Unterschied, ob man einen Apfel, eine Handtasche oder einen «van Gogh» klaut oder ob man einen, zehn oder hunderte Menschen tötet. Mit diesen quantitativen Größenunterschieden sind wir auf die bereits in der Einleitung diskutierte Differenz zweier grundlegender moralischer Beurteilungsperspektiven zurückverwiesen. Dort war behauptet worden, dass die Gemeinschaft bei der Beurteilung moralisch relevanter Handlungen stets schon «deontologisch» und «konsequentialistisch» zugleich denkt. So auch hier: Im Rahmen der Prüfung, ob und in welchem Ausmaß eine Tat sanktionswürdig ist, zählen sowohl die subjektiven «Motive» als auch die objektiven «Folgen» der Tat. Wie genau diese beiden Strafaspekte gegeneinander abzuwägen sind, wird sich nur im konkreten Einzelfall bestimmen lassen. Es gibt keine exakten mathematischen Formeln, die einem die «Berechnung» der verdienten Strafhöhe abnehmen würden. *Dass* aber manche Delikte sehr viel schwerer als andere wiegen, dürfte kaum von der Hand zu weisen sein.

Dabei wird die «Härte» der jeweils verhängten Sanktion immer auch vom Charakter der moralischen Gemeinschaft abhängen, die straft. Vieles spricht dafür, dass ein autoritäres Unrechtsregime, dem es an demokratischer Legitimation mangelt, zur Erhaltung der öffentlichen Ordnung weit mehr Strafe androhen und auch vollstrecken muss als ein demokratischer Rechtsstaat, der per definitionem eine ganz andere Legitimationsgrundlage aufweist. Ein moralisches Regelwerk, das bei Ehebruch mit Steinigung oder bei Diebstahl mit der Amputation einer Hand droht, mag vergleichsweise rückständig wirken, wenn man selbst aus einer säkularen Rechtskultur stammt, die den Ehebruch zur Privatangelegenheit erklärt hat und es im Fall des Diebstahls sehr oft bei einer Geldstrafe belässt. Auch wird ein Rechtssystem, das primär auf den Vergeltungsaspekt sowie auf die abschreckenden Wirkungen von Strafe setzt, aus heutiger Sicht vielleicht «archaischer» anmuten als eine sich pädagogisch progressiv verstehende Sanktionspraxis, die nur die resozialisierenden, bessernden und vertrauensbildenden Effekte negativer Sanktionen gelten lassen will. Aber man sollte an diesem Punkt auch nicht allzu selbstgefällig sein: Vielleicht sind jene traditionellen Strafpraktiken weitaus realistischer als die idealistischen Hypothesen der humanistischen Pädagogik. Hier tobt ein Streit, dessen weiterer Verlauf nicht zuletzt davon abhängen wird, ob sich beweisen lässt, dass es überzeugende Alternativen zur Strafe gibt.

Natürlich *kann* man utopische Spekulationen darüber anstellen, ob es der wahrhaft «ideale» Staat eines Tages noch länger nötig haben werde, strafend auf seine Bürgerinnen und Bürger einzuwirken. Schon Platon war der Auffassung, dass in der Strafe eine geradezu «tierische» Unvernunft des Menschen am Werke sei. Und wenn es im Neuen Testament heißt, dass wir selbst jene lieben sollen, die uns hassen, kommt auch darin die Hoffnung zum Ausdruck, dass die Menschheit der Strafe eines Tages wird entbehren können. Man kann durchaus die Auffassung vertreten, dass Sanktionen *per se* ein moralisches Problem darstellen und die Humanität gefährden, weil hier ein Übel mit einem weiteren Übel «verrechnet» und der Täter zugunsten der Realisierung vielfältigster Straffunktionen «instrumentalisiert» werden soll. Gleichwohl wird man sich fragen lassen müssen: Ist einer moralphilosophischen Theorie der Unmoral mit derartigen Spekulationen geholfen? Solange es *faktisch* Menschen gibt, die gezielt, d. h. wissentlich und willentlich, andere Menschen leiden sehen wollen; solange es unmöglich und auch nicht wünschenswert ist, unmoralisches Verhalten auf dem Wege politischer Umerziehungsprogramme, psychologischer Therapiemaßnahmen, medikamentöser Eingriffe oder genetischer bzw. neurologischer Reprogrammierungen dauerhaft ad acta zu legen; solange wir uns also den Menschen als frei zu Moral *und* Unmoral denken wollen, wird die Gesellschaft mit der Möglichkeit rechnen müssen, dass der menschliche Freiheitsdrang zum Bösen tendieren kann und gelegentlich *nur* durch negative Sanktionen zu stoppen ist (→ Freiheitsberaubung). Und nicht einmal waschechte Humanistinnen und Humanisten dürften der Auffassung sein, dass im Fall von Folter, Vergewaltigung oder Mord eine Ermahnung ausreicht.

Gleichwohl gibt es selbstverständlich *Grenzen* negativer Sanktionen, die auf keinen Fall überschritten werden dürfen, will die Gemeinschaft nicht in gänzlich inhumane Strafpraktiken zurückfallen. Fällt eine Strafe derart hart und unverhältnismäßig aus, dass sie die «Würde des Menschen» verletzt, so schlägt das gemeinschaftliche oder auch staatliche Recht in unmoralisches Unrecht um. Isolationshaft, Körperstrafen, → Demütigungen, → Folter, Todesstrafe – dies sind nur besonders drastische Beispiele für ein inhumanes Überschreiten jener Grenze, hinter der ein menschenwürdiges Leben nicht länger möglich ist. Ein Staat, der sich «Rechtsstaat» nennt und doch zugleich zu derartigen Strafpraktiken greifen würde, gehörte selbst zu jenen «Schurkenstaaten», von denen er sich so gerne absetzen möchte. Und dennoch: Solange wir im Hier und Jetzt leben, mutet die Hoffnung, dass sich der menschliche Antagonismus der «ungeselligen Geselligkeit» eines Tages in wechselseitiges Wohlgefallen auflösen möge, reichlich weltfremd an. Selbstverständlich wird man stets darüber zu streiten haben, ob eine jeweils bestimmte Sanktion legitim oder noch zeitgemäß ist. Aber das *Grundprinzip* der Strafe steht vorerst nicht zur Disposition.

13. Moralische Abrüstung

Doch soll dies keineswegs das letzte Wort sein. Nur weil negative Sanktionen gelegentlich «Sinn» machen, ist nicht auszuschließen, dass es nicht *auch* sinnvoll sein kann, auf Strafe zu verzichten. Daher soll dieses Buch am Ende versöhnlich werden – und zwar nicht aus abstrakter Menschenliebe, sondern aus intern moralphilosophischen Gründen. Wiederholt ist darauf hingewiesen worden, dass die Moral einen äußerst rigorosen Absolutheitsanspruch vertritt, dem wir bereits auf Ebene der Theoriebildung – im «wirklichen» Leben sowieso – Grenzen setzen müssen. Jede noch so konsequente Ausbuchstabierung des moralischen Standpunktes nötigt zu der Einsicht, dass man auch auf *anderen* Standpunkten stehen und abweichende Interessen verfolgen kann. Eines dieser typisch menschlichen Interessen, die mit der Moral kollidieren können, ist das Glück. Es kann moralischen Forderungen im Konfliktfall eine *ex-*

terne Beschränkung auflegen: Die Moral darf nicht so weit gehen, dass sie das Gelingen menschlichen Lebens auf Dauer unmöglich macht. Abschließend soll jedoch gezeigt werden, dass die Moral *selbst* ein Interesse daran haben sollte, ihre – noch so berechtigten – Forderungen nicht allzu weit zu treiben. Es gibt drei Gründe, warum die moralische Gemeinschaft bereit sein sollte, gelegentlich *ganz* auf die Bestrafung schuldiger Missetäter zu verzichten.

Der erste Grund ist pragmatischer Natur: Zwar verhalten sich die meisten Menschen überwiegend regelkonform, dennoch dürfte das Gesamtaufkommen an unmoralischen Taten zumindest so groß sein, dass eine konsequente Sanktionierung jedes noch so geringen Vergehens allzu viele gesellschaftliche Ressourcen verbrauchen würde. Die Gemeinschaft hat mit der Ahndung der wirklich gravierenden Delikte – man denke an körperliche Gewalt, sexuellen Missbrauch oder Totschlag – bereits genug zu tun. Die Forderung, dass auch jede Lüge, Beleidigung oder Verleumdung geahndet werden müsse, mutet maßlos an. Hier sind die Opfer selbst gefragt. Würde die Gemeinschaft – in deren Stellvertretung – dem geradezu «unendlichen» Verlangen nach ausgleichender Gerechtigkeit nachgeben, würde sich sehr rasch eine äußerst unproduktive Tendenz der Strafe zeigen: Die Durchsetzung negativer Sanktionen kostet sehr viel Zeit, Nerven und auch Geld. Allein deshalb ist es ratsam, zwischen der Menge der Untaten, die begangen wurden, und der Menge jener Delikte, die kollektiv zu ahnden sind, empirische Abweichungen zuzulassen.

Der zweite Grund für Strafverzicht setzt tiefer an. Er ergibt sich aus einer rechtsphilosophischen Warnung, die sich bereits bei Cicero findet: *Summum ius, summa iniuria* («Das höchste Recht ist das höchste Unrecht»). Gemeint ist der auch Nicht-Lateinern vertraute Umstand, dass eine allzu buchstabengetreue oder rigorose Auslegung moralisch-rechtlicher Regeln stets mit dem Risiko einhergeht, am Ende selbst in Unrecht umzuschlagen. Das ist das Thema der Tragödie *Antigone* von Sophokles: König Kreon verweigert Antigones Bruder, der im Kampf um Theben unehrenhaft gefallen ist, ein ordnungsgemäßes Begräbnis. Und obwohl der König all jenen mit dem Tode droht, die es wagen sollten, die Leiche zu bestatten, widersetzt sich Antigone seinen Anordnungen. Kreon spricht das Todesurteil – aus Sicht des Chores und des empörten Volkes eine klare Fehlentscheidung. Und am Ende des Stückes wird sich so ziemlich jede Person, die dem König jemals etwas bedeutet hat, umgebracht haben. Was uns diese Tragödie sagen will? Auch das Strafen kann bestraft werden, wenn es in Unrecht ausartet. Betrachten wir ein Drama, das etwas lebensnäher ist: Ein Mädchen spielt unbeaufsichtigt an einem Teich. Es fällt hinein und ertrinkt. Wer ist schuld? Die Eltern des Mädchens mögen ihre «Aufsichtspflicht» verletzt haben. Aber es wäre unmenschlich, sie dafür zu bestrafen. Sie sind durch den Tod ihrer Tochter bereits «genug gestraft». Die Moral und das Recht sind dazu da, Gerechtigkeit zu schaffen, deshalb darf ihre Durchsetzung nicht selbst schon elementare Gerechtigkeitsgefühle verletzen. Mitunter wird man also direkt *im Namen* der Gerechtigkeit von einer Strafe, die auf dem Papier rechtmäßig erscheinen mag, absehen müssen.

Der dritte Grund für Strafverzicht ergibt sich aus der Einsicht, dass der mit negativen Sanktionen verknüpfte Wunsch nach «Vergeltung» und «Genugtuung» eine missliche Illusion nähren kann: den Glauben nämlich, man könne geschehenes Unrecht buchstäblich ungeschehen machen. Dem ist zweifellos nicht so, denn das responsive Übel der negativen Sanktion, mit dem die Gemeinschaft auf das erste Übel der ursprünglichen Tat reagiert, *summiert* die betreffenden Schäden, statt sie zu beseitigen. Wichtiger aber noch ist die Erkenntnis, dass das Verlangen nach Strafe dem Seelenfrieden der Opfer auch direkt *im Wege* stehen kann. Viele Vergehen oder Verbrechen sind derart «unentschuldbar», dass nicht einmal das Wissen um die gerechte Bestrafung des Täters ausreichend Genugtuung verschafft. Als Anfang der 1990er-Jahre das südafrikanische Apartheidsregime beseitigt worden war, setzte der neue Präsident, Nelson Mandela, eine «Wahrheitskommission» ein, die einen doppelten Auftrag erhielt: Sie sollte die schlimmsten rassistischen Verbrechen der Vergangenheit aufarbeiten und doch zugleich auch einen Prozess der Aussöhnung in Gang bringen. Wie aber sollte dies möglich sein – nach all dem, was geschehen war? Die Kommission beschloss, dass jeder Täter, der in aller Öffentlichkeit die «Wahrheit» bekennen würde, Amnestie erhalten sollte. Man folgte dabei der Einsicht, dass bisweilen nur dann Aussicht auf Frieden besteht, wenn man *nicht* straft – auch wenn der Schuldige

feststehen mag. Heute jedenfalls ist Südafrika eine recht gut funktionierende Demokratie.

Mit diesen drei innermoralischen Bedenken gegen negative Sanktionen ist eine vernünftige Selbstbeschränkung moralischer Strafanliegen angezeigt: Im Dienste des Erhalts und der Stabilisierung der Moral kann es notwendig sein, «ein Auge zuzudrücken» und auf Sanktionen zu verzichten. Es dürfte freilich nicht sehr ratsam sein, das Geschehene einfach unter den Teppich zu kehren. «Vergeben» sollte nicht mit «Vergessen» verwechselt werden. Wie das Beispiel der Wahrheitskommission zeigt, muss das unmoralische Geschehen erst noch aufgearbeitet werden. Der Täter sollte verantwortlich zu seiner Tat stehen und wohl auch aufrichtig Reue zeigen. Und das Opfer muss allererst dazu bereit sein, dem Täter verzeihen zu *wollen*. Niemand hat – im engeren Sinn – ein Recht darauf, dass man ihm vergibt. Man kann zwar um Verzeihung oder Entschuldigung bitten, aber nicht *verlangen*, dass einem die eigene Schuld, auch ohne negative Sanktionen, vergeben wird. Als interpersonale Geste hat die Vergebung, psychologisch betrachtet, etwas extrem Unwahrscheinliches, ja, ihr haftet etwas geradezu Übermenschliches an. Denn der Akt der Vergebung verlangt von der verzeihenden Person, dauerhaft und auch bedingungslos von den eigenen Vergeltungswünschen zurückzutreten. Wer seinem Übeltäter vergibt, ohne dass dieser bestraft worden wäre, bringt damit zum Ausdruck, dass eine bislang offene Rechnung nunmehr beglichen ist, obwohl der säumige Täter den offenen Rechnungsbetrag überhaupt gar nicht bezahlt hat. Daraus folgt:

> *Vergebung ist ein gänzlich freiwilliger Verzicht seitens der Geschädigten auf Ausgleich eines entstandenen Übelungleichgewichts.*

Die mitunter äußerst komplizierten psychologischen und interpersonalen Bedingungen, unter denen ein Opfer tatsächlich zu verzeihen bereit ist, können nicht schon auf moralphilosophischem Wege vorweggenommen werden. Hier lebt das menschliche Miteinander von charakterlichen Voraussetzungen, die eine Moral der wechselseitigen Schadensvermeidung nicht schon garantieren kann: Nachsicht, Milde, Duldsamkeit, Großzügigkeit oder auch Toleranz. Und nur zu oft wird es auf den festen Willen ankommen, seinem Gegenüber eine zweite Chance zu geben. Jeder Mensch ist anders, aber alle sind sie fehlbar. Es hilft, sich ab und zu an die eigene Nase zu fassen, um «Hypermoral» zu vermeiden. Doch spätestens an dieser Stelle ist die Moralphilosophie mit ihrem Latein am Ende. In diesem Buch ist der Versuch unternommen worden, die Struktur tendenziell *unentschuldbaren* Handelns offenzulegen. Mit diesem – auf den ersten Blick – rein denunziatorischen Anliegen scheint sich ein versöhnliches Ende kaum zu vertragen. Und dennoch: Eine philosophische Abhandlung über das Wesen der Unmoral kann Prozessen der Vergebung vorarbeiten. Denn was der Mensch verstanden hat, wird er viel eher zu verzeihen bereit sein.

Literaturtipps:

Feinberg, Joel: *The moral limits of the criminal law*, New York: Oxford University Press 1984 ff. [Vierbändiges Standardwerk zur Philosophie des Strafrechts.]

Gander, Hans-Helmuth/Fludernik, Monika/Albrecht, Hans-Jörg (Hg.): *Bausteine zu einer Ethik des Strafens*, Würzburg: Ergon 2008. [Neuere philosophische, juristische und literaturwissenschaftliche Beiträge.]

Gosepath, Stefan (Hg.): *Motive, Gründe, Zwecke*, Frankfurt a. M.: Fischer 1999. [Anspruchsvoller philosophischer Sammelband zur Frage, wie sich das «Begründungsproblem» vom «Motivationsproblem» unterscheidet.]

Günther, Hans-Ludwig: «Systematische Grundlagen der Strafzumessung», in: *Juristen Zeitung*, Jg. 44, 22/1989. [Eine kurze rechtswissenschaftliche Erläuterung der Schwierigkeiten konkreter Strafzumessung.]

Hassemer, Winfried: *Warum Strafe sein muss*, Berlin: Ullstein 2009 [Eine juristische, (aber) verständliche und beherzte Abhandlung zum Sinn des Strafrechts.]

Hassemer, Winfried/Reemtsma, Jan Philipp: *Verbrechensopfer, Gesetz und Gerechtigkeit*, München: C.H.Beck 2002. [Plädoyer für eine stärkere Berücksichtigung der Opferperspektive durch das Strafrecht.]

Hegel, Georg Wilhelm Friedrich: *Grundlinien der Philosophie des Rechts*, Werke, Bd. 7, Frankfurt a. M.: Suhrkamp. [Rechtsphilosophischer Klassiker, in dem die dialektische Notwendigkeit der Strafe als «Negation der Negation» festgestellt wird.]

Hume, David: *Über Moral*, Studienbibliothek, Frankfurt a. M.: Suhrkamp 2007. [Die maßgebliche Abhandlung zur Rolle der Gefühle in der Moral.]

Jellinek, Georg: *Die socialethische Bedeutung von Recht, Unrecht und Strafe*, Boston: Adamant 2006 [Eine sehr fortschrittliche Funktionsanalyse des Zusammenhangs von Unrecht und Strafe aus dem Jahre 1878.]

Kant, Immanuel: *Idee zu einer allgemeinen Geschichte in weltbürgerlicher Absicht*, Werkausgabe, Bd. XI, Frankfurt a. M.: Suhrkamp 2004. [Kants Versuch, den Antagonismus der «ungeselligen Geselligkeit» als Motor der Weltgeschichte zu erweisen.]

Lampe, Ernst-Joachim: *Strafphilosophie*, Köln u. a.: Heymann 1999. [Eine umfassende rechtsphilosophische Studie zur Strafgerechtigkeit.]

Lohmann, Georg: «Verzeihen», in: Dierksmeier, Claus (Hg.): *Die Ausnahme denken*, Bd. 1, Würzburg: Königshausen & Neumann 2003. [Sehr anregende Abhandlung zur begrifflichen Struktur des Verzeihens und Vergebens.]

Luhmann, Niklas: *Die Moral der Gesellschaft*, Frankfurt a. M.: Suhrkamp 2008. [Aufsatzsammlung des eigenwilligen Soziologen zur gesellschaftlichen Funktion der Moral als einem Stabilisator des «Erwartens von Erwartenserwartungen».]

Mill, John Stuart: *On Liberty/Über Freiheit*, Stuttgart: Reclam 2009. [Klassiker des Liberalismus, in dem das «harm-principle» erläutert wird.]

Wolf, Jean-Claude: *Verhütung oder Vergeltung?*, Freiburg/München: Alber 1992. [Eine gute und kritische Einführung in philosophische Theorien der Strafe.]

Danksagung

Sollten Sie eine empfindliche Schwach- oder Leerstelle in diesem Buch entdeckt haben und einen kritischen Kommentar loswerden wollen, der die Schwelle zur Unmoral nicht überschreitet (→Beleidigung, →Demütigung, →Folter etc.), so schreiben Sie mir an die e-mail-Adresse anmerkung@a-pollmann.de. Vielen Dank schon einmal dafür!

Im Wintersemester 2008/2009 habe ich an der Universität Magdeburg erste Skizzen zu diesem Buch vorgetragen. Die große Diskussionsbereitschaft meiner Studierenden, aber auch ihre vehementen Einsprüche haben mich ermutigt, mit der Arbeit fortzufahren. Nicht zuletzt danke ich den Studentinnen und Studenten dafür, dass sie immer noch ein Beispiel parat hatten, das von den Unterscheidungen, die ich ihnen vorschlug, nicht schon erfasst war.

Bei Georg Lohmann und Thomas Hoffmann, meinen beiden außergewöhnlichen Kollegen in Magdeburg, bedanke ich mich nicht nur für Provokationen zur rechten Zeit, sondern vor allem auch dafür, dass sie mich in entscheidenden Momenten geschont haben. Auch Robin Celikates, Serge Embacher, Horst Hanke, Kai Schöneberg und Deniz Sertcan haben meine Argumente durchschaut und so gekonnt zerlegt, dass sich notwendige Richtigstellungen geradezu von selbst ergaben. Kurz vor Schluss hat mich Johannes Bergold überdies vor einigen «Justizirrtümern» bewahrt. Mit Blick auf das kleine Fest, zu dem ich all diese Freunde hiermit einlade, wird gelten, was auf S. 53 am Ende des ersten Absatzes steht. Und wenn Sie schon einmal beim Blättern sind: Ich bin sehr froh, dass die auf S. 296 genannten Personen mit dem Abdruck ihrer schönen Bilder einverstanden sind und dass meine nachsichtigen Ansprechpartner beim C.H.Beck-Verlag auch diesbezüglich keine Scheu hatten.

Das Wichtigste zum Schluss: Alexandra Deak war kritisch bis zur Schmerzgrenze. Jedes Mal hatte sie Recht. Und in vielen Fällen habe ich das, was wir beim Frühstück, auf unseren vielen Streifzügen oder am Hafen von Šipan gemeinsam entwickelt und entschlüsselt haben, einfach nur aufgeschrieben. Ihr und dem Andenken an ihre Eltern sei dieses Buch gewidmet.

Berlin, im März 2010

Abbildungen

Sach- und Personenregister